普通高等教育"十一五"国家级规划教材
上海市高校教育高地建设专业教材
高等教育上海市级教学成果奖
现代物流管理系列教材

现代物流管理学

(第三版)

黄中鼎　主　编
尚绍鹏　副主编

上海财经大学出版社

内容简介

本书第二版是普通高等教育"十一五"国家级规划教材。修订后的第三版涉及现代物流管理的基本理论及主要功能,具体内容包括:现代物流管理概述、物流系统、物流类型、货物包装、装卸搬运、运输管理、仓储保管、配送管理、企业物流、采购管理、电子商务物流、供应链管理、物流成本管理和物流技术等14个方面。

本教材紧密结合当前物流领域的实践,从强化培养应用型物流人才角度出发,较好地体现了现代物流管理的最新实用知识与操作技术,在体例上也有新的突破。本书适合作为技术应用型高校物流及相关专业的教学用书,也适合于物流从业人员的培训和自学用书。

图书在版编目(CIP)数据

现代物流管理学/黄中鼎主编.—3版.—上海:上海财经大学出版社,2016.1
(现代物流管理系列教材)
ISBN 978-7-5642-2227-7/F·2227

Ⅰ.①现… Ⅱ.①黄… Ⅲ.①物流-物资管理-高等学校-教材 Ⅳ.①F252

中国版本图书馆 CIP 数据核字(2015)第 181870 号

□ 责任编辑 袁 敏
□ 封面设计 张克瑶

XIANDAI WULIU GUANLIXUE
现 代 物 流 管 理 学
(第三版)

黄中鼎 主 编
尚绍鹏 副主编

上海财经大学出版社出版发行
(上海市武东路321号乙 邮编200434)
网 址:http://www.sufep.com
电子邮箱:webmaster@sufep.com
全国新华书店经销
启东市人民印刷有限公司印刷装订
2016年1月第3版 2016年1月第1次印刷

787mm×1092mm 1/16 20.5印张 524千字
印数:42 001—46 000 定价:40.00元

"现代物流管理系列教材" 编辑委员会

主　　编　　李　进　朱懿心

副 主 编　　王　刚　黄中鼎

常务副主编　黄中鼎

策　　划　　黄　磊

编　　委　（按姓氏笔划排列）
邬星根　刘振超
李荷华　陈　琳
林慧丹　尚绍鹏
周艳军　孟　琪
景　平　熊淑丽
燕春蓉

总 序

自1979年从日本引入"物流"这一概念以来,随着改革开放政策的深入,以及在国民经济的快速、健康和持续发展的形势下,我国对物流的需求不断扩大,政府、企业和教育领域也越来越多地关注现代物流的发展,物流业和物流人才的培养得到了长足的发展。近年来,美国的联邦快递、丹麦的马士基、日本的佐川急便、德国的西门子等一批跨国物流企业都在角逐世界物流市场,与其相关的各类企业也纷纷进入物流领域,物流发展已进入无国界的供应链时代。但是,由于我国现代物流发展起步较晚,处于起步阶段,与发达国家尚有不小的差距。面对我国加入WTO所承诺的逐步放开物流市场的发展趋势,提高我国物流业在竞争日趋激烈的世界物流大市场中的竞争力,需要大力发展我国的现代物流业。

完善的学科体系和高素质的人才是推动现代物流业发展的关键因素之一。教育部在2003年调整本科专业时,在管理和工程门类下新设立了物流管理和物流工程专业,说明物流管理和物流工程专业已经为企业效益的增长和社会经济的发展起到了应有的作用,也标志着物流学科的重要地位得到了社会各界的承认和重视。目前,我国已有200余所高校开设了物流管理和物流工程专业,物流教育正处于蓬勃发展时期,这为我国改革开放和物流事业的发展提供了可贵的人力资源支持。但现代物流作为一门新兴的学科,现有的学科体系和人才培养体系尚处于建设完善阶段,物流理论和实践的研究也有待于进一步深入。在我国经济快速增长从而对物流需求的规模不断扩大的趋势背景下,通过教材建设和学科体系的完善来培养和造就一大批熟悉物流业务、具有物流运作能力的专业技术人员和管理人员,对当前我国解决物流人才匮乏和物流管理水平较低等问题有着十分重要的意义。

上海是我国经济发展的前沿,在推进"四个中心"建设,尤其是国际航运中心建设的过程中,对物流人才的需求将大幅上升,这给上海高校物流人才的培养提出了更高的要求。2005年,上海市教委将上海第二工业大学的物流管理专业作为上海市的教育高地予以重点投入和建设,物流教材建设是其中一个主要的内容。为此,上海第二工业大学从物流学科体系建设的角度出发,组织了一批有多年教学和实践经验的专家、学者,编写并出版了这套现代物流管理系列教材。从学科体系结构安排上看,该套教材体现了科学的态度和创新的原则,在全面考虑我国物流市场发展和教育现状的基础上,汲取了当今管理学、经济学、信息学、工程技术学及相关领域的理论、方法和最新的研究成果,归纳、总结了国内外物流理论和实践经验,吸收了具有研究价值和实用价值的知识和方法,具有科学的创新性。从编写的内容上看,该套教材着眼于物流应用能力的培养,在对目前物流人才市场和企业实际需求进行调研分析以及对各类教育培训机构进行广泛调查的基础上,密切结合了国内外物流业的实践和发展趋势,集成了物流基本理论和实践经验,吸收了物流市场的新变化、物流企业实践的新经验和物流教学研究的新成果等,具有知识和应用的双重性。从物流人才培养来看,该套教材着眼于应用人才的培养,在介绍物流基本原理和基本方法的基础上,通过案例分析了物流管理实际操作工序及方法的运用,具有较强的操作性和应用性。总而言之,该套教材结构合理、脉络清楚、内容丰富、应用性强,充分体现了理论和实践相结合的原则,是一套具有理论指导性、知识普及性、操作应用性和专业参考性的优秀教材。

最后,希望该套教材的出版和发行,能成为我国物流人才培养的知识之源和读者的良师益友,同时,也能成为我国物流学科体系建设以及物流管理专业教材更新和完善的基础之一,进而为全面推动我国物流事业的发展提供必要的支持和保障。

黄有方

上海海事大学副校长

教授　博士生导师

2007 年 1 月

前　言

物流业是融合运输业、仓储业、货代业和信息业等的复合型服务产业，是国民经济的重要组成部分，涉及领域广，吸纳就业人数多，促进生产、拉动消费作用大，在促进产业结构调整、转变经济发展方式和增强国民经济竞争力等方面发挥着重要作用。当前，虽然有全球性金融危机的深刻影响，但国务院颁发的《物流业调整和振兴规划》却给我国物流行业带来振奋和欣喜：物流业——危机和机遇同在，危机中蕴涵着更多的发展机遇。

正是基于这样的经济背景，社会对物流人才的需求越来越迫切，物流专业已成为目前高校的热门专业。然而高等教育的物流专业，其培养目标又是分为不同层次的，它的知识结构、能力要求是不一样的。

本书面向技术应用型高校的本科物流及相关专业，这一层次的教育目标应当定位于物流企业的中层管理，这一岗位的从业人员既要懂得物流的系统理论，也要能掌握物流的操作技能。因此，我们在编写教材时尽量将理论写得全面扼要，同时注重动手能力的掌握。在编写体例上附有大量的习题和案例分析，以满足应用型本科教育的需要，对于高职高专的物流专业，该书也较为适用。

本书自2004年4月出版以来，由于其体系的新颖性和内容的实用性（包括提供的课件）受到广大高校师生的欢迎。2008年被增补为普通高等教育"十一五"国家级规划教材；2009年获得高等教育上海市级教学成果三等奖。2010年8月修订出版了第二版。这次修订主要是增加了电子商务物流的内容，同时，对个别章节做了一些调整，增加了一些新的内容。

本书由上海第二工业大学黄中鼎教授担任主编，负责对全书框架结构的设计及最后定稿。上海邦德职业技术学院的尚绍鹏老师担任副主编。参加编写的人员为：黄中鼎编写第一章；刘振超编写第二章、第九章；汪宇翰编写第四章、第五章；林慧丹编写第三章、第六章；邬星根编写第七章、第八章；李荷华编写第十章、第十二章；尚绍鹏编写第十一章；黄静编写第十三章；张弦编写第十四章。

在编写过程中，我们参阅了大量同行专家的有关著作、教材及案例，在此表示感谢。现代物流管理的理论与方法，当前还在发展与不断探索中，虽然我们为编写《现代物流管理学》一书付出了艰辛的努力，但由于水平有限，难免出现疏漏和差错，恳请读者批评、指正。

编　者
2015年10月

目 录

总序/1

前言/1

第一章　现代物流管理概述/1
　第一节　现代物流的概念及功能/1
　第二节　现代物流管理的形成及其发展/3
　第三节　物流管理合理化目标/9
　第四节　我国的物流管理/11
　　本章小结/14
　　思考与练习/14

第二章　物流系统/18
　第一节　系统和物流系统/18
　第二节　物流系统分析/26
　第三节　物流系统的评价/33
　　本章小结/40
　　思考与练习/40

第三章　物流类型/43
　第一节　物流分类/43
　第二节　第三方物流/46
　第三节　国际物流/54
　第四节　逆向物流/59
　　本章小结/61
　　思考与练习/62

第四章　货物包装/64
　第一节　包装材料和容器/64
　第二节　包装技术/77

第三节　包装现代化/86
　　本章小结/94
　　思考与练习/95

第五章　装卸搬运/96
第一节　装卸搬运的特点和作用/96
第二节　装卸搬运的原则和方法/100
　　本章小结/109
　　思考与练习/109

第六章　运输管理/111
第一节　运输的基础知识/111
第二节　运输技术与装备/120
第三节　运输组织技术及其优化/127
第四节　货物运输合同/130
　　本章小结/132
　　思考与练习/132

第七章　仓储管理/135
第一节　仓储管理的概念/135
第二节　仓储管理的任务/136
第三节　仓储合理化标志/137
第四节　仓储管理作业流程/138
第五节　流通加工/145
第六节　库存及库存管理/148
　　本章小结/150
　　思考与练习/150

第八章　配送管理/153
第一节　配送的概念/153
第二节　配送的种类/154
第三节　配送合理化/161
第四节　配送中心/164
第五节　配送中心作业流程/169
　　本章小结/172
　　思考与练习/172

第九章　企业物流/176
第一节　企业经营活动中的物流/176

第二节　厂址选择与工厂布置/180
第三节　企业物流活动分析/185
第四节　企业物流合理化/196
　本章小结/199
　思考与练习/199

第十章　采购管理/201
第一节　采购与采购管理的概念/201
第二节　采购的基本原则和流程/203
第三节　供应商管理/208
第四节　采购管理发展新趋势/214
　本章小结/222
　思考与练习/223

第十一章　电子商务物流/225
第一节　电子商务概述/225
第二节　我国电子商务物流现状/228
第三节　电子商务对物流及其管理的影响/232
第四节　我国电子商务物流的发展对策/235
　本章小结/237
　思考与练习/237

第十二章　供应链管理/239
第一节　供应链概述/239
第二节　供应链管理概述/243
第三节　集成化供应链管理/250
第四节　供应链管理方法/255
第五节　供应链管理的发展趋势/261
　本章小结/264
　思考与练习/264

第十三章　物流成本管理/267
第一节　物流成本的概念、构成与影响因素/267
第二节　物流成本管理的概念、发展和意义/273
第三节　物流成本管理的内容/278
　本章小结/288
　思考与练习/289

第十四章　物流技术/291
　　第一节　物流技术概述/291
　　第二节　物流常用技术和机械/295
　　第三节　物流信息技术与智能物流/303
　　　本章小结/312
　　　思考与练习/312

参考文献/315

第一章

现代物流管理概述

学习目标与要求

1. 掌握现代物流的概念和内涵;
2. 了解现代物流的功能;
3. 了解现代物流管理的形成及其发展;
4. 了解我国物流管理发展现状和面临形势。

现代物流管理学的出现仅有数十年的历史,但由于它的发展为国民经济与企业生产带来巨大的经济效益而受到人们的高度重视。国内外许多企业的生产实践表明:物流是"经济领域尚未开发的黑大陆"、"物流是企业的第三利润源泉"、"物流领域是现代企业竞争最重要的领域"等,而电子商务学家则竭力鼓吹"电子商务的瓶颈是物流"。在我国,物流科学远未普及,物流蕴藏的巨大效益还不为人们所认识。开展物流的研究,探索物流的规律,提高物流科学化、合理化、现代化水平,已作为经济社会发展中的重大理论和实践课题而被提上了议事日程。

第一节 现代物流的概念及功能

一、现代物流的概念及其内涵

人类进入文明社会以后就有了物流活动。

传统的物流概念是指物质实体在空间和时间上的流动,过去我们长期以来将这种"流动"称为"位移"。通俗地说,"物流"就是指商品在运输、装卸、储存等方面的活动过程。

现代物流是相对于传统物流而言的。它是在传统物流的基础上,引入高科技手段,通过计算机进行信息联网,并对物流信息进行科学管理,从而使物流速度加快、准确率提高、减少库存、降低成本,延伸并扩大了传统的物流功能。

迄今为止,世界各国的理论界对现代物流尚无统一、完整的定义。例如:

1. 美国物流管理协会(Council of Logistics Management)认为:"现代物流是以满足消费者需求而进行的对原材料、中间库存、最终产品及相关信息从起始地到消费地的有效流动与存储的计划、实施和控制的过程。"
2. 美国后勤管理协会认为:"现代物流是有计划地将原材料、半成品及产成品由产地送至消费地的所有流通活动。它包括为用户服务、需求预测、信息联系、物料搬运、订单处理、选址、采购、包装、运输、装卸、废料处理及仓库管理等。"

3. 日本通产省的研究所认为:"现代物流是商品从卖方到买方的全部转移过程。"

4. 还有一种说法认为:"现代物流是在合适(Right)的时间、合适的地点和合适的条件下,将合适的产品以合适的方式和合适的成本提供给合适的消费者。"即所谓的 7R(Right)定义。

5. 我国许多专家学者则认为:"现代物流是根据客户的需求,以最经济的费用,将物资从供给地向需求地转移的过程。它主要包括运输、储存、加工、包装、装卸、配送和信息处理等活动。"

2001 年 3 月,我国六部委(即国家经贸委、铁道部、交通部、信息产业部、外经贸部、民航总局)在《关于加快我国现代物流发展的若干意见》中,对现代物流的定义是这样表述的:"原材料、产成品从起点至终点及相关信息有效流动的全过程。它将运输、仓储、装卸、加工、整理、配送、信息等方面有机结合,形成完整的供应链,为用户提供多功能、一体化的综合性服务。"

国家经贸委(现为商务部)等部门对于现代物流的定义,是在广泛调查研究及吸取并借鉴国内外有关资料的基础上作出的,这对于规范我国当前物流业发展中的基本概念,以及适应物流业迅速发展和与国际接轨的需要,能起到很好的作用。本书按照该定义开展对现代物流管理的论述。

尽管现在对物流的解释不一,但就现代物流的实质而言,它应包括以下四个主要方面:(1)实质流动(指原材料、半成品及产成品的运输);(2)实质存储(指原材料、半成品及产成品的存储);(3)信息流通(指相关信息的联网);(4)管理协调(指对物流活动进行计划、实施和有效控制的过程)。

二、现代物流的功能

现代物流的功能是指物流活动应该具有的基本能力,以及通过对物流活动的有效组合,以达到物流的最终经济目的。现代物流的功能一般由包装、装卸搬运、运输、储存保管、流通加工、配送,以及与上述功能相关的物流信息等构成。

1. 包装。是指为保护"物",或使之单元化,以利于运输、装卸搬运、保管和销售等的技术。"物"在进入物流系统之前,一般都要进行某种程度的捆扎、包装或装入适当的容器,因此,包装被称为生产的终点、物流的起点。

2. 装卸搬运。是指在同一范围内进行的、以改变"物"的存放状态和空间位置为主要内容和目的的活动。在生产领域中装卸搬运常称为物料搬运,物流的各个主要环节和生产过程的各个阶段都要依赖装卸搬运活动进行衔接。装卸搬运是劳动密集型作业,内容复杂,消耗的人力与财力在物流成本中占有相当大的比重,常常是物流系统改善的难点之一。

3. 运输。是指"物"的长距离的移动。运输是实现空间效果的主要手段,是物流的中心环节之一,被称为国民经济的动脉和现代产业的支柱。在社会经济的发展中,运输的重要性已经被人们所确认。

4. 储存保管。储存保管包括存储、管理、保养和维护等活动。储存保管是产生时间效果的主要手段,用来克服需求与供给节奏不一致的矛盾,在物流系统中起着缓冲、调节和平衡的作用,保证物流活动的连续性与有效性。

5. 流通加工。加工是指改变物质的形状或性质的生产活动,与流通本不属于同一范畴,但是为了运输方便,或适应用户多样化的需求,或出于综合利用等目的,有些辅助性加工活动要在物流过程中进行,这种活动一般称为流通加工,并认为是物流系统的一部分。

6. 配送。配送是物流的一种特殊的、综合的活动形式,它几乎包括物流的所有职能,是物流的一个缩影或在某一范围内物流全部活动的体现。一般来讲,配送是集包装、装卸搬运、保管、运输于一体,并通过这些活动完成将物品送达的目的。配送问题的研究包括配送方式的合理选择,不同物品配送模式的研究,以及与配送中心建设相关的配送中心地址的确定、设施的构造、内部布置和配送作业及管理等问题的研究。

7. 物流信息。是指获取表达物流活动的有关知识、资料、消息、情报、数据、图形、文件、语言、声音等信息,以及信息加工与处理的技术。信息流先于"物"流,信息流不仅伴随"物"流的全过程,而且贯穿其始终。因此,物流信息也是物流的一个重要组成部分。物流信息技术也是物流管理活动的基础,物流管理是指管理人员对各个物流活动以及物流全过程进行计划、实施、控制等的管理活动。因此,物流信息技术水平的提高是物流系统不断改善的关键。

第二节 现代物流管理的形成及其发展

一、现代物流的发展过程

物流的发展不仅与社会经济和生产力的发展水平有关,同时也与科学技术发展的水平有关。按照时间顺序,物流发展大体经历了四个阶段。

(一) 初级阶段

20世纪初,在北美和西欧一些国家,随着工业化进程的加快以及大批量生产和销售的实现,人们开始意识到降低物资采购及产品销售成本的重要性。单元化技术的发展,为大批量配送提供了条件,同时也为人们认识物流提供了可能。

1941~1945年第二次世界大战期间,美国军事后勤活动的组织为人们对物流的认识提供了重要的实证依据,推动了战后对物流活动的研究以及实业界对物流的重视。1946年美国正式成立了全美输送物流协会。这一时期可以说是美国物流的萌芽和初始阶段。

日本物流观念的形成虽然比美国晚很多,但发展迅速。日本自1956年从美国引入物流概念以来,在对国内物流进行调研的基础上,将物流称为"物的流通"。至1965年,"物流"一词正式为理论界和实业界全面接受。"物的流通"一词包含了运输、配送、装卸、仓储、包装、流通加工和信息传递等各种活动。

(二) 快速发展阶段

20世纪60年代以后,世界经济环境发生了深刻的变化。科学技术的发展,尤其是管理科学的进步,生产方式、组织规模化生产的改变,大大促进了物流的发展。物流逐渐为管理学界所重视,企业界也开始注意到物流在经济发展中的作用,将改进物流管理作为激发企业活力的重要手段。这一阶段是物流快速发展的重要时期。

在美国,现代市场营销观念的形成,使企业意识到顾客满意是实现企业利润的唯一手段,顾客服务成为经营管理的核心要素,物流在为顾客提供服务上起到了重要的作用。物流,特别是配送得到了快速的发展。

20世纪60年代中期至70年代初是日本经济高速增长、商品大量生产和大量销售的年代。随着这一时期生产技术向机械化、自动化方向发展以及销售体制的不断改善,物流已成为企业发展的制约因素。于是,日本政府开始在全国范围内进行高速道路网、港口设施、流通聚集地等基础设施的建设。这一时期是日本物流建设的大发展时期,原因在于社会各方面对物流的落后对经济发展的制约性都有了共同的认识。

(三)合理化阶段

这一时期物流管理的内容从企业内部延伸到企业外部,物流管理的重点已经转移到对物流的战略研究上。企业开始超越现有的组织机构界限而注重外部关系,将供货商(提供成品或运输服务等)、分销商以及用户等纳入管理的范围,利用物流管理建立和发展与供货厂商及用户的稳定的、良好的、双赢的、互助合作伙伴式的关系,形成了一种联合影响力量,以赢得竞争的优势。物流管理已经意味着企业应用先进的技术,站在更高的层次上管理这些关系。电子数据交换、准时制生产、配送计划以及其他物流技术的不断涌现及其应用与发展,为物流管理提供了强有力的技术支持和保障。这一时期,欧洲的制造业已采用准时生产模式(JIT),产品跟踪采用条形码扫描。欧洲第三方物流开始兴起。

在这一阶段,日本经济发展迅速,并进入了以消费为主导的时代。虽然物流量大大增加,但成本的增加使企业利润并没有如期望的那样得到提高,因此,降低经营成本,特别是降低物流成本成为经营战略中的重要特征。这一时期也称为物流合理化时代。

(四)信息化、智能化、网络化阶段

自20世纪90年代以来,随着新经济和现代信息技术的迅速发展,现代物流的内容仍在不断地丰富和发展着。信息技术的进步,使人们更加认识到物流体系的重要性,现代物流的发展被提上议事日程。同时,信息技术特别是网络技术的发展,也为物流发展提供了强有力的支撑,使物流向信息化、网络化、智能化方向发展。目前,基于互联网和电子商务的电子物流正在兴起,以满足客户越来越高的物流需求。

二、影响现代物流管理发展的因素

如前文所述,现代物流管理在经历了长达半个世纪的缓慢萌芽阶段之后,自第二次世界大战后开始加速发展,先后经过了20世纪50年代到70年代末的成熟发展阶段和80年代以后的纵深发展阶段。其中,20世纪后半叶是现代物流管理发展的黄金阶段,物流管理理论在企业界得到了深入广泛的运用,取得了巨大成功。综观全局,我们不难发现,以下几方面因素从不同的侧面对物流的促进和迅速发展有着重要影响:

(一)市场营销的发展

第二次世界大战后,生产技术取得了巨大进步,世界范围内生产能力得到空前提高,随之而来的是企业竞争压力的不断增加,能否赢得市场越来越成为企业在竞争中制胜的法宝。20世纪50年代末至60年代初,企业对市场营销功能的关注与日俱增。这期间,美国用于广告的费用猛涨了4倍,新产品的种类数量呈几何级数递增。到50年代中期,整个西方产业界处于生产技术不断改进与市场营销成本不断上升并行的境况。许多企业的营销成本已达到其总成本的10%~30%。为削减成本、保存竞争力,企业不得不寻求降低成本的新领域,而集中力量提高营销诸方面(例如,仍被视为营销各环节的库存、物料处理、运输、仓储等活动)的总效率,成为企业节约经营成本的一个极具潜力的新领域。市场营销也由此产生了一次革命,整体营销观念得到发展。

(二)顾客中心理念的建立

随着技术进步、技术扩散的速度越来越快,产品差别越来越小,产品的竞争日益由功能、质量的竞争向服务竞争转化,20世纪60年代客户服务研究的兴起,使得以顾客为中心的管理理念逐步形成。管理者逐渐意识到售出产品仅仅完成了工作的一半,如何及时、准确、有效地将规定数量的产品送到用户手中,构成了管理工作至关重要的另一半。企业物流系统能否提供可靠的后勤保障也因而成为赢得市场竞争的关键。在一些产品差异小的行业,例如,日用化工品、纸张等行业,物流系统的效率对企业利润的贡献已成为优秀企业赢得竞争的根本。即使产品差异较大的行业,如汽车、服装业等,也将物流系统对提高顾客满意程度的作用摆在重要地位,并逐渐成为许多企业竞争优势的根本所在。随着消费者个性化消费的意识不断增强,这一趋势更加明显。

(三)石油危机及经济危机

20世纪70年代的石油危机席卷了整个西方世界,全球范围内石油价格的大幅度上升,带动原材料价格、运输成本、人力成本等生产支出不断增加,西方发达国家长期依靠廉价的原料、燃料来获取利润的传统途径面临着严峻的挑战。同时,伴随着经济萧条,又引发了市场的萎缩,企业发展步履维艰,为求得生存,管理者不得不将更多的注意力从生产领域转向流通领域,寻求节约成本和创造利润的源泉。而由于物流管理长期被忽视,成本节约的空间广阔,一经科学管理,成本便得到大幅度降低,从而直接弥补了原料成本上涨的损失;良好的物流管理又使得客户满意程度增加,市场得以巩固甚至扩大,企业竞争力明显增加。物流对成本、销售的双向作用也是促进物流管理发展和物流观念形成的最直接、最根本的原因。

(四)政府对运输业管制的放松

20世纪70年代以来,美国运输业掀起了放松管制的浪潮。随后,这股潮流迅速波及西方世界(尤其是欧洲)。运输市场的开放影响到物流的重要环节——货主与承运人的关系。由于政府放松了对运输业包括定价、市场准入等多方面的限制,运输业内的竞争空前激烈。运输费率降低,无疑为苦心寻求成本节约途径的企业管理者送上良机,也促使承运人为赢得市场而拓展传统的服务领域,提高服务质量,使得物流管理中准确、及时的运输要求得到满足。在此情况下,许多企业纷纷减少与其联系的承运人数量,逐步与少数几个承运人建立长期合作的关系,以获得更为优惠的折扣运费和优先的服务。运输费用的下降为物流的发展提供了更为广阔的天地,货主与承运人关系的相对固定化也为双方联合优化物流管理提供了条件。

(五)经济全球化

第二次世界大战以后,各种全球性和区域性贸易组织相继建立,越来越多的国家将经济自由作为国家的主要方针政策。同时,由于运输技术的革新,运输速度越来越快,运输能力越来越强,原来阻碍国际贸易的地理空间因素不再存在,世界变"小"了。在小小的地球村内,像在美国研制、在东南亚生产、在欧洲销售这样的跨国经营活动已经比比皆是,尤其是在电器、电子等行业,纯粹由一国制造的产品少而又少。跨国公司从成本、效益的角度考虑,将生产经营部门分散在全球各个角落,全球采购、全球生产、全球销售使更多企业内物流逐渐呈现跨国化的趋势,物流管理的难度增大了。伴随着各国经济相互联系日益密切,贸易自由化与经济全球化带来了更为宽松的经济环境——跨国融资、投资、生产更加自由,竞争也同样更加自由。更加白热化的竞争,对企业的物流管理水平提出了更高的要求。产品要在国际市场上获得竞争优势,仅保持生产中的低成本是远远不够的,为更好地赢得市场,就需要采取更积极的策略,需要物流战略与营销、销售战略的密切配合,从而增加销售、扩大市场份额。这就要求在从原材料采购到制成品运送到消费者手中的整个过程中所涉及的企业各部门(客户服务、营销中心等)也必须是经济、高效的。这对与产品相关的各环节的管理和控制都提出了要求,企业物流管理的重要性日益凸显出来。

(六)计算机技术、通信技术、网络技术的推广

20世纪50年代,电子计算机开始走向市场,随着个人电脑(PC机)的出现,市场急剧扩张,计算机的信息处理能力、存储能力以及相关的输入与输出能力也在呈几何倍数发展。硬件的革命同时推动了软件业的发展,各种为企业服务的计算机软件如雨后春笋般冒了出来。借助计算机,人们对信息的控制能力达到前所未有的高度。现在,在企业信息中心的计算机中可以记录每位顾客的地址、每份订货的数量、生产设施、仓库、分拨中心等的地址,顾客订货之时,信息中心可以迅速计算出从企业各个仓库或工厂到各位顾客的运输成本,并列出可供选择的承运人及其可提供的服务、各仓库和分拨中心的库存水平。这在20年前几乎是不可想象的。计算机的广泛使用增强了企业搜集信息、处理信息的能力,使得当今企业管理决策基于对数据、信息的分析,避免了许多盲目性,也使得企业对运输、仓储为代表的物流管理各环节控制能力加强,物流管理水平提高。

现代通信技术的发展也成为物流发展强有力的支持。一方面,它带来远距离通信成本的迅速下降,企业之间联系加强,另一方面通信能力的加强,使得大量数据低成本传送成为可能。20世纪末期,电子数据交换(Electronic Data Interchange,EDI)、互联网乃至电子商务的发展进一步为物流系统中的数据交换铺平了道路,利用标准的电子计算机格式,位于全球各个角落的各组织之间改变了"小而全"且多业并存的战略,转而采取集中主业、外包包括物流在内的各项辅业的新型管理思路,成功地降低了企业经营成本,减少了资金占用,同时创造了更好的经营业绩。具体到物流管理,由其他企业来运作以前由本企业机构承担的全部物流活动或物流某一环节(如运输和/或仓储)的管理方法称为第三方物流(Third Party Logistics,3PL)或称契约物流(Contract Logistics)。提供这一服务的企业就称为第三方物流供应商。由此,促使大量的运输公司、仓储公司、货运代理人开始向社会提供包括运输、仓储以及包装、分类、分拨、库存控制等增值服务在内的全方位物流服务,社会分工更加深化。当前,无论在国内还是在国外,这一趋势已然成为物流发展的新动向和重要推动力。

(七)新型管理概念的引入

第二次世界大战前,零售商大约持有一半的制成品库存,批发商和生产者则持有另一半。而20世纪50年代以后,越来越尖端的库存控制技术(尤其是百货业),导致零售商与分销商和生产商的库存持有比例产生较大变化,前者仅持有10%的库存,而后者则持有另外90%的库存。此外,越来越多的企业采用准时化管理方式(Just-in-Time,JIT)、精益生产(Lean Production)、快速响应(Quick Response,QR)、高效客户响应(Efficient Customer Response,ECR)、分销资源计划(Distribution Resource Planning,DRP)、企业资源计划(Enterprise Resource Planning,ERP)等许多新兴管理概念和技术在企业得到运用,准确、及时的物流服务成为基本前提和根本保障。订货方式也由传统的"大批量、少批次"转变为"小批量、多批次",这些变化都对物流系统提出了更高的要求,要求人们做到在库存、运输和生产、销售之间进行严格调控,改变传统上依赖于安全库存的物流战略,将存货量降到最低,同时要求企业快速、有效地对市场变化作出反应,最大限度地满足客户日益增长的快速、多变的要求。成本核算技术的改进,尤其是以经营活动为基础的成本计算方式(Activity Based Costing,ABC)帮助人们更深入地认识物流成本结构,以迅速、准确地交换信息,消除数据的重复输入,以及由此产生的操作失误和更多人力成本,从而使企业得以较好地控制物流系统的各个环节,并且为企业实施一体化物流管理战略提供重要的技术支持,同时又带动物流管理水平向更高层次发展。计算机的推广、电子网络的发展使得管理可以超越部门界限,使供货商可以从供应链整体的角度来探讨优化

系统结构、提高服务质量、提高物流系统效率的新的管理思路,这一切都极大地推动了物流一体化的纵深发展。

（八）其他新技术的发展

第二次世界大战后,尤其是20世纪80年代以后发展起来的许多新技术被迅速应用于社会经济的各个领域,客观上解决了物流管理中存在的种种问题。例如,条形码技术(Bar Code)配合现代化的高架仓库管理系统,使得商品的拣选、分类、存储等过程中的人工劳动大为减少,快速、准确、低成本的物流活动成为可能,条码技术在零售行业的普遍使用又使得生产与销售企业得以及时获得销售实点信息,是一体化物流管理的基础；地理信息系统(Geographic Information System,GIS)和全球定位系统(Global Positioning System,GPS),为安全、准确、经济、快速地运输提供了可靠的技术保障,在此基础之上的货物查询、跟踪系统又使得货主随时获取货物有关信息,极大地提高了企业对货物的控制能力,使准时化管理等新型管理方式得到更广泛的应用。

（九）外包概念和第三方物流的发展

外包(Outsourcing),是指将企业的某一项经营活动或者经营活动的某一部分以契约的形式承包给其他专业经营机构完成。20世纪80年代以来,由于经济全球化趋势越来越明显,开放的市场带来不断加剧的市场竞争,企业竞争压力越来越大。与此同时,竞争优势概念的提出,对成功企业的剖析,使人们重新认识到将力量集中在核心业务(Core Business)、保持企业长期市场优势的重要性,为了避免资金、人力、物力的分散,许多企业纷纷抛弃"大而全"的战略,为改进物流管理、提高企业盈利能力创造前提条件。

此外,技术的飞速发展与竞争的日益白热化使产品更新速度加快,生命周期缩短；产品市场的细分又使得产品种类空前庞大,企业的物流管理日益复杂。以超市为代表的新型零售方式的蓬勃发展,使这一问题更为突出。上万种在库商品,再加上西方一度的高利率政策使库存成本成为一些企业繁重的经济负担,直接推动了物流管理领域的进一步发展。

三、现代物流发展的趋势

现代物流是伴随社会化大生产进程产生和发展的,随着科学技术的进步、贸易范围的扩大,其功能也在不断拓展,服务领域不断延伸,因此,现代物流的发展呈现出一体化、网络化、智能化、专业化、社会化、国际化等趋势,这些趋势大多数也呈现于许多其他产业的发展轨迹之上。

现代物流业存在于国民经济体系之中,但又具有区别于其他产业门类的产业特性,它是一个复合产业,依附于其他产业,具有明显的外部性等,这些产业特性必然使物流业的发展有着个性化的独特趋势。随着产业环境、服务对象以及产业自身的发展变化,现代物流正呈现出许多新的发展趋势。

（一）产业布局：新的物流中心伴随产业转移而兴起

现代物流这种先进的管理模式首先是从经济较为发达的地区发展起来的。在这些地区,产业规模的扩大、分工的细化,要求物资在生产、流通和消费环节之间更为顺畅地流转。在需求的引导下,现代物流逐渐发展、成熟起来,一些大的物流中心也在这些地区逐渐形成。

但是,产业的积聚也使得这些地区的土地、原材料、劳动力等生产成本不断上升,资源约束也日益凸现,于是大批产业特别是对原材料、劳动力投入量较大的制造业开始从这些地区转移出来,而承接这些产业的基本上是经济相对欠发达、拥有大量廉价原材料和劳动力的地区。

以制造业为主的这些转移产业生成的物流量巨大,对物流服务需求旺盛,因此,产业的转移必然引起物流中心的转移。海运是国际物流最主要的载体,20世纪90年代以前,全球的大型港口主要集中于欧洲和北美,但近些年来亚洲港口以令人惊讶的速度成长起来,如今,全球最繁忙的集装箱港和远洋班轮航线都集中于亚洲和太平洋地区,这些港口绝大多数都是具有综合物流功能的第三代港口。这些地区以港口为核心,整合其他运输方式,拓展各种物流服务功能,成为新兴的国际物流中心;这些物流中心又通过国际航线的延伸和信息的交汇构筑了覆盖全球的物流网络。

由于国际间的产业转移是发生在国与国之间的,发达国家转移出来的产业首先落户于发展中国家区位条件相对较好、物流环境相对完善的地区,而这些地区会因为承接了转移产业而使经济发展加速,同时其本地产业也依靠外来资金和技术的注入而迅速成长起来。因此,发展中国家的经济发达地区其产业达到饱和所经历的时间一般要比发达国家短,由此也加速了产业二次转移的进程,即从发展中国家的经济发达地区转向相对落后地区。伴随产业的二次转移,新的物流中心又会在承接产业二次转移的地区兴起。

(二)产业分工:物流产业由水平分工转向垂直分工

物流业是一个复合产业,它是在运输、仓储、包装、加工等多个传统产业的基础上整合发展而来的,因此,过去物流产业内部分工一般是水平横向的,即按照功能进行划分,而物流供应商也是运输企业、仓储企业、配送企业、装卸公司等这些具有单一功能的传统物流企业。但是,随着现代物流理念的发展,整合了各种物流服务功能的现代物流服务模式也应运而生,并且逐渐取代了传统物流服务模式的主体地位。物流服务主体也由功能单一的运输、仓储等传统物流企业,发展为具备运输、仓储、配送、加工等多种服务功能的综合物流企业,物流产业水平分工的界限变得越来越模糊。

与此同时,物流需求时间与空间跨度的不断加大促使物流网络不断扩展,物流服务范围不断扩大,而"门到门"、"JIT"等物流服务理念的产生又要求不断提高物流服务的专业化水平和运作精度。在这种情况下,很少有物流供应商能够在构建覆盖全球物流网络的同时,又在所有网点建立起综合各种功能的物流服务企业,再加上不同国家物流市场准入条件的限制,物流企业独立建立纵向的经营链条难度很大。因此,物流产业只能依靠垂直分工来整合和完善整个系统,形成国际物流、区域物流、国内物流乃至地区物流的垂直层次结构。如今,许多跨国物流集团与当地物流企业之间已经建立起了这种垂直纵向分工关系,这些大的集团布设了覆盖全球的物流网络,但在许多物流节点上全部采用或部分采用向当地物流企业购买服务的方式开展物流活动。这种垂直产业分工模式既降低了大集团开辟新市场的门槛和风险,也充分利用了当地资源,拓展了小企业的生存空间,是双赢之举,也有利于物流产业的健康发展。

(三)运营模式:物流管理与设施"软""硬"分离

最原始的物流形态是企业自办物流,即生产和销售企业自己拥有运输工具、仓库堆场、装卸机械等物流设施设备,并且这些设施一般只为本企业服务。随着物流业的发展,出现了企业间的联合配送,之后又出现了第三方物流,物流开始走向社会化,物流服务供应商与服务对象逐渐分离。但由于第三方物流企业一般都拥有一定数量的物流硬件设施设备,因此,这个阶段物流产业还维持着硬件设施与软件管理一体化的状态。

现代物流的进一步发展产生了第四方、第五方物流,即专门提供物流方案和进行物流人才培训的企业或机构。虽然这些划分方法在学术界还有争论,但是应该看到,那些不依托或者不完全依托物流硬件设施设备的物流服务提供者或参与者在产业内开始涌现,并且其市场份额在逐渐扩大。这种类型的物流服务供应商本身不拥有物流设施设备,但它们会为所服务的企业制定完整的物流方案,然后利用社会物流资源实现方案。还有一些第三方物流企业也在向这一方向发展,它们保持甚至减少自有物流设施设备的规模,与此同时整合社会物流资源服务于自身;也就是变"拥有"物流硬件为"控制"物流硬件。

物流产业内"软"的管理和设计与"硬"的设施和设备相分离,使产业分工更加明晰,提高了服务的专业化程度和服务水平,并且能够加速市场发育和产业升级,这一新的物流产业发展趋势在未来会更加明显。

（四）产业驱动力:物流的经济效益与社会环境效益趋于一致

传统物流业发展模式将物流作为一个相对独立的系统,这样就使物流具有明显的外部成本与外部效益。在传统发展模式下,物流产业对资源占用、能源消耗只需付出极低的价格,对环境污染的补偿十分有限,甚至无需补偿,这就造成了物流产业的外部成本;而物流企业通过采用先进技术手段、设施设备提高物流效率和服务质量,节约了资源并保护了环境,企业加大了内部的成本投入,但获益的是物流服务对象和全体社会成员,如果在无序竞争的状态下,物流企业得不到合理的补偿和回报,这就造成了外部效益。物流业的成本与效益独立于社会、环境系统之外,而企业具有逐利性,因此必然以牺牲社会利益为代价来追求自身经济效益的最大化。

但是,现代物流理念已经意识到物流业是一个独立地位较弱的产业,它不能独立地创造价值,而是依附于其他产业创造附加值,物流服务的提供者和接受者之间由竞争关系转变为合作关系,成为利益共同体,这样物流服务提供者就必须充分考虑服务对象的需求和利益。此外,现代物流始终追求系统的整体效益最大化,而这个系统不只限于各个功能组成的内部系统,而且涉及由物流连接的整个供应链系统及其所在的社会和自然环境大系统。伴随"绿色物流"理念在全球的推广,高消耗、高污染的传统物流业发展模式将受到限制或付出高昂成本,同时,"服务更好"而不是"价格更低"的物流企业将在市场中获得更加有利的竞争地位和更加合理的回报,物流业的外部成本与外部效益都将逐渐内部化。现代物流理念的进化推动产业发展模式的转变,产业回报与社会、环境效益将在共同的利益基础上推动现代物流业健康、快速、持续发展。

第三节　物流管理合理化目标

一、距离短

物流是物质资料的物理性移动。这种移动,即运输、保管、包装、装卸搬运、流通加工、配送等活动,最理想的目标是"零"。因为凡是"移动"都要产生距离,距离移动得越长则费用越大,距离移动得越短则费用越小,所以物流合理化的目标,首先是距离短。

对运输来说,如果产品在产地消费,能大大节省运输成本,减少能源消耗;采取直达运输,尽量不中转,避免或减少交叉运输、空车返回,也能做到运距短;大、中城市间采取大批量运输方式,在城市外围建配送中心,由配送中心向各类用户进行配送,就能杜绝重复运输以缩短运距。现在一些发达国家进行"门到门"、"线到线"、"点到点"的送货,进一步缩小了运输距离,大幅度减少了运输上的浪费。距离短还包括装卸搬运距离短。货架、传送带和分拣机械等都是缩短装卸搬运距离的工具。

二、时间少

这里主要指的是产品从离开生产线算起至到达最终用户的时间,包括从原材料生产线到制造、加工生产线这段时间,也就是物品在途时间少。譬如,运输时间减少、保管时间减少、装卸搬运时间减少和包装时间减少等。如果能尽量压缩保管时间,就能减少库存费用和占压资金,节约生产总成本;在装卸搬运时间少方面,可以举叉车作业、传送带作业、托盘化作业、自动分类机、自动化仓库等例证。装卸搬运实现机械化、自动化作业后,不仅可以大大缩短时间、节约费用、提高效率,而且通过装卸搬运环节的有效连接,还可激活整体物流过程。在包装环节,使用打包机作业比人工作业不知要快多少倍。现代物流手段之一的模块化包装和模拟仿真等,都为物流流程的效率化提供了有利条件。所以说,尽量减少物流时间,是物流合理化的重要目标之一。

三、整合好

物流是一个整体性概念,是运输、保管、包装、装卸搬运、流通加工、配送以及信息的统一体,是这几个功能的有机组合。物流是一个系统,强调的是综合性、整合性。只有这样,才能发挥物流的作用,降低成本、提高效益。单一发展、一枝独秀并不可取。下面举几个例子。

【例1】 一个企业花庞大投资建了一个全自动化立体仓库,实现了保管作业高效率化。可是该企业运输环节落后,交叉运输、空车往返,或者由于道路拥挤,运输速度和效率低,不能与全自动化立体仓库匹配,还是意义不大。

【例2】 一个企业全自动化立体仓库建起来了,保管效率大幅度提高了,可是商品包装差,经常散包、破损,或者托盘尺寸和包装尺寸不标准、不统一,造成物流过程混乱,窝工现象不断。那么,建了全自动化立体仓库也只能发挥一个环节的作用,物流整体的效率还是没有太大的提高。

【例3】 一个企业运输、保管、包装和装卸四个环节都现代化了,只有信息环节落后,造成信息收集少、传递不及时、筛选分析质量差或者计算差错率高等,那么整个物流系统就不能高效运转。

例子是数不胜数的,以上三个例子已足以说明物流合理化的目标之一——整合好是多么重要。当然,在条件不全部具备的情况下,先建一个现代的配送中心,第一步迈出去也能取得局部效果,这种做法也无可非议。

四、质量高

质量高是物流合理化目标的核心。物流质量高的内容有:运输、保管、包装、装卸搬运、配送和信息各环节本身的质量要高,为客户服务的质量要高,物流管理的质量要高,等等。

就运输和保管质量来说,送货的数量不能有差错、地址不能有差错、中途不能出交通事故、不能走错路,保证按时到达。在库存保管方面,要及时入库、上架、登记,做到库存物品数量准确、货位确切,还应将库存各种数据及时传递给各有关部门,作为生产和销售的依据,库存数据和信息的质量要求也必须高标准。物流合理化目标的归结点就是为客户服务,客户是物流的服务对象,物流企业要按照用户要求的数量、时间、品种、安全、准确地将货物送到指定的地点。这是物流合理化的主体和实质。

物流质量高的另一个方面是物流管理质量。没有高水平的物流管理就没有高水平的物流,物流合理化的目标也就变成了一句空话。

五、费用省

物流合理化目标中,既要求距离短、时间少、质量高,又要求费用省,这似乎不好理解,很可能有人认为,物流质量高了,为用户服务周到了,肯定要增加成本,反而又同时要求节约物流费用,不是相互矛盾吗?实际上,如果真正实现了物流合理化,物流费用照样能省。比如,减少交叉运输和空车行驶可节约运输费用;利用计算机进行库存管理,充分发挥信息的功能,可以大幅度降低库存,加快仓库周转,避免货物积压,也会大大节省费用;采取机械化、自动化装卸搬运作业,既能大幅度削减作业人员,又能降低人工费用。这笔开支在国外企业中所占的比例很高,我国也将逐渐上升,这方面费用节省的潜力很大。

六、安全、准确、环保

物流活动必须保证安全,物流过程中货物不能被盗、被抢、被冻、被晒、被雨淋,不能发生交通事故,确保货物准时、准地点、原封不动地送达,同时,诸如装卸搬运、运输、保管、包装、流通加工等各环节作业,不能给周围带来影响,尽量减少废气、噪音、震动等公害,符合环境保护要求。

第四节 我国的物流管理

我国物流的发展,除了与我国的经济发展水平、经济结构、技术发展状况有关外,还与我国的经济体制变革有直接关系。按照我国经济发展历程,新中国成立以来我国物流的发展大致可以分为四个阶段。

一、计划经济下的物流

这一阶段是我国实行计划经济体制的时期,即从新中国成立初期到20世纪70年代末改革开放前,国家的整个经济运行处于计划管理之下。国家对各种商品特别是生产资料和主要消费品,实行指令性计划生产、分配和供应,商品流通企业的主要职责是保证指令性分配计划的实现。

在这一阶段,资源分配和组织供应是按行政区域进行的,物流活动的主要目标是保证国家指令性计划分配指标的落实,物流的经济效益目标被放到了次要位置。物流活动仅限于对商品的储存和运输。物流环节相互割裂,系统性差,整体效益低下。

二、有计划的商品经济下的物流

中共十一届三中全会以来,随着改革开放步伐的加快,我国开始从计划经济向市场经济逐步过渡,即从计划经济向计划经济为主、市场经济为辅,计划经济和市场经济相结合的体制转变。市场在经济运行中的作用逐步加强。

由于经济活动已向商品导向转变,物流业开始注重经济效益。物流活动已不仅仅局限于被动的仓储和运输,而开始注重系统运作,即考虑包括包装、装卸、流通加工、运输在内的物流系统整体效益。按系统化思想,推出了仓库一次性作业、集装单元化技术、自动化立体仓库、各种运输方式综合利用和联合运输等系统应用形式,用系统思想对物流全过程进行优化,使物流总费用最低。这一阶段,即从改革开放到20世纪90年代中期,物流的经济效益和社会效益有所提高。

三、现代物流发展阶段

1993年后,我国加快了经济体制改革的步伐,经济建设开始进入到一个新的历史发展阶段。科学技术的迅速发展和信息技术的普及应用,消费需求个性化趋势的加强,竞争机制的建立,使得我国的工商企业,特别是中外合资企业,为了提高竞争力,不断提出新的物流需求,我国经济界开始把物流发展提到了重要议事日程。此时国家逐渐加大力度对一些老的仓储、运输企业进行改革、改造和重组,使它们不断提供新的物流服务,与此同时,还出现了一批适应市场经济发展需要的现代物流企业。这一阶段,除公有制的物流企业外,非公有制的物流企业迅速增加,外商独资和中外合资的物流企业也有了不断发展。

随着我国经济向社会主义市场经济体制过渡,物流的活动逐渐摆脱了部门附属机构的地位,开始按照市场规律的要求开展物流活动。物流活动开始体现出物流的真正本质内容——服务。物流更多地与信息技术结合使用,物流的范围和领域也不断扩大。

四、目前我国物流发展现状和面临的形势

(一)发展现状

进入21世纪以来,我国物流业总体规模快速增长,服务水平显著提高,发展的环境和条件不断改善,为进一步加快发展奠定了坚实基础。

1. 物流业规模快速增长。2008年,全国社会物流总额达89.9万亿元,比2000年增长4.2倍,年均增长23%;物流业实现增加值2.0万亿元,比2000年增长1.9倍,年均增长14%。2008年,物流业增加值占全部服务业增加值的比重为16.5%,占GDP的比重为6.6%。

2. 物流业发展水平显著提高。一些制造企业、商贸企业开始采用现代物流管理理念、方法和技术,实施流程再造和服务外包;传统运输、仓储、货代企业实行功能整合和服务延伸,加快向现代物流企业转型;一批新型的物流企业迅速成长,形成了多种所有制、多种服务模式、多层次的物流企业群体。全社会物流总费用与GDP的比率,由2000年的19.4%下降到2008年的18.3%,物流费用成本呈下降趋势,促进了经济运行质量的提高。

3. 物流基础设施条件逐步完善。交通设施规模迅速扩大,为物流业发展提供了良好的设施条件。截至2008年底,全国铁路营业里程为8.0万公里,高速公路通车里程为6.03万公里,港口泊位为3.64万个,其中沿海万吨级以上泊位为1 167个,拥有民用机场160个。物流园区建设开始起步,仓储、配送设施现代化水平不断提高,一批区域性物流中心正在形成。物流技术设备加快更新换代,物流信息化建设有了突破性进展。

4. 物流业发展环境明显好转。国家"十一五"规划纲要明确提出"大力发展现代物流业",中央和地方政府相继建立了推进现代物流业发展的综合协调机制,出台了支持现代物流业发展的规划和政策。物流统计核算和标准化工作以及人才培养和技术创新等行业基础性工作取得明显成效。

但是,我国物流业的总体水平仍然偏低,还存在一些突出问题。一是全社会物流运行效率偏低,社会物流总费用与GDP的比率高出发达国家1倍左右;二是社会化物流需求不足和专业化物流供给能力不足的问题同时存在,"大而全"、"小而全"的企业物流运作模式还相当普遍;三是物流基础设施能力不足,尚未建立布局合理、衔接顺畅、能力充分、高效便捷的综合交

通运输体系,物流园区、物流技术装备等能力有待加强;四是地方封锁和行业垄断对资源整合和一体化运作形成障碍,物流市场还不够规范;五是物流技术、人才培养和物流标准还不能完全满足需要,物流服务的组织化和集约化程度不高。

2008年下半年以来,随着国际金融危机对我国实体经济的影响逐步加深,物流业作为重要的服务产业也受到了严重冲击。物流市场需求急剧萎缩,运输和仓储等收费价格及利润大幅度下跌,一大批中小物流企业经营出现困难,提供运输、仓储等单一服务的传统物流企业受到严重冲击。整体来看,国际金融危机不但造成物流产业自身发展的剧烈波动,而且对其他产业的物流服务供给也产生了不利影响。

(二)面临的形势

2009年3月,国务院决定把物流业列为国家振兴产业,并制定了《物流业调整和振兴规划》。应该看到,实施物流业的调整和振兴、实现传统物流业向现代物流业的转变,不仅是物流业自身结构调整和产业升级的需要,也是整个国民经济发展的必然要求。

1. 调整和振兴物流业是应对国际金融危机的迫切需要。一是要解决当前物流企业面临的困难,需要加快企业重组步伐,做强、做大,提高产业集中度和抗风险能力,保持产业的平稳发展;二是物流业自身需要转变发展模式,向以信息技术和供应链管理为核心的现代物流业发展,通过提供低成本、高效率、多样化、专业化的物流服务,适应复杂多变的市场环境,提高自身竞争力;三是物流业对其他产业的调整具有服务和支撑作用,发展第三方物流可以促进制造业和商贸业优化内部分工、专注于核心业务、降低物流费用,提高这些产业的竞争力,增强其应对国际金融危机的能力。

2. 调整和振兴物流业是适应经济全球化趋势的客观要求。一是随着经济全球化的发展和我国融入世界经济的步伐加快,全球采购、全球生产和全球销售的发展模式要求加快发展现代物流业,优化资源配置,提高市场响应速度和产品供给时效,降低企业物流成本,增强国民经济的竞争力。二是为了适应国际产业分工的变化,要求加快发展现代物流业,完善物流服务体系,改善投资环境,抓住国际产业向我国转移的机遇,吸引国际投资,促进我国制造业和高技术产业的发展。三是随着全球服务贸易的迅猛发展,要求加快发展现代物流业,培育国内现代物流服务企业,提高物流服务能力,应对日益激烈的全球物流企业竞争。

3. 调整和振兴物流业是国民经济持续快速发展的必要保证。根据全面建设小康社会的新要求,我国经济规模将进一步扩大,居民消费水平将进一步提高,货物运输量、社会商品零售额、对外贸易额等将大幅度增长,农产品、工业品、能源、原材料和进出口商品的流通规模将显著增加,对全社会物流服务能力和物流效率提出了更高的要求。同时,中西部地区要求改善物流条件,缩小与东部地区的物流成本差距,承接东部沿海地区产业梯度转移,促进区域间协调和可持续发展。

4. 调整和振兴物流业是贯彻落实科学发展观和构建社会主义和谐社会的重要举措。调整和振兴物流业,有利于加快商品流通和资金周转,降低社会物流成本,优化资源配置,提高国民经济的运行质量;有利于提高服务业比重,优化产业结构,促进经济发展方式的转变;有利于增加城乡就业岗位,扩大社会就业;有利于提高运输效率,降低能源消耗和废气排放,缓解交通拥堵,实现经济和社会的协调发展;有利于促进国内外、城乡和地区间商品流通,满足人民群众对多样化、高质量的物流服务需求,扩大居民消费;有利于国家救灾应急、处理突发性事件,保障经济稳定和社会安全。

本章小结

现代物流管理学是一门新兴的管理科学,其主要功能包括:包装、装卸搬运、运输、仓储保管、配送、流通加工和物流信息等。现代物流与传统物流的根本区别在于:第一,管理理念不同。现代物流是建立在系统观念之上的,强调各功能之间的整体优化整合,追求整个物流系统的最佳经济效益;传统物流则是孤立地进行多种功能活动,相互之间缺乏有机的配合,因此,整体效率低下。第二,科学技术基础不同。现代物流以计算机网络通信为技术支撑,加上各种先进的物流设备的应用,生产效率大大提高,这是传统物流不能相比的。

现代物流管理学尽管形成的时间不长,但发展十分迅速,这是全球经济社会发展的客观需要,在今后一段时间里现代物流的发展趋向必然是:第一,扩大化。随着市场的扩大、消费水平的提高、竞争的加剧,进入流通领域的货物流量越来越大。第二,一体化。现代流通呈现出生产过程与流通过程相互渗透、相互融合的一体化趋势,必将推动流通加工等新的物流功能的发展。第三,社会化。生产社会化的发展必然要求流通的社会化,介于货主与传统物流业之间的第三方物流的出现,则是物流社会化的必然结果。第四,系统化。将物流各环节的业务,作为社会再生产过程中的一个总体来进行综合性的研究和筹划,通盘考虑如何发挥流通的综合功能,能收到更大的经济效益和社会效益。第五,现代化。信息技术和电子技术在物流中的运用,使流通的方式和条件发生了改变,从而带来了物流管理的重大革命。

思考与练习

一、名词解释

现代物流　　现代物流功能

二、简答题

1. 怎样正确理解物流的概念?
2. 现代物流有哪些功能?
3. 现代物流经历了哪些发展过程?
4. 影响现代物流管理发展的因素有哪些?
5. 发展我国现代物流管理的意义是什么?

三、案例与分析

如何实现降低客户经营成本的目标
——中外运的物流发展与实践

1. 企业经营理念创新是发展现代物流的关键

中国外运集团(简称中外运)是一家具有50年历史的国有大型外贸运输企业,是我国最大的国际货运代理企业和第三大船东,也是一个准物流企业。自1998年开始,中外运开展了确定企业发展总定位、总方向的战略研究工作,经过一年多的深入调查与研究,制定了一个企业发展战略。这个战略全面总结了企业的历史、现状、问题,客观分析了企业的资源基础和发展条件,比较分析了国内外交通运输行业发展的规律和特点,提出了企业的产业定位是把中外运从一个传统的外贸运输服务企业转换为按规范体系运作的、国际化、综合性的大型物流企业集团,并制定了一个为期3年的战略目标和实施步骤。

这个战略第一次提出了中外运的经营理念:"我们今天和未来所做的一切,都是以降低客户的经营成本为目标,为客户提供安全、迅速、准确、节省、方便、满意的物流服务。"具体包括:(1)以"客户"为中心的物流服务精神;(2)以"降低客户的经营成本"为根本的物流服务目标;(3)以"伙伴式、双赢策略"为标准的物流服务模式;(4)以"服务社会、服务国家"为价值取向的物流服务宗旨。

企业经营理念的提出,是中外运经营思想的重大转变,它确立了集团经营的价值取向和中心目标,已经成为指导集团物流发展工作的基本原则与思想基础。

2. 降低客户成本是发展现代物流的重点

在中外运的物流经营理念中,提出了降低客户经营成本的目标。在传统的外贸运输服务中,客户成本的降低往往意味着运费收入的减少,当然这是与运输提供者市场交易的目标相矛盾的。那么,中外运在发展现代物流的过程中,为什么要提出降低客户成本的目标?怎样才能在降低客户成本的同时达到自己的利润目标?如何降低客户的经营成本?能否解决这些问题实际上是中外运能否实现产业升级的关键。以下几点是中外运的解决思路:

(1)为什么提出降低客户经营成本的目标

降低客户的成本是现代物流的本质特征和最终目标。与传统的运输服务、仓储服务不同的是,现代物流是对企业原材料、流程清单、成品及有关信息从起点到终点的全过程的策划、实施和控制的过程,而不是单独的某一项运输或仓储等服务的交易行为。在这一过程中降低客户成本的潜力是十分巨大的,因而现代物流又被称为"第三利润的源泉"。能否降低客户的经营成本是现代物流与传统运输的一个重要区别,也是中外运能否赢得市场的关键所在。中外运提出降低客户的经营成本,并不是通过一味地降低运输服务价格和减少收入去实现的,而是通过高品质的运输配送、信息服务和供应链管理,努力实现客户的"零库存",从而减少客户资金成本、仓储成本、管理成本和风险成本等各项费用,优化客户的资金流配置和生产决策来实现的。在这一过程中,高品质的服务将在帮助客户降低经营成本的同时获得合理的利润。

(2)如何降低客户的成本

物流服务降低客户成本主要是通过对企业供应链过程中的各个环节、各个因素的综合分析与控制来实现的。在这一过程中,物流管理的目标并不仅仅限于运输、仓储等企业对外交易的有形费用,更重要的是通过高效率的物流配送服务降低客户的各种无形费用。日本一位物流专家曾提出"物流冰山说",将全部物流费用比喻为一座冰山,露出水面的冰山一角,只是企业直接支付给外部单位易于计算和掌握的一小部分物流费用,譬如运费、装卸费等;还有一大部分在企业内部发生而难以明确划分和单独计算的费用,这一部分费用犹如"黑暗大陆",一般潜伏在水下,也是降低企业成本的重点。据分析,在涉及企业物流的所有费用之中,对外委托物流费用占42.7%,而企业内部间接的物流成本占57.3%。中外运降低客户的成本主要从上述两个方面入手,通过动态的物流成本分析来实现企业物流效益最大化的目标。主要表现为:

①降低直接的运输及配送费用

降低运输、仓储等客户对外直接交易费用是降低企业物流总成本的一个方面。过去企业在这方面往往采取的是随机、分散的运力采购方式。这种粗放型的管理,一方面增加了服务质量的不确定性,另一方面也增加了交易成本和管理费用,一直是企业经营成本居高不下的原因之一。而通过物流商专门的运输、配送体系和专业性的管理,不仅可以很好地解决上述问题,降低各项运输、装卸费用,而且企业在流通过程中的商品损失风险也可以得到有效转移。

②"零库存"的成本效应

实现企业的"零库存"是降低客户成本的核心因素,也是中外运物流服务的努力方向。企业库存的降低直接表现为仓储费用降低以及相关保管、管理维护费用的降低。另一方面,库存的降低又带来企业其他一系列各项潜在成本的降低。

首先是资金成本的降低。由于企业长期库存的存在,导致了大量资金的占用与积压。从金融角度看,这本身就是一笔相当可观的费用。因为资金本身是具有时间价值和机会成本的。当大量的资金处于被库存占用的状态时,既不能升值也不能转移,处于停滞与无效状态,无形中会产生巨大的利息损失或投资于其他领域而获得收益的机会成本损失。特别是在高技术产品生产领域,不管是上游的原配件库存还是下游的制成品库存都属于体积小、价值高的高货值物品,占用的资金量十分巨大,这时物流降低企业资金成本的效果就更加明显。

其次是风险成本的降低。大量库存的存在,不仅提高了企业的各项成本,而且还增加了企业的经营风险。特别是在市场竞争日益激烈的今天,市场的需求瞬息万变,企业产品升级换代的速度也在不断加快,由此造成了商品价格与需求量的时效性不断增强。库存量越大的商品面临贬值、淘汰的危险也越大。例如我国的手机市场,各种型号的手机的市场价格下滑十分迅速,大量的库存积压必然导致时间上的风险损失,因此,许多厂家都采取小批量、多批次的生产方式以适应风云变幻的市场竞争,对零库存的需求也更加迫切。同时,风险成本的另一种表现形式是商品折旧的存在,大幅度地降低库存可以将企业的相关折旧损失有效地转移出去,这也是一条降低企业成本的有效途径。

当然,"零库存"的目标是相对的,而不是绝对的,实际上存在着库存成本与运输成本的均衡问题。实现"零库存"的条件是对运输品质要求的提高,这必然导致运输成本的提高,当运输成本与库存成本达到均衡状态时,这时的库存处于最优化、最经济状态。因此,如何确定企业的最佳库存量,也是中外运为客户提供的物流服务之一。

③优化资金流,提高企业的资金效率

从局部看,物流服务可以有效地促进企业降低各项成本;从整体看,它可以进一步改善企业的资金流状况,提高企业的资金效率,由此实现从资本运营的角度提高企业的经济效益。全过程的供应链管理是全局性的而不是局部的,是长期性的而不是暂时的,这就决定了在通过物流服务降低客户成本的过程中必须注意到对企业资金流的影响与完善。一个成功的物流服务项目实际上是货物流、信息流和资金流的有机结合和高度统一。可以这样形容,货物流是外在行动,信息流是技术手段,而资金流是最终目标。企业的经济效益最终是由资金流的运行状况所决定的,所以物流服务中的成本管理从根本上是需要以企业资金流的运转效率为基础的,企业的资金效率越高,降低成本的幅度越大,经济效益就更加明显。企业的资金流运动本质上是企业的资金在货币资本、生产资本、商品资本三种状态上的资本周转过程,资金效率取决于预付资本总量和资本周转速度两个因素。库存的降低可以直接减少企业用于生产的资本预付总量,而资本周转速度的提高是通过提高企业的物流配送速度以及在流通过程的增值服务完成的。因此,高效率的配送体系和具有增值服务能力的物流中心是提高企业资本周转速度的重要条件。

(3)降低客户成本的条件

对于一个企业来说,实施全方位的物流管理与经营是一项复杂的系统工程,需要一定的基础条件和开拓创新的精神。如何真正达到降低客户成本的目标,需要具备以下条件:①高效率的综合运输、配送体系;②全过程的信息跟踪与服务能力;③具有综合服务功能的物流中心建设;④贴近客户供应链分析与管理。

中外运的物流系统的构造基本上是按照上述目标进行的。

3. 中外运的物流体系建设与客户服务实践

中外运物流体系建设的总体目标是:按照现代物流的标准和要求,以信息技术为依托,建立统一的作业流程和操作规范,根据市场和客户的要求,确定主导物流产品,培育和发展集团的物流产业竞争能力。为此,中外运正在积极推进以下几个方面的工作:

(1)物流信息服务与信息管理创新

以客户为中心,建立面向市场的信息服务系统(包括客户查询系统、货物跟踪系统、客户信息反馈系统等)。通过高水平的信息服务提高现代物流服务品质,与此同时,建立能够支撑集团综合物流服务的电脑控制、信息与操作系统,通过信息手段实行集约管理,规范业务流程,全面提升集团一体化运作能力。

(2)物流配送体系的建设

积极开展物流标准化流程再造,改变集团"有点无网"、分散经营的局面。在信息技术的支撑下,各经营主体根据专业特点与区域分布,建立起分工协作的一体化经营模式,根据标准化流程实行规范运作,并且逐步进行物流组织再造。各经营主体实行销售、操作与管理等环节相分离,按照集团物流规划进行组织划分和统一布局,明确职能、严格分工。在信息技术的支撑下,按照标准流程紧密衔接,规范运作。具体内容包括:①以所在省市为主要经营地域,建立区域性的货物集散与仓储配送中心(包括增值服务部分);②建立区域集散中心之间的低成本运输通道;③建立货物集散地的信息中心;④建立货物集散地和中心城市的客户服务中心。通过上述工作,在全国范围内建立高效的物流配送体系,使集团能够根据客户的需要提供适时配送服务。

(3)物流中心建设

物流中心是向客户提供增值服务和物流中转的基地。中外运在全国各地拥有160座仓库,仓储总面积达550万平方米,并且很多仓库是和铁路专用线、集装箱堆场结合在一起的,是天然的物流流转中心。为了尽快满足客户的需要,中外运已经开始在全国重点省市设立12个大物流中心,进一步加强电子化库存管理系统,并把海关、商检等部门直接请到物流中心,设立办事处,使物流货物可以得到现场报关和检查,以提高通关速度,加快物资流通速度。

4. 提高物流成本分析与供应链管理能力

在为客户服务的具体过程中,中外运供应链管理能力不断得到提高,例如,在为某一化工企业提供物流服务的过程中,结合公司内外的力量,对该企业从原材料采购、储存、销售、装卸、配送等各项成本进行了综合分析,为它提出最佳库存保有量与原材料采购计划,并为它设计了专门的物流流程,配合企业的财务部门建立起与物流相结合的资金流管理模型,并根据企业产品特点,使客户的物流目标得到很好体现。

5. 实施大客户战略,建立大客户服务体系

在集团内迅速培训一批大客户经理,根据客户的需要组合服务产品,满足客户个性化的服务需求。

思考题:

1. 中外运提出了什么样的经营理念?
2. 中外运如何降低客户的物流成本?
3. 中外运打算如何加强物流体系建设?

第二章 物流系统

学习目标与要求

1. 掌握物流系统的基本概念；
2. 了解物流系统的组成要素和功能要素；
3. 熟悉物流系统的模式和物流系统分析的基本方法与原则。

物流科学是近年发展起来的综合性学科，它带有明显的交叉科学的特征。同时，物流活动本身也不仅是运输和保管等活动的简单叠加。因此，我们完全有必要运用系统论的观点和方法来研究物流问题。物流系统是由相互作用和相互依赖的物流要素所构成的具有特定功能的有机整体。物流系统是社会大系统的一个子系统或组成部分。就物流过程的每一个环节来讲，其作用的发挥不仅受到其内部各要素的制约和外部条件的影响，而且这些要素和环境总是处于不断的变化之中。因此，以系统理论和系统工程的原理来研究和开发物流系统，无论是对提高物流活动的效率和效果、满足社会对物质产品的各种需求，还是对促进物流理论体系的不断完善，都具有极为重要的意义。

第一节 系统和物流系统

一、系统概述

（一）系统的概念

"系统"（System）一词源于古希腊语，有"共同"和"给以位置"的含义。系统论的创立者贝塔朗菲（L. V. Bertalanffy）把系统定义为"处于一定的相互关系中并与环境发生联系的各组成部分（要素）的总体（集合）"。而系统论作为一种完整的理论是直到20世纪中叶才形成的。目前国内比较公认的是著名学者钱学森给系统下的定义：系统是由相互作用和相互依赖的若干组成部分结合成的具有特定功能的有机整体，而且，这个整体又是它所从属的更大系统的组成部分。系统用数学公式可表达为：

$$S = f(A_1, A_2, \cdots, A_n, 环境)$$

式中：S 表示系统；A_n 表示该系统所有组成部分；f 表示该系统所有组成部分或要素之间的相互作用和相互依赖的某种关系以及该系统与其所处的环境之间的某种关系的集合，简称

第二章 物流系统

"关系集"。

由上式可知,系统的形成须具备以下三个条件:(1)系统由两个(包括两个)以上的要素组成;(2)系统各要素之间相互联系、相互制约,使系统保持相对的稳定;(3)系统具有一定结构,保持其有序性,从而使系统具有特定功能。

要素是构成系统的必要因素,是系统最基本的单位,因而也是系统存在的基础和实际载体。系统的性质是由要素决定的,有什么样的要素就有什么样的系统。要素在系统中的情况一般分为三种:一是不同数量和不同性质的要素,可构成不同的系统;二是相同数量和相同性质的要素,仅由于构成方式不同,也可构成不同的系统;三是相同的要素,仅由于数量不同,也可构成不同的系统。

一般来说,在给定的一个系统中,系统的关系主要有以下三种:一是系统内部各部分(要素、子系统)之间的关系,称为系统内部关系;二是系统内部每一部分(要素、子系统)与该系统之间的关系,即整体与个体的关系;三是系统本身与外部环境间的关系,即系统内部与外部的关系。

系统功能是系统与环境相互联系和作用的外在活动形式或外部秩序,它是系统与外部环境相互联系和作用过程的秩序与能力。任何一个系统功能的发挥,不仅取决于这个系统各组成部分或要素对该系统的作用大小,而且也取决于系统的各种关系对该系统所产生的影响大小。

为了进一步理解系统的内涵,还应注意以下几个问题:(1)在给定的一个系统中,任何一个组成部分(要素)的性质或行为将影响整个系统的性质和行为;(2)在一个系统中,每一部分对整体的影响并不全是直接对整体施加影响,还可通过该部分对其他部分的作用来影响整体;(3)在给定的一个关系中,任何一部分或一个要素不可能成为这个系统中的独立的子系统,来实现系统的整体功能;(4)任何一个系统不能独立地存在,它必须处于一定的环境之中,即处于比它更大的系统之中。

(二)系统的模式和特征

1. 系统的模式

任何一个系统都是由输入、处理、输出三部分组成的,加上反馈就构成了一个完备的系统。系统模式如图 2-1 所示。

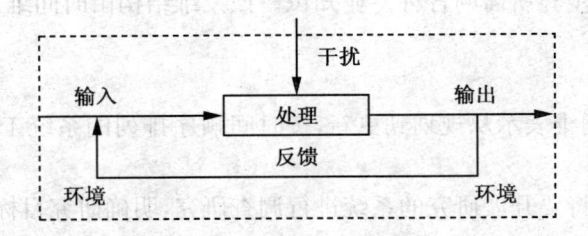

图 2-1 系统模式图

从图 2-1 中我们可以看出,任何一个系统都是处于一个比它更大的环境之中。对于人造系统,系统与外部环境的联系,是系统通过提高劳动力、劳动手段、资源、能量、信息等对系统产生作用来实现的,表现为外部环境对系统的"输入"。同时,外部环境会因资源有限、需求的波动、社会技术的不断进步以及其他各种变化因素的影响,对系统加以限制或约束,表现为外部环境对系统的"干扰"。系统以其自身所拥有的各种手段和特定功能,在外部环境的某种干作用下,对环境的输入进行必要的转化活动,使之成为对环境有用或有价值的产品或劳务,并提供给外部环境供其使用,这就是所谓的系统"输出";而这里的"转化过程"就是系统的"处理"。此外,输出的结果不一定是理想的,可能偏离预期目标,因此,要将输出结果返回给输入,以便调整和修正系统的活动,这称为"反馈"。

2. 系统的特征

从系统的概念和模式中,我们可以看出系统具有以下几个特征:

(1)整体性。系统的整体性是指系统必须是由两个或两个以上有一定区别又有一定联系的要素组成的整体。这种集合体的功能不是各要素功能的简单相加,而是按照逻辑统一性要求组成的整体。系统中任何一个要素的功能都不能代替系统的整体功能。

(2)关联性。系统的关联性是指系统本身构成的要素之间存在着相互作用和相互依赖的内在联系。这种内在联系使系统内任一要素的变化都会影响其他要素的变化。

(3)目的性。任何一个系统都是以实现某种功能为目的的,有着极其明确的目标。

(4)动态性。系统的动态性是指系统处于不断变化和运动之中,即系统要不断输入各种能量、物质和信息,通过转换处理,输出满足人们某种期望的要求。系统就是在这种周而复始的运动变化中生存和发展,人们也正是在系统的动态发展中实现对系统的管理和控制,以便充分发挥系统的功能。

(5)适应性。系统总是处于一定的环境之中,受环境的约束和限制。当环境发生变化,系统的功能就会受到影响,甚至会改变系统的目标。因此,系统必须具有自我调节的能力,以适应环境的各种变化。这种自我调节的"应变能力"就是系统的环境适应性。

(三)系统工程及方法

系统工程是系统思想在应用领域的重要实践。与物流科学一样,系统工程也是由多种学科相互渗透、相互影响的交叉科学,同样面临着为达到系统目标而在各个要素之间、要素与整体之间以及系统与环境之间进行权衡的问题,其中既包含技术问题又包含管理问题。由于系统本身的复杂性,我们对系统的分析和处理就必须按照科学的方法和步骤进行,这就是所谓的系统工程方法。

在此,我们介绍具有一定代表性的系统工程的"三维结构",美国工程师霍尔(A.D.Hall)提出的"三维结构"将系统的整个管理过程分为前后紧密相连的六个阶段和七个步骤,并同时考虑了完成这些阶段和步骤所需的各种专业知识。该三维结构由时间维、逻辑维和知识维组成,如图2—2所示。

1. 时间维

三维结构中,时间维表示从规划到更新,按时间顺序排列的系统工程全过程,共分为以下六个阶段:

(1)规划阶段:对将要开展研究的系统进行调查研究,明确研究目标,并在此基础上提出自己的设计思想和初步方案,制定出系统工程活动的方针、政策和规划。

(2)方案阶段:根据规划阶段所提出的若干个设计思想和初步方案,从社会、经济、技术、可行性等方面进行综合分析,提出具体方案并选择一个最佳方案。

(3)研制阶段:以计划为行为指南,把人、财、物组成一个有机整体,使各环节、各部门围绕总目标,实现系统的研制方案,并制订生产计划。

(4)生产阶段:生产和研制开发出系统的零部件及整个系统。

(5)运行阶段:系统安装后,完成系统的运行计划,使系统按预定的目标或在事先确定的范

第二章 物流系统

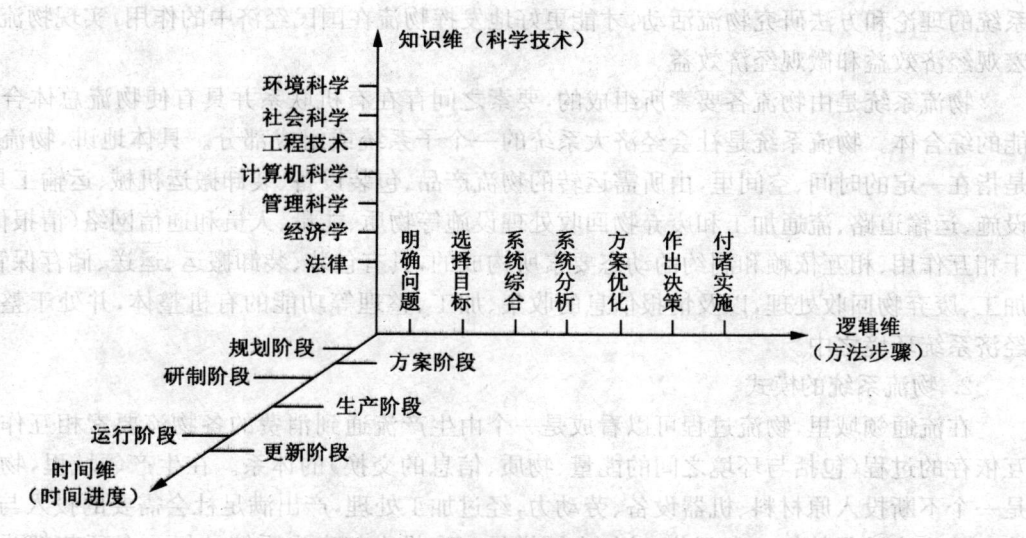

图 2—2 霍尔的三维结构

围内运行。

(6)更新阶段：完成系统的评价，在现有系统运行的基础上加以改进和更新，使系统更有效地工作，同时为进入下一个研究周期准备条件。

2. 逻辑维

三维结构中的逻辑维是指每个阶段所要进行的工作步骤，这是运用系统工程方法进行思考、分析和解决问题时所应遵循的一般程序。

(1)明确问题：尽可能全面地收集资料，了解问题，包括实地踏勘和测量、分析需求、预测市场等工作。

(2)选择目标：针对所要解决的问题，就解决问题的程度要达到什么效果等，应当确定标准，即所谓的目标，以便以后进行比较和评价。

(3)系统综合：收集并综合所能达到预期目标的各种方案，并对每一种方案进行必要的说明。

(4)系统分析：应用系统工程方法对各种方案进行评价、分析、比较。

(5)方案优化：依据对各种方案的比较结果进行选择，找出满足目标的最佳方案或最满意的方案。

(6)作出决策：确定最佳方案或最满意的方案。

(7)付诸实施：执行所确定的方案。

3. 知识维

三维结构中的知识维是指在完成以上各项工作过程中所需的专业知识和管理知识。包括科学学、工程技术、经济学、法律、数学、管理学、环境科学、计算机技术等各方面的知识和技能。

二、物流系统

(一)物流系统的概念及其模式

1. 物流系统的概念

根据我们所介绍的系统的一般概念和特征，以及从物流的作用和特点中可以看出，必须以系统的理论和方法研究物流活动,才能更好地发挥物流在国民经济中的作用,实现物流活动的宏观经济效益和微观经济效益。

物流系统是由物流各要素所组成的,要素之间存在有机联系并具有使物流总体合理化功能的综合体。物流系统是社会经济大系统的一个子系统或组成部分。具体地讲,物流系统就是指在一定的时间、空间里,由所需运转的物流产品、包装设备、装卸搬运机械、运输工具、仓储设施、运输道路、流通加工和废弃物回收处理设施等物质、能量、人员和通信网络(情报信息)若干相互作用、相互依赖和制约的动态要素所构成的,具有包装、装卸搬运、运送、储存保管、流通加工、废弃物回收处理,以及情报信息的收集、加工、整理等功能的有机整体,并处于整个国民经济系统环境之中。

2. 物流系统的模式

在流通领域里,物流过程可以看成是一个由生产流通到消费的各物流要素相互作用和相互依存的过程(包括与环境之间的能量、物质、信息的交换)的体系。在生产领域里,物流过程是一个不断投入原材料、机器设备、劳动力,经过加工处理,产出满足社会需要的投入与产出系统。就物流过程的每一个环节来说,也同样是一个投入与产出系统。每一个环节都要从外界环境吸收一定的能量和资源(人、财、物),并以输入形式投入,经过转换处理,直接或间接地产出一定的产品和劳务,再以输出的形式向外界提供,来满足社会的某种需求。

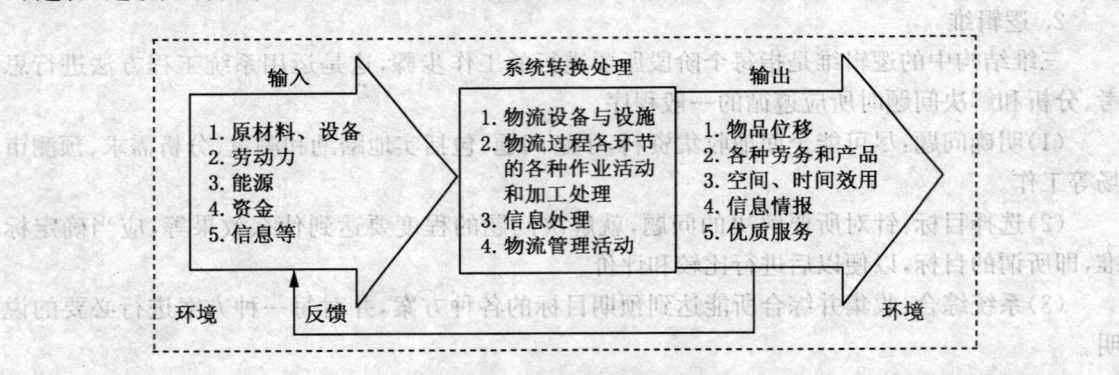

因此,物流系统是一个从环境中不断输入要素,经过转换处理,不断输出产品和劳务的循环过程,这就是物流系统的基本模式,如图2—3所示。

图2—3 物流系统模式图

(二)物流系统的构成

系统的构成包括所构造系统的范围、系统的构成要素、系统的各种关系、系统的层次结构等。其中,系统的关系既包括系统内部各构成要素之间的关系、各要素与系统的关系,又包括系统与外界环境之间的关系。

1. 物流系统的边界范围

从物流的概念可以看出,物流既包括生产过程中的物流活动,又包括流通过程中的物流活动。因此,物流系统的范围是很广泛的。它始于生产厂的原材料购进,经过生产过程形成可供销售的成品、半成品,并运送至成品库,经过包装后分送到各流通中心(中间仓库),再转销各消费者,止于生活消费或生产消费。可见,物流系统的范围横跨生产、流通和消费三个领域。所以,我们可以对物流系统作这样的归纳:物流系统以客户服务为中心,即"一个中心";物流系统的管理是一个过程管理,这个过程始于原材料,终于最终顾客,即原材料与最终顾客是"两个边界"；同时，物流系统横跨生产、流通和消费这"三个领域"。

随着科学技术的不断进步，生产的社会化、专业化程度和物流技术水平的不断提高，物流系统的边界范围必将不断地向内深化和向外扩展，其内涵和外延难以分清，呈现出一种模糊状态。但是，如果我们研究的物流系统被确定在一个特定的空间、时间内或系统的某一功能领域，那么物流系统就会具有较明显的界域。例如，流通过程的销售物流，它是以订货采购的方式输入所需要销售的物品，通过装卸搬运、运输等活动的处理，直接以销售形式输出给消费者，或者通过装卸搬运、运输、验收、入库、储存保管、流通加工、配送等活动的转化处理，再以销售的形式输出给消费者的一个过程体系。

但是，物流系统边界的大小，是受主客观因素影响的。就物流本身的发展而言，我们知道它的发展可归结为经济动因和军事动因两大主要因素，但也不能排除管理水平的提高和其他相关科学技术的进步。而我们这里所讨论的物流系统的大小，在主观上是受到物流系统的管理主体的管理水平和其他辅助管理技术水平的影响的，例如，一个超过我们的管理决策能力和辅助决策工具所及的物流系统，我们显然是管不好也管不了的；在客观上是受到系统本身和环境的影响的，例如，效益背反关系明显的两个因素最好是放在同一个系统内考虑，而相互之间的关系相对简单或间接的地方最适宜作为边界来划分不同的系统。

2. 物流系统的要素

任何一个系统都是由人、财、物、信息、技术等要素有机结合而构成的。因此，物流系统的基本要素包括劳动者要素、资金要素、信息要素、技术要素和物的要素。其中，劳动者要素是核心要素、第一要素，提高劳动者的素质是建立一个合理化的物流系统并使之有效运转的根本。

按物流活动的功能区域划分，可分成六个物流子系统，即六个功能要素，它们分别是：

(1) 包装系统。它主要是实现物流过程的包装功能，其目的是保护产品，便于装卸、运输、储存，促进销售。

(2) 装卸搬运系统。它主要是实现物流过程中的装卸搬运功能，完成装上卸下和位置移动作业，以便对物品进行运输和保管等。

(3) 运输系统。它主要是实现物流的运输功能，完成物品空间位置上的移动，克服产地和需求地之间的空间距离，实现物流的空间效益。

(4) 储存保管系统。它主要是实现物流的储存保管功能，克服供应和需求在时间上的差异，保障储存物品不受损害，创造物流的时间效益。

(5) 流通加工及废弃物的回收与处理系统。它是指从满足消费的各种需要和充分利用资源出发，对物品进行再加工，以及废旧物的回收和处理利用等，以促进物流系统整体功能的发挥。

(6) 信息情报系统。它对物流系统起着融会贯通的作用，通过信息系统的指导，才能保证物流系统各项活动灵活运转。物流系统的有机统一，正是信息情报系统把物流过程各环节的活动联系起来的结果。

3. 物流系统的关系

物流系统的关系包括物流系统内部各要素之间的关系、物流系统与外部环境的关系等。

(1) 物流系统内部各要素之间的关系。在物流过程中，主要环节是物品的储存保管和运输，它们是物流的两个中心职能活动。其他各构成要素都是围绕着这两项活动进行的。首先，根据订货信息对物品进行订货采购活动，然后经过验收进行储存保管，待发送运输，或组织配送,送往消费者,达到最终服务的目的;如果某种货物的局部质量特征与用户的需求不相吻合或不利于后续物流活动的进行,则需要对它进行流通加工处理。为了保证运输、储存保管的质量,物品需要进行包装,或进行集中单元处理,以方便装卸搬运、输送和储存保管。同时,为了降低物流费用,提高物流服务质量,就必须充分利用运输能力和存储空间,对储存物品进行定量控制,发挥仓储调控作用,以便提高物流系统的空间效益和时间效益。并且,整个物流系统的正常运转,依赖于物流信息的指挥、调节作用。因此,在物流系统内部各要素之间存在着相互依赖、相互作用和互为条件的关系。这种关系如图2-4所示。

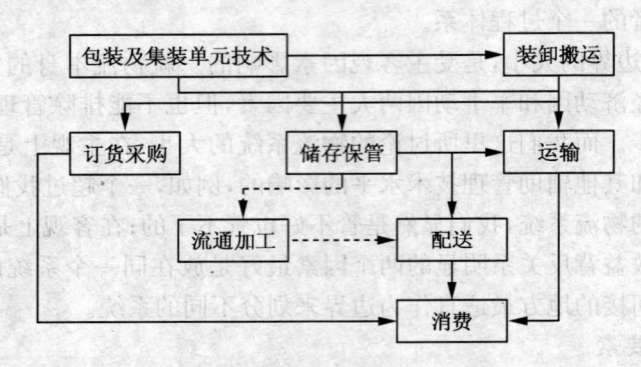

注:图中虚线部分是指只有少数货物需要经过流通加工。

图2-4 物流系统内部各要素关系图

(2)物流系统与外部环境的关系。物流系统不是一个孤立的系统,而是一个与社会环境紧密相连的开放的系统。物流产品的社会需要量、供应量、运输量和资金拥有量等方面制约着物流系统活动,并与其他社会、经济、政策以及科学技术等因素,共同构成了一个复杂的社会环境关系,如图2-5所示。

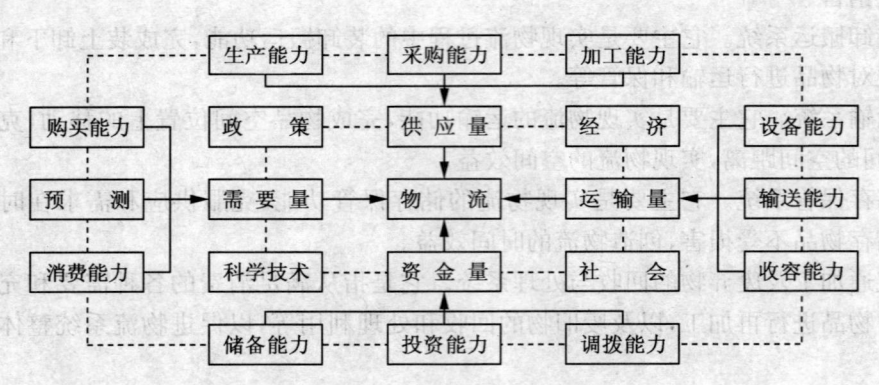

图2-5 物流系统与外部关系图

从图2-5中可以看出,作为物流功能的运输,与运输量的大小有很大关系,而运输量的多少受运输设备的能力、输送能力和收容能力等因素的直接影响,此外,它还受到物流基础设施的影响。这就是说,运力是物流系统的约束条件之一。供应量是指在社会再生产过程中,能够提供的物质产品的数量,它是物流活动的物质基础,是物流系统的直接对象。也就是说,没有足够数量的物质产品供应,就难以保证生产和生活消费的需要。因此,供应的物品从数量、质量、品种规格、配套性和及时性方面制约着物流系统功能的发挥。需求量是反映社会对物质产品的需求情况、做好社会需求的科学预测、保证物流系统得以正常运行的一个基本条件,影响着物流系统满足社会需求作用的实现。资金拥有量体现着物流系统本身能量的大小,它是影响物流系统功能大小的物质条件。同时,社会、经济、政策以及科学技术等外部因素,也是影响物流系统功能发展的约束条件。

物流系统与外部环境的这种复杂关系,使物流系统研究和涉及的方面十分广泛,因而增加了研究的难度和广度。物流系统与外部环境的联系,是通过从生产厂家的产品输入,经过转换又向消费市场输出,并以信息反馈的形式与外界发生"交换"关系的。同时,外部环境的各种约束条件也不时地对物流系统加以"干扰",使物流系统内部原本平衡的状态受到破坏,产生产销脱节现象,或供大于求形成积压,或求大于供形成脱销。为了恢复、保证系统的平衡状态,必须协调供、产、储、运、销,克服外界干扰,对物流系统实行有效管理,不断提高系统的应变能力,增强系统的生命力。

(三)物流系统的特征

物流系统是新的系统体系,它具有系统的一般特征。同时,物流系统是一个十分复杂的系统:复杂的系统要素、复杂的系统关系等,使物流系统又有其自身的特点。具体表现在以下几个方面:

1. 复杂性

首先,物流系统的对象异常复杂。物流系统的对象是物质产品,既包括生产资料、消费资料,又包括废旧废弃物品等,遍及全部社会物质资源,将全部国民经济的复杂性集于一身。其次,它拥有大量的基础设施和庞大的设备,而且种类各异。为了实现系统的各种能力,必须配有相应的物流设施和各种机械设备,例如,交通运输设施,车站、码头和港口,仓库设施和货场,各种运输工具,装卸搬运设备,加工机械,仪器仪表,等等。再次,物流系统的关系复杂。物流系统各个子系统间存在着普遍的复杂联系,各要素关系也较为复杂,不如某些生产系统那样简单明确。而且,系统结构要素间有非常强的"背反"现象,常称为"交替损益"或"效益背反"现象。物流系统中许多要素在按新观念建立系统之前,早就是其他系统的组成部分,因此,往往较多地受原系统的影响和制约,而不能完全按物流系统的要求运行,对要素的处理稍有不慎,就会出现系统总体恶化的结果。最后,物流系统与外部环境联系极为密切和复杂。物流系统不仅受外部环境条件的约束,而且这些约束条件多变、随机性强。

2. 动态性

其一,物流系统与生产系统的一个重大区别在于:生产系统按固定的产品、固定的生产方式,连续或不连续地生产,少有变化,系统稳定时间较长。而一般的物流系统总是连接多个生产企业和用户,随需求、供应、渠道、价格的变化,系统内要素及系统的运行经常发生变化,难以长期稳定。其二,物流系统信息情报种类繁多,数据处理工作量大,而且信息流量的产生不均匀。其三,物流系统属于中间层次系统范畴,本身具有可分性,可以分解成若干个子系统,同时,物流系统在整个社会再生产中又主要处于流通环境中,因此,它必然受更大的系统(譬如流通系统、社会经济系统)的制约。

3. 广泛性

物流系统涉及面广、范围大,既有企业内部物流、企业间物流,又有城市物流、社会物流,同时还包括国际物流,物流系统几乎渗透到我们工作、生活的各个领域。

在对物流活动进行研究时,应考虑物流系统的特征,才能建立一个高效低耗的物流系统,实现系统各种功能。

(四)物流系统的服务功能

物流系统的服务功能可以从宏观和微观两个层次上来考察。这里，我们主要分析物流系统的微观功能，而且考察的角度不同会有不同的结果。但从物流系统的对外输出来看，它主要是对外提供各种与物资流通有关的服务。因此，我们可以根据它所提供的服务性质的不同将其分为基本服务功能和增值服务功能。

物流的基本服务功能是任何一个物流系统所必须具备的功能，例如，运输、保管、配送、装卸搬运、包装、流通加工、信息处理等。而物流的增值服务功能是为了满足顾客的要求，在物流基本服务的基础上延伸出来的相关服务。它要求对物流系统进行必要的改进才能达到增值服务的目的。物流系统的增值服务功能主要有：

1. 增加便利性的服务功能

有人把这种服务功能戏称为"使人变懒的服务"，它是指一切能够简化手续、简化操作的增值服务。这里的简化并不是指服务内容的简化，而是通过对物流系统的必要调整，用简洁的手段或方法去深化服务内容。例如，傻瓜照相机既简单又好用的特征无疑增加了客户价值。因此，以客户为中心，提供一条龙的全过程服务并辅之以对客户必要的提示，使客户能享受简单化、高质量的服务，这将会增加客户价值并能提高物流系统的竞争能力。

2. 加快反应速度的服务功能

这是一种以时间为核心的服务。一方面，它可以加快流通速度，提高流通效率；另一方面，可以为客户提供准时化(JIT)服务，降低客户的运作成本，加强与客户的合作，为降低供应链整体的成本，适应日趋复杂多变的市场需求创造条件。

3. 降低成本的服务功能

通过降低物流服务的成本而获得的增量利润，我们称之为发掘"第三利润源泉"。物流系统的效益背反关系的主要表现形式之一就是物流服务与物流成本的背反关系，即伴随着物流成本的变大，物流服务水平的提高却越来越缓慢。因此，我们一方面要选择一个合适的物流服务水平与物流成本之间的匹配点；另一方面，要在不降低或少降低服务水平的前提下努力降低成本，提高物流系统的效率和效果。

4. 延伸服务的功能

物流服务的延伸有两个含义：一是指从基本服务功能向增值服务功能的延伸；二是指物流服务的内涵的延伸，即提高物流服务的层次。从第三方物流发展到提供信息咨询服务的第四方物流直至提供人才培训服务的第五方物流，这样，有利于我们站在更高的层次上规划物流问题，在更大的范围内整合物流系统，增加物流系统的集成度，达成物流系统之间的无缝连接。

第二节 物流系统分析

一、物流系统分析的含义与作用

(一)物流系统分析的含义

系统分析是系统方法在科学决策中的具体应用。它是一个有步骤地探索和分析问题的过程，以寻求解决问题的途径。具体表述为：系统分析是从系统的最优出发，在选定系统目标和准则的基础上，分析构成系统的各子系统的功能和相互关系，以及系统与环境的相互作用；运用科学的分析工具和方法，对系统的目的、功能、环境、费用和效益等进行充分的调研、收集、比较、分析和数据处理,并建立若干替代方案和必要的模型,进行系统仿真试验;把试验、分析、计算的各种结果与原先制订的计划进行比较和评价,寻求对系统整体效益最佳和有限资源配备最佳的方案,为决策者最后判断提供科学依据和信息。物流系统分析也遵循这样的规律。

可见,物流系统分析包括的内容是非常广泛的,既包括系统内部各要素,又包括与系统相联系的外部环境。物流系统分析的目的,在于通过分析,比较各种替代方案的各项技术、经济指标,向决策者提供可作出正确决策的资料和信息,以便获得最优或最满意的方案。因此,物流系统分析实质上就是在明确目的的前提下,来分析和决定系统所应具备的功能和相应的环境条件。

由于物流系统是由相互联系、相互作用的多个要素组成的,具有多个子系统,并能实现多种功能的集合,对物流系统进行系统分析,就要了解物流系统各部门的内在联系,把握物流系统行为的内在规律性,这不论对于设计新系统,还是改造现有系统,都是极其重要的。

（二）系统分析的作用

为了说明系统分析的作用,需要先分析系统的建立过程。系统的建立过程一般可分为系统规划、系统设计和系统实施三个阶段,如图 2—6 所示。

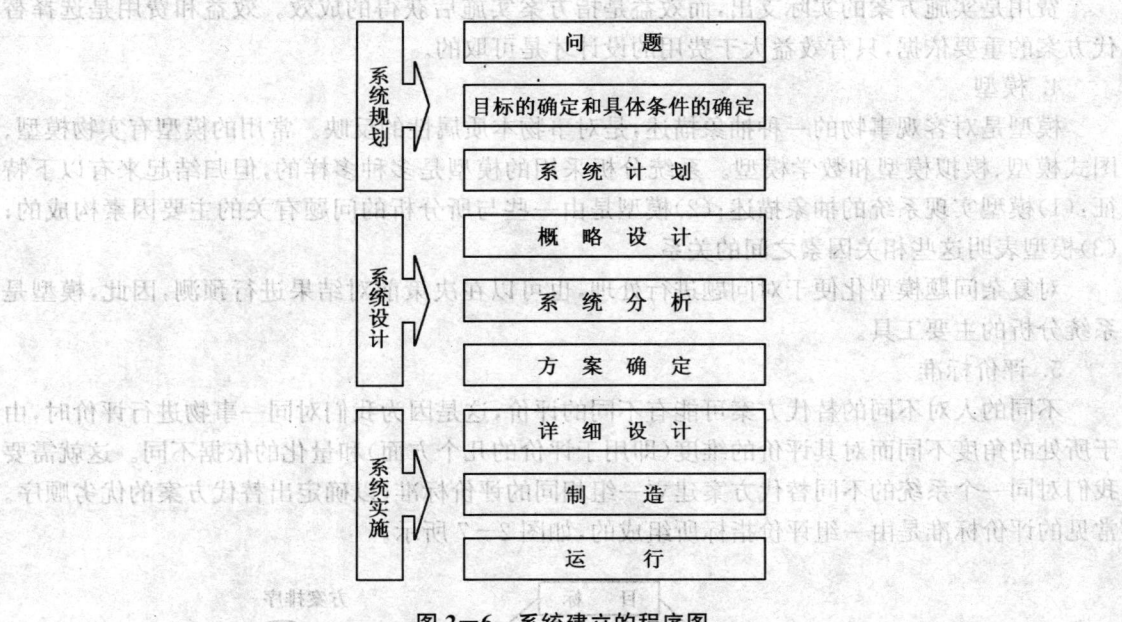

```
系统规划 ⇒ 问　　题
         目标的确定和具体条件的确定
         系　统　计　划

系统设计 ⇒ 概　略　设　计
         系　统　分　析
         方　案　确　定

系统实施 ⇒ 详　细　设　计
         制　　造
         运　　行
```

图 2—6　系统建立的程序图

在图 2—6 中,系统规划阶段的主要任务是定义系统的概念,明确建立或改进系统的必要性,并在此基础上明确目的和确定目标;同时,提出系统建立应具备的环境条件以及系统的约束条件。简言之,提出问题、确立元素和约束,并制订相应的开发计划。系统设计阶段首先对系统进行概略设计,其内容是建立多个可行方案;然后进行系统分析,分析的内容包括目的、替代方案、费用和效益、模型及评价标准等;并确定系统设计方案,对系统进行详细设计,即提出模式和解决方案。系统实施阶段,主要是对系统中的关键项目进行试验和试制,在此基础上进行必要的改进,然后正式投入运行,即实施和改进。

由此可见,物流系统分析在整个系统的建立过程中处于非常重要的地位。它起到承前启后的作用,特别是当系统中或系统所处的环境中存在着不确定因素或相互矛盾因素时,更需要进行系统设计或在设计过程中尽可能增强系统对环境的适应能力,只有这样,才能保证获得最优或最满意的设计方案。

二、物流系统分析的要素与原则

(一)物流系统分析的要素

系统分析的要素是指系统分析的项目,具体包括目标、替代方案、费用和效益、模型以及评价标准。

1. 目标

目标是指系统所希望达到的效果和结果。目标的确定不仅是建立系统的依据,也是系统分析的出发点。它是我们收集资料、制定替代方案和评价标准的依据。

2. 替代方案

替代方案是指为了达到系统目标可采取的各种手段和措施。一般情况下,达到目标的方法和途径是多种多样的,这就需要对这些方案进行分析和比较。

3. 费用和效益

费用是实施方案的实际支出,而效益是指方案实施后获得的成效。效益和费用是选择替代方案的重要依据,只有效益大于费用的设计才是可取的。

4. 模型

模型是对客观事物的一种抽象描述,是对事物本质属性的反映。常用的模型有实物模型、图式模型、模拟模型和数学模型。系统分析采用的模型是多种多样的,但归结起来有以下特征:(1)模型实现系统的抽象描述;(2)模型是由一些与所分析的问题有关的主要因素构成的;(3)模型表明这些相关因素之间的关系。

对复杂问题模型化便于对问题进行处理,也可以在决策前对结果进行预测,因此,模型是系统分析的主要工具。

5. 评价标准

不同的人对不同的替代方案可能有不同的评价,这是因为我们对同一事物进行评价时,由于所处的角度不同而对其评价的维度(即用于评价的几个方面)和量化的依据不同。这就需要我们对同一个系统的不同替代方案建立一组相同的评价标准,以确定出替代方案的优劣顺序。常见的评价标准是由一组评价指标所组成的,如图2—7所示。

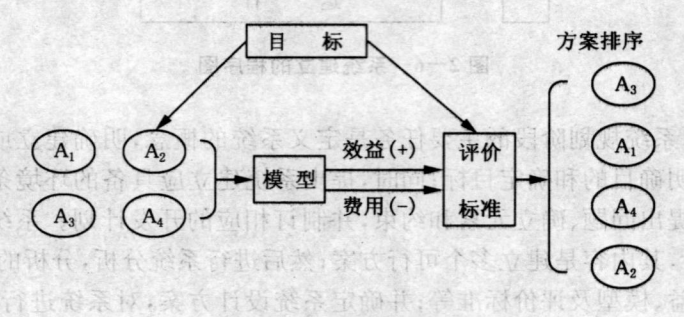

图2—7 系统分析结构

(二)系统分析的原则

1. 整体性原则。系统分析的一个基本思想,就是把所要研究的对象看作一个有机的整体,以整体利益为目标。整体性原则要求人们在认识和改造系统时,必须从整体出发,从组成系统的各要素间的相互关系中探求系统整体的本质和规律。目前,工业发达国家都在探索实现物流一体化、发挥物流综合功能的途径,这就需要依照整体性原则进行系统分析,由此才能发挥物流综合功能,实现物流活动整体优化。

2. **层次性原则**。任何一个系统都是由一定要素组成的整体。一方面,这些要素是其下一层要素组成的子系统;另一方面,该系统又是更大系统中的构成要素。如此相互包含的关系就构成了系统的层次性。运用系统分析方法研究物流问题,要注意整体与层次、层次与层次间的相互制约关系。

3. **结构性原则**。组成系统的要素间都有一种相互结合的存在方式,这种要素间的相互结合状态,构成了系统赖以存在和运行的结构系统。探究物流系统目标最优化时,必须注意组成物流系统的各要素之间的结构方式以及这种结构方式对物流系统整体的作用和影响,并根据物流系统的整体功能要求进行物流活动各要素的结构设计,以便有效地满足物流系统的整体要求。

4. **相关性原则**。系统和系统之间、系统各要素之间是相互联系、相互作用的,具有相关性特点。在运用系统分析方法研究物流系统时,一定要注意这种相关性。例如,整个国民经济和物流系统的相互联系和相互作用,不仅是研究物流系统时首先遇到的问题,而且也是物流系统发展的真正的最终原因。

5. **目的性原则**。人们建立系统总是出于某种需要,是为了达到预期的目的。因此,在进行系统分析时,应把物流系统看作具有一定发展规律和趋势的系统,并在尊重客观规律的前提下确定物流系统应达到的目标。

6. **独立性原则**。系统分析的一个科学的方法是保持分析人员的独立性,即要求分析人员从系统的外部去观察和分析系统各替代方案的优劣,以免由于评价人员的主观因素影响评价结果,换句话说,我们评价系统时要保持客观性。

三、物流系统分析的步骤

1. **明确问题,建立目标**。系统分析首先要明确所要解决的问题,以及问题的性质、重点和关键所在,恰当地划分问题的范围边界,了解该问题的历史、现状和发展趋势,在此基础上确定系统的目标。系统分析是针对所提出的具体目标而展开的,由于实现系统功能的目的是靠多方面因素来保证的,因此,系统目标也是由若干个目标组成的。在多目标情况下,要考虑各项目标的协调和平衡,保持目标的整体性、可行性和经济性。

2. **收集资料,分析问题**。提出问题,明确目标之后,还必须广泛收集与所提问题有关的一切资料,包括历史资料和现实资料、文字资料和数据资料,尤其要重视反映各要素相互联系和相互作用的资料。在分析和整理资料的基础上,尽量搞清楚所要解决的问题受哪些内部要素、外部要素的制约和影响,它们的主次关系如何,各自有什么特点和规律,它们之间的联系是怎样的。对这些问题分析得越透彻,成功的把握性就越大。

3. **建立模型**。建立模型是对于系统目标相关的因素之间的关系进行描述。可根据不同的表达方式、方法的需要选择不同的模型。通过建立模型,可确认影响系统功能和目标的主要因素及其影响程度,确认这些因素的相关程度、总目标和分目标的达成途径及其约束条件。

4. **系统评价及其优化**。运用确定的评价标准,主要从技术和经济两个方面,对各种方案进行比较和评价,权衡各个方案的利弊得失,包括应用系统优化的理论和方法,例如,运筹学、系统工程与方法等,对若干个可行方案的模型进行仿真和优化计算,寻找最优解,从而为选择最优方案提供足够的信息。

系统分析工作不是一蹴而就的,往往由于在某个步骤出现问题而需要返回到前面的步骤,甚至返回到确定目标阶段,重新开始。只有这样,才能保证为决策提供完全、准确的信息,进而保证决策的准确性和科学性。

四、物流系统分析的内容

根据系统分析的基本含义,物流系统分析的主要内容有系统目标、系统结构、替代方案、费用和效益、系统模型、系统优化、系统评价准则和评价等。在这里,我们结合物流系统状况,仅从下面几个方面来介绍物流系统分析的内容。

(一)物流系统目标的分析与确定

系统的目标既是建立系统的依据,又是系统分析的出发点。正确地把握和理解系统的目标和要求,是进一步分析的基础和导向。

因此,物流系统目标的确定也是一个非常重要的问题,它是建立物流系统或改进物流系统过程中难度最大的一个步骤。目标不明确,往往会出现以下两种结果:一是在细致的分析过程中发现目标本身存在的问题而加以修正,这样也能达到我们所预期的结果;二是由于目标错误,而且未能在分析中发现,从而使系统分析工作的效率越高,得到的效果越差。由于物流系统的特性,决定了物流系统目标的多元性和多层次性,这就增加了物流系统目标确定的困难程度。

关于物流系统目标的问题,有人将其定义为"从最低的成本选择对物品做适时、适地运送"。实际上,如果按这个目标来建立物流系统,几乎是不可能的。因为要做到适时、适地运送,必须以最佳的服务和最佳的销售为前提,这就需要有大量的存货、先进的运输工具和优良的物流设施,必然会造成成本的增加;而最低的物流费用要求低廉的运费、最少的储存及尽可能低的其他物流费用等,这样必定降低了物流系统的服务质量。因此,最佳的服务和最低的费用这两者同时满足是难以实现的。

因此,物流系统目标应建立在合适的仓储设施、零售店、工厂、存货水平、运输方式以及其他物流环节的规模和情报信息处理系统的基础上,使物流部门在提供某一服务水平下的收益与物流费用达到适度的平衡,或相匹配,也就是以尽可能少的物流费用支出获得最大限度满足各种需要的服务水平。

物流系统的目标还可用物流系统的输入与输出的比例来表示。物流系统的基本输出是为顾客服务。物流系统的输入是输送、储存、搬运、装卸、物流情报、物流加工等环节所消耗的劳务、设备、材料等资源,这些都构成了物流费用(成本)。

对于一个物流系统的效益评价,必然是以系统的输出效果与输入成本相比较为依据的。因此,物流系统的目标可表示为:

MAX[(提供各种顾客服务水平的年收益-物流各环节的作业成本)/物流系统年投资额]

(二)物流系统的构成分析

物流系统的构成分析主要包括层次构成分析、业务活动构成分析以及功能构成分析。这些结构各不相同,但都是对物流系统的构成进行分析,只是分析的角度不同,因此,它们之间也存在一定的联系。

1. 物流系统的层次构成分析

物流系统的层次构成分析,是按物流活动信息的传递方向和加工程度,同时考虑物流系统运行过程中各管理层次的任务来分析,主要有战略规划、决策分析、管理控制和业务处理四个层次。

在整个物流系统的活动中,物流系统本身所生成的信息最初是从业务作业过程产生后向上传递到管理控制层的,并经过该层次管理人员的利用和加工后再往战略决策层次传播,经战略管理人员的再次加工和综合,最终成为战略规划和决策人员作出决策的重要依据。因此,我们说物流信息具有再生性。

2. 物流系统的业务活动构成分析

它是指按照物流活动业务性质不同,分类进行分析。根据物流活动不同的业务,物流系统可分为供应物流子系统、生产物流子系统、销售物流子系统、回收物流子系统和废弃物流子系统,如图2—8所示。

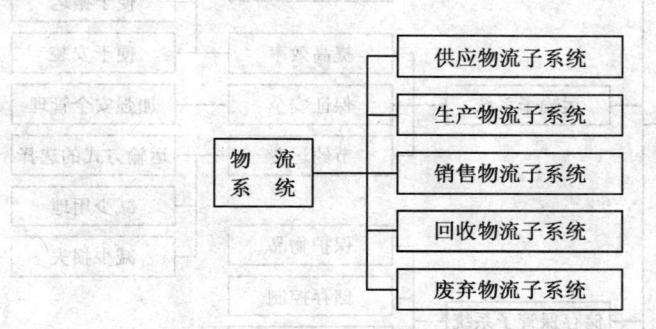

图2—8 物流系统的业务活动构成示意图

3. 物流系统的功能构成分析

物流系统功能构成分析,主要是通过分析物流过程的各项活动,对功能进行定义,形成功能区域,从而形成功能系统。

一个系统内部各构成要素,都具有相应的功能,并且依据各功能之间的内在联系形成功能体系,从而为系统的设计、开发提供条件。在系统内部各功能的联系中,有两种关系:第一种是上下关系;第二种是并列关系。前者是指在一个功能系统中某些功能之间存在着目的与手段的关系,即如果甲功能是乙功能的目的,则乙功能就是甲功能的手段;与此同时,乙功能有可能成为丙功能的目的,丙功能又是实现乙功能的手段。一般来说,把起"目的"作用的功能称为上位功能,而把起"手段"作用的功能称为下位功能。上位功能与下位功能的关系是相对的,因为一个功能对它的上位功能来说是手段,而对它的下位功能来说是目的。后者是指在一个上位功能之下往往有若干个相对独立而又相互联系的功能存在,从而形成一个功能区域,构成一个功能子系统。

根据功能间的这种上下关系和并列关系,可用一个属性图表示系统功能分析的结果。物流系统的整体功能就是提供物流的空间效用和时间效用。为了达到这个目的,需要进行一系列的物流活动,即包装、装卸搬运、运输、储存保管、流通加工、废弃物的回收与处理以及与此相联系的情报信息等。所有这些功能对于整体功能来讲,都是起到手段的作用;同时,这些起手段作用的功能有可能成为下一层次起目的作用的功能。例如,运输功能的发挥,需要提高效益、保证安全、节约运费,这时运输功能就成为目的功能,而后者则成为手段功能。通过对物流系统功能进行分析,可构成一个物流系统的功能系统,如图2—9所示。

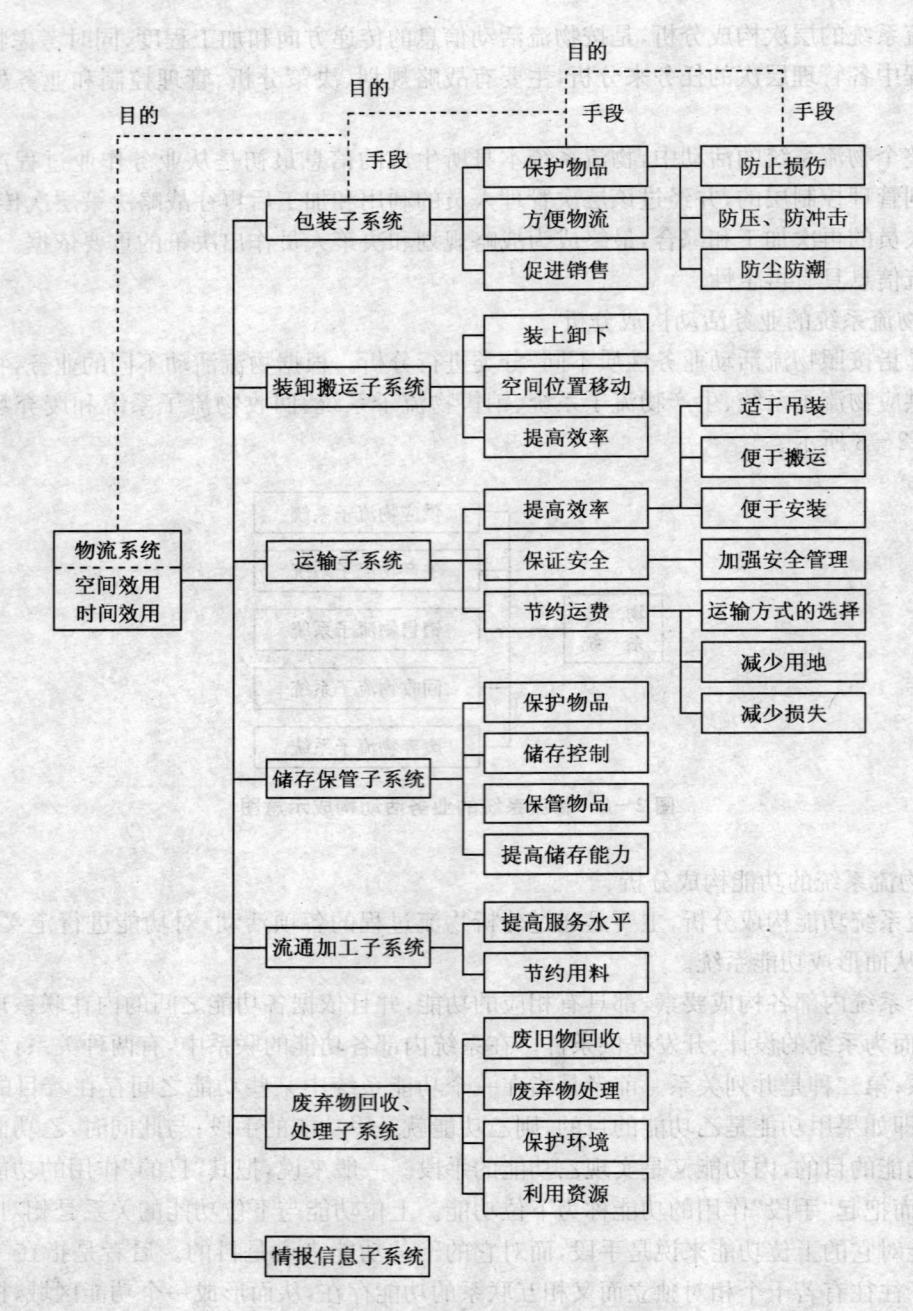

```
                    目的                        手段
         目的      ┌─保护物品──防止损伤
     目的  手段   ┌包装子系统─方便物流──防压、防冲击
                  │         └促进销售──防尘防潮
                  │
                  │          ┌装上卸下
                  ├装卸搬运子系统─空间位置移动
                  │          └提高效率─┬适于吊装
                  │                    ├便于搬运
                  │          ┌提高效率─┼便于安装
  ┌物流系统─────┼运输子系统─保证安全──加强安全管理
  │空间效用      │          └节约运费─┬运输方式的选择
  │时间效用      │                    ├减少用地
                  │                    └减少损失
                  │          ┌保护物品
                  ├储存保管子系统─储存控制
                  │          ├保管物品
                  │          └提高储存能力
                  │
                  ├流通加工子系统─┬提高服务水平
                  │              └节约用料
                  │          ┌废旧物回收
                  ├废弃物回收、─┬废弃物处理
                  │处理子系统  ├保护环境
                  │          └利用资源
                  │
                  └情报信息子系统
```

图 2—9 物流系统功能系统示意图

五、物流系统的综合分析

(一)物流系统的有序性和动态性分析

系统之所以能成为一个整体,发挥较高的功效,就在于其构成的有序性。系统的有序性主要表现在系统构成的层次性上。前面在讨论物流系统的分类时,物流分为宏观物流和微观物流。宏观物流是连接生产领域和消费领域的桥梁和纽带,微观物流是宏观物流得以顺畅进行

的基础,通过宏观物流和微观物流各子系统的功能作用,形成了整个社会经济大系统的有机整体。宏观物流为微观物流提供最佳的输入;而微观物流则将有效的输入进行合理的转化,为宏观物流提供最佳的输出。物流系统就在这样一种复杂交替的输入—转化—输出的运动中,为整个社会经济大系统提供最佳的经济效益。

(二)物流系统的整体性和结构性分析

物流系统的整体性和结构形式从不同的角度对系统进行分析。无论是微观物流系统还是宏观物流系统,都要由供应物流、生产物流、销售物流、回收物流及废弃物流构成,都需要经过物流的各项活动,诸如包装、装卸搬运、储存保管、流通加工、废弃物的回收与处理以及情报信息的加工处理等,都存在一定的组织结构以及信息加工和传递途径,才能完成物流的活动。物流的整体性如图 2—10 所示。

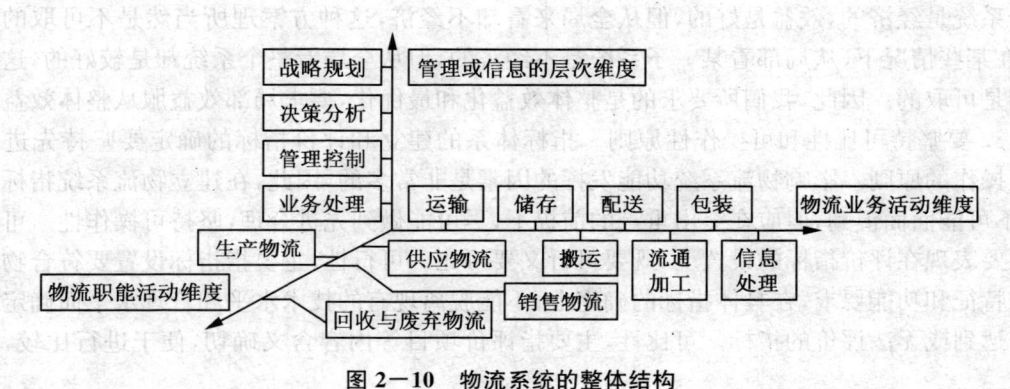

图 2—10 物流系统的整体结构

第三节 物流系统的评价

一、物流系统评价的目的

系统评价是系统分析中复杂而又重要的一环。物流系统的评价是指从技术和经济两个方面对建立物流系统的各种方案进行评价,并从中选择出技术上先进可行、经济上合理的最优系统方案的过程。

系统功能、目的和要求的实现程度,是以系统的功能与为实现其功能所支付的费用之间的比例关系是否合理来衡量的。因此,物流系统评价的目的,应在技术上可行的前提下,从系统功能、目标、要求以及费用方面,对系统进行分析和评价,考核其满足程度,借以发现问题,提出改进措施,并经过修改建立或改进物流系统的最优方案,为决策提供科学依据。常用的评价方法是系统的价值分析。

系统的价值是系统的功能与所支付的费用之间的比例关系,用公式可表示如下:

$$价值(Value) = 功能(Function)/费用(Cost)$$

简记为:V=F/C。这就是价值分析中所谓价值的含义。

价值分析方法,实际上也是从系统的技术和经济两个方面来对系统进行评价的。因为系统功能的实现是以系统技术上的先进实用为保障的,费用的多少体现了系统在经济上的合理程度。因此,系统的评价应从系统的总评出发,综合评价系统价值各方面的所得和所失,尽可能把不同方面的评价尺度统一起来,这样才能得到真实、完整、可比的评价结果。

二、物流系统评价的原则

物流系统是一个非常复杂的人造系统,它涉及面广、构成要素繁多且关系复杂,这都给系统评价带来一定的难度。为了对物流系统作出一个正确的评价,应遵循下列基本原则:

1. 要保证评价的客观性。评价的目的是为了决策,因此,评价的质量影响着决策的正确性。也就是说,必须保证评价的客观性。必须弄清资料是否全面、可靠、正确,防止评价人员的倾向性,并注意人员的组成应具有代表性和独立性。

2. 要保证评价的整体性。坚持局部利益服从整体利益的原则。物流系统由若干个子系统和要素构成,如果每个子系统的效益都较好,则整体效益也会比较理想。在某些情况下,有些子系统是经济的,效益是好的,但从全局来看却不经济,这种方案理所当然是不可取的。反之,在某些情况下,从局部看某一子系统是不经济的,但从全局看整个系统却是较好的,这种方案则是可取的。因此,我们所要求的是整体效益化和最优化,要求局部效益服从整体效益。

3. 要坚持可比性和可操作性原则。指标体系的建立和评价指标的确定要坚持先进合理和可操作的原则。影响物流系统功能发挥的因素是非常多的,因此,在建立物流系统指标体系时,不可能面面俱到,但应在突出重点的前提下,尽可能做到先进合理,坚持可操作性。可操作性主要表现在评价指标的设置上,既要可行又要可比。可行性,主要指指标设置要符合物流系统的特征和功能要求,在具体指标的确定上,不能脱离现有的技术水平和管理水平而确定一些无法达到或无法评价的指标。可比性,主要指评价项目等内容含义确切,便于进行比较,评出高低。

4. 在定性分析的基础上坚持量化原则。这是对系统作出客观合理评价的前提。在对物流系统进行评价时,应坚持定性分析与定量分析相结合的原则,并且在定性分析的基础上,以定量分析为主,既要反映物流系统实现功能的程度,又要确定其量的界限,才能对系统作出客观合理评价,才能确定最优方案。

三、物流系统评价指标体系

要对不同的方案进行评价和选优,必须建立能对照和衡量各个替代方案的统一尺度,以及评价指标体系(考察系统替代方案的维度)。评价指标体系是指衡量系统状态的技术、经济指标,它既是系统评价的基础,也是所建立的物流系统运行和控制的信息基础。建立一套完整的评价指标体系,有助于对物流系统进行合理的规划和有效的控制,有助于准确反映物流系统的合理化状况以及评价改善的潜力和效果。

(一)物流系统评价指标体系的组成

1. 物流生产率

物流生产率指标是指物流系统投入产出转换效率的指标。物流系统的运行过程,是一定的劳动消耗和劳动占用(投入)完成某种任务(产出)的过程。物流系统的投入包括人力资源、物质资源、能源和技术等,各项投入在价值形态上统一表现为物流成本。物流系统的产出,就是为生产系统和销售系统提供服务。物流生产率指标是物流系统指标体系的重要组成部分,它通常又包括实际生产率、资源利用率、行为水平、成本和库存五个方面的指标。

(1)实际生产率。它是指系统实际完成的产出与实际消耗的投入之比,例如,人均年仓储物品周转量、运输车辆每吨年货运量等。

(2)资源利用率。物流系统的资源利用率是系统需要的投入与实际投入之比,例如,运输车辆的运力利用率、仓储设备的仓容利用率等。

(3)行为水平。物流系统的行为水平是系统实际产出与期望产出之比,也就是对系统各生产要素工作额完成情况的评价,例如,每人每小时的实际件数与定额之比、生产费用与预算之比等。有时也用完成工作的规定时间与实际使用时间之比来衡量。

(4)成本。物流系统的各项投入在价值形态上统一表现为物流系统成本。成本能有效地反映物流系统的运行状况,并且是评价物流过程中各项活动的共同尺度。但是,仅比较两个不同的物流系统的绝对成本是没有意义的,因此,可通过比较成本与产出的件质量或实物量来衡量物流系统的实际生产率;或者通过实际成本与成本定额的比较来衡量物流系统的行为水平。

(5)库存。库存是物流系统劳动占用形式的投入。库存的数量与周转速度是体现物流投入产出转换效率高低的重要标志,例如,库存周转天数、库存结构合理性等。

2. 物流质量

物流质量指标是物流系统指标体系的重要组成部分,它是对物流系统产出质量的衡量。根据物流系统的产出,可将物流质量划分为物料流转质量和物流业务质量两个方面。

(1)物料流转质量。物料流转质量是对物流系统所提供的物品在品种、数量、质量、时间、地点上的正确性评价。①品种和数量的正确性:指物流过程中物品实际的品种和数量与要求的品种和数量的符合程度,常见的指标包括仓储物品盈亏率、错发率(既包括品种的差错又包括数量的差错)等。②质量的正确性:指物流过程中实际质量与要求质量的符合程度,常见的指标有仓储物品完好率、运输物品完好率、进货质量合格率等。③时间的正确性:指物流过程中物品流向的实际时间与要求时间的符合程度,常见指标有及时进货率、及时供货率等。④地点的正确性:指物流过程中物品流向的实际地点与要求地点的符合程度,常见指标有错误送货率等。

(2)物流业务质量。物流业务质量指对物流系统的物流业务在时间、数量的正确性及工作的完善性的评价。①时间的正确性:指物流过程中物流业务在时间上实际与要求的符合程度,常见的指标有对订单的反应时间、发货故障平均处理时间等。②数量的正确性:指物流过程中物流业务在数量上实际与要求的符合程度,常见的指标有采购计划完成率、供应计划完成率、供货率等。③工作的完善性:指物流过程中物流业务工作的完善程度,常见的指标有对客户问讯的响应率、用户特殊送货要求满足率、售后服务的完善性等。

(二)物流系统评价指标体系的建立

根据系统的观点,系统评价指标体系是由若干个单项评价指标组成的有机整体。它应反映出系统目的的要求,并尽可能做到全面、合理、科学、实用。根据不同的衡量目的,物流系统指标的衡量对象可以是整个物流系统,也可以是供应物流、生产物流、销售物流以及回收、废弃物流子系统,还可以是运输、仓储、库存管理、生产计划及控制等物流职能,乃至各职能中的具体的物流活动,由此形成不同的指标体系。

建立物流系统及其子系统的评价指标体系,可以遵循以下步骤:

1. 建立物流系统的目标体系。对于物流系统的整体来说,其指标体系应当能反映物流系统的目的,其实质是对物流系统的目的从几个不同的方面(即维度)用数量进行描述;同理,对于其子系统来说,它是实现整个物流系统目的的一种手段(见图2—9),而这种手段的实质又是物流系统整体目标的分解,以此类推,我们可以得到一个目标体系。

2. 根据目标体系确定评价指标体系。在这种情况下,我们可以根据该子系统的上一级子系统(或物流系统)的目标来制定它的评价指标体系。换句话说,就是根据系统展开后的目标体系来制定各子系统的评价指标。

3. 考虑各评价对象的影响因素,修改评价指标体系。物流系统及其子系统不是孤立的,它们常常受到诸如政治、法律、经济、技术、生态等各种因素的影响。因此,我们必须把物流系统内外的相互制约以及错综复杂的因素层次化、条理化,并结合到相关的子系统中进行考虑。这样制定出来的评价指标体系既能保持它的合理性,又能保证它的完整性。下面以最有代表性的物流职能为对象,讨论如何建立指标体系。

(1)运输。可对运输中的自备运输和外用运输分别建立指标体系,衡量其生产率和质量。其指标体系如图2—11所示。

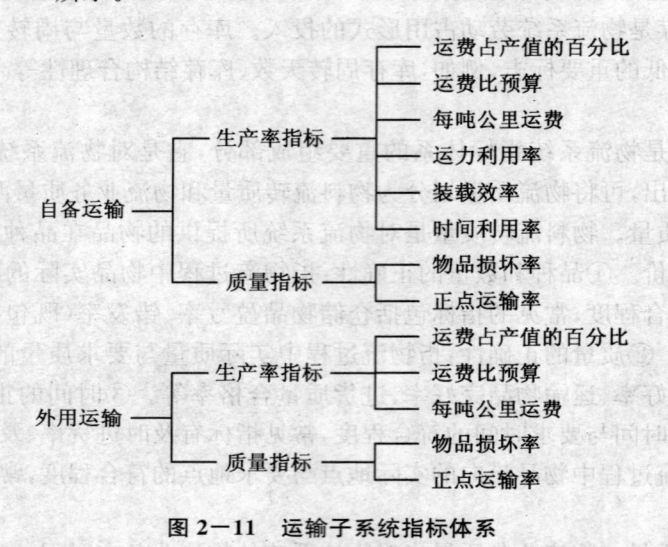

自备运输
- 生产率指标
  - 运费占产值的百分比
  - 运费比预算
  - 每吨公里运费
  - 运力利用率
  - 装载效率
  - 时间利用率
- 质量指标
  - 物品损坏率
  - 正点运输率

外用运输
- 生产率指标
  - 运费占产值的百分比
  - 运费比预算
  - 每吨公里运费
- 质量指标
  - 物品损坏率
  - 正点运输率

图2—11 运输子系统指标体系

在图2—11中:

$$物品损坏率 = \frac{年货损总额}{年货运总额} \times 100\%$$

$$正点运输率 = \frac{年正点运输次数}{年运输总次数} \times 100\%$$

$$运力利用率 = \frac{年实际吨公里数}{年运输能力吨公里数} \times 100\%$$

(2)仓储。仓储有外用和自备两种,可分别对其建立指标体系,如图2—12所示。

在图2—12中:

$$物品完好率 = \left(1 - \frac{年物品损坏变质金额}{年储备总额}\right) \times 100\%$$

$$物品盈亏率 = \frac{年物品盘盈额 + 物品盘亏额}{年物品收入总额 + 年物品发出总额} \times 100\%$$

$$仓容利用率 = \frac{年储存物品实际数量或容积}{年可存储物品数量或容积} \times 100\%$$

四、物流系统评价的步骤

评价是根据明确的目标来测定对象系统的属性,并将这种属性变为客观定量的计算值或

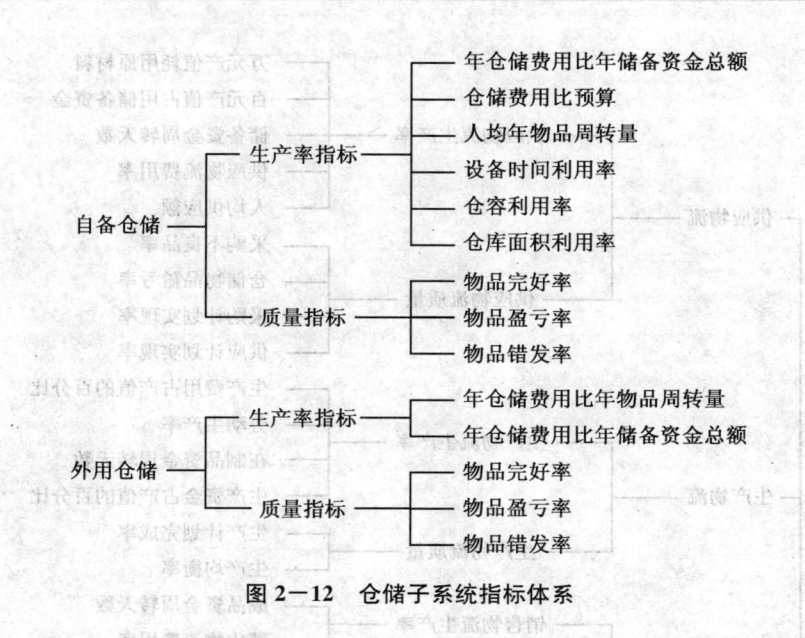

```
                    ┌─────────────┬── 年仓储费用比年储备资金总额
                    │             ├── 仓储费用比预算
                    │             ├── 人均年物品周转量
          ┌── 生产率指标 ─┼── 设备时间利用率
          │         │             ├── 仓容利用率
自备仓储 ──┤         └─────────────┴── 仓库面积利用率
          │         ┌─────────────┬── 物品完好率
          └── 质量指标 ─┼── 物品盈亏率
                    └─────────────┴── 物品错发率

          ┌── 生产率指标 ─┬── 年仓储费用比年物品周转量
          │             └── 年仓储费用比年储备资金总额
外用仓储 ──┤         ┌── 物品完好率
          └── 质量指标 ─┼── 物品盈亏率
                    └── 物品错发率
```

图 2—12　仓储子系统指标体系

主观效用的行为过程。这一过程包括三个步骤：一是明确评价目的；二是建立评价指标体系；三是选择评价方法并建立评价模型。故系统评价过程如下：

第一步，确定评价目的。对物流系统进行综合评价，是为了从总体上把握物流系统现状，寻找物流系统的薄弱环节，明确物流系统的改善方向。为此，应将物流系统的各项评价指标的实际值与基准值进行比较。若以目标值作为基准值，可评价物流系统对预期目标的实现程度，寻找实际与目标的差距所在；若用物流系统运行的历史值为基准值，则可以评价物流系统的发展趋势，从中发现薄弱环节；若基准值选用同行业的标准值、平均水平值或先进水平值，则可以评价物流系统在同类系统中的地位，从而寻找出物流系统的改善潜力。

第二步，建立评价指标体系。物流系统评价指标体系影响因素较多，应选择有代表性的评价指标，以便从总体上准确反映物流系统运行状况。可将物流系统按水平结构加以划分，按前面所讲的步骤，选取典型的物流生产率指标和物流质量指标，形成具有递阶层次结构的评价指标体系，如图 2—13 所示。

在图 2—13 中：

$$供应物流费用率 = \frac{年供应物流费用总和}{年原材料供应额} \times 100\%$$

$$销售物流费用率 = \frac{年销售物流费用总和}{年销售总额} \times 100\%$$

$$废物回收利用率 = \frac{经过综合利用的废弃物数量}{可利用的废弃物数量} \times 100\%$$

第三步，选择评价方法并建立模型。从物流系统的综合评价指标体系中可以看出，在对物流系统进行评价时，要注意以下几个问题：(1)评价指标多，但可划分为不同层次。因此，可通过逐级综合得出对各部分的评价，然后再对系统作出总体评价。(2)由于管理基础工作等方面的原因，有时对指标无法精确量化。同时，由于物流系统是多属性的复杂系统，评价结果用一个数值来表示不够全面和准确，因而对各指标进行等级评价具有一定的模糊性。在这种情况下，一方面，要采用科学的方法(如专家意见法)来避免评价结果的偏差；另一方面，保持评价人

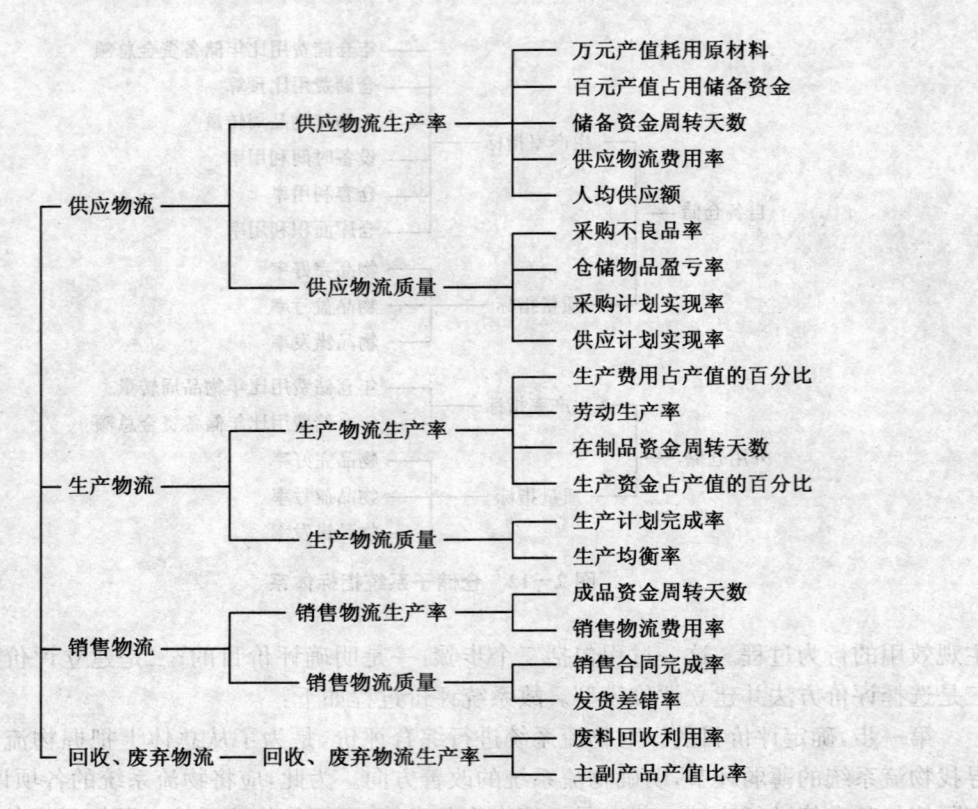

```
                                          ┌── 万元产值耗用原材料
                                          ├── 百元产值占用储备资金
                    ┌── 供应物流生产率 ────┼── 储备资金周转天数
                    │                     ├── 供应物流费用率
                    │                     └── 人均供应额
        供应物流 ───┤
                    │                     ┌── 采购不良品率
                    │                     ├── 仓储物品盈亏率
                    └── 供应物流质量 ─────┼── 采购计划实现率
                                          └── 供应计划实现率

                                          ┌── 生产费用占产值的百分比
                                          ├── 劳动生产率
                    ┌── 生产物流生产率 ───┼── 在制品资金周转天数
        生产物流 ───┤                     └── 生产资金占产值的百分比
                    │
                    └── 生产物流质量 ─────┬── 生产计划完成率
                                          └── 生产均衡率

                    ┌── 销售物流生产率 ───┬── 成品资金周转天数
        销售物流 ───┤                     └── 销售物流费用率
                    │
                    └── 销售物流质量 ─────┬── 销售合同完成率
                                          └── 发货差错率

        回收、废弃物流 ── 回收、废弃物流生产率 ──┬── 废料回收利用率
                                                 └── 主副产品产值比率
```

图 2—13 物流系统综合评价指标体系

员的独立性显得尤为重要。

对物流系统的评价一般采取综合评价方法。通常可采用模糊数学的方法对物流系统进行综合评价。为了便于说明，根据指标体系建立指标评价表，见表 2—1。评价指标的值采用征询专家意见的方法，各指标按五个级别评定。

表 2—1   指标评价表

大类指标	大类指标权数	评价指标	评价指标权数	评价等级 1	2	3	4	5
指标 1	a_1	指标 1_1 指标 1_2 $\vdots$ 指标 1_k	a_{11} a_{12} $\vdots$ a_{1k}					
指标 2	a_2	指标 2_1 指标 2_2 $\vdots$ 指标 2_p	a_{21} a_{22} $\vdots$ a_{2p}					
$\vdots$	$\vdots$	$\vdots$	$\vdots$					

第二章 物流系统

续表

大类指标	大类指标权数	评价指标	评价指标权数	评价等级 1 2 3 4 5
指标 s	a_s	指标 s_1 指标 s_2 ⋮ 指标 s_q	a_{s1} a_{s2} ⋮ a_{sq}	
⋮	⋮	⋮	⋮	
指标 m	a_m	指标 m_1 指标 m_2 ⋮ 指标 m_r	a_{m1} a_{m2} ⋮ a_{mr}	

综合评价方法的具体步骤如下：

1. 根据已建立的评价指标体系，首先根据各大类指标对评价对象的影响及重要程度确定其相应的权重数，从而得到各大类指标权重数向量 A。权重的大小可以采用征询专家意见的办法平均求得，也可采用经验估计的办法制订。先设定采用后一种办法制订大类指标的权重。

2. 在制订大类指标权重的基础上，再制订各大类指标下层的指标的权重数，制订依据为该下层指标在其所在的大类指标中所起的作用和所占的地位，确定方法同制订大类指标权重，从而得到评价指标的权重数向量 A_s。

3. 根据给定各指标的等级标准（在此设五个等级，分别为 1～5），采用专家评审或征询专家意见的办法，计算出该评价指标平均得分等级（或专家意见比较集中的得分等级）。

4. 由此从底层向上计算，最终得出该替代方案的得分值。

下面我们对其中涉及的数学符号加以说明并举例说明其评价方法。如表 2－1 所示，大类指标权重数向量：

$$A=(a_1,a_2,\cdots,a_s,\cdots,a_m)^T$$

第 s 个评价指标的权重数向量：

$$A_s=(a_{s1},a_{s2},\cdots,a_{sq})^T$$

其中，

$$s=(1,2,\cdots,s,\cdots,m)$$

例如，现假定第 s 个评价指标有 5 个分指标（即 q=5），根据经验估计这 5 个分指标的权重分别为：(0.1,0.25,0.15,0.3,0.2)，即 A_s=(0.1,0.25,0.15,0.3,0.2)；另外，这 5 个指标的专家评审的得分结果为：(3,2,1,4,5)。则指标 A_s 的得分值为：

$$A_s=(3,2,1,4,5)\times(0.1,0.25,0.15,0.3,0.2)^T$$
$$=3\times0.1+2\times0.25+1\times0.15+4\times0.3+5\times0.2$$
$$=3.15$$

同理，可以计算 $A_1,A_2,\cdots,A_m$，并采用类似的方法计算出该替代方案的综合评价结果，再对各替代方案的综合评价结果进行比较，选出最优或最满意的方案。

本章小结

由于物流的广泛性、复杂性和系统性等特点,本章首先介绍物流系统的基本含义和特征、系统工程方法,并在此基础上介绍物流系统的概念、组成和特征等内容。

因此,我们应针对物流系统的特点提出物流系统分析的要素与原则。物流系统的要素包括:系统目标、替代方案、费用、效益、模型和评价标准等。进行物流系统分析时应遵守如下原则:整体性原则、层次性原则、结构性原则、相关性原则、目的性原则和独立性原则。同时还介绍了物流系统分析的步骤和物流系统进行分析的内容。在实务中,往往要求物流管理人员通过对物流系统的分析提出物流系统运行方案,并在这些方案中进行比较和选择。所以,需要对物流系统进行评价。

本章简要地介绍了物流系统评价的基本原则和方法,以及物流系统评价指标体系的建立。最后向读者介绍了物流系统评价的步骤。在此过程中,本章提出了物流系统的三维概念模型,以帮助读者理解物流系统。

思考与练习

一、名词解释

系统　　物流系统　　系统功能　　要素　　系统工程

二、简述题

1. 系统分析的步骤有哪些?
2. 物流系统分析包含哪些基本内容?
3. 简述系统与子系统的目标和手段关系,试阐述如何利用这一关系将系统的目标展开以及根据展开的目标体系设计其评价指标。

三、案例与分析

淘金黑色地带
——山东东大化工集团转变思路引进物流管理的做法

物流被许多专家学者称为经济的"黑色地带"、"待挖掘的金矿"、前景诱人的"第三利润源"。工业时代后期,企业通过生产的高度自动化、劳动力的专业分工及适当的库存控制等手段提高生产效率,降低生产成本,增进企业竞争力。随着经济全球化和网络经济的形成,企业间竞争愈加激烈,传统的以提高生产效率增进竞争力、提高企业绩效的做法,几乎已被挖掘殆尽。当前,新的经济环境和技术迫使企业必须突破以生产效率为主的传统竞争方式,力求扩大视角,将企业的原材料采购、存储、加工生产、产成品存储以及销售的整个物料和相关信息的流通一并分析,企业的经营战略必须从生产效率化向物流效率化转移,只有这样,企业才有可能保持持续的竞争力而不被市场所淘汰。

山东东大化工集团主导产品的生产能力和原材料用量,近两年翻了一番,但原材料及产成品运输费用、车辆、库存不仅没有增加,反而大幅度下降。这一切源于他们在采购、保管、运输等非生产环节创造了不凡业绩。

1. 缺口由运输撕开,思路洞开缘于车辆拍卖前身为张店化工厂的东大化工集团,建厂40年来,物料运输一直由公司车队承担。车队26名员工,18辆大货车,加上一个修理厂,运转费用不菲,效率却不高。司机上班拖拖拉拉,偷工怠工现象严重,有时为了私自揽活延长运输时间,使原材料不能及时入库,给企业带来不少负面影响。

办法想了不少,成效却很有限。公司决定向内部招标拍卖,18辆车卖掉了12辆,收回75万元,14名司机中标,其余车辆报废,人员分流。被拍卖车辆的驾驶人员承担了公司运输任务,运价先是与公司以前平均运价持平;过渡2个月后降低0.02元,与市场价持平;紧接着又比市场价降低0.03元。

车成了司机自己的,每辆车运行里程比拍卖前多出2倍。半年的时间公司就节约了运输费用184万元。此外,工资、车辆维修费等一概不用公司负担,合计节约费用354万元。

当被拍卖车辆逐渐进入报废期时,公司开始将运输推向社会,先是面向社会公开竞价招标,年节约运费390万元;然后,又对运量相对集中的几条线路公开招标买断,吨公里运价由0.44元降到0.2元,前后共节支1431万元。

2. 库存、信息、采购

为了实现企业内部资源的最优配置和最低成本,"东大"开始对原材料、中间过程的库存、最终产品的储存与销售以及相关信息进行全面管理,有意识地导入了物流管理这一全新理念。"东大"是大型化工企业,使用原材料多达2万余种,库存占用资金5228万元。具备了运输环节的优化控制这个前提,企业开始向物流管理的下一个目标——合理库存——挺进。过去由于运力、运输效率有限,原料采购需提前一星期,产品到客户手中需一星期以上。现在运力、运输效率大为提高,原材料购进最多只需提前2天;国内市场送货一般不超过2天。可以就近采购的物资,坚决保持"零库存"。对不易采购的物资,采购计划批准前必须先经仓库保管员审核签字,以确认库里没有存货和替代物品。实施这种库存管理以来,1998年企业库存比上年降低2/3,减少资金占用1800万元。2000年仅去掉危险品仓库,让危险品直接进入生产装置,就减少资金占用2200万元。

实现合理库存,信息有效流通是关键。由于能及时掌握国内外市场的大量信息,"东大"在库存的控制上始终处于主动地位。1998年第二季度,预测丙烯价格将有较大的回落,"东大"提前压缩库存,等回落到最低点又大量购进,仅此一项举措就增加效益100多万元。2000年国家加大打私力度,"东大"分析认为国内化工原料市场将有大的波动,就加大了产品库存,待价格上扬后集中促销,一举增收200万元。

信息的有效流通,对采购环节优化控制产生了深刻影响。众多原材料的供求信息和价格信息,通过互联网等渠道在企业有关部门间实现了快捷采集传递,"东大"建立起供应公司采购、技术、财务、审计、设备四部门随时检查监督的高效物资采购体系,采购由暗箱操作走向完全透明。仅1998年采购成本就降低了1910万元。生产部门提报的采购计划最迟半天就能得到落实。

3. 物流管理的作用

物流管理在发达国家并不新鲜,日本丰田公司早在20世纪50年代就广泛采用,到90年代初日本制造业已普遍采用。可惜的是,目前国内大多数企业对这一概念还相当陌生。一提到降低成本,就只知道盯着生产环节。其实随着生产工艺水平的不断提高,这个环节的挖潜空间已日趋有限。以"东大"为例,主导产品环氧丙烷、聚醚均系引进日本先进技术,全过程计算机控制。仅盯着生产环节降成本,企业显然无路可走。

市场竞争不断加剧，生产越来越趋向多品种、小批量，营销区越来越宽。随之而来的是，采购成本、仓储费用在企业全部成本中所占比例越来越高（"东大"已超 30%），但众多企业忽视的恰恰是这一块，特别是国有企业，采购、运输、仓储不计成本，一概包揽。难怪这一领域被管理学家称为"黑色地带"。

"东大"在向人们展现管理创新无穷潜力的同时，也向国有企业提出了一个强化管理的全新课题，那就是依托社会化、专业化的服务体系，克服"大而全"、"小而全"的通病，降低成本，提高水平和市场竞争力。

推行物流管理以前，"东大"所在地张店区没有一家专业化的化工储运企业。但在运输走向社会的短短一两年内，在企业巨大运量的刺激带动下，张店及周边一批专业化工储运公司迅速崛起，并且在激烈的竞争中日渐走向成熟，专业优势发挥得越来越明显。"东大"自己也最终受益。

"东大"的实践证明：对企业内部物流进行合理化改造和全面管理以及将无核心竞争力优势的物流业务外包，可为企业带来巨大的经济效益；同时也促进了周边地区运输业的专业化发展，提高了它们的服务意识和服务水平，实现了社会资源的最优配置。

思考题：
1. 东大化工集团为什么实行物流管理？
2. 东大化工集团实行物流管理采取了哪些措施？
3. 东大化工集团的物流管理给了你哪些启示？

第三章

物流类型

学习目标与要求

1. 理解现代物流的不同分类方式；
2. 掌握第三方物流的概念及其特征；
3. 理解第三方物流的价值来源；
4. 掌握国际物流的概念及其系统的组成；
5. 理解逆向物流的概念及其原则。

第一节 物流分类

社会经济领域中物流活动无处不在，许多有自身特点的领域都有其各自特征的物流活动，虽然物流基本要素都存在，而且基本要素是共同的，但由于物流对象不同，物流目的不同，物流范围、范畴不同，形成了不同类型的物流。为了便于研究，可以从物流系统的作用、物流活动的空间范围以及物流活动的性质和处理方式等不同角度将物流分成不同的类别。

一、按照系统的性质分类

物流是一个系统工程，按照物流系统所涉及范围的不同，可以将物流分成以下几种类型：

1. 社会物流。社会物流也称为宏观物流或大物流，是对全社会物流的总称，一般指流通领域所发生的物流。社会物流的一个标志是它伴随商业活动（贸易）而发生，也就是说，社会物流的过程和所有权的更迭是相关的。当前的物流科学的研究重点之一就是社会物流，因为社会物资流通网络是国民经济的命脉，流通网络分布的合理性以及渠道是否畅通，对国民经济的运行有至关重要的影响，必须进行科学管理和有效控制，并且采用先进的技术手段，才能保证高效能、低运行成本的社会物流系统带来巨大的经济效益和社会效益。这也是物流科学受到高度重视的主要原因。

2. 行业物流。同一行业中所有企业的物流称为行业物流。行业物流往往促使行业中的企业互相协作，共同促进行业的发展。例如，日本的建筑机械行业提出了行业物流系统化的具体内容，包括：各种运输手段的有效利用；建设共同的机械零部件仓库；实行共同集约化配送；建立新旧建筑设备及机械零部件的共用物流中心；建立技术中心以共同培训操作人员和维修人员；统一建筑机械的规格等。目前，国内许多行业协会正在根据本行业的特点，提出自己的行业物流系统化标准。

3. 企业物流。企业物流是指在企业范围内进行相关的物流活动的总称。企业物流包括企业日常经营生产过程中涉及的生产环节。例如,原材料的购进、产成品的销售、商品的配送等都是属于企业物流。企业物流系统主要有两种结构形式:水平结构和垂直结构。

二、按照活动的空间范围分类

按照物流的地理位置的不同,可以将物流分成以下几种物流方式:

1. 地区物流。地区有不同的划分原则。例如,按行政区域划分,有西南地区、华北地区等;按经济圈划分,有苏(州)(无)锡常(州)经济区、黑龙江边境贸易区等;按地理位置划分,有长江三角洲地区、环渤海地区等。地区物流系统对于提高该地区企业物流活动的效率,以及保障当地居民的生活环境,具有不可缺少的重要作用。研究地区物流应根据地区的特点,从本地区的利益出发组织好物流活动。例如,某城市建设一个大型物流中心,显然这对于当地提高物流效率、降低物流成本、稳定物价是有很大作用的。但是,也会由于供应点集中、载货汽车来往频繁,产生废气噪声、交通事故等消极问题。因此,物流中心的建设不单是物流问题,还要从城市建设规划、地区开发计划出发,统一考虑,妥善安排。

2. 国内物流。国家或相当于国家的拥有自己的领土和领空权力的政治经济实体,所制定的各项计划、法令政策都应该是为其整体利益服务的。因此,物流作为国民经济的一个重要方面,一般也都纳入国家总体规划的内容。全国物流系统的发展必须从全局着眼,对于部门和地区分割所造成的物流障碍应该清除。在物流系统的建设投资方面也要从全局考虑,使一些大型物流项目能尽早建成,从而能够更好地为国家整体经济的发展服务。

3. 国际物流。全球经济一体化,使国家与国家之间的经济交流越来越频繁,不置身于国际经济大协作的交流之中,本国的经济技术便很难得到良好的发展。国家之间、洲际之间的原材料与产品的流通越来越发达。因此,研究国际物流已成为物流研究的一个重要分支。

三、按照作用分类

企业物流活动几乎渗入所有的生产活动和流通管理工作中,对企业的影响十分重要。按照物流在整个生产制造过程中的作用来看,物流可以分为以下几种:供应物流,主要指原材料等生产资料的采购、运输、仓储和用料管理等环节;生产物流,主要指生产计划与控制,厂内运输(装卸搬运),在制品仓储与管理等活动;销售物流,主要指产成品的库存管理,仓储发货运输,订货处理与顾客服务等活动;回收与废弃物流,包括废旧物资、边角余料的回收利用,各种废弃物的处理等。

1. 供应物流。供应物流就是物资生产者、持有者至使用者之间的物质流通,即生产企业、流通企业或消费者购入原材料、零部件或商品的物流过程。对于生产型企业而言,是指对于生产活动所需要的原材料、备品备件等物资的采购供应所产生的物流活动;对于流通领域而言,是指交易活动中从买方角度出发的交易行为中所发生的物流活动。企业的流动资金大部分是被购入的物资材料及半成品等所占用的,因此,供应物流的严格管理及合理化对于企业的成本有重要影响。

2. 生产物流。生产物流是指从工厂的原材料购进入库起,直到工厂成品库的成品发送为止的这一过程的物流活动。生产物流是制造型企业所特有的物流过程,它与生产加工的工艺流程同步。原材料、半成品等按照工艺流程在各个加工点之间不停顿的移动、流转形成了生产物流。如果生产物流中断,生产过程也将随之停顿。生产物流合理化对工厂的生产秩序、生产成本有很大的影响。生产物流均衡稳定,可以保证在制品的顺畅流转,压缩在制品库存,缩短生产周期,并使设备负荷均衡。

3. 销售物流。销售物流是指物资的生产者或持有者至用户或消费者之间的物流活动,即生产企业、流通企业售出产品或商品的物流过程。对于生产型企业而言,是指生产出的产成品的销售活动中发生的物流活动;对于流通领域,是指交易活动中从卖方角度出发的交易行为的物流。通过销售物流,生产企业得以回收资金,进行再生产,而流通企业则得以实现商品的交换价值,获取差价收益。销售物流的效果直接关系到企业的存在价值是否被市场消费者认可,销售物流所发生的成本会在产品或商品的最终价格中得以体现,因此,在市场经济中为了增强企业的竞争力,销售物流的合理化改进可以立即收到明显的市场效果。

4. 回收物流。在生产及流通活动中有一些材料是要回收并再加以利用的。例如,作为包装容器的纸箱、塑料框、酒瓶等,又如建筑行业的脚手架等也属于这一类物资。还有其他杂物的回收分类后的再加工,例如,旧报纸、书籍可以通过回收、分类再制成纸浆加以利用;特别是金属的废弃物,由于金属具有良好的再生性,可以回收重新熔炼成为有用的原材料。目前我国钢产量中有30%以上是由回收的废钢铁重熔冶炼而成的。回收物流品种繁多,流通渠道也不规则且多有变化,因此,管理和控制的难度较大。

5. 废弃物流。生产和流通系统中所产生的无用的废弃物,例如,开采矿山时产生的土石、炼钢生产中的钢渣、工业废水,以及其他一些无机垃圾等,已没有再利用的价值。如果不妥善处理,会造成环境污染,就地堆放会占用生产用地以致妨碍生产。对这类物资的处理过程就产生了废弃物流。废弃物流没有经济效益,但具有不可忽视的社会效益。为了减少资金消耗,提高效率,更好地保障生活和生产的正常秩序,对废弃物流合理化的研究是必要的。

四、按照处理的方式不同分类

1. 一般物流。一般物流指物流活动的共同点和一般性,物流活动的一个重要特点是涉及全社会、各企业,因此,物流系统的建立和物流活动的开展必须有普遍的适用性。物流系统的基础点也在于此,否则,物流活动便有很大的局限性和很小的适应性,物流活动对国民经济和社会的作用便大大受限了。一般物流研究的着眼点在于物流的一般规律,建立普遍适用的物流标准化系统,研究物流的共同功能要素,研究物流与其他系统的结合、衔接,研究物流信息系统及管理体制等。

2. 特殊物流。专门范围、专门领域、特殊行业,在遵循一般物流规律基础上,带有特殊制约因素、特殊应用领域、特殊管理方式、特殊劳动对象、特殊机械装备特点的物流,都属于特殊物流范围。特殊物流活动是社会分工深化、物流活动合理化和精细化的产物,在保持通用的、一般的物流活动前提下,能产生规模经济效益的物流便会形成其独特的物流活动和物流方式。特殊物流的研究对推动现代物流的发展作用是巨大的。特殊物流可进一步细分为:(1)按劳动对象的特殊性不同,有水泥物流、石油及油品物流、煤炭物流、腐蚀化学物品物流、危险品物流等;(2)按数量及形体不同,有多品种、少批量、多批次产品物流,超大、超长型货物物流等;(3)按服务方式及服务水平不同,有"门到门"的一贯物流、配送等;(4)按装备及技术不同,有集装箱物流、托盘物流等;(5)对于特殊的领域,有军事物流、废弃物流等;(6)按组织方式不同,有加工物流等。

第二节 第三方物流

第三方物流(Third Party Logistics,TPL)是20世纪80年代由美国物流管理委员会首先提出的。1988年,美国物流管理委员会的一项客户服务调查中,首次采用了"第三方服务提供者"一词。第三方物流是相对"第一方"发货人和"第二方"收货人而言的,它通过与第一方或第二方的合作来提供其专业化的物流服务,它不拥有商品,不参与商品的买卖,而是为客户提供以合同为约束,以结盟为基础的、系列化、个性化、信息化的物流代理服务。因此,又称为合同物流(Contract Logistics)、外包物流(Outsourcing Logistics)、物流联盟(Logistics Alliance)。

一、中国物流术语标准的定义

在中国2001年公布的《物流术语标准》中,将第三方物流定义为"供方与需方以外的物流企业提供物流服务的业务模式"。实际上,第三方物流是物流渠道中的专业化物流中间人,以签订合同的方式,在一定期间内,为其他公司提供的所有或某些方面的物流业务服务。

从广义的角度以及物流运行的角度看,第三方物流包括一切物流活动以及发货人可以从专业第三方物流商处得到的其他一些增值服务。提供这一服务是以发货人和第三方物流商之间的正式合同为条件的。这一合同明确规定了服务费用、期限及相互责任等事项。常见的第三方物流服务包括物流系统设计、报表管理、货物集运、选择承运人、海关代理、信息管理、仓储管理、业务咨询、价格谈判等。

狭义的第三方物流专指本身没有固定资产但仍承接物流业务,借助外界力量,负责代替发货人完成整个物流过程的一种物流管理方式。第三方物流公司承接了仓储、运输代理后,为减少费用的支出,同时又要使生产企业觉得有利可图,就必须在整体上尽可能地加以统筹规划,使物流合理化。

实际上,第三方物流是在物流渠道中由中间商提供的服务,中间商以合同的形式在一定期限内提供企业所需的全部或部分物流服务。第三方物流提供者是为外部客户管理、控制和提供物流服务作业的公司。它们并不在供应链中占有一席之地,但通过提供一整套物流活动来服务于供应链。

第三方物流在物流渠道中,由专业物流企业以合同的形式在一定期限内提供用户所需的全部或部分物流服务。第三方物流企业的利润不是来自运费、仓储费等直接费用收入,而是来源于现代物流管理科学的推广所产生的新价值,这是发展第三方物流的根本原因。

第三方物流是站在货主的立场上,以货主企业的物流合理化为设计系统和系统运营管理的目标。而且,第三方物流企业不一定要保有物流作业能力,也就是说可以没有物流设施和运输工具,不直接从事运输、保管等作业活动,只是负责物流系统设计并对物流系统运营承担责任。具体的作业活动可以采取对外委托的方式由专业的运输、仓储企业等去完成。而且,从美国的情况看,即使第三方物流企业保有物流设施,也将使用本企业物流设施的比例控制在二成左右,以保证向货主提供最适宜的服务。第三方物流企业的经营效益是直接与货主企业物流效率、物流服务水平以及物流系统效果紧密联系在一起的。

二、第三方物流的基本特征

第三方物流在发展的过程中逐渐形成鲜明的特征,归纳起来突出表现在以下五个方面。

(一) 关系契约化

首先,第三方物流是通过契约形式来规范物流企业和货主企业之间关系的。物流企业根据契约规定的要求,提供多功能甚至全方位一体化的物流服务,并以契约来管理所有提供的物流服务活动及其过程。第三方物流有别于传统的外包,外包只限于一项或数项独立的物流功能,例如,运输公司提供运输服务、仓储公司提供仓储服务等。第三方物流则根据合同条款规定的要求,而不是临时需要,提供多功能甚至全方位的物流服务。一般来说,第三方物流企业能提供仓库管理、运输管理、订单处理、产品回收、搬运装卸、物流信息系统、产品安装装配、运送、报送、运输谈判等近30种物流服务。依照国际惯例,服务提供者在合同期内按提供的物流成本加上需求方毛利额的20%收费。

其次,第三方物流发展物流联盟也是通过契约的形式来明确各物流联盟参加者之间权、责、利相互关系的。依靠现代电子信息技术的支撑,第三方物流企业之间充分共享信息,这就要求各方能相互信任,才能使达到的效果比单独从事物流活动所能取得的效果更好,而且,从物流服务提供者的收费原则来看,它们之间是共担风险、共享收益。企业之间所发生的关联既非仅一两次的市场交易,但又在交易维持了一定时期之后,可以相互更换交易对象。在行为上,各自不完全采取导致自身利益最大化的行为,也不完全采取导致共同利益最大化的行为,只是在物流方面通过契约结成优势互补、风险共担、要素双向或多向流动的中间组织。

(二) 服务个性化

首先,不同的货主企业存在不同的物流服务需求,第三方物流需要根据不同货主企业在其企业形象、业务流程、产品特征、顾客需求特征、竞争需要等方面的不同要求,提供针对性强的个性化物流服务和增值服务。第三方物流服务的对象一般都较少,只有一家或数家,服务时间却较长,这是因为需求方的业务流程各不相同,而物流、信息流是随价值流流动的,因而第三方物流服务应按照客户的业务流程来制定,这也表明物流服务从产品推销发展到了市场营销阶段,第三方物流正从过去的面向社会提供服务的传统外包进化到面向企业的个性化服务阶段。例如,中外运针对客户主要是独资或合资企业的状况,提出"咨询式销售"的办法,即利用专业人才优势,从为特定客户提供物流咨询服务入手,深入到企业内部,提供全套物流解决方案,帮助企业整合业务流程和供应链上下游,进而提供仓储、配送等配套服务。推行大客户经理负责制,重视换位思考,经常站在客户角度考虑问题,与客户共同发展。

其次,从事第三方物流的物流企业也因为市场竞争、物流资源、物流能力的影响需要形成核心业务,不断强化所提供物流服务的个性化和特色化,以增强物流市场竞争能力。

(三) 功能专业化

第三方物流所提供的是专业的物流服务。从物流设计、物流操作过程、物流技术工具、物流设施到物流管理必须体现专门化和专业水平。这既是货主企业的需要,也是第三方物流自身发展的基本要求。少数具备管理实力的物流公司,已将第三方物流服务深入到生产企业的生产物流管理环节。

(四) 管理系统化

第三方物流应具有系统的物流功能,是第三方物流产生和发展的基本要求。第三方物流需要建立现代管理系统才能满足运行和发展的基本要求。

(五) 信息网络化

信息技术是第三方物流发展的基础。信息技术实现了数据的快速、准确传递,提高了仓库管理、装卸运输、采购、订货、配送发运、订单处理的自动化水平,使订货、仓储、运输、流通加工实现一体化;企业可以更方便地使用信息技术与物流企业进行交流和协作,企业之间的协调和合作有可能在短时间内迅速完成;同时,物流管理软件的飞速发展使混杂在其他业务中的物流活动的成本能被精确计算出来,还能有效管理物流渠道中的商流,这就使企业有可能把原来在内部完成的作业交由物流公司运作。用于支撑第三方物流的信息技术包括实现信息快速交换的 EDI 技术、实现资金快速支付的 EFT 技术、实现信息快速输入的条形码技术和实现网上交易的电子商务技术等。物流服务过程中,信息技术发展实现了信息实时共享,促进了物流管理的科学化,极大地提高了物流效率和物流效益。

三、第三方物流的产生背景

第三方物流的产生有其深厚的理论及现实背景。总的来说,第三方物流是在物流演变过程中适应了新的经济环境及需求而出现的一种新的物流形态,是物流专业化、产业化的结果,供应链管理、虚拟经营等理论是其产生的依据与动力。

(一)理论依据

第三方物流是供应链管理、虚拟经营等创新管理模式从生产领域延伸到流通领域而形成一体化概念后出现的,供应链管理、虚拟经营是第三方物流得以产生的重要理论基础。

1. 虚拟经营

虚拟经营原是一种企业管理模式,是企业在组织上突破有形的界限,虽有生产、行销、设计、财会等功能,但企业却没有完整地执行这些功能的组织。就是说,企业在有限的资源下,为了取得竞争中的最大优势,仅保留企业中最关键的功能,而将其他功能虚拟化——通过各种方式借助外力进行整合弥补。

虚拟经营对第三方物流的产生有两方面的意义:

一方面,它回答了企业为何选择第三方物流来完成原本属于内部物流的各种功能。经济的迅速发展使得企业间的竞争日趋激烈,单个公司要具备支持竞争优势的所有要素变得越来越不可能,只有让有限的资源发挥最大的效率,才能获得竞争的优势。因此,企业从自己组织运输和仓储日益走向把这些工作交给专业的第三方物流公司,而自己采取虚拟经营,集中主业,把有限的财力、人力、物力用于产品的研制、设备的更新、生产流程的再造、质量的控制、销售网络的广泛改善、品牌的创立等活动上。

另一方面,它解释了第三方物流提供者的水平一体化。随着第三方物流公司业务的拓展和规模的扩大,物流服务呈多样化发展。单个公司无法满足不同使用者差别化的需求。物资的空间转移范围扩大而在途时间要求缩短,迫使不同的第三方物流提供者结成盟友,组成策略联盟,在信息共享的基础上优势互补,为低成本高效率完成物流任务创造条件。

2. 供应链管理

供应链管理是一种集成的管理思想和方法。在供应链管理环境下,企业成功与否不再由"纵向一体化"的程度高低来衡量,而是由企业积聚和使用的知识为产品或服务增值的程度来衡量。企业在集中资源于自身核心业务的同时,通过利用其他企业的资源来弥补自身的不足,从而变得更具竞争优势。传统的企业组织中的采购、加工制造、销售等看似整体但却是缺乏系统性和综合性的企业运作模式,已经无法适应新的制造模式发展的需要,而"大而全"、"小而全"的企业自我封闭的管理体制,更无法适应网络化竞争的社会发展需要。因此,作为物流供应链组织者的第三方物流企业应运而生,并存在很大的发展空间。

(二)现实条件

全球经济一体化趋势与以电子商务为代表的新经济的发展,给了第三方物流广阔的发展及运作空间。

随着经济全球化进程的迅速发展和新兴市场的形成,企业将不得不采用全球战略,以寻找其生产资源及产品市场。目前,越来越多的第三世界国家成为新兴工业国,并已经参与到世界经济与贸易中。这些新兴国家代表了新兴市场,它们的出现意味着理想生产基地的出现。它们以低价生产产品来满足世界经济的增长要求,其最终结果就是形成了一个世界范围的联合的工业生产地区。同时,各地的消费习惯正在变得越来越相似。"全球产品"的数量将不断增长,也就是说,出现了质量相同,并在几乎无差别的经济条件下在全球各地销售的品牌产品。由于全球将出现多个经济中心,因而国际运输量将大幅增长,随之而来的将是世界经济的加速增长和运输流向的转变。

在这样的现实情形下,可以说,没有一个企业愿意只依靠自身的力量,独立完成物流活动,因为即使有条件,也将是不经济的。因此,越来越多的企业倾向于将内部物流作业外包化。这无疑就为第三方物流企业提供了一个广阔的发展空间,越来越多的传统物资流通企业转型成为第三方物流供应商,从而促进了第三方物流事业的发展。

四、第三方物流的价值

(一)成本价值

第三方物流企业必须以有吸引力的服务来满足客户需要,服务水平必须符合客户的期望,要使客户在物流方面获取利润,同时自己也要获得收益,因此,第三方物流企业必须通过自己物流作业的高效化、物流管理的信息化、物流设施的现代化、物流运作的专业化、物流量的规模化来创造利润。

1. 作业利益

第三方物流服务首先能为客户提供"物流作业"改进利益。一方面,第三方物流企业可以通过第三方物流服务,向客户提供不能自我提供的物流服务或物流服务所需要的生产要素,这是产生物流外包并获得发展的重要原因。在企业自行组织物流活动的情况下,或者局限于组织物流活动所需要的专业知识,或者局限于自身的技术条件;从而使企业内部物流系统难以满足自身物流活动的需要,而企业自行改进或解决这一问题又往往是不经济的。物流作业的另一个改进就是改善企业内部管理的运作表现,增加作业的灵活性,提高质量和服务、速度和服务的一致性,使物流作业更具效率。

2. 经济利益

第三方物流服务为客户提供经济利益或与财务相关的利益,这是第三方物流服务存在的基础。低成本一般是由于低成本要素和规模经济的经济性而创造的,其中包括劳动力要素成本。通过物流外协,可以将不变成本转变成可变成本,又可以避免盲目投资而将资金用于其他用途,从而降低成本。

稳定和可见的成本也是影响物流外协的积极因素,并且稳定成本时的规划和预算手续更为简便。一个环节的成本一般来说难以清晰地与其他环节区分开来,但通过物流外协,使用第三方物流服务时,供应商要说明成本和费用,成本的明晰性就增加了。

3. 管理利益

第三方物流服务给客户带来的不仅仅是作业的改进及成本的降低,还应该给客户带来与管理相关的利益。正如前面所述,物流外包可以利用企业不具备的管理专业技能,也可以将企业内部管理资源用于别的更有利可图的用途中去,并与企业核心战略相一致。此外,诸如单一资源和减少供应商数目所带来的利益也是物流外包的潜在原因,单一资源减少了公关等费用,并减轻了公司在运输、搬运、仓储等服务商间协调的压力。第三方物流服务可以给客户带来的管理利益还有很多,例如,订单的信息化管理、避免作业中断、运作协调一致等。

4. 战略利益

物流外包还能产生战略意义及灵活性,包括地理范围跨度的灵活性(设点或撤销)及根据环境变化进行调整的灵活性。集中于主业在管理层次与战略层次高度一样具有重要性。共担风险的利益也可以通过第三方物流服务来获得。

(二)服务价值

第三方物流企业面临着的挑战是要能提供比客户自身物流运作更高的价值。它们不仅要考虑同类服务的提供者的竞争,还要考虑潜在客户的内部运作。第三方物流企业一般需要从提高物流运作效率、与客户运作的整合、横向或者纵向整合、发展客户运作四个方面创造其服务价值。

1. 提高运作效率

物流运作效率的提高意味着对每一个最终形成物流的单独活动进行开发(譬如,运输仓储等)。例如,仓储的运作效率取决于足够的设施与设备及熟练的运作技能。在作业效率范围内另一个更先进的作用是协调连续的物流活动。除了作业技能外,还需要协调和沟通技能。协调和沟通技能在很大程度上与信息技术相关联,因为协调与沟通一般是通过信息技术这一工具来实现的。如果存在着有利的成本因素,并且公司的注意力集中在物流方面,那么用较低的成本提供更好的服务是非常有可能的。

2. 客户运作整合

第三方物流服务带来增值的另一个方法是引入多客户运作,或者是在客户中分享资源。例如,多客户整合的仓储和运输网络,可以利用相似的结合起来的资源以及整合的运作规模效益来提高效率。第三方物流整合运作的复杂性很高,需要更多的信息技术与技能。这一整合增值方式对于单个客户进行内部运作的、很不经济的运输与仓储网络也适用,因此表现出来的规模经济效益是递增的,如果运作得好,将导致竞争优势及更大的客户基础。当然,一些拥有大量货流的大客户也常常投资协调和沟通技能及其资产,自行整合公司的物流资源。

3. 横向或者纵向整合

前面讨论的主要是第三方物流客户的内部运作外包化带来的效率的提高,其实从第三方物流企业角度,也需要进行资源整合、业务外包。对于无资产而主要是以管理外部资源为主的第三方物流企业来说,这类公司为客户创造价值的技能是强有力的信息技术和物流规划管理与实施等技能,它可以通过纵向整合购买具有成本和服务优势的单项物流功能作业或资源,发展与单一物流功能提供商的关系,以创造价值,这样,物流供应商可以专注于自己原有的和新能力的服务。在横向上,第三方物流企业如果能够结合类似的但存在相互竞争的公司,可联合为客户服务,扩大为客户提供服务的地域覆盖面。

4. 发展客户运作

第三方物流企业为客户创造价值的另一类方式是通过发展客户公司及组织运作来获取价值,这种第三方物流服务基本上接近传统意义上的物流咨询公司所做的工作,不同的是,这时提出的解决方案要由物流供应商自己来开发并完成运作。增值活动中的驱动力在于客户自身的业务过程,所增加的价值可以看作源于供应链管理与整合。

五、第三方物流企业的分类

(一)按照服务内容和服务对象分类

1. 针对少数客户提供的低集成度的物流服务

针对少数客户提供的低集成度的物流服务,存在两种情况。一种是在成长过程中阶段性存在的,即物流公司在发展初期,其客户资源有限,且服务能力还处于不完善阶段,能够提供的物流服务集成度有限。目前国内有些大型的投资商涉足物流,尽管它们有为更多客户提供一体化物流的潜力,但由于发展的历史较短,且中国物流需求市场还没完全启动,基本上属于第一类企业。另一种情况下,物流服务商的市场定位就是第一类第三方物流企业。这些物流服务提供商自身规模和能力有限,不具备提供高集成度物流的能力,同时,由于投入能力的限制,只能为有限的客户提供服务。

2. 同时为较多的客户提供低集成度的物流服务

这也是目前存在比较多的一种第三方物流企业。比较典型的有宝供物流、虹鑫物流等。从国内物流业的发展和国外的实践看,第二类物流公司将是未来物流市场的主流模式。

3. 针对较少的客户提供高集成度的物流服务

这也是西方物流服务的一种典型形式。很多大型物流集团在操作具体客户时,采用与客户共同投资新的物流公司的方式,全面管理客户的物流业务,就这个新公司而言,就是专门为特定客户提供高集成度的物流服务的典型。例如,FEDEX 在欧洲就同某家具公司成立了一家物流公司,专门负责该家具公司全球物流业务的管理和运作。高集成度的物流服务由于个性化强,物流企业参与客户的营运程度深,一般不适合大规模运作,即一家公司同时为很多家企业同时提供高集成度的物流服务困难性大。

4. 同时为较多的客户提供高集成度的物流服务

在介绍第三类企业时,我们提到同时为较多的客户提供高集成度的物流服务很困难,即便在西方发达国家,能同时为很多家企业提供高集成度的物流服务的公司,目前还没出现。

(二)按照提供物流服务的种类分类

1. 以资产为基础的第三方物流企业

以资产为基础的第三方物流企业自己拥有资产,譬如,运输车队、仓库和各种物流设备,通过自己的资产提供专业的物流服务,例如,UPS 公司。

2. 以管理为基础的第三方物流企业

以管理为基础的物流服务提供者通过系统数据库和咨询服务为企业提供物流管理或提供一定的人力资源。这种物流提供者不具备运输和仓储设施,只是提供以管理为基础的物流服务。

3. 提供综合物流服务的第三方物流企业

提供综合物流服务的第三方物流企业自己拥有资产,并能提供相应的物流管理服务,同时,它还可以利用其他物流服务提供者的资产,提供一些相关的服务。

4. 提供临时物流服务的第三方物流企业

对于业务量波动较大的企业,或有辅助服务需求时,雇用临时工是最有效的选择。临时性服务的优势在于既能满足企业的短期需要或对有特殊技能人员的临时需要,又不需要雇用长期固定员工。临时物流服务可缩减过量的经常性开支,降低固定成本,同时提高劳动投入的柔性,提高生产率。

（三）按照所属的物流市场进行分类

1. 操作性的第三方物流企业。操作性的第三方物流企业以某一项物流作业为主,一般擅长于某一项的物流操作。在自己擅长的业务上,具有成本优势,往往通过较低的成本在竞争中取胜。

2. 行业倾向性的第三方物流企业。行业倾向性公司又称行业性公司,它们通常为满足某一特定行业的需求而设计自己的作业能力和作业范围。

3. 多元化的第三方物流企业。多元化的第三方物流企业所提供的一些相关性物流服务,通常是综合性的。

4. 客户化的第三方物流企业。客户化的第三方物流企业的对象是专业需求用户,物流服务企业之间竞争的焦点不是费用而是物流服务。

六、第三方物流企业的来源

目前,我国的第三方物流企业面临飞速发展的时期,各类不同背景的企业纷纷转型为物流企业或将第三方物流作为新的增长点。通过国内外的实践可以看出,第三方物流企业一般从传统的、与物流相关的企业发展而来,例如,仓储企业、运输企业等。

（一）起源于运输业（航运、公路、铁路、空运）

尽管没有数据统计,但从运输业发展而来的第三方物流在市场上应该占最大的比重。就国外的情况看,以陆运和空运为主的快运、快递公司发展成为第三方物流的有 UPS、FEDEX、TNT、DHL 等;从海运发展起来的物流企业有马士基物流、美集物流等。

中国目前也出现了类似的趋势,例如,以陆运为主的企业,先后有大通、上海交运集团、广州交运集团等在国内有一定影响的运输企业将第三方物流作为新的发展方向。而国内最有影响的海运企业,例如,中远、中海等,纷纷成立第三方物流公司。

（二）起源于仓储企业

与运输环节一样,仓储也是物流活动中最重要的环节之一。因此,许多提供公共仓储服务的公司也通过功能延伸为客户提供综合物流服务。在欧洲,Exel 和 Tibbett&Britten 都是由公共仓储企业发展成为第三方物流企业的。我国的公共仓储企业向物流企业转变的趋势也比较明显。例如,上海商业储运公司成立了上海商业物流公司,从事第三方物流业务。

（三）起源于货运代理公司

货代企业转型为现代物流企业在西方有很多,譬如,Emery、BAX、MSAS、Schenker、AEI、Circle 等。由于信息技术的发展和电子商务环境的成熟,以往提供简单信息服务的货代企业利润空间越来越小。在货代业务的基础上发展第三方物流已经成为货代业发展的热点,譬如,华润物流、中外运物流等。

（四）起源于托运人

这一类型的企业是从大公司的物流组织演变而来的。它们将物流专业的知识和一定的资源（如信息技术）,用于提供第三方物流服务。在国外,这类公司有 Caterpillar 物流公司（来自 Caterpillar 集团）、IBM 物流（来自 IBM 公司）等。中国这类企业目前也不断增多,并成为物流市场上的亮点。例如,海尔集团组建的海尔物流公司、美的集团组建的安得物流等,就是托运人从事第三方物流的典型。

(五) 财务和信息咨询服务公司

原本主要致力于建立系统的集成商,为了给客户增加更多的价值,也主动提供有关电子商务、物流和供应链管理的工作,这类企业有 Accenture、GE Information Services 等。在我国,以物流信息集成为主业的招商迪辰系统有限公司也尝试过为客户提供第三方物流服务,但由于种种原因,该项业务未得到更大的发展。

(六) 港口码头、铁路编组站和火车站、汽车站、航空货运站等

这类企业基于终端作业的优势,并将业务延伸至运输和配送。目前这类企业的典型代表是 PSA 和 CWT。PSA 从 1997 年开始在中国内地投资物流业,较大的物流项目有上海招商新港物流有限公司。

(七) 电子分销商

零部件分销商和增值服务分销商也开始进入物流增值服务领域。其服务内容包括系统配置、EDI、货物跟踪、信息系统集成、库存管理等。比较典型的公司有 Arrow、Avnet、Synnex Technology、Serial Systems 等。中国的电子分销商楷模英迈国际其实也属于这类企业。

七、发展第三方物流关系的一般过程及运作方法

(一) 第三方服务关系的演变过程

有些第三方物流关系包括许多综合性的服务,而大部分第三方物流服务则是由少许的活动开始的。图 3—1 表明了这种第三方服务关系在一家公司演变的典型过程。

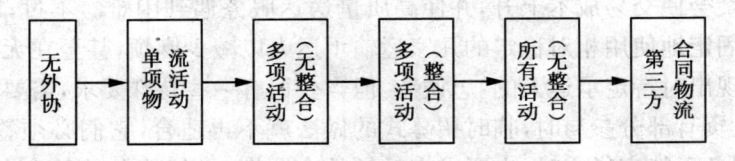

无外协 → 单项物流活动 → 多项活动(无整合) → 多项活动(整合) → 所有活动(无整合) → 第三方 → 合同物流

图 3—1 货主企业物流外协的选择

企业越来越习惯于由单一的第三方公司提供运输或仓储服务的实际情况,使第三方公司成为提供更广范围服务的候选公司。然而,当前只有有限的几家公司选择将全套供应链活动外协给第三方公司的做法,因此,1995 年美国戴尔计算机公司(Dell Computer)将所有供应链活动外协给罗德威物流服务公司(Roadway Logistics Service)的做法,可以说是预示第三方物流发展方向的一个重要事件。

(二) 物流外协第三方的做法与趋势

1. 物流外部化的方法

在欧美发达国家,很多公司采用多种方式外协其物流。其中,最为彻底的方式是关闭自己的物流系统,将所有的物流职责转移给外部物流合同供应商。对许多自营物流的公司来说,由于这样的选择变动太大,它们不愿意处理掉现有的物流资产,裁减人员,去冒在过渡阶段作业中断的风险。为此,有些公司宁愿采取逐渐外协的方法,即按地理区域将责任移交分步实施,或按业务与产品分步实施。欧美公司一般也采用以下方式来使移交平稳化:

(1) 系统接管

这是大型物流服务供应商全盘买进客户公司的物流系统的做法。它们接管并拥有客户车辆、场站、设备,并接收原公司员工。接管后,系统仍可单独为原企业服务或与其他公司共享,以改进利用率并分担管理成本。

(2) 合资

有些客户更愿意保留配送设施的部分产权,并在物流作业中保持参与。对它们来说,与物流合同商的合资提供了注入资本和获得专业知识的途径。在英国,IBM 与 Tibbett & Britten 组成的 Hi-tech Logistics 即是一例。

(3) 系统剥离

也有不少例子是自理物流作业的公司把物流部门剥离成一个独立的单位,允许它们承接第三方物流业务。最初由母公司为它们提供基本业务,以后则使它们越来越多地依靠第三方业务。

(4) 管理型合同

对希望自己拥有物流设施(资产)的公司,仍可以把管理外协。这是大型零售商常采用的战略。欧盟国家把合同外包看成是改进物流作业管理的一种方法,因为这种形式的外协不是以资产为基础的,它给使用服务的一方在业务谈判中以很大的灵活性,如果需要,它们可以终止合同。

2. 物流服务采购的趋势

(1) 以合同形式采购物流服务的比例增加

运输与仓储服务传统上是以交易为基础进行的。这些服务相当标准化,并能以最低价格购买。虽然公路运输行业的分散与竞争使行业中有众多小型承运人提供低价服务,但以此种方式购买运输服务有很大的缺点,那就是需要这种运输的人须在日常工作中接触大量的独立承运人,而这无疑会使交易成本上升,并使高质量送达服务遇到困难。不过,即使在这种市场上,企业也必须固定地使用相对稳定的几家运输承运人以减少麻烦,甚至在无正规合同的情况下,制造商也表现出对特定承运人的"忠诚"。但当公司有一些特殊要求,需要一些定制的服务并对承运人的投资有部分参与时,临时招募式的做法就不再适合,它们必须签订长期合同;而当承运人专一服务于特定货主时,也要求有较长的合同期,最好能覆盖整个车辆生命期,以保障投资人的利益。

市场经济的发展和市场运作的规范,以及规避风险的要求,将使物流服务采购中以合同形式采购的比例越来越大。

(2) 合同方的数量减少

虽然物流服务需求方可以在市场上寻找到大量的物流服务提供商为其服务,但一个明显的趋势是,合同形式下合同方数量较临时招募式做法下的供应商数量显著减少。减少合同方数量具有以下作用:①降低交易成本;②提供标准服务;③采用更严格的合同方的选择;④合同方在设计物流系统时更多地参与;⑤对长期伙伴关系发展更加重视;⑥采取零库存原则;⑦开发电子数据交换;⑧使物流设备越来越专业化;⑨改变相互依赖的程度。

物流服务外部化并集中于很少数量的合同商的情况,增加了客户的依赖性,使它更难以断绝(至少在短期内)与合同商之间的关系。

第三节　国际物流

随着全球经济一体化的发展以及国际间分工的日益细化,国与国之间的合作交往日趋频繁,加剧了物资在国际间的交换,国际贸易获得空前的发展。在实现物权转移的同时,还应有效地把商品按质、按量地送到国际用户指定的地点,因此就必须依赖于高效的国际物流系统。

一、国际物流的含义

国际物流是指货物（包括原材料、半成品、制成品）及物品（包括邮品、展品、捐赠物资等）在不同国家和地区间的流动和转移。由此可见，国际物流是相对国内物流而言的，是跨越国境的物流活动方式，是国内物流的延伸。

国际物流从广义上理解，包括了各种形态的物资在国际间的流动。具体表现为进出口商品转关，进境运输货物，加工装配业务进口的料件设备，国际展品等暂时进口物资，捐赠、援助物资，以及邮品等在不同国家和地区间所做的物理性移动。狭义而言，国际物流仅指为完成国际商品交易的最终目的而进行的物流活动。包括货物包装、仓储运输、分配拨送、装卸搬运、流通加工，以及报关、商检、国际货运保险和国际物流单证制作等。因此，国际物流和国内物流的一个基本区别就在于生产与消费的异域性。只有当生产和消费分别在两个或两个以上国家或地区独立进行时，为了消除生产者和消费者之间的时空距离，才产生了国际物流的一系列活动。

国际物流相对于国内物流来说，其涉及的环节更多，在国际物流系统中，参与运作的企业及部门更为广泛，它们之间相互协作共同完成进出口货物的各项业务工作。因此，国际物流运作的环境更为复杂。

二、国际物流的发展

国际物流是伴随着国际贸易的发展而发展起来的，是国际贸易得以实现的具体途径。国际贸易的发展离不开国际物流。国际物流系统的高效运作，不仅能够使合同规定的货物准确无误地及时运抵国际市场，提高产品在国际市场上的竞争能力，扩大产品出口，促进本国贸易的发展；而且还能满足本国经济、文教事业发展的需要，从而满足本国消费者的需要。因此，国际物流的发展对一国国民经济的发展有着重要的作用。

第二次世界大战之前，虽然已经存在国际间的经济交往，但无论从概念上还是运作方式上都是较为简单的。其表现形式为经济发达的国家从发展中国家廉价购入初级品，经加工后再将制成品高价返销发展中国家。双方的贸易条件是极不平等的。

第二次世界大战后，由于跨国投资的兴起，跨国生产企业内部的国际贸易发展迅速，发展中国家的生产力水平提高，以及发达国家和发达国家、发达国家和发展中国家的贸易总量不断增加，使国际贸易的运作水平有了新的变化，为了适应这一变化，国际物流在数量、规模以及技术能力上有了空前的发展。这一发展主要经历了以下几个阶段：第一阶段，20世纪50年代，是国际物流发展的准备阶段。第二阶段，20世纪60年代，是国际间大规模物流阶段。第三阶段，20世纪70年代，是集装箱及国际集装箱船、集装箱港口的快速发展阶段。第四阶段，20世纪80年代，是自动化搬运及装卸技术、国际集装箱多式联运发展阶段。第五阶段，20世纪90年代以来，是国际物流信息化时代。

三、国际物流的特点

（一）国际物流与国内物流相比，其经营环境存在着更大的差异

国际物流的一个显著的特点就是各国的物流环境存在着较大的差异。除了生产力及科学技术发展水平、既定的物流基础设施各不相同外，各国文化历史及风俗人文的千差万别以及政府管理物流所适用法律的不同等物流软环境的差异尤其突出，从而使国际物流的复杂性远远

高于一国的国内物流。例如,语言的差别会增加物流的复杂性,从地理上看西欧的土地面积比美国小得多,但由于它包括的国家众多,使用多种语言,如德语、英语、法语等,致使需要更多的存货来开展市场营销活动,因为贴有每一种语言标签的货物都需要有相应的存货支持。

(二)国际物流系统广泛,存在着较高的风险性

物流本身就是一个复杂的系统工程,而国际物流在此基础上增加了不同的国家要素,这不仅仅是地域和空间的简单扩大,而且涉及了更多的内外因素,因此增加了国际物流的风险。例如,运输距离的扩大延长了运输时间并增加了货物中途转运装卸的次数,从而使国际物流中货物灭失和短缺的风险增大;企业资信及汇率的变化使国际物流经营者面临更多的信用及金融风险;而不同国家之间政治经济环境的差异可能会使企业跨国开展国际物流遭遇更多的国家风险。

(三)国际物流中的运输方式具有复杂性

在国内物流中,运输线路相对较短,运输频率较高,因此,主要的运输方式是铁路运输和公路运输。但在国际物流中,货物运送路线长、环节多,气候条件复杂,对货物运输途中的保管、存放要求高,因此,海洋运输、航空运输尤其是国际多式联运是其主要运输方式,具有一定的复杂性。例如,国际多式联运就是由一个多式联运经营人使用一份多式联运的合同将至少两种不同的运输方式连接起来进行货物国际间的转移,其间需经过多种运输方式的转换和货物的装卸搬运,与单一的运输方式相比更具复杂性。

(四)国际物流必须依靠国际化信息系统的支持

国际物流的发展依赖于高效的国际化信息系统的支持,由于参与国际物流运作的物流服务企业及政府管理部门众多,包括货运代理企业、报关行、对外贸易公司、海关、商检等机构,从而使国际物流的信息系统更为复杂,国际物流企业不仅要制作大量的单证而且要确保其在特定的渠道内准确无误地传递,因此,耗费的成本和时间是大量的。目前,在国际物流领域,EDI(电子数据交换)得到了较广泛的应用,它大大提高了国际物流参与者之间信息传输的速度和准确性。但是,由于各国物流信息水平的不均衡以及技术系统的不统一,在一定程度上阻碍了国际信息系统的建立和发展。

(五)国际物流的标准化要求较高

国际物流除了国际化信息系统支持外,统一标准也是一个非常重要的手段,这有助于国际间物流的畅通运行。国际物流是国际贸易的衍生物,它是伴随着国际贸易的发展而产生和发展起来的,是国际贸易得以顺利实现的必要条件。如果贸易密切的国家在物流基础设施、信息处理系统乃至物流技术方面不能形成相对统一的标准,那么就会造成国际物流资源的浪费和成本的增加,最终影响产品在国际市场上的竞争能力,而且国际物流水平也难以提高。目前,美国、欧洲基本实现了物流工具及设施的统一标准,例如,托盘采用1 000mm×1 200mm规格、集装箱的若干统一规格及条码技术等。

四、国际物流系统的组成

国际物流系统是由国际货物的包装、运输、仓储、装卸搬运、流通加工及国际配送子系统所组成的。其中,国际货物的运输子系统和国际货物的仓储子系统是国际物流的两大支柱。通过运输克服了商品生产和消费的空间距离,通过仓储消除了其时间差异,满足了国际贸易的基本需要。

（一）国际运输子系统

国际物流运输是国际物流系统的核心子系统，其作用是通过国际运输使物品实现空间移动而实现其使用价值。国际物流系统依靠国际运输作业克服商品生产地和需求地之间的空间距离，创造商品的空间效应，商品通过国际物流运输系统由供给方转移给需求方。国际货物运输具有路线长、环节多、涉及面广、手续繁杂、风险性大、时间性强等特点。国际运输费用在国际贸易商品价格中占有很大比重。国际运输主要包括运输方式的选择、运输单据的处理以及投保等有关方面的内容。

（二）国际物流仓储子系统

商品储存、保管使商品在其流通过程中处于一种或长或短的相对停滞状态，这种停滞是完全必要的，因为商品流通是一个由分散到集中，再由集中到分散的源源不断的流通过程。国际贸易和跨国经营中的商品从生产厂或供应部门被集中运送到装运港口，有时须临时存放一段时间再装运出口，是一个集中和分散的过程。它主要是在各国的保税区和保税仓库进行的，在国际物流仓储子系统中主要涉及各国保税制度和保税仓库建设等方面的问题。

保税制度是对特定的进口货物，在进境后尚未确定内销或复出口的最终去向前，暂缓缴纳进口税，并由海关监管的一种制度。这是各国政府为了促进对外加工贸易和转口贸易而采取的一项关税措施。

保税仓库是经海关批准专门用于存放保税货物的仓库。它必须具备专门储存、堆放货物的安全设施，健全的仓库管理制度和详细的仓库账册，并配备专门的经海关培训认可的专职管理人员。保税仓库的出现，为国际物流的海关仓储提供了既经济又便利的条件。有时会出现对货物不知最后做何处理的情况，这时买主（或卖主）可将货物在保税仓库暂存一段时间。若货物最终复出口，则无需缴纳关税或其他税费；若货物将内销，可将纳税时间推迟到实际内销时为止。

（三）商品检验子系统

国际贸易和跨国经营具有投资大、风险高、周期长等特点，使得商品检验成为国际物流系统中重要的子系统。通过商品检验，可确定交货品质、数量和包装条件是否符合合同规定。如发现问题，可分清责任，向有关方面索赔。在买卖合同中，一般都订有商品检验条款，其主要内容有检验时间与地点、检验机构与检验证明、检验标准与检验方法等。根据国际贸易惯例，商品检验时间与地点的规定可概括为三种做法。

1. 在出口国检验。可分为两种情况：在工厂检验，卖方只承担货物离厂前的责任，对运输中品质、数量变化的风险概不负责；装船前或装船时检验，其品质和数量以当时的检验结果为准。

2. 在进口国检验。包括卸货后在约定时间内检验和在买方营业处所或最后用户所在地查验两种情况。其检验结果可作为货物品质和数量的最后依据。

3. 在出口国检验、进口国复验。货物在装船前进行检验，以装运港双方约定的商检机构出具的证明作为议付货款的凭证，货物到达目的港后，买方有复验权。如果复验结果与合同规定不符，买方有权向卖方提出索赔，但必须提供卖方同意的公证机构出具的检验证明。

（四）报关子系统

国际物流的一个重要特征就是货物要跨越关境。各国海关规定并不完全相同，因此，对国际货物的流通而言,各国的海关可能会成为国际物流的"瓶颈"。而要消除这一"瓶颈",则要求国际物流经营人熟悉各国有关的通关制度,在适应各国通关制度的前提下,建立安全有效的快速通过系统,实现货畅其流。国际物流报关子系统的存在也增加了国际物流的风险性和复杂性。

(五)商品包装子系统

杜邦定律(美国杜邦化学公司提出)认为:63%的消费者是根据商品的包装装潢进行购买的,国际市场和消费者是通过商品来认识企业的,而商品的商标和包装就是企业的面孔,它反映了一个国家的综合科技文化水平。

为提高商品包装系统的功能和效率,应提高国际物流经营人和外贸企业对出口商品包装工作重要性的认识,树立现代包装意识和包装观念;尽快建立起一批出口商品包装工业基地,以适应外贸发展的需要,满足国际市场、国际物流系统对出口商品包装的各种特殊要求;认真组织好各种包装物料和包装容器的供应工作。这些包装物料、容器应具有品种多、规格齐全、批量小、变化快、交货时间急、质量要求高等特点,以便扩大外贸出口和创汇能力。

(六)装卸子系统

国际物流运输和储存子系统离不开装卸搬运,装卸搬运子系统是国际物流系统的又一重要的子系统。装卸搬运是短距离的物品移动,是储存和运输子系统的桥梁和纽带。能否高效率地完成物品的装卸搬运作业,是决定国际物流节点能否有效促进国际物流发展的关键因素。

(七)信息子系统

国际物流信息子系统的主要功能是采集、处理和传递国际物流和商流的信息情报。没有功能完善的信息系统,国际贸易和跨国经营将寸步难行。国际物流信息的主要内容包括进出口单证的作业过程、支付方式信息、客户资料信息、市场行情信息和供求信息等。

国际物流信息子系统的特点是信息量大、交换频繁、传递量大、时间性强、环节多、点多、线长,因此,要建立技术先进的国际物流信息系统。国际贸易中 EDI 的发展是一个重要趋势,我国应该在国际物流中加强推广 EDI 的应用。

上述国际物流子系统应该与配送子系统、流通加工子系统等有机地联系起来,统筹考虑,全面规划,以建立适应国际竞争要求的国际物流系统。

五、国际物流的分类

国际物流根据不同的标准可进行如下分类。

(一)进口物流和出口物流

根据货物在不同的国家之间的流动可以把国际物流分为进口物流和出口物流。当一国货物进口时所发生的国际物流活动属进口物流,反之,当国际物流服务于一国货物出口时则称之为出口物流。海关对进出口物流活动在监管上存在着较大的差异。

(二)国际商品物流、国际展品物流、国际军火物流、国际邮政物流和国际逆向物流

根据货物跨国运送的特性,可以将国际物流活动划分为国际商品物流、国际展品物流、国际军火物流、国际邮政物流和国际逆向物流。国际商品物流主要是指通过国际贸易所实现的交易活动的商品在国际间的移动。国际展品物流是指以展览、展示为目的,暂时将商品运入一国境内,待展览结束后再复运出境的物流活动。国际军火物流是指军用品作为商品和物资在不同国家或地区之间的买卖和流通,是广义物流的一个重要组成部分。国际邮政物流是指通过国际邮政运送系统办理的包裹、函件等递送活动。国际逆向物流是指对国际贸易中回流的商品进行改造和整修活动,包括循环利用容器和包装材料;由于损坏和季节性库存需要重新进货、回调货物,或由过量库存导致的商品回流。

第四节　逆向物流

一、逆向物流的概念

目前,理论界对逆向物流概念的表述也有很多,较专业、准确地概括其特点的定义是:与传统供应链反向,为价值恢复或处置合理而对原材料、中间库存、最终产品及相关信息从消费地到起始点的有效实际流动所进行的计划、管理和控制过程。

可见,逆向物流的表现是多样化的,从使用过的包装到经处理过的电脑设备,从未售商品的退货到机械零件,等等。也就是说,逆向物流包含来自于客户手中的产品及其包装品、零部件、物料等物资的流动。简言之,逆向物流就是从客户手中回收用过的、过时的或者损坏的产品和包装,直至最终处理环节的过程。但是,现在越来越被普遍接受的观点是,逆向物流是在整个产品生命周期中对产品和物资的完整的、有效的和高效的利用过程的协调。

逆向物流有广义和狭义之分。狭义的逆向物流(Returned Logistics)是指由于环境问题或产品已过时的原因而对产品、零部件或物料回收的过程。它是指将排泄物中有再利用价值的部分加以分拣、加工、分解,使其成为有用的资源以重新进入生产和消费领域。广义的逆向物流(Reverse Logistics)除了包含狭义的逆向物流的定义之外,还包括废弃物物流的内容,其最终目标是减少资源使用,并通过减少使用资源达到废弃物减少的目标,同时使正向以及回收的物流更有效率。

二、逆向物流形成的原因

(一)主要驱动因素

在那些已经运用逆向物流系统的公司中,高级管理人员过度地将它的管理推给了运营层。这已经不再是有效的方法。有许多有力的因素迫使企业将逆向物流的管理提高到战略程度的高级管理日程上。带来这些变化的主要驱动因素有:政府立法、新型的分销渠道、供应链中的力量转换、产品生命周期的缩短等。

(二)主要动机

对于企业而言,运用逆向物流往往出于以下动机:环境管制、经济利益(体现在废弃物处理费用的减少、产品寿命的延长、原材料零部件的节省等方面)和商业考虑。因而,管理者首先应认识到逆向物流的重要性和价值,其次要在实际运作中给予逆向物流以资源和支援,这是发挥竞争优势的关键。

近年来,随着电子商务的快速发展,物流业已从传统的流通业中独立出来并日益受到人们的关注。而随着人们环保意识增强,环保法规约束力度加大,逆向物流的经济价值也逐步显现。在我国经济发展水平较为落后的时期和地区,厉行节约理所当然是首要选择。传统经济生活中的废品收购,空桶、空瓶、空盘、废旧钢铁、纸张、衣物等的重复利用也是一种司空见惯的社会生活现象,因而,服务于废品回收再利用的逆向物流并不是什么新事物。另外,对产品零部件的回收再利用或将上述包装回收后清洗再利用都比买新的要便宜。只不过,由于过去十多年中对环境保护的高度重视,逆向物流有了新的含义,例如,耐用产品和耐久消费包装。后来,新的资源再生利用技术的研究与推广大大降低了处理回收物品的成本,使逆向物流不仅仅意味着成本的降低,而且由于它能带来资源的节约,这就可能意味着经济效益、社会效益的环境效益和共同增加。

三、逆向物流的分类

(一)按照回收物品的渠道分

按照回收物品的特点,可分为退货逆向物流和回收逆向物流两部分。退货逆向物流是指下游顾客将不符合订单要求的产品退回给上游供应商,其流程与常规产品流向正好相反。回收逆向物流是指将最终顾客所持有的废旧物品回收到供应链上各节点企业。

(二)按照逆向物流材料的物理属性分

按照逆向物流材料的物理属性,可分为钢铁和有色金属制品逆向物流、橡胶制品逆向物流、木制品逆向物流、玻璃制品逆向物流等。

(三)按成因、途径和处置方式及其产业形态分

按成因、途径和处置方式的不同,逆向物流可分为投诉退货、终端使用退回、商业退回、维修退回、生产报废与副品,以及包装六大类别。

四、逆向物流的特点

逆向物流作为企业价值链中特殊的一环,与正向物流相比,既有共同点,也有各自不同的特点。二者的共同点在于都具有包装、装卸、运输、储存、加工等物流功能。但是,逆向物流与正向物流相比又具有其鲜明的特殊性。

(一)分散性

逆向物流产生的地点、时间、质量和数量是难以预见的。废旧物资可能产生于生产领域、流通领域或生活消费领域,涉及任何领域、任何部门、任何个人,在社会的每个角落都在日夜不停地发生。正是这种多元性使其具有分散性。而正向物流则不然,按量、准时和指定发货点是其基本要求,这是由于逆向物流发生的原因通常与产品的质量或数量的异常有关。

(二)缓慢性

开始的时候逆向物流数量少,种类多,只有在不断汇集的情况下才能形成较大的流动规模。废旧物资的产生也往往不能立即满足人们的某些需要,它需要经过加工、改制等环节,甚至只能作为原料回收使用,这一系列过程的时间是较长的。同时,废旧物资的收集和整理也是一个较复杂的过程。这一切都决定了逆向物流缓慢性这一特点。

(三)混杂性

回收的产品在进入逆向物流系统时往往难以划分为产品,因为不同种类、不同状况的废旧物资常常是混杂在一起的。当回收产品经过检查、分类后,逆向物流的混杂性随着废旧物资的产生而逐渐衰退。

(四)多变性

由于逆向物流的分散性及消费者对退货、产品召回等回收政策的滥用,有的企业很难控制产品的回收时间与空间,这就导致了多变性。主要表现在以下四个方面:逆向物流具有极高的不确定性;逆向物流的处理系统与方式复杂多样;逆向物流技术具有一定的特殊性;相对高昂的成本。

五、逆向物流的原则

(一)"事前防范重于事后处理"原则

逆向物流实施过程中的基本原则是"事前防范重于事后处理",即"预防为主、防治结合"。因为对回收的各种物料进行处理往往给企业带来许多额外的经济损失,这势必增加供应链的总物流成本,与物流管理的总目标相违背。因而,对生产企业来说,要做好逆向物流一定要注意遵循"事前防范重于事后处理"的基本原则。循环经济、清洁生产都是实践这一原则的生动例证。

(二)绿色原则

绿色原则即将环境保护的思想观念融入企业物流管理过程中。

(三)效益原则

物流是社会再生产过程中的重要一环,物流过程中不仅有物质循环利用、能源转化,而且有价值的转移和价值的实现。因此,现代物流涉及了经济与生态环境两大系统,理所当然地架起了经济效益与生态环境效益之间彼此联系的桥梁。经济效益涉及目前和局部的更密切相关的利益,而环境效益则关系更宏观和长远的利益。经济效益与环境效益是对立统一的。后者是前者的自然基础和物质源泉,而前者是后者的经济表现形式。

(四)信息化原则

尽管逆向物流具有极大的不确定性,但信息技术的应用(例如,使用条形码技术、GPS 技术、EDI 技术等)可以帮助企业大大提高逆向物流系统的效率和效益。因为使用条形码可以储存更多的商品信息,这样有关商品的结构、生产时间、材料组成、销售状况、处理建议等信息就可以通过条形码加注在商品上,也便于对进入回收流通的商品进行有效、及时的追踪。

(五)法制化原则

尽管逆向物流作为产业而言还只是一个新兴产业,但从其来源可以看出,逆向物流活动就如同环境问题一样,并非新生事物,它是伴随着人类的社会实践活动而生的,只不过在工业化迅猛发展的过程中这一"暗礁"才浮出水面。然而,正是由于人们以往对这一问题的关注较少,所以市场自发产生的逆向物流活动难免带有盲目性和无序化的特点。例如,近年来我国废旧家电业异常火暴,据分析调查往往是通过对旧家电"穿"新衣来牟取利润的,这是以侵犯广大农户和城市低收入家庭等低收入消费群体的合法权益为基础的,这急需政府制定相应的法律法规来引导和约束。而具有暴利的"礼品回收"则会助长腐败,是违法的逆向物流,应坚决予以取缔。我国各大城市街区垃圾箱受损、井盖丢失、盗割铜缆等现象就与盗窃者长期地逍遥法外不无关系。固体废物走私犯罪活动呈现蔓延势头,汽车黑市等违法的逆向物流活动都急需相关的法规来约束。

(六)社会化原则

从本质上讲,社会物流的发展是由社会生产的发展带动的,当企业物流管理达到一定水平,对社会物流服务就会提出更高的数量和质量要求。企业回收物流的有效实施离不开社会物流的发展,更离不开公众的积极参与。在国外,企业与公众参与回收物流的积极性较高,在许多民间环保组织(如绿色和平组织)的巨大影响力下,已有不少企业参与了绿色联盟。

本章小结

本章从不同角度介绍了物流类型的划分,并在此基础上重点介绍了第三方物流、国际物流和逆向物流。其中,在第三方物流小节分析了其特征及产生背景、第三方物流的行业来源及分类、第三方物流的运作价值等;在国际物流小节介绍了其构成及特征;在逆向物流小节分析了其特点与成因及原则等内容。

思考与练习

一、名词解释

社会物流　　第三方物流　　国际物流　　逆向物流　　特殊物流

二、简答题

1. 第三方物流是如何创造价值的?
2. 国际物流的特点是什么?
3. 国际物流合理化的措施有哪些?
4. 逆向物流产生的动因是什么?
5. 第三方物流的主要行业来源有哪些?

三、案例与分析

奥康物流

1998年以前,奥康沿用以产定销营销模式。当时整个温州企业的物流形式都是总部生产什么,营销人员就推销什么,代理商就卖什么。这种模式导致与市场需求脱离、库存加大、利润降低。

1999年,奥康开始实施产、销两分离,全面导入订单制,即生产部门生产什么,不是生产部门说了算,而是营销部门说了算。营销部门根据市场的信息、分公司的需求、代理商的订单进行信息整合,最后形成需求,向生产部门下订单。这样,奥康的以销定产物流运作模式慢慢形成。

2004年以前,奥康在深圳、重庆等地外加工生产的鞋子必须通过托运部统一托运到温州总部,经质检合格后方可分销到全国各个省级公司,再由省级公司向各个专卖店和销售网点进行销售。没有通过质检的鞋子需要重新打回生产厂家,修改合格以后再托运到温州总部。这样一来,既浪费人力、物力,又浪费了大量的时间,加上鞋子是季节性较强的产品,错过上市最佳时机,很可能导致这一季的鞋子积压。

经过不断探索与实践,奥康运用将别人的工厂变成自己仓库的方法,解决了这一问题。具体操作方法是:奥康在深圳、重庆生产加工的鞋子无需托运回温州总部,只需温州总部派出质检人员前往生产厂家进行质量检验,质量合格后生产厂家就可直接从当地向奥康各省级公司进行发货,再由省级公司向各营销点进行分销。

奥康集团总裁王振滔表示,当时机成熟时,奥康完全可以撤销省级的仓库,借用别人的工厂和仓库来储存奥康的产品,甚至可以直接从生产厂家将产品发往当地营销点。这样,既节省大量人力、物力、财力,又节省了大量时间,使鞋子紧跟市场流行趋势。同时,可以大量减少库存甚至保持零库存。按照这样的设想,奥康在30多家省级公司不需要设置任何仓库,温州总部也只需设一个中转仓库就可以了。

奥康提出的物流运营零成本并非是物流运营不花一分钱,只是通过一种有效的运营方式,极大限度地降低成本,提高产品利润。

现代市场的竞争，就是比谁看得准、谁下手狠。特别是对皮鞋行业而言，许多产品是季节性的。对这类产品，就是比时间、比速度。对一些畅销品种，如果能抢先对手一星期上货、一个月出货，就意味着抢先占领了市场。而市场管理的终极目的也在于此，如果你的产品慢于对手一步，就会形成积压。

积压下来无法销售掉的鞋子将会进行降价处理，如此一来，利润减少，物流成本加大。实在处理不掉的鞋子，将统一打回总部，二次运输成本随之产生，物流成本也就在无形之中增加了。据了解，奥康将一年分为8个季，鞋子基本上做到越季上市。一般情况下，在秋季尚未到来的半个月前，秋鞋必须摆上柜台。这在一定程度上考验了奥康的开发设计能力，必须准确地把握产品的时尚潮流信息。为此，奥康在广州、米兰等地设立信息中心，将国际最前沿的流行信息在第一时间反馈到温州总部。这样就可以做到产品开发满足市场需求、减少库存、增加利润。

很多消费者可能都有这样一种经历，电视台上有些大打广告的产品，当你心动准备去购买的时候，跑遍了所在城市的每一个角落，也找不到它们的踪影。如此一来，信息成本加大，进一步导致利润降低。

奥康的广告策略是广告与产品同时上市或广告略迟于产品上市。这样既可以使产品在上市之初进行预热，又可以收集到产品上市后的相关信息，有利于对返单的鞋子进行产品宣传及进一步的开发设计，达到高销量的要求，同时也降低了物流运营成本。

思考题：
1. 请分析奥康现有的库存模式和它以前的库存模式相比有何优越性。
2. 结合案例分析奥康的物流成本管理的成功经验。

第四章

货物包装

学习目标与要求

1. 掌握包装在物流中的地位和功能；
2. 掌握包装的概念；
3. 掌握包装材料和容器；
4. 掌握包装的技术；
5. 了解包装标志；
6. 了解包装的现代化。

在社会再生产过程中,包装处于生产过程的末尾和物流过程的开头,既是生产的终点,又是物流的始点。

在现代物流观念形成之前,包装被天经地义地看成生产的终点,因而一直是生产领域的活动。包装的设计往往主要从生产终结的要求出发,因而常常不能满足流通的要求。物流的研究认为,包装与物流的关系,比物流与生产的关系要密切得多,其作为物流起始点的意义比它作为生产终点的意义要大得多。因此,包装应进入物流系统之中,这是现代物流的一个新观念。

第一节 包装材料和容器

一、包装概念

从美国对包装的定义中我们可知,包装是使用适当的材料、容器和技术,使物品安全到达目的地。也就是说,在物品运送过程的每一阶段,不论遇到何种外在影响,都能保证产品完好而且不影响其价值。加拿大包装协会对包装的定义为：包装是将物品从供应者送到消费者或顾客,而能保持物品完好状态的工具。

（一）概念

之前我们已经提到过美国对包装的定义。在此基础上,我们给出包装的概念是：包装是在物流过程中保护产品、方便储运、促进销售,按一定技术方法采用容器、材料及辅助物等将物品包封并予以适当的装饰和标志的工作总称。简言之,包装是包装物及包装操作的总称。

(二)包装的特性

包装的三大特性是：保护性、单位集中性及便利性。

(三)包装的分类

为使物流过程中的货物完好地运送到用户手中，并满足用户和服务对象的要求，需要对大多数商品进行不同方式、不同程度的包装。随着货物流通的发展，货物包装形式也越来越多。归纳起来，主要有五种分类方法。

1. 按包装在销售中的功能分

(1)工业包装。工业包装是以运输、保管为主要目的的包装，也就是从物流需要出发的包装，也称为运输包装。

(2)销售包装。这种包装将随商品的流通直接与消费者见面，也称为商业包装或消费包装。主要是根据零售业的需要，作为商品的一部分或为方便携带所做的包装。销售包装的设计主要是为了方便顾客、增强市场吸引力以及保护商品的安全。商业包装的主要功能是定量功能、标志功能、商品功能、便利功能和促销功能。主要目的在于促销，或者便于商品在柜台上零售，或为了提高作业效率。

这里应注意在有些情况下工业包装同时又是商业包装，例如，装桔子的纸箱子(15千克装)应属工业包装，连同箱子出售时，也可以认为是商业包装。为使工业包装更加合理并促进销售，在有些情况下，也可以采用商业包装的办法来做工业包装，例如，家电用品就是兼有商业包装性质的工业包装。

2. 按包装使用的次数分

(1)一次性包装。包装随商品的销售而消耗、损坏。

(2)重复使用包装。包装材料比较牢固，可以回收并反复使用。

3. 按包装的使用性分

(1)专用型包装。这种包装物只适用于一种货物。例如，标准油桶专用于成品油的包装。

(2)通用型包装。这种包装物能适用于多种货物的包装，例如，集装袋、标准箱等。

4. 按包装的耐压程度分

(1)硬质包装。包装材料的质地坚硬，能承受较大的挤压，例如，木箱、铁箱。

(2)半硬质包装。包装材料能承受一定的挤压，例如，纸箱等。

(3)软质包装。包装材料是软质的，受压后会变形，例如，麻袋、布袋等。

5. 按包装的材料分

(1)纸制品包装。经过处理，具有韧性、抗压性、弹性和防潮性等特点，是目前使用越来越多的一种包装材料。

(2)纺织品包装。常用于存放小颗粒、粉状的货物。

(3)木制品包装。具有较强的抗挤压和冲击的能力，使用较广。

(4)金属制品包装。包装强度大，密闭性好，适合于盛装液体货物或较贵重的货物。目前在运输中使用广泛的集装箱是一种符合国际标准的大型金属箱。

此外，按包装层次及防护要求可分为个装、内装、外装三类。按包装的保护技术可分为防潮包装、防锈包装、防虫包装、防腐包装、防震包装、危险品包装。按包装容器结构形式可分为固定式包装和可拆卸折叠式包装两类。

二、包装在物流中的地位与功能

(一)包装在物流中的地位

包装是物流系统的构成要素之一,与运输、保管、搬运、流通加工均有十分密切的关系。包装是生产的终点,同时又是物流的起点。因此,应根据生产后的物流系统情况来考虑包装,同时物流也受包装的制约。

物流系统的所有构成因素均与包装有关：

1. 以包装与运输的关系而言,运输件杂货时如果用货船载运,就必须严格地用木箱包装,而改用集装箱船载运并采用集装箱为外包装后,货物只用纸箱包装即可。

2. 以包装与搬运的关系而言,如用人工搬运,应按人力可以胜任的重量单位进行包装。如果运输过程中全部使用叉车,就无需包装成小单位,只要在交易上允许,则应尽量包装成大的单位。

3. 以包装与保管的关系而言,货物在仓库保管,如果码高,最下面货物的包装应能承受压在上面的货物的总重量。以重量为 20 千克的货箱为例,如果货物码放 8 层,最下边的箱子最低承重应为 140 千克。

与此同时,物流系统又受包装的制约。如果用纸箱运输,则必须采用集装箱;如果设计只能承受码 8 层的包装,就是仓库再高也只能码放 8 层货物,这样就不能有效地利用仓库空间。

在现代物流条件下,包装对物流服务的成本和效率影响也很大,包装会影响到每一项物流活动的成本。比如,对存货盘存的控制主要依赖于人工或自动化的识别系统,与商品的包装密切相关,因为商品分选的速度、准确性和效率都要受包装识别、包装形状和作业简便性的影响。

(二)包装在物流中的功能

在物流中,包装的主要目的是实现以下七种功能。

1. 保护功能。这是包装的第一项功能也是首要功能,包装能对物品起保护作用。例如,避免搬运过程中的脱落,减缓运输过程中的震动或冲击,避免保管过程中由于承受物体重量所造成的破损,避免异物的混入和污染,防湿、防水、防锈、防光,防止因为化学或细菌的污染而出现的腐烂变质,防霉变、防病虫害,等等。

2. 成组化功能。即为了材料搬运或运输的需要而将物品整理成适合搬动、运输的单元,例如,适合使用托盘、集装箱、货架或载重汽车、货运列车等运载的单元。

3. 跟踪功能。良好的货物包装能使物流系统在收货、储存、取货、出运的各个过程中跟踪商品,譬如,将印有时间、品种、货号、编组号等信息的条形码标签贴在物品上供电子仪器识别,能使生产厂家、批发商和仓储企业迅速准确地采集、处理和交换有关信息,加强了对货物的控制,减少了物品在流通过程中的货损货差,提高了跟踪管理的能力和效率。

4. 商品功能。包装的商品功能是指包装能够创造商品形象、促进商品销售。对于以大量销售方式为特征的商品,例如,超市、便利店销售的由顾客在购物架上自由选择的商品,大多采用预先包装的方式,使顾客由包装就能选购自己所需的商品,因此,包装具有连接商品与消费者的作用。

5. 便利功能。指良好的包装能有利于物流各个环节的处理方便。例如,对运输环节来说,包装尺寸、重量和形状,最好能配合运输、搬运设备的尺寸、重量,以便于搬运和保管;对仓储环节来说,包装则应方便保管、移动简单、标志鲜明、容易识别、具备充分的强度。

6. 效率功能。如果包装的设计没有充分考虑到在物流系统中各环节处理的需要,那么物流系统各环节的效率都将受到包装的影响。例如，为了提高货物的搬运效率，多数货物都需要经过成组包装后进行运输，以便于运输过程中的搬运和装卸，缩短作业时间，减轻劳动强度，提高机械化作业的效率。另一方面，一类货物的统一包装能使货物堆放、清点变得更加容易，从而提高了仓储工作的效率。

7. 促销功能。美观的商品包装可以通过文字、图案和色彩效果引起顾客的购买欲，起到商品促销的作用。

（三）改善包装的方法

针对工业包装的形态，有12项改善包装、提高物流效率的方法。

1. 一直保持原包装。从工厂的生产线到使用者的包装要保持原状。

2. 考虑倍数关系。包装样式的尺寸要考虑倍数关系的相互配合后再设计，譬如，货柜、货台和货架等与装运物品的箱子的关系应是各种尺寸都形成倍数，这样载货的效率才能提高。例如，某豆腐厂规定了冷冻豆腐的尺寸，随之也将包装制品的箱子标准化下来，固定几项大小规格，以便装载铁路集装箱时不留一丝空隙，这就是倍数关系。尺寸的倍数化所导致的输送成本的降低非常可观，对库存费用的缩减也有贡献。

3. 每箱装货量相等。每箱装货量都不形成零碎数字，必须是标准整数。不仅能提高装货效率和简化验收手续，对于入库指示及库存管理等业务的效率提高也有显著的功效。例如，以5、10、20、50、100为每箱的标准容纳单位。

4. 包装样式便于堆高以提高保管效率。包装样式不佳时，便无法堆高，因此必须特别留意。

5. 组合要简洁。包装式样要尽可能简化，利用拼装、压缩等方式，才能提高装货率。总之，应力求包装简洁。

6. 必须易于装进仓库，也要易于取出。设计优良的包装，应考虑工厂生产线作业，能使入库和开包都能顺利进行。这种要求的包装，是工业包装所面临的最大命题。

7. 包装样式要便于搬运。搬运工作是否容易、迅捷，决定于包装样式的好坏。例如，瓦楞纸箱两边各挖一个洞孔，以便于用手插进而搬运、移动等，或是为了避免箱子破损而在最外层容器加带捆绑。这些都是运用智慧设定的理想的包装样式，能够有效地促进搬运作业。

8. 必须坚固结实但又容易处理。从保护品质的一面着想，应该采用坚固的包装，能够承受外部的压力与冲击。同时，为了废料的回收处理，包装材料也应便于迅速处理。

9. 对包装材料进行价值分析。包装材料及包装手续的费用，一般为物品价格的1%，通过采用价值分析法降低包装成本，能带来物流总成本的降低。例如，某大规模洗涤剂制造厂商采用价值分析的替代性原则对装洗涤剂的箱子包装进行了改革，之前，装洗涤剂的外箱每一面都采用瓦楞纸（黄纸板），新的包装方式是用瓦楞纸围住直立方体的四面，另两面则用聚乙烯薄膜做收缩包装（卷上薄膜后，经过高温加工收缩）。结果至少节约了外箱的两面所需的瓦楞纸，使得每大箱洗涤剂成本降低了20元，对促进销售及缩减库存也贡献颇大。

10. 考虑施工顺序的适当性。有时，只要把零件的施工顺序变更一下，就能节省不少管理费用。

11. 回溯到物品设计阶段。在搬运过程中，往往因物品设计的构造或形状不理想而影响装货率，因此，不应在物品制成产品后再去设计包装，而是应该在设计物品的阶段中，让设计包装者参与，站在包装的立场上提出意见。

12. 视数量多少采用不同的包装样式。应该配合物品数量的多少来改变入货、包装样式和车辆类型,一般情况下,大量的物品要采取专用包装样式以提高作业效率,少量的货品则可以用通用包装或车辆来进行搬运入货,这样在成本方面或管理方面都比较有利。

三、货物包装的效用

(一)货物运输包装在物流系统中的效用

1. 包装在运输活动中的效用

在运输活动中,运输包装不仅与运输设备有关,还与运输时间有关。在这些关系中,运输包装有提高装载率、提供保护和缩短运输时间三个方面的效用。

(1)提高装载率。在运输活动中,与运输设备容积利用率有关的运输包装件因素有两个:一是尺寸,二是结构和材料。商品运输包装的尺寸主要是指底面尺寸。如果它能与运输设备间有模数配合,就能大大提高设备容积利用率。以火车车皮为例,假设它的长、宽、高三个方向上的装载率都只有90%,那么车皮的装载率仅为 $0.9 \times 0.9 \times 0.9 = 0.729$,即只有72.9%。这说明有27.1%的装载空间未被利用。采用标准模数的集合包装,较易解决提高设备利用率的问题。运输包装件的结构和材料也能提高运输设备容积的利用率。例如,有内部支撑件的运输包装件,就堆码得高一些,能提高运输设备容积利用率。当然这要增大包装的费用,只有在提高装载率和增加包装费用两方面进行权衡,才能作出决策。

(2)对内装货物提供保护。运输包装件在空间转移中往往受冲击力和震动力而发生损伤。一般来说,铁路运输中冲撞震动的机会较多,运输时间也长,损坏的可能性最大,汽车运输次之,航空运输的损坏率最小。在实际工作中,三种运输方式的费用是不同的,铁路运输的费用最低,汽车费用次之,航空费用最高。对于运输包装来说,其保护效用的好坏必然与包装费用的高低成正比关系。因此,合理运输包装的采用应权衡包装费用与运输方式之间的关系。一般来说,极易损坏的和价格昂贵的商品,不宜增加包装费用,而宜采用空运。

在运输活动中,运输包装的保护效用还体现在满足运输途中和运输目的地的气候自然环境所提出的要求。例如,在北方要注意防寒,在南方要注意防热、防潮、防雨等。

(3)缩短运输时间。例如,采用集合包装有利于运输活动的有效管理,减少差错,大大缩短运输时间。

2. 货物运输包装在装卸活动中的效用

在装卸活动中,运输包装不仅与装卸过程所受到的物理作用有关,也与装卸效率有关。

在装卸过程中,不管是机械装卸,还是人力装卸,都会有跌落的情况。一般来说,机械装卸比人工装卸跌落的次数少,跌落的高度也较低。实际经验表明,为避免损伤而提供的包装保护,对于机械装卸要简单一些,而对于人力装卸要困难一些,因为人力搬运所造成的货物损伤,有不少出于搬运工人体力上和精神上的原因,以至于装卸中发生的索赔事件大部分是由于搬运失误而造成的。以人力进行换装时,包装必须将单件毛重控制在能为人力所搬动的限度内,还要求包装的外形尺寸适合于人工操作。包装物过大,人工操作感到困难;包装物过轻过小,则人工装卸搬运的操作频率增加,也容易引起疲劳和降低效率。在适应人力装卸上,为了有效提高效率,运输包装件一般不超过25千克,包装件的宽度不宜超过肩宽,包装件应装有把手、方便抓拿,以保证人力装卸的效率。为了提高装卸效率,运输包装件的集装化是一个必然趋势。集装能减少货物单位的总件数,由此可缩短装卸时间,提高效率。如果运输过程中全部使用叉车式装卸车进行装卸搬运,单件毛重就没有必要过小,可以在交易约定的限度内,采用较大的包装。

3. 货物运输包装在保管活动中的效用

在保管活动中,运输包装不仅与保管设备有关,而且与和时间有关的物理作用有关,还与仓库的自动化管理有关。保管中,仓库的高堆垛和高密度储存可节省建筑费用和占地面积,但高堆垛超过一定限度就会因包装压坏而造成损失。

例如,一件重 20 千克的纸箱包装货物,它的耐压能力为 8 层高,重 160 千克,那么,在堆放 8 层后,即使距仓库顶部还有富余空间,也不能再堆放第九层。因此,如果运输包装以其尺寸标准化来适应保管设备,以其足够的抗压强度来适应保管中所受到的静压力,这就一方面能有效利用仓库的容积,另一方面能减少包装压坏而造成的损失。

一般来说,要提高包装件的抗压强度,就需要增加包装费用。而立体仓库的出现就能做到在不增加包装费用的前提下充分利用仓库容积。伴随立体仓库而来的仓库管理自动化,还可通过随机储存而提高空间利用率,也可减少货物损失。

(二)运输包装与货物特性配合中的效用

从货物包装的从属性和货物包装的系统观可知,货物的特性也是影响包装效用的要素,特别是包装的保护和提高物流效率两个效用,在多数情况下,必须充分注意货物的特性,否则便无法实现。货物的特性对包装的影响如下:

1. 产品的物态不同,需要不同的容器。产品除适合直接装箱的固态刚性体和软性体外,还有粉状、粒状、油状、胶状、液体、气体等物态,这就需要各种袋、桶等不同形状的包装容器。这些容器必须注意密封,要严防渗漏。

2. 产品有不同的外形,有方形、球形、多面形、锥形、细长形等。这就要求具有固定良好、体积小且方便搬运的包装。

3. 产品有不同的比重、容量,有轻重之分。对于重量轻的松泡产品(如羽绒服等)应设法压缩体积,设计的包装要保证在堆放中不被压坏、跌落中不破损。对于重量大的产品(如小五金等),则其包装要注意强度,保证在搬运中不会破损。

4. 产品有不同的强度,有的易损坏,有的不易损坏,对于容易受冲击或震动损坏的产品,如仪器、家用电器等,一定要采用不同形式的缓冲包装。

5. 有些货物有怕潮、怕霉、怕锈的特点,其包装必须采取防潮、防霉、防锈等措施。有的产品(如皮毛、纺织品)有怕虫蛀的特点,则要注意防虫。

6. 有些产品有害怕异味的特点,譬如一些食品和药品。异味可能来自包装,也可能来自周围其他商品,在设计包装和流通管理中要注意这一点。

7. 有些产品有易腐败变质的特点,这就要求采用冷冻包装或采用真空包装、充气包装等包装形式来防止产品变质。

8. 有些产品有易燃易爆的特点,例如,黄磷易燃、双氧水易爆等,必须采取有效措施来防护,并且要有明显的说明、特殊的标志和注意事项。

9. 有些产品有易死亡的特点。这主要指活鱼、活鸡等商品,这就需要采取特殊的包装来防止或减少其死亡。

10. 有些产品具有有毒性的特点,这就要求设计严密不漏的包装,与外界隔绝,严防渗漏,并有明显标志。

对于以上提到的各种针对不同产品特性的包装技术,我们将在下面小节中加以详细介绍。

四、包装材料和容器

用于物流包装的材料很多,从传统的纤维板到最近的记忆性塑料带,可谓应有尽有。按不同用途,包装材料可分为以下几类:容器材料,用于制作箱子、瓶子、罐子,可有纸制品、塑料、木料、玻璃、陶瓷、各类金属等;内包装材料,用于隔断物品和防震,可有纸制品、泡沫塑料、防震用毛等;包装用辅助材料,例如,各类黏合剂、捆绑所用的细绳等。

(一)包装容器材料的类别

包装材料有容器材料、内包装材料、包装用辅助材料等,主要有以下类别。

1. 纸及纸制品

纸是最古老的包装材料之一。目前,在工业产品包装中,纸类材料仍旧占有十分重要的地位。其使用量大约占包装材料的40%以上。我国目前的纸类包装材料发展十分迅速且质量有明显提高。为什么纸及纸制品在包装中占有如此重要的地位呢?其原因是纸及纸制品的制造原料广泛、价格低廉,容易形成大批量生产,单位面积强度大,用纸板做成的包装容器重量轻、弹性好、易成型,并且可反复回收使用,符合环保要求。

包装用纸一般可以分为原纸和包装加工纸两大类。常用的包装纸张有以下几种:

(1)牛皮纸。属于高级包装纸。因其坚硬结实类似牛皮而得名。牛皮纸用途广泛,大多用于工业用品包装,也可以制成档案袋、卷宗、信封等。牛皮纸从外观上可以分为单面光、双面光、有条纹和无条纹等品种。牛皮纸有一号和二号两种:一号牛皮纸采用100%硫酸盐针叶木浆;二号原料采用硫酸盐针叶木浆为主。

(2)玻璃纸。玻璃纸是由高度打浆的亚硫酸盐木浆制成的,是一种透明或半透明的防油纸。其特点是玻璃状平滑表面、高密度和透明度。

(3)羊皮纸。羊皮纸主要包括动物羊皮纸和植物羊皮纸。动物羊皮纸是用羊、驴等动物皮通过洗皮、干燥等加工工序制成的纸张。目前成本较高,故已经由植物羊皮纸来替代。植物羊皮纸又叫硫酸纸,是用破布浆或化学木浆制成的,一般又可细分为工业羊皮纸和食品用羊皮纸。

(4)纸袋纸。纸袋纸通常用未漂白、半漂白或漂白硫酸盐化学纸浆加入废纤维素或亚硫酸纤维素制成。可用来生产多层纸袋。目前,约有20多种纸袋,例如,普通纸袋、防潮纸袋、增强纸袋等。

除以上四类以外,还有沥青纸、油纸及蜡纸等。

常用的包装纸板有:

(1)包装纸板。包装纸板是专用于制作工业产品和商品包装纸盒的一种薄型纸板。分为平板纸板和卷筒纸板。

(2)黄纸板。又称草纸板,是一种低级包装纸。它主要用于包装衬垫及将印刷好的或未经印刷的胶印纸等裱糊在表面,制作各种中小型纸盒,供包装食品、糖果、皮鞋等。它主要用100%的稻草或麦草,采用石灰法或石灰纯碱法蒸煮的纸浆生产,也可以稻草或麦草浆为主,配用部分废纸浆制成。

(3)牛皮箱纸板。是运输用的高级包装材料。具有物理强度高、防潮性能好、外观质量好等特点。主要用于制造外贸包装纸箱及国内高级商品的包装纸箱的面纸。

(4)白纸板。其主要用途是经彩色套印后制成纸盒,供商品包装用。可以保护商品、装潢商品、美化商品和宣传商品。常用于玩具、洗涤产品、食品、药品等产品中。

(5)瓦楞纸板。它是包装工业中运用最为广泛的一种纸板。特别是商品包装,可以用来代替木板箱和金属箱。

(6)箱纸板。用来制作运输包装纸箱的纸板,广泛用于一般百货产品。国产箱纸板分为A、B、C、D、E五种等级。

2. 塑料

塑料包装以其质轻、耐水的特点,在传统的纸、木、铁、玻璃等包装材料中脱颖而出,成为包装材料中增长最快的材料。而其制品设计灵活、使用方便、保鲜性好、成本低等优点也日益被人们认可和接受。

据了解,我国的塑料包装材料发展很快,很多材料的产能,尤其是性能相对较好的产品增长较快。例如,双向拉伸聚丙烯薄膜、双向拉伸聚苯乙烯片材、高阻隔性肠衣膜和涂覆膜、三层以上共挤薄膜及其他各种复合薄膜等。塑料薄膜的消费约2/3用作包装材料。其中,能够热灌装的聚对苯二甲酸乙二醇酯(PET)应用前景看好。

我国一般是根据塑料包装材料制品的形态将其分为六大类:塑料薄膜、中空容器、塑料箱、编织袋、塑料带、泡沫塑料。常用的塑料包装材料有以下几种:

(1)聚乙烯。在美国有60%的包装塑料是聚乙烯。中国的用量占70%以上。常温下该材料是一种相当柔软的材料,在低温时仍然能够很好地保持这种柔软性。

(2)聚丙烯。聚丙烯是一种比聚乙烯密度低且更为坚韧的材料,但是该物质不可结晶,是一种分子间吸引力水平很低的无规塑料,在包装方面的应用十分有限。

(3)聚苯乙烯。这是一种高坚挺高脆度的材料。不结晶性使它具有很高的透明度。一种更为广泛使用,并且改变其脆度的方法是将其用于发泡成型中。目前这种泡沫塑料是最为广泛使用的包装塑料。

(4)聚氯乙烯。即大家经常提到的PVC。它与增塑剂及其他添加剂有极强的亲和性,因此可以制成各种不同韧性的产品,从硬质容器到很柔软的薄膜,甚至可应用于水瓶、肉类的弹性外包装等方面。

(5)聚酯。可分为热塑性和热固性塑料两种。目前可制成置于微波炉、烤箱内的耐热的冷冻食品的包装托盘。

3. 木材

木材作为包装材料具有悠久的历史,它可以就地取材,质轻且强度高,有一定的弹性,能承受冲击和震动,易加工,具有很高的耐久性,价格低廉。

我国主要用于包装的木材有:

(1)红松。不易开裂,组织结构较强,木质松软,易干燥,干缩率小,易加工,切削面光滑,易油饰和胶接。

(2)马尾松。是盛产于长江流域、珠江流域以及我国台湾地区的主要常绿乔木。组织结构中粗,材质轻硬,纹理通直,强度中等。用途有限,可以用于制作包装箱。

(3)白松。产于东北地区。木质较轻,易于加工,强度中等,韧性很大,多用于制作良好的包装用板材。

(4)桦木。结构细致,材质较硬,强度中等,胶接性能中等,易于加工和防腐处理。工业上多用于制作包装箱。

(5)毛白杨。纹理直,结构细,胶接性好。可以制作包装箱和容器。

此外,还有刨花板、纤维板、竹制品等。

4. 金属

现代化冶金工业的发展，为各部门提供了大量各种类型的金属。金属包装材料具有极优良的综合性能，且资源极其丰富，特别是在复合材料方面成为主要的阻隔材料层。金属包装材料的特点是强度高、耐压性好、加工工艺成熟并具连续性，有很好的延展性、极优良的防护能力、特别的光泽度等。

用于包装材料的金属材料有以下几种：(1)镀锡薄板；(2)涂料铁；(3)铝合金。

(二)包装用辅助材料

包装用的辅助材料主要有：

1. 黏合剂。用于材料的制造、制袋、制箱及封口作业，黏合剂有水型、溶液型、热熔型和压敏型的区分。近年来由于普遍采用高速制箱及封口的自动包装机，所以大量使用短时间内能够黏结的热熔黏合剂。

2. 黏合带。它有橡胶带、热敏带、黏结带三种。橡胶带遇水可直接溶解，结合力强，黏结后完全固化，封口很结实；热敏带一经加热活化便产生黏结力，一旦结合，不易揭开且不易老化；黏结带是在带的一面涂上压敏性结合剂，譬如纸带、布带、玻璃纸带、乙烯树脂带等，也有两面涂胶的双面胶带，这种带子用手压便可结合，十分方便。

3. 捆扎材料。捆扎的作用是打捆、压缩、缠绕、保持形状、提高强度、封口防盗、便于处置和防止破损等。现在已很少用天然捆扎材料，而多用聚乙烯绳、聚丙烯绳、纸带、聚丙烯带、钢带、尼龙布等。

(三)包装容器

包装容器是包装材料和造型结合的产物。列入现代物流包装行列的主要有瓦楞纸箱、木箱、托盘集合包装、集装箱和塑料周转箱。它们在满足货物运输包装功能方面各具特点，必须根据实际需要合理选用。下面我们将着重介绍常见的几种包装容器。

1. 包装袋

包装袋是柔性包装中的重要技术，包装袋材料有较高的韧性、抗拉强度和耐磨性。包装袋结构一般是筒管状结构，一端预先封死，在包装结束后再封装另一端，包装操作一般采用充填操作。包装袋广泛适用于运输包装、商业包装、内装、外装，因而使用较为广泛。包装袋一般分成下述三种类型：

(1)集装袋。这是一种大容积的运输包装袋，盛装重量在1吨以上。集装袋的顶部一般装有金属吊架或吊环等，便于铲车或起重机的吊装、搬运。卸货时可打开袋底的卸货孔，即行卸货，非常方便。适于装运颗粒状、粉状的货物。

集装袋一般多用聚丙烯、聚乙烯等聚酯纤维纺织而成。由于集装袋装卸货物、搬运都很方便，装卸效率明显提高，近年来发展很快。

(2)一般运输包装袋。这类包装袋的盛装重量是0.5千克～100千克，大部分是由植物纤维或合成树脂纤维纺织而成的织物袋，或者由几层挠性材料构成的多层材料包装袋，例如，麻袋、草袋、水泥袋等。主要包装粉状、粒状和个体小的货物。

(3)小型包装袋(或称普通包装袋)。这类包装袋盛装重量较少，通常用单层材料或双层材料制成。对某些具有特殊要求的包装袋也有用多层不同材料复合而成。包装范围较广，液状、粉状、块状和异型物等可采用这种包装。

上述几种包装袋中，集装袋适于运输包装，一般运输包装袋适于外包装及运输包装，小型包装袋适于内装、个装及商业包装。

2. 包装盒

包装盒是介于刚性和柔性包装两者之间的包装技术。包装材料有一定柔性，不易变形，有较高的抗压强度，刚性高于袋装材料。包装结构是规则几何形状的立方体，也可裁制成其他形状，例如圆盒状、尖角状，一般容量较小，有开闭装置。包装操作一般采用码入或装填，然后将开闭装置闭合。包装盒整体强度不大，包装量也不大，不适合做运输包装，而适合做商业包装、内包装。适合包装块状及各种异形物品。

3. 包装箱

包装箱是刚性包装技术中的重要一类。包装材料为刚性或半刚性材料，有较高强度且不易变形。包装结构与包装盒相同，只是容积、外形都大于包装盒，两者通常以10升为分界。包装操作主要为：码放，然后将开闭装置闭合或将一端固定封装。包装箱整体强度较高，抗变形能力强；包装量也较大，适合做运输包装、外包装；包装范围较广，主要用于固体杂货包装。包装箱主要有以下几种：

(1) 瓦楞纸箱。瓦楞纸箱是采用具有空心结构的瓦楞纸板，经过成型工序制成的包装容器。瓦楞纸箱采用包括单瓦楞、双瓦楞、三瓦楞等各种类型的纸板作包装材料，大型纸箱所装载货物重量可达3 000千克。瓦楞纸箱的应用范围非常广泛，几乎包括所有的日用消费品，包括水果、蔬菜、加工食品、针棉织品、玻璃陶瓷、化妆品、医药药品等各种日用品以及自行车、家用电器、精美家具等。

瓦楞纸箱是用瓦楞纸板制成的箱形容器。按瓦楞纸箱的外形结构分类，有折叠式瓦楞纸箱、固定式瓦楞纸箱和异型瓦楞纸箱三种；按构成瓦楞纸箱体的材料分类，有瓦楞纸箱和钙塑瓦楞箱。从各国瓦楞纸箱的发展来看，它已经取代或正在取代传统的木箱包装。据有关文献统计，瓦楞纸箱产值在整个包装材料中所占的比重在20%～25%以上，占第一位。国外有的文献指出，估计瓦楞纸箱至少在30年内不可能由其他包装材料来取代。

瓦楞纸箱有明显的优点：从保护的功能来看，瓦楞纸箱的设计可使它具有足够的强度；富有弹性，具有良好的防震防缓冲功能；密封性好，能防尘、保持产品清洁卫生等。从方便流通的功能看，瓦楞纸箱便于实现集装箱化；它本身重量轻，便于装卸堆垛；空箱能折叠，体积能大大缩小，便于空箱储存；瓦楞纸箱箱面光洁，印刷美观，标志明显，便于传达信息。从降低流通费用的功能看，纸箱耗用资源比木箱要少，其价格自然比木箱低；它的体积重量比木箱要小、要轻，有利于节约运费。经废品回收，还可造纸，可节省资源。

当然，瓦楞纸箱也有一些不足之处，主要是抗压强度不足和防水性能不好，这两项都会影响瓦楞纸箱的基本功能——保护功能——的实现。近年来，由于纸箱设计中抗压强度的提高以及物流环境的变化，例如，装卸次数减少、存放时间缩短、堆码高度降低、自动化立体仓库的应用以及集装箱和托盘包装对纸箱形成保护等，对纸箱的这两项性能要求也就降低了，这使纸箱的不足得到弥补，从而使其得以在更大范围内应用。

(2) 木箱。木箱是流通领域中常用的一种包装容器，其用量仅次于瓦楞箱。木箱是一种传统包装容器，虽然在很多情况下已逐步被瓦楞纸箱取代，但木箱与瓦楞纸箱相比，在某些方面仍有其优越性和不可取代性，加上目前木箱还比较适合我国包装生产和商品流通的现状，所以木箱在整个运输包装容器中仍占有一席之地。

木箱主要有木板箱、框板箱、框架箱三种。

其中，木板箱用木质条板钉制而成，一般用作小型运输包装容器，能装载多种性质不同的物品。木板箱在满足运输包装的各种功能方面具有以下特点：

从保护功能来看，木板箱具有较高的抗戳穿强度和抗压强度，能较好地抵抗外物碰撞和承受较高的堆垛负荷，尤其在受潮的情况下，不会因强度下降而变形导致倒垛事故。但木板箱又具有弹性小、缓冲抗震性能差、受潮后不易干燥、拼缝留有孔隙而难以密封等特点。如果不增加其他附加保护措施，在受到较大冲击，或受潮、雨淋，或受灰尘、虫害时，内装产品容易受损或变质。

从方便流通的功能看，木板箱的制作宜就地取材，就地加工，不需要太复杂的加工设备，制作方便，因此，木板箱对于那些批量小或者体积小而重量大的特殊产品，较易制作合适的包装，有较大的优越性。但木板箱体重、体积大、空箱储存占地面积大，给使用和储运带来了种种不便，例如，装卸、堆垛都较纸箱费力。同时，一般木板箱表面粗糙，刷字和标志容易模糊不清。因其制作机械化水平低、生产效率不高，加上我国木材原料价格较高，因此，木板箱的成本较高。由于木板箱体重、体积大会使运费增大，其空箱储存和回收运输也较大，从而导致采用木板箱的流通费用增加。

木板箱还可以做成一种稀疏的木条箱，称为花格木箱。它能通风透气，可减少木材用量，降低成本，减轻重量，减少流通费用。适合于用作鲜活商品和不需要防尘的商品的运输包装容器。

框板箱是采用条木与人造板材制成箱框板，再经钉合装配而成的一种小型包装容器。从框板箱整体来看，其框架为条木，而箱面则通常为整块的胶合板、纤维板和纸板等。框板箱是条木框架结构，承载能力大，堆码层数多；箱面为整块人造板材，防尘防潮性强；箱内尺寸相同时，与木板箱相比重量较轻，且其框架结构便于搬运；人造板材较木板光滑，印刷标记清晰；采用胶合板、纤维板、纸板，有利于节省木材资源。但框板箱的抗戳穿强度低于木板箱，箱体不宜过大；框架在箱外，使其体积增大；箱面较易损坏，降低了回收复用率；增设加强木撑时，加工也比较困难。

框架箱是由一定截面的条木构成箱体骨架，然后再根据需要在骨架外面加装板材覆盖的大型包装容器。通常箱体由六块框架组合而成，组装方式分为用钉子和用螺栓两种，货物轻者采用钉子，货物重者则采用螺栓。框架结构坚固、强度高，保护能力强，适用于包装笨重物资或脆弱精细的电子设备；能耐较大的堆积负荷；可装载1 000千克以上到15 000千克以下的较大物资和设备。但框架箱设计制作比较复杂且自重较大，大型框架箱搬运比较困难。

(3)塑料箱。周转箱是一种适合短途运输，可以长期重复使用的运输包装。同时，它是一种敞开式的、不进行捆扎、用户也不必开包的运输包装。一切产销挂钩、快进快出的商品都可采用周转箱，例如饮料、肉食、豆制品、牛奶、糕点、禽蛋等食品。

过去的周转箱都采用木箱，而近年出现的新型塑料周转箱逐步取代了木箱。塑料周转箱在保护商品、节约费用、提高服务质量等方面取得很大成效，使得周转箱的应用范围逐步扩大。

塑料周转箱的重量轻，体积小，费用低，搬运方便；可提高安全度，不会发生箱底脱落现象，玻璃瓶的破损率大大降低；塑料箱的采用，可以节约宝贵的木材资源。但塑料周转箱的一次性投资大，成本高；空箱要占用运输储存费用；密封性差，在某些情况下有碍卫生；缺少标志，给物流管理带来了一定困难。一般用做小型运输包装容器，其优点是自重轻、耐蚀性好、可装载多种商品、整体性强、强度和耐用性能满足反复使用的要求，可制成多种色彩以对装载物分类、手握搬运方便、没有木刺、不易伤手。

(4)集装箱。集装箱是由钢材或铝材制成的大容积物流装运设备。集装箱属于密封性好的大型包装箱。用集装箱可实现最先进的运输方式，即"门对门"运输，从发货人仓库门送到收货人门前。集装箱属于大型集合包装，具有既是运输工具，又是包装方法、包装容器的特点。

4. 包装瓶

包装瓶是瓶颈尺寸有较大差别的小型容器,是刚性包装中的一种,包装材料有较高的抗变形能力,刚性、韧性要求一般也较高,个别包装瓶介于刚性与柔性材料之间,瓶的形状在受外力时虽可发生一定程度变形,外力一旦撤除,仍可恢复原来瓶形。包装瓶结构是瓶颈口径远小于瓶身,且在瓶颈顶部开口;包装操作是填灌操作,然后将瓶口用瓶盖封闭。包装瓶包装量一般不大,适合美化装潢,主要做商业包装、内包装使用,主要包装液体、粉状货。包装瓶按外形可分为圆瓶、方瓶、高瓶、矮瓶、异形瓶等若干种。瓶口与瓶盖的封盖方式有螺纹式、凸耳式、齿冠式、包封式等。

5. 包装罐(筒)

包装罐是罐身各处横截面形状大致相同、罐颈短、罐颈内径比罐身内颈稍小或无罐颈的一种包装容器,是刚性包装的一种。包装材料强度较高,罐体抗变形能力强。包装操作是装填操作,然后将罐口封闭,可做运输包装、外包装,也可做商业包装、内包装用。包装罐(筒)主要有三种:

(1)小型包装罐。这是典型的罐体,可用金属材料或非金属材料制造,容量不大,一般是做销售包装、内包装,罐体可采用各种方式装潢美化。例如,经常会遇到的易拉罐,就是采用金属材料制成的。还有通常被称为利乐包的纸制材料包装的饮料盒。

(2)中型包装罐。外形也是典型罐体,容量较大,一般做化工原材料、土特产的外包装,起运输包装作用。

(3)集装罐。这是一种大型罐体,外形有圆柱形、圆球形、椭球形等,卧式、立式都有。集装罐往往是罐体大而罐颈小,采取灌填式作业,灌填作业和排出作业往往不在同一罐口进行,另设卸货出口。集装罐是典型的运输包装,适合包装液状、粉状及颗粒状货物。

6. 托盘

托盘集合包装是把若干件货物集中在一起,堆叠在运载托盘上,构成一件大型货物的包装形式。托盘包装是为适应装卸和搬运作业机械化而产生的一种包装。

托盘集合包装是一类重要的集合包装,它区别于普通运输包装件的特点,是在任何时候都处于可转入运动的状态,使静态的货物变成动态的货物。从不同角度看,托盘集合包装既是包装方法,又是运输工具,还是包装容器。具体而言,从小包装单位的集合来看,它是一种包装方法;从它适合运输的状态来看,它是一种运输工具;从它对货物所起的保护功能来看,它又是一种包装容器。

图 4-1 显示了几种常见的包装容器。

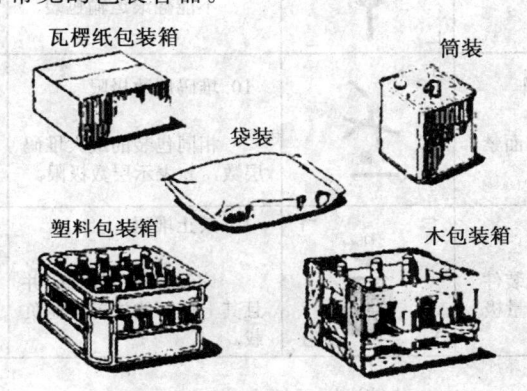

图 4-1 各种包装容器

五、包装标志

包装标志是指在运输包装外部采用特殊的图形、符号和文字,以赋予运输包装件以传达功能。其作用有三:一是识别货物,实现货物的收发管理;二是明示物流中应采用的防护措施;三是识别危险货物,暗示应采用的防护措施,以保证物流安全。因此,运输标志也区分为三类:一是收发货标志,或称包装识别标志;二是储运图示标志;三是危险货物标志。

收发货标志是外包装件上的商品分类图示标志和其他文字说明排列格式的总称。运输包装收发货标志是为在物流过程中辨认货物而采用的。它对物流管理中发货、入库以及装车配船等环节起着特别重要的作用。它也是发货单据、运输保险文件以及贸易合同中有关标志事项的基本部分。

包装储运图示标志是根据产品的某些特性(如怕湿、怕震、怕热、怕冻等)确定的。其目的是为了在货物运输、装卸和储存过程中引起作业人员的注意,使他们按图示的标志要求进行操作。

我国参照国际标准 ISO780—1997《包装——货物储运图示标志》,制定了我国《包装储运图示标志》国家标准。该标准规定了 12 种货物储运图示标志(见图 4—2)。

标志	说明	图示	标志	说明	图示
1. 易碎物品	运输包装件内装易碎品,因此,搬运时应小心轻放。		2. 禁用手钩	搬运运输包装时禁用手钩。	
3. 向上	表明运输包装件的正确位置是竖直向上。		4. 怕晒	表明运输包装件不能直接照射。	
5. 怕辐射	包装物品一旦受辐射便会完全变质或损坏。		6. 怕雨	包装件怕雨淋。	
7. 重心	表明一个单元货物的重心。		8. 禁止翻滚	不能翻滚运输包装。	
9. 此面禁用手推车	搬运货物时此面禁放手推车。		10. 堆码层数极限	相同包装的最大堆码层数,n 表示层数极限。	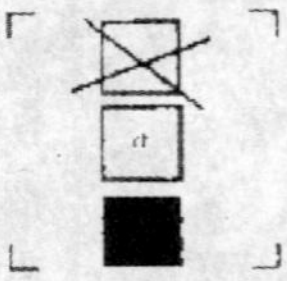
11. 堆码重量极限	表明该运输包装件所能承受的最大重量极限。		12. 禁止堆码	该包装件不能堆码且其上也不能放置其他负载。	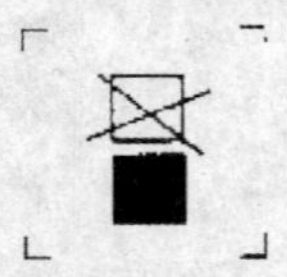

资料来源:摘自 GB191—2000《包装储运图示标志》。

图 4—2 货物储运图示标志

包装储运图示标志图形应按规定的颜色印刷。包装储运图示标志使用时,对于粘贴的标志,箱状包装应位于包装两端或两侧的明显处;袋、捆包装应位于包装明显的一面;桶形包装应位于桶盖或桶身。对涂打的标志,可用油漆、油墨或墨汁,以镂模、印模等方式按上述粘贴标志的位置涂打或者书写。对于钉附的标志,应用涂打标志的金属板或木板,钉在包装的两端或两侧的明显处。对于"由此起吊"和"重心点"两种标志,要求粘贴、涂打或钉附在货物外包装的实际位置。

危险货物包装标志是用来标明化学危险品的,此类标志为了引起人们特别警惕,采用特殊的彩色或黑色菱形图示,如图4—3所示。

（符号：黑色，底色：橙红色）　　　　（符号：黑色，底色：白色）

图4—3　危险货物包装标志

《危险货物包装标志》国家标准,对16种危险货物包装标志作了具体规定。这16种标志为爆炸品标志、易燃气体标志、不燃压缩气体标志、有毒气体标志、易燃液体标志、易燃固体标志、自燃物品标志、遇湿危险标志、氧化剂标志、有机过氧化物标志、有毒品标志、剧毒品标志、有害品(忌近食品)标志、感染性物品标志、放射性物品标志、腐蚀性物品标志。该标准对危险品货物的标志尺寸、颜色、印刷、使用等也作出了具体的规定。

第二节　包装技术

包装技术是指在包装作业过程中所采用的技术和方法。通过包装技术,才能将运输包装体和销售包装件形成一个有机的整体。

一、针对产品不同形态采用的包装技术

这是多数产品都需要考虑采用的技术和方法,故称之为一般包装技术。通常包括以下几项。

(一)对内装物的合理置放、固定和加固

在运输包装体中装进形态各异的产品,需要具备一定的技巧。只有对产品进行合理置放、固定和加固,才能达到缩小体积、节省材料、减少损失的目的。例如,对于外形有规则的产品,要注意套装;对于薄弱的部件,要注意加固;包装要注意防窃;产品与产品之间要注意隔离和固定。

(二)对松泡产品进行压缩体积

对于一些松泡产品,包装时所占用容器的容积太大,相应地也就多占用了运输空间和储存空间,增加了运输储存费用,因此,对于松泡产品要压缩体积。一般采用真空包装技法。

(三) 外包装形状尺寸的合理选择

有的商品运输包装件还需要装入集装箱,这就存在包装件与集装箱之间的尺寸配合问题。如果配合得好,就能在装箱时不出现空隙,有效地利用箱容,并有效地保护商品。包装尺寸的合理配合主要指容器底面尺寸的配合,即应采用包装模数系列。至于外包装高度的选择,则应由商品特点来决定,松泡商品可选高一些,沉重的商品可选低一些。包装件装入集装箱只能平放,不能立放或侧放。在外包装形状尺寸的选择中,要注意避免过高、过扁、过大、过重包装。过高的包装会重心不稳,不易堆码;过扁的包装则给标志刷字和标志的辨认带来困难;过大包装量太多,不易销售,而且体积大也给流通带来困难;过重包装则纸箱容易破损。

(四) 内包装形状尺寸的合理选择

内包装在选择形状尺寸时,要与外包装形状尺寸相配合,即内包装的底面尺寸必须与包装模数相协调。当然,内包装主要是作为销售包装,更重要的考虑是要有利于商品的销售,有利于商品的展示、装潢、购买和携带。

(五) 包装外的捆扎

外包装捆扎对包装起着重要作用,有时还能起到关键性作用。捆扎的直接目的是将单个物件或数个物件捆紧,以便于运输、储存和装卸。此外,捆扎还能防止失盗而保护内装物,能压缩容积而减少保管费和运输费,能加固容器,合理捆扎一般能使容器的强度增加20%~40%。捆扎的方法有多种,一般根据包装形态、运输方式、容器强度、内装物重量等不同情况,分别采用井字、十字、双十字和平行捆等不同方法。对于体积不大的普通包装,捆扎一般在打包机上进行,而对于集合包装,用普通捆扎方法费工费力,一般采用收缩薄膜包装技术和拉伸薄膜包装技术。

收缩薄膜包装技术是用收缩薄膜裹包集装的物件,然后对裹包的物件进行适当的加热处理,使薄膜收缩而紧贴于物件上,使集装的物件固定为一体。收缩薄膜是一种经过特殊拉伸和冷处理的聚乙烯薄膜,当薄膜重新受热时,其横向和纵向产生急剧收缩,薄膜厚度增加,收缩率可达30%~70%。

拉伸薄膜包装技术是在20世纪70年代开始采用的一种新的包装技术。它是指依靠机械装置,在常温下将弹性薄膜围绕包装件拉伸、裹紧,最后在其末端进行封合,薄膜的弹性也使集装的物件紧紧固定在一起。拉伸薄膜不需加热,所消耗能量只有收缩薄膜包装技术的1/20。

二、针对产品的不同特性而采用的包装保护技术

(一) 防震保护技术

防震包装又称缓冲包装,在各种包装方法中占有重要的地位。产品从生产出来到开始使用要经过一系列的运输、保管、堆码和装卸过程,置于一定的环境之中。在任何环境中都会有力作用在产品之上,并使产品发生机械性损坏。为了防止产品遭受损坏,就要设法减小外力的影响,所谓防震包装,就是指为减缓内装物受到冲击和震动,保护其免受损坏所采取的一定防护措施的包装。

防震包装的作用主要是克服冲击和震动对包装物品的影响。克服冲击所采用的方法通常称为缓冲,所用的材料称为防震材料、隔震材料。防震材料是防震包装中的关键问题之一。

1. 防震材料按形状分为:(1)松散状,例如,碎纸屑、碎木屑等;(2)流动性衬垫状,例如,通心粉状、粒状、花生状;(3)袋状;(4)成型品;(5)板框架状,例如,隔板;(6)防震结构,例如,板状弹簧。按材质分类:(1)纤维素类,例如,麦秸;(2)动物纤维类,例如,羊毛;(3)矿物纤维类,例

如,石棉;(4)纸类,例如,瓦楞纸。

2. 防震包装主要有以下三种方法:(1)全面防震包装方法。全面防震包装方法是指内装物和外包装之间全部用防震材料填满进行防震的包装方法。具体分为:压缩包装法、浮动包装法、裹包包装法、模盒包装法、就地发泡包装法。(2)部分防震包装方法。对于整体性好的产品和有内装容器的产品,仅在产品或内包装的拐角或局部地方使用防震材料进行衬垫即可。所用包装材料主要有泡沫塑料防震垫、充气型塑料薄膜防震垫和橡胶弹簧等。这种方法使用较少的防震材料在最合适的部位衬垫,力求取得最好的防震效果,降低成本。目前多用于大批量物品的包装中,例如,电视机、仪器仪表等。(3)悬浮式防震包装方法。对于某些贵重易损的物品,为了有效地保证在流通过程中不被损坏,外包装容器比较坚固,然后用绳、带、弹簧等将被装物悬吊在包装容器内,在物流中,无论是什么操作环节,内装物均被稳定悬吊而不与包装容器发生碰撞,从而减少损坏。

(二)防破损保护技术

缓冲包装有较强的防破损能力,因而是防破损包装技术中有效的一类。此外还可以采取以下几种防破损保护技术:

1. 捆扎及裹紧技术。捆扎及裹紧技术的作用,是使杂货、散货形成一个牢固整体,以增加整体性,便于处理及防止散堆来减少破损。

2. 集装技术。利用集装,减少与货体的接触,从而防止破损。

3. 选择高强度保护材料。通过外包装材料的高强度来防止内装物受外力作用破损。

(三)防锈包装技术

金属制品表面因大气锈蚀,会变色、生锈,降低使用性能,造成产品价值降低甚至失效。防锈包装技术不同于金属冶炼中的防锈技术,防锈包装技术用包装封存方法防锈是暂时性的。具体地说,常见的防锈包装技术包括以下几种:

1. 防锈油防锈蚀包装技术。大气锈蚀是空气中的氧、水蒸气及其他有害气体等作用于金属表面引起电化学作用的结果。如果使金属表面与引起大气锈蚀的各种因素隔绝(即将金属表面保护起来),就可以达到防止金属大气锈蚀的目的。防锈油包装技术就是根据这一原理将金属涂封防止锈蚀的。用防锈油封装金属制品,要求油层具有一定厚度,油层的连续性好,涂层完整。不同类型的防锈油要采用不同的方法进行涂封。

2. 气相防锈包装技术。气相防锈包装技术就是用气相缓蚀剂(挥发性缓蚀剂)在密封包装容器中对金属制品进行防锈处理的技术。气相缓蚀剂是一种能减慢或完全停止金属在侵蚀性介质中的破坏过程的物质,它在常温下即具有挥发性,它在密封包装容器中,在很短的时间内挥发或升华出的缓蚀气体就能充满整个包装容器内的每个角落和缝隙,同时吸附在金属制品的表面上,从而起到抑制大气对金属锈蚀的作用。

3. 可剥离式塑料封存包装技术。可剥离式塑料是以塑料为基本成分,加入矿物油、防锈剂、增塑剂、稳定剂及防霉剂和溶剂而制成的材料,它涂于金属表面会硬化成薄膜,有良好的防止大气锈蚀的作用。

(四)防霉腐包装技术

在运输包装内装运食品和其他有机碳水化合物货物时,货物表面可能生长霉菌,在流通过程中若遇潮湿,霉菌生长繁殖极快,甚至伸延至货物内部,使其腐烂、发霉、变质,为了保护商品安全地通过流通,则需要采取特别防护措施。

包装防霉烂变质的措施,通常是采用冷冻包装、真空包装或高温灭菌方法。

1. 低温冷藏防霉腐包装技术。即冷冻包装。其原理是通过控制商品本身的温度，使其低于霉腐微生物生长繁殖的最低界限，抑制霉的活性。它减慢了细菌活动和化学变化的过程，延长了储存期，但不能完全消除食品的变质。一般情况下，温度越低，持续时间越长，霉腐微生物的死亡率也越高。按冷藏温度的高低和时间长短分为冷藏和冻藏两种：冷藏适用于含水量大又不耐冰冻的易腐食品，例如，蔬菜、水果等；冻藏适用于含水量大的易腐商品，例如，鱼类、肉类。

2. 化学药剂防霉腐包装技术。它主要是使用防霉腐化学药剂将待包装物品、包装材料进行适当的处理，有的是加在某道工序中，有的是将其喷洒在或涂抹在商品表面，有的则需要浸泡后再予以包装。使用防霉腐包装技术的原理主要是使菌体蛋白质凝固、变性；有的与菌体酶系统结合，影响菌体的代谢；有的降低菌体表面张力，增强细胞膜的通透性，而发生细胞破裂或溶解。使用防霉腐剂应选择高效、低毒、使用简便的防霉腐剂。防止运输包装内货物发霉，可使用的防霉腐剂包括两大类：一类是工业用防霉腐剂，另一类是食品用防霉腐剂。因为防霉剂的种类甚多，用于食品的必须选用无毒防霉剂。

3. 气相防霉腐包装技术。气相防霉腐包装技术是使用具有挥发性的防霉腐剂，利用其挥发产生的气体直接与霉腐微生物接触，杀死或抑制霉腐微生物的生长，以达到商品防霉腐的功效。气相防霉腐是气相分子直接渗透到商品上，对其外观和质量不会产生不良影响。但要求包装材料和包装容器具有透气率小、密封性能好的特点。气相防霉腐剂有多聚甲醛防霉剂、环氧乙烷防霉腐剂。

4. 高温杀菌防霉腐包装技术。高温杀菌法可消灭引起食品腐烂的微生物，可在包装过程中用高温处理防霉。有些经干燥处理的食品包装，应防止水汽侵入以防霉腐，可选择防水汽和气密性好的包装材料，采取真空和充气包装。

5. 真空防霉腐包装技术。真空包装法也称减压包装法或排气包装法。这种包装可阻挡外界的水汽进入包装容器内，也可防止在密闭着的防潮包装内部存有潮湿空气，在气温下降时结露。采用真空包装法，要注意避免过高的真空度，以防损伤包装材料。

机电产品的大型封闭箱，可酌情开设通风孔或通风窗等相应的防霉措施。

（五）防虫包装技术

商品在流通过程中要在仓库中存储，而仓储商品的最主要危害之一是仓库的害虫。它会破坏商品的组织结构，影响商品的质量和外观。因此，需要对一些易虫蛀的商品，例如，羊毛制品、蚕丝制品、皮革制品、毛皮制品、粘胶纤维制品等进行防虫害的包装。防虫包装技术常用的是驱虫剂，即在包装中放入有一定毒性和气味的药物，利用药物在包装中挥发气体杀灭和驱除各种害虫。常用驱虫剂有萘、对位二氯化苯、樟脑精等。也可采用真空包装、充气包装、脱氧包装等技术，使害虫无生存环境，从而防止虫害。

具体来说，主要的方法有：

1. 高温防虫害包装技术。指利用较高的温度来抑制害虫的发育和繁殖。高温防虫害包装技术可采用烘干杀虫和蒸汽杀虫的方式来进行。

2. 低温防虫害包装技术。指用低温抑制害虫的繁殖和发育，并使其死亡。

3. 电离辐射防虫害包装技术。利用X射线、快中子等的杀伤能力，使害虫死亡或不育，从而达到防止虫害的目的。

4. 微波与远红外线防虫害包装技术。微波杀虫指害虫在高频的电磁场作用下，虫体内的水分、脂肪等物质受到微波的作用，其分子发生振动，分子间产生大量热能，导致虫体体温快速上升，使其死亡。远红外线具有与微波相似的作用，主要用于烘干储藏物品和直接杀死害虫。

（六）危险品包装技术

危险品有上千种，按其危险性质以及交通运输和公安消防部门的规定分为十大类，即爆炸性物品、氧化剂、压缩气体和液化气体、自燃物品、遇水燃烧物品、易燃液体、易燃固体、毒害品、腐蚀性物品、放射性物品等，有些物品同时具有两种以上危险性。

对有毒商品的包装要明显地标明有毒的标志。防毒的主要措施是包装严密不漏、不透气。例如，重铬酸钾（红矾钾）和重铬酸钠（红矾钠），为红色带透明结晶体，有毒，应用坚固铁桶包装，桶口要严密不漏，制桶的铁板厚度不能小于1～2毫米。对有机农药一类的商品，应装入沥青麻袋，缝口严密不漏。如用塑料袋或沥青纸袋包装的，外面应再用麻袋或布袋包装。用作杀鼠剂的磷化锌有剧毒，应用塑料袋严封后再装入木箱中，箱内用两层牛皮纸、防潮纸或塑料薄膜衬垫，使其与外界隔绝。

对有腐蚀性的商品，要注意商品是否会和包装容器的材质发生化学变化。金属类的包装容器，要在容器壁涂上涂料，防止腐蚀性商品对容器的腐蚀。例如，在包装合成脂肪酸的铁桶内壁要涂上耐酸保护层，防止铁桶被商品腐蚀，从而商品也随之变质。再如，氢氟酸是无机酸性腐蚀物品，有剧毒，能腐蚀玻璃，不能用玻璃瓶作包装容器，应装入金属桶或塑料桶中，然后再装入木箱。甲酸易挥发，其气体有腐蚀性，应装入良好的耐酸坛、玻璃瓶或塑料桶中，严密封口，再装入坚固的木箱或金属桶中。

对黄磷等易自燃商品进行包装，宜将其装入桶壁厚度不少于1毫米的铁桶中，桶内壁须涂耐酸保护层，桶内盛水，并使水面浸没商品，桶口严密封闭，每桶净重不超过50千克。对于遇水可能引起燃烧的物品，例如碳化钙，遇水即分解并产生易燃气体乙炔，应用坚固的铁桶包装，桶内充入氮气。如果桶内不充氮气，则应装置放气活塞。

对于易燃、易爆商品，例如，有强烈氧化性的，或遇有微量不纯物或受热即急剧分解引起爆炸的产品，应防止其爆炸。防爆炸包装的有效方法是采用塑料桶包装，然后将塑料桶装入铁桶或木箱中，每件净重不超过50千克，并应有自动放气的安全阀，当桶内达到一定气体压力时，能自动放气。

（七）特种包装技术

1. 充气包装。充气包装是采用二氧化碳气体或氮气等不活泼气体置换包装容器中空气的一种包装技术方法，因此也称为气体置换包装。这种包装方法是根据好氧性微生物需氧代谢的特性，在密封的包装容器中改变气体的组成成分，降低氧气的浓度，抑制微生物的生理活动、酶的活性和鲜活商品的呼吸强度，达到防霉、防腐和保鲜的目的。

2. 真空包装。真空包装是将物品装入气密性容器后，在容器封口之前抽真空，使密封后的容器内基本没有空气的一种包装方法。

一般的肉类商品、谷物加工商品以及某些容易氧化变质的商品都可以采用真空包装，真空包装不但可以避免或减少脂肪氧化，而且抑制了某些霉菌和细菌的生长。同时，在对其进行加热杀菌时，容器内部气体已排除，因此加速了热量的传导，提高了高温杀菌效率，也避免了加热杀菌时由于气体膨胀而使包装容器破裂。

3. 收缩包装。收缩包装就是用收缩薄膜裹包物品（或内包装件），然后对薄膜进行适当加热处理，使薄膜收缩而紧贴于物品（或内包装件）的包装技术方法。

收缩薄膜是一种经过特殊拉伸和冷却处理的聚乙烯薄膜，由于薄膜在定向拉伸时产生残余收缩应力，这种应力受到一定热量后便会消除，从而使其横向和纵向均发生急剧收缩，同时使薄膜的厚度增加,收缩率通常为 30%～70%,收缩力在冷却阶段达到最大值,并能长期保持。

4. 拉伸包装。拉伸包装是 20 世纪 70 年代开始采用的一种新包装技术,它是由收缩包装发展而来的,拉伸包装是依靠机械装置在常温下将弹性薄膜围绕被包装件拉伸、紧裹,并在其末端进行封合的一种包装方法。由于拉伸包装不需要进行加热,所以消耗的能源只有收缩包装的 1/20。拉伸包装可以捆包单件物品,也可用于托盘包装之类的集合包装。

5. 脱氧包装。脱氧包装是继真空包装和充气包装之后出现的一种新型除氧包装方法。脱氧包装是在密封的包装容器中,使用能与氧气起化学作用的脱氧剂与之反应,从而除去包装容器中的氧气,以达到保护内装物的目的。脱氧包装方法适用于某些对氧气特别敏感的物品,常用于那些即使有微量氧气也会促使品质变坏的食品包装中。

(八)防潮包装

防潮包装是为了防止潮气侵入包装件,影响内装物质量而采取的一定防护措施的包装。防潮包装设计就是防止水蒸气通过,或将水蒸气的通过减少至最低限度。

一定厚度和密度的包装材料,可以阻隔水蒸气的透入,其中金属和玻璃的阻隔性最佳,防潮性能较好;纸板结构松弛,阻隔性较差,但若在表面涂布防潮材料,就会具有一定的防潮性能;塑料薄膜有一定的防潮性能,但它多由无间隙、均匀连续的孔穴组成,并在孔隙中扩散造成其透湿特性。透湿强弱与塑料材料有关,特别是加工工艺、密度和厚度的不同,其差异性较大。为了提高包装的防潮性能,可用涂布法、涂油法、涂蜡法、涂塑法等方法。涂布法,就是在容器内壁和外表加涂各种涂料,例如,在布袋、塑料编织袋内涂树脂涂料,纸袋内涂沥青等。涂油法,例如,为了增强瓦楞纸板的防潮能力,在其表面涂上光油、清漆或虫胶漆等。涂蜡法,即在瓦楞纸板表面涂蜡或由楞芯渗蜡。涂塑法,即在纸箱上涂聚乙烯醇丁醛(PVB)等。还有在包装容器内盛放干燥剂(如硅胶、泡沸石、铝凝胶)等。此外,对易受潮和透油的包装内衬一层至多层防湿材料(如牛皮纸、柏油纸、邮封纸、上蜡纸、防油纸、铝箔和塑料薄膜等),或用一层至多层防潮材料直接包裹商品。上述方法既可单独使用,又可几种方法一起使用。

(九)保鲜包装

保鲜剂包装,是指采用固体保鲜剂(由沸石、膨润土、活性炭、氢氧化钙等原料按一定比例组成)和液体保鲜剂(如以椰子油为主体的保鲜剂,以碳酸氢钠、过氧乙酸溶液、亚硫酸与酸性亚硫酸钙、复方卵磷脂和中草药提炼的 CM 保鲜剂等)进行果实、蔬菜的保鲜。固体保鲜剂法是将保鲜剂装入透气小袋封口后再装入内包装,以吸附鲜果、鲜菜散发的气体而延缓后熟过程。液体保鲜剂法为鲜果浸涂液,鲜果浸后取出,表面形成一层极薄的可食用保鲜膜,既可堵塞果皮表层呼吸气孔,又可起到防止微生物侵入和隔温、保水的作用。硅窗转运箱保鲜包装,是采用塑料密封箱加盖硅气窗储运鲜果、鲜菜、鲜蛋的保鲜方法。硅气窗又称人造气窗,在塑料箱、袋上开气窗,有良好的调节氧气和二氧化碳浓度、抑制鲜菜果和鲜蛋呼吸的作用,可延长储存期。

三、智能型包装技术

世界上第一次关于"智能化包装"的国际会议于 1992 年 12 月在伦敦召开。会议为"智能化包装"下了这样的定义:在一个包装、一个产品或产品—包装组合中,有一集成化元件或一项固有特性,通过此元件或特性把符合特定要求的智能成分赋予产品包装的功能中,或体现于产品本身的使用中。具体为:利用新型的包装材料、结构与形式对商品的质量和流通安全性进行积极干预与保障;利用信息收集、管理、控制与处理技术完成对运输包装系统的优化管理等。

智能型包装技术是集合了多元知识基础的新兴技术分支。创造性设计和人本位思想则是"智能化包装"技术的精髓。包装智能化技术的出现使商品及其包装对于人类更具有亲和力,使商务信息的人机交互式沟通更为简捷。智能型包装在保护消费者权益与人身安全、保护市场正常秩序、方便商务电子化、开发新颖的产品消费形式方面将起到重要的作用,具有极广阔的发展前景。

目前的包装智能化技术应该说还处于雏形阶段。主要包括保安性包装、活性包装、电子信息组合包装等。

(一)保安性包装

1. 显窃启包装

在当今社会中,因偷换、撕破等对商品采取某些特别行为而威胁到消费者安全的犯罪已不鲜见。为了防止类似案件的发生,除事后的善后处理外,强化包装技术手段显然非常重要。所谓"显窃启包装",是指只有通过打开或破坏一个显示物或障碍物才能取出内部产品的一种包装。这个显示物或障碍物一旦破损就给后来的消费者提供可见的证据——说明原产品包装已被人干扰过。显窃启包装因包装材料、销售方法、容器结构、内容物不同而不同,大致可归纳成以下八种类型:

(1)薄膜包装。在一产品或容器的周围牢固地裹包具有识别特征的透明薄膜,若取用内容物,必先撕开或撕破这层薄膜。

(2)泡罩与贴体包装。产品置于能透气的、用纸塑片材制成的底板上,上面覆盖受热能软化的包装薄膜,通过向板外抽真空,使薄膜包围或贴合于产品,薄膜四周封合于底板。

泡罩包装适用于高级食品、药品、工艺品、金属首饰等,还特别适合配套产品的集合包装,例如,五金工具、机械零配件等。

(3)收缩箍套。用加热或干燥方法,使有识别特征的瓶颈(口)处裹包材料收缩,形成全密封,取用商品时必须切开或撕破这层封闭箍套。

大多数收缩箍套是用取向薄膜制成的。当取向薄膜受热时产生收缩并紧紧箍住包装容器。收缩箍套兼标签和防窃启之用。大多数箍套用 PVC 或 PE 共聚物制成。

(4)全封闭容器。此类包装包括多种刚性或柔性的口封式或全封式容器,例如,由纸、塑、箔制成的封闭袋、软管、金属罐等。其优点是:如要取用,必须破坏包装容器或切片包装某一部位。包装袋的关键是封口材料和技术,必须保证产品的安全性和密封性。而金属罐头的防窃启或防偷换效果当属最好,但应该考虑消费者开启的方便性,故目前有易拉盖的罐头应用越来越多。喷雾罐需要专门的灌装技术,一般的窃启者和偷换者很难开启与偷换。

(5)瓶口封闭包装。将带有识别标志的纸或铝箔贴合于瓶口或容器上,开启前必须撕破这一封闭物。瓶口封闭物分为内封式和软盖式两种:其一,内封式。涂蜡纸浆背衬和半透明内衬,是食品工业常用内衬物。其二,软盖式。美国卫生法规要求:奶制品包装容器的倒出口在运输和贮存中必须被封盖好。

(6)胶带封闭物。用带有识别特征的专用胶带封闭纸盒(箱)的折翼或瓶盖。要取用产品,必先撕去胶带。

(7)可破坏盖。原称防盗盖(Pilfer-Proof Cap)。这种金属或塑料盖可对密封物被破坏提供可见的痕迹,它被大量用于 OTC 药品、饮料、食品等包装。目前主要有两种形式的可破坏显偷换盖:一种为断开式或撕拉式,另一种是真空式。也可辅以内封物(见瓶口内封闭)以达到显窃启目的。

(8)报警信号式包装。美国光学涂料试验中心和 PA 技术公司研制出一种在外力作用下会变色的塑料薄膜,膜上涂有不同波长的反向干涉涂层。在正常情况下涂层呈明亮色彩,一旦被动用,涂层便开始剥落,薄膜变成灰色,剥落部分还会产生花纹,从而提供了此包装曾启封过的警示信号。这种材料很适合做包装封记。

2. 儿童安全包装

由于儿童的自身条件限制,他们还无法用准确的判断来保护自己。20 世纪 70 年代以来,食品与药品引发的意外伤害事故层出不穷,全世界约有数以万计的儿童因误服药物而中毒,甚至死亡。我国也不例外,此类事故有逐年上升趋势,原因是儿童的好奇心理和活动性强,以及成人偶然的粗心与忽视。针对儿童这个消费者中的特殊群体的保护性包装技术成分较为特殊,因此,"儿童安全包装"也属于"智能型包装"的范畴。

"儿童安全包装"是防中毒特殊包装的同义词,其定义为:装有药品、家用清洁剂和杀虫剂等危险品的容器,不能被 5 岁以下的儿童开启,但不能阻止成年人使用。这种性质的包装有多种形式,包括瓶、桶、袋和泡罩包装等。

调研市场上的儿童安全包装,主要结构特点大约有以下几种:

(1)压扭盖。这是一个复合式的瓶盖,由同时进行的按压和扭转两个动作来完成。

(2)掀开盖。这也是较流行的儿童防护盖。使用时要求盖与瓶上的记号(箭头)对准,然后在瓶子凸缘缺口处掀开瓶盖的凸耳,将包装打开。

(3)泡罩式包装。为防止儿童打开普通的泡罩包装,要求从角上撕开背面粘贴纸,或用力把内装物从背面压出。

(4)迷宫式盖。这是一种依靠智力技巧开启的包装形式。在外盖内壁有一凸耳,瓶口外围是迷宫式螺旋线,它要求成年人能辨认和记住一系列动作,方能打开瓶盖。

(5)拉拔盖。瓶盖密封由外盖下部带有两个向内凸的舌头(高 1~2mm、长 2~3mm)和内塞构成。内塞为倒置帽形,高约 3~5mm,帽檐圆周上有向内凸的舌边。瓶口下部有一凸边,边缘圆周上均布两个缺口(比外盖舌头稍长)。一般情况下,外盖在瓶上可空转。当转到特定位置(有标志记号)时,外盖脱开,但此时因外盖与内塞相扣,需加一定的力做拉拔动作以克服内塞与瓶口间的摩擦力。

(6)单剂量药物防童包装。此例是一种能防止儿童误服的单剂量药物包装。它包括一个具有多个空穴的扁长形容器和一个封盖。塑料封盖两端设计有富有弹性的翘舌,扁长形盒中每个空穴容纳单剂量药物,在充填后各用一片可剥离的铝箔封闭,其两端留有供封盖翘舌插入的凹槽,撕开铝箔即可得到药片。此包装可重复封闭。

(7)卡口片防童瓶。一种卡口式封盖,比迷宫式盖简单,其原理类似于插口式灯座。瓶盖内壁均布两个小凸块(直径 2~3mm),瓶口上设计有方向连续曲折的凹槽。成年人可按瓶体上指示记号开启瓶盖。

3. 防伪包装

假冒伪劣产品可以说是市场上的一个毒瘤,它不仅大幅度降低了被假冒企业的直接经济效益,更危害了消费者的切身利益。而随着科学技术的发展,伪造技术的高明与广泛性已给防伪技术提出了更新的要求。考虑到防伪包装具有较高的技术含量和对包装传统功能的扩展,故可划入"智能型包装"。

所谓"防伪包装技术"就是:主要以商品为对象,既是防伪技术的组成部分,又是包装技术的组成部分。因此,防伪包装既有防伪技术的一般功能特点,同时又具有适合于商品包装的自身特点。

从总体分析,防伪包装技术集中于以下几个方面:防伪标志;特种材料工艺;印刷工艺;包装结构和其他方法。以下的几种技术手段居主流地位。

(1)激光全息图像

利用全息印刷技术做出防伪标志并将其附于包装物表面,是当前最为流行的防伪手段。全息图像由于综合了激光、精密机械和物理化学等学科的最新成果,技术含量高。对多数小批量伪造者而言,全套制造技术的掌握和制造设备的购置是难以做到的。因此,此种技术的效果是显著的。

(2)激光防伪包装材料

经过激光处理的材料具有防伪和装潢两方面的功能,改变了以一小块激光全息图像标志的局部防伪方式,达到整体防伪效果。经过激光处理的包装材料共有四大类:①软包装袋:用高新技术制出激光薄膜,然后再和普通塑料薄膜复合,加上印刷,形成激光材料软包装袋(又称镭射软包装袋)。②硬包装盒:先用高新技术制出激光薄膜,然后再和硬纸板复合,加上印刷,形成硬盒。③镭射纸:镭射纸是直接做在纸上的。镭射纸生产工艺难度较大,成本也较高。④目前还有一种经激光处理的烫印箔,这是一种高档电化铝产品,用它专门制成的标志可呈多维立体显示。

(3)隐形标志系统

美国生物码公司成功地开发了一种全新的隐形标志系统:将抗体作为制造防伪标志的新材料。

(4)激光编码

激光编码主要用于包装的生产日期、产品批号的打印,防伪并非是其首要功能。由于激光编码机造价昂贵,只在大批量生产或其他印刷方法不能实现的场合使用,使它能在防伪包装方面发挥作用。

(5)凹版印刷防伪

凹版印刷以按原稿图文刻制的凹坑载墨,线条的粗细及油墨的浓淡层次在刻版时可加以控制,不易被模仿和伪造,尤其是墨坑的深浅。仿照印好的图文进行逼真雕刻的可能性非常小。

(6)特种工艺与材料

某些产品能长期占领市场,就是依靠自己的产品特种工艺。这是一种有效的秘诀防伪手段。越是具有独特生产技术的产品,越不容易被伪造。包装中使用自己公司特有的材料,也是常见的防伪方法。典型例子就是钞票使用特种纸张并加入安全线。

(7)特殊包装结构

一次性使用的包装容器,一旦开启即自行报废,不能重复使用。这可以防止偷梁换柱或"旧瓶装新酒"式的伪造。

(二)活性包装

活性包装主要应用在食品包装上,相对于过去的用物理方法阻隔气体、水蒸气和光等来说,它在延长食品货架寿命方面起着积极、主动的作用,能提供更好的保护。因此,活性包装作为一种智能型技术正得到广泛的开发应用。

为了控制包装内的特定气体,使用了能吸收或释放特定气体的化学物质。其功能体系包括使用杀菌剂、脱氧剂、气味吸收剂或释放剂、光线阻隔剂、防雾剂、防粘剂、稳定剂和酶抑制剂等。

1. 吸收氧气系统

食品包装中存在的氧会加速许多食品的腐败和变质。氧可以引起许多食品产生异味、颜色变化和营养价值的流失，并能加速细菌的繁殖。而脱氧剂是所有活性包装技术中研究得最多和获得专利最多的领域。放入包装中的装有脱氧剂的独立小袋已经获得了商业应用。

2. 二氧化碳清除剂和发生剂

在某些食品包装中需要有高含量的二氧化碳，因为它们能抑制食品表面上的细菌繁殖和降低新鲜农作物(如水果和蔬菜)的呼吸速率。在某些包装中需要产生各种浓度的二氧化碳来适应特定食品要求。现已完成的二氧化碳吸收系统或发生系统在商业应用上也仅是少数，故仍是重要的研究课题。

3. 乙烯清除剂

乙烯对某些新鲜的和未完全成熟的水果和蔬菜能起到一种激素和熟化引发剂的作用。它能加速衰老并减少它们的货架寿命。

4. 灭菌剂的释放系统

某些防腐剂可以用作活性物质。将它们加入到聚合物包装材料中或附在包装材料上，可达到灭菌的效果。

能够用作灭菌剂的活性物质包括：乙醇和其他醇类、山梨酸盐、苯甲酸盐、丙酸盐、杆菌素和硫黄等。

(三)电子信息组合包装

1. 微波炉自动加热包装

新开发的智能型微波加热包装是一个良好的信息载体。食品、包装和微波炉之间可以进行信息互通。包装物上的条形码(或其他数码)携带了重要的信息(包括食品、包装和微波炉的)，微波炉上配备有条码扫描仪和微处理器。该微处理器与扫描仪联通，微波加热过程会对用得到的逻辑信息加以控制，包括控制微波炉的磁控管功率与加热时间。

2. 带电子芯片销售包装

超市或商店货架上的所有商品的包装物上带有关于商品选购与使用的一切信息(以数码形式贮存于微芯片中)，消费者的手推车上装有专用扫描仪和微型计算机，消费者可以很方便地用此装置读取包装上的所有信息(名称、成分、功能、产地、保质期、重量、价格、使用指南、警告等)，甚至还能计算和画出同类产品的容量价格比图形。这种电子组合包装的出现，使消费者的采购行为既省力又方便。

3. 可跟踪性运输包装

它的目标就是开发一种有利于自动化管理的运输包装技术形式，使运输容器在流通路线上能被全程跟踪，方便控制中心完成对运输路线和在线商品的调整和管理，以达到商品流通运输的快捷化、最佳路径化和低运输成本的目的。

第三节　包装现代化

一、实现物流包装现代化的主要问题

(一)物流包装的大型化和集装化

物流包装的大型化和集装化有利于实现物流系统的机械化，有利于加快作业速度乃至物

流系统的效率，有利于减少单位包装，节约包装材料成本。

（二）包装物的现代化管理

包装物的多次、反复使用，废弃物的处理，已经成为当今世界的重要新兴产业之一。资源的回收利用、梯级利用以及资源的再循环，是包装领域现代化的重要课题。有效的处理措施有以下几种：

1. 通用包装。按照通用的标准模数制造用瓦楞纸、纸板、木料、塑料制成的通用外包装箱，这种包装箱通用性强，无论何时何地均可重复使用。

2. 周转包装。有一定数量规模及固定的供应流通渠道的产品，可采用周转包装。例如，周转包装箱、饮料及啤酒瓶等。其周转方式是：货物的周转包装箱体运至商场或其他用户卸下货物后，再将以前用毕的空包装箱体装车返回。

3. 梯级利用。一次使用后的包装物，用毕转做他用或用毕进行简单处理后转做他用。有的包装物在设计时就设计成多用途，一次使用完毕，可再发挥其他功能，使资源充分合理地利用。

4. 再生利用。废弃的包装物经再生处理，转化为其他用途或制成新材料。

（三）开发新的包装材料和包装工具

利用各种复合技术开发新的包装材料和包装器具是包装现代化的重要内容之一。主要趋势是包装物高功能化、包装材料多用途、开发绿色包装等。

二、判断包装与环境关系公认的原则——4"R"原则

包装及其理论在不断发展之中。根据世界包装组织的意见，包装的三种作用变得越来越明显，即包装在经济发展中的中心性、包装对环境保护的责任性、包装致力改善人类生存条件的技术创新性。4"R"原则的具体内容是指：

Reduce 即减少材料的使用。在保证包装的保护、运输、贮藏和销售等功能时，首先考虑的因素是尽量减少材料使用总量。

Reuse 即再使用。考虑全部包装或部分包装在使用过后进行回收，进行处理，再次使用。

Recycle 即再循环处理。把使用过的包装回收、进行处理和再加工，使用于不同领域。

Recover 即获得新价值。例如，通过焚烧利用回收物的热能。

三、物流包装现代化的发展趋势

（一）包装工艺简单化

现代科技应用于包装领域，使很多包装工艺得以简化且更加科学合理。

包装工艺主要指包装制作过程中的制造工艺。包装工艺的发展是借助于相关科学的发展得以实现的。例如，包装的成型工艺、包装的黏合工艺、包装的印刷工艺、包装的整饰工艺等都经历了一个改进完善的过程。而包装的成型工艺，包括了金属包装的成型、塑料包装的成型、纸品包装的成型以及其他复合材料包装的成型。其中，过去塑料包装的挤压、热压、冲压等成型，已逐渐用到了纸包装的成型上；过去的纸板类包装压凸（凹）成型较为困难，现在已基本解决；塑料发泡成型技术已被广泛用于纸模包装制品的发泡与成型，使过去不能用纸包装的产品也用上了纸类包装。

包装印后处理工艺更加科学与适用，包装性能和效果发生了显著的变化。例如，过去包装表面处理中的涂蜡、覆膜工艺，已逐渐被表面过胶（喷胶处理）取代，这是因为涂蜡表面光泽度欠佳;而覆膜中的单面覆膜,易使包装制品产生翘曲变形,采用双面覆膜则给后道工序的裁切带来一定困难。

包装干燥工艺也由过去的普通热烘转向紫外光固化,使干燥成型更加节能、快速和可靠。

包装印刷工艺更加多样化。特别是高档商品的包装印刷已采用了丝网印刷。还有防伪包装制作工艺,已由局部印刷或制作转向整体式大面积的印刷与制作防伪。

(二)绿色包装

科学技术革命既给社会生产力带来了突飞猛进的发展,为人类创造了巨大的物质财富,同时也形成了前所未有的破坏力,对生态环境造成了严重污染。包装业是造成污染的重要行业之一,为了解决包装业的污染问题,在包装业正在兴起一场"绿色革命"。

绿色包装的兴起源于白色污染的泛滥。究其根源,主要在于随着包装材料以及包装制品日益丰富而带来的包装废弃物与日俱增。由于人们在生产和经营的活动中忽视环境因素,对难以处理的塑料包装制品不予理睬,对于该回收的包装制品不予回收,对环境造成了极其严重的污染。

"绿色革命"是世界包装业的一大变革,也是新世纪包装业发展的大趋势,已经成为商品生产和世界贸易不可逆转的潮流。这种变革是为适应环境保护和节约资源,在观念、材料、生产和消费各方面引起的必然结果。

绿色包装就是能与自然融为一体,源于自然,归于自然,对生态环境不造成污染,对人体健康不造成危害,能循环再生利用,可促进持续发展的包装物质。它具有以下四个方面的内涵:材料最省,废弃物最少,且节省资源和能源;易于回收再利用和再循环;废弃物经燃烧产生新能源而不产生二次污染;包装材料最少并自行分解,不污染环境。

包装业"绿色革命"的主要内容包括:减少非必要浪费,提供可再生的产品,讲究经济实惠和生态效益,不使用污染环境、破坏大自然的产品等。

1. 绿色包装材料

绿色包装材料分为以下几种:

(1)可重复再用和再生的包装材料

包装的重复再用,例如,饮料包装采用玻璃瓶,可反复使用。再生利用即回收之后重新再生。再生的方法有两种:一种是物理方法,是指直接彻底地净化粉碎,无任何污染物残留,处理后的包装材料用于再生包装容器;另一种是化学方法,是指将回收的塑料经粉碎洗涤之后,用解聚剂在碱性催化剂作用下使其解聚成单体或者部分解聚成低聚物,纯化后再将单体或者低聚物重新聚合成再生包装材料。

包装材料的重复利用和再生,仅仅延长了高分子材料作为包装材料的使用寿命,当其达到使用寿命后,仍然要面临对废弃物的处理和环境污染的问题。

(2)可食性包装材料

人工合成可食性包装膜中比较成熟的是20世纪70年代已经工业化的普鲁兰树脂,它是一种非离子性、非还原性的稳定多糖,在水中容易溶解,无色、无味、无毒,具有韧性、高抗油性,能食用。

(3)可降解材料

可降解材料是指在特定时间内造成性能损失的特定环境下,其化学结构发生变化的一种塑料。它既具有传统塑料的功能和特性,又可以在完成使用寿命以后,通过阳光中紫外线的作用或者土壤和水中的微生物作用,在自然界中分裂降解和还原,最终以无毒形式重新进入生态环境中,回归自然。

(4)纸材料

废马铃薯的原料主要是天然植物纤维,在自然界中会很快腐烂,不会造成对环境的污染,也可以回收重新造纸。纸浆模塑制品除了具有质轻、价廉、防震等优点外,还具有透气性好的特点,被广泛用于易碎、易破、怕挤压物品的包装上。

2. 绿色包装措施

绿色包装措施,主要包括以下两个方面:

(1)制定法规条例以规范包装

为了保护本国环境,不少发达国家制定了包装法规,通过法律手段限制包装行业的不合理行为。德国在 1992 年 6 月颁布实施的《德国包装废弃物处理的法令》中规定,商品包装的数量与重量应限制在最低范围之内,且在技术条件许可并与商品有关规定一致的情况下,必须使包装有两次使用的可能,若无再次使用的条件,包装材料可经过再加工后利用。

这些针对包装行业的环保法规,在环保运动日益高涨的今天为保证和促进国际贸易的顺利进行,起到了积极而重要的作用,为全球环保事业做出了贡献。

(2)提高包装行业中的科技含量以改进包装

实现绿色包装的基本途径主要有两个:①节约和简化包装。包装的用料与设计主要以保护商品和便于运输等为目的。国际市场上出现的"过分包装"现象超出了包装功能要求和设计需要。从环保角度来看,既浪费了资源,又加重了环境污染,而且还可能因包装成本的提高而影响国际竞争力。节约、简化包装可以通过改进设计和采用新技术来实现。②包装回用和回收再生利用。包装的回用和回收再生利用是合理利用包装材料的有效方法,目前已得到各国的重视。

(三)包装加工一体化

很多包装新技术是建立在包装新思维之上的。包装新思维是超脱现有的包装技术与产品,将其他相关技术组合应用到包装上形成新的包装技术,这方面的技术有几大类:

1. 包装固化技术——固化与干燥能源的更新,从热转向光;
2. 包装切割成型技术——新型切割与成型器械;
3. 包装与加工结合技术——包装与加工相结合;
4. 包装功能借用技术——包装功能超出包装,增值作用;
5. 包装功能保护技术——在包装材料中加入保鲜、杀菌、防潮、防静电、防异味等功能性成分。

(四)货物包装的合理化

包装的合理化是货物包装追求的最终目标。合理包装是指能适应和克服流通过程中的各种障碍,是在极限范围内的最好的包装。从多个角度来考察,合理包装应满足八个方面的要求:

1. 包装应妥善保护内装的货物,使其质量不受损伤。即要制定相应的适宜的标准,使包装物的强度恰到好处地保护货物质量免受损伤。除了要在运输装卸时经受住冲击、震动外,还要具有防潮、防水、防霉、防锈等功能。
2. 包装材料和包装容器应当安全无害。包装材料要避免有聚氯联苯之类的有害物质。包装容器的造型要避免对人引起伤害。
3. 包装的容量要适当,要便于装卸和搬运。

4. 包装的标志要清楚、明了。
5. 包装内货物外围空闲容积不应过大。
6. 包装费用要与内装货物相适应。
7. 提倡节省资源的包装。
8. 包装要便于废弃物的治理。

(五)配合消费者心理的包装

物流包装的发展趋势是迎合消费者的心理,配合民族文化和消费习惯、宗教信仰以及社会阶层。

四、集合包装

(一)集合包装的概念

集合包装,就是将运输包装货件成组化,集装为具有一定体积、重量和形态的货物装载单元。集合包装包括初始兴起和近代开发的托盘包装、滑板包装、无托盘(无滑板)包装。集合包装是以托盘、滑板为包装货件群体的基座垫板,或者利用包装货件堆垛形式,以收缩、拉伸薄膜紧固,构成具有采用机械作业叉孔的货物载荷单元。由于集合包装可以集装运输乃至货架陈列、销售具备单件运输包装的货物,将品种繁多、形状不一、体积各异、重量不等的单件包装货物的箔、桶、袋、包等,一件件以托盘或滑板组成集合装载单元,并采用各种材料和技术措施,使包装货件固定于垫板上,将垫板连同其所集装的包装货物载荷单元,牢固地组合成集合包装整体,可以用叉车等机械进行装卸、搬运并实现集装单元化"门对门"运输,从而使包装方式与物流方式融合为一体,达到物流领域集合包装与集装单元化输送方式的统一。

集合包装的体积一般为1立方米,重量在500千克至2吨。有些货物,如木材、钢材等,集合包装重量达5吨以上。

集合包装是指以集装箱、桶、袋、捆、包乃至筐、篓或具备单件运输包装的货物,包括食品、日用品、文教用品、药品、工业品、家用电器,以及仪器、仪表、易碎品、危险品等各种货物。

集合包装是现代化的包装方法,是包装货件物流合理化、科学化、现代化的方式之一,是世界各国包装货物运输的共同发展趋势。

(二)托盘集合包装

1. 托盘集合包装的结构

托盘集合包装是由托盘、单体包装体码垛及捆扎固定三要素组合而形成的具有良好功能的运输包装件。

(1)托盘。为了适应多种商品和多种运输装卸情况,目前已发展成多种类型的托盘。按托盘插口区分,有双面式托盘和四面式托盘。双面式托盘只能前后使用铲车,而四面式托盘则可在前后左右使用铲车,较双面式要方便。为了适应较重或较轻的商品,可以采用钢托盘或纸托盘。根据托盘集合包装的坚牢度、稳定度,可采用柱式、箱式、框架式托盘等。

(2)码垛方式。为了提高码垛的稳定性,需要针对不同货物采用不同的码垛方式。通常码垛方式有重叠式和交错式两种。重叠式码垛没有交叉搭接,货物稳定性不好,容易发生纵向分裂,但能充分发挥箱体耐压强度和提高码垛效率。交错式码垛,就像砌砖的方式,各层之间搭接良好、货物稳定性高,但操作复杂、码垛效率低,有时还会降低托盘的表面利用率,使箱体耐压强度降低。

(3)加固方式。为了防止不同货垛可能发生的倒塌,需要采用不同的固定方法,一般来说,较轻的包装件可采用黏合剂加固。如需坚固一些,就可采用捆扎加固以及收缩薄膜、拉伸薄膜方法加固等。

2. 托盘集合包装的尺寸

所谓托盘集合包装的尺寸,就是指所形成的长、宽、高三维形态的立体物的尺寸。正确选择尺寸的依据有三个:托盘表面利用率、码垛物稳定性、运输工具的尺寸。

(1)托盘表面利用率。即包装货物占有的面积与托盘使用面积之比,要求托盘有尽量大的表面利用率。托盘的表面利用率越大,运输工具容积利用率和仓库利用率也越大。

(2)码垛物稳定性。码垛物的稳定性不仅与货物形状、码垛方式有关,还与托盘的尺寸和形状有关。一般来说,托盘的使用面积越大,稳定性越好。从重心位置影响货物稳定性来看,堆垛高度不应超过托盘短边长度的两倍。在相同面积的情况下,长方形托盘比正方形托盘的稳定性要差。

(3)运输工具的尺寸。托盘的尺寸还必须充分考虑各种运输工具的表面积和容积。托盘的表面积应与运输工具的表面积成整数倍数。另外,在容积上也应有所考虑。我国初步制定的托盘尺寸为1 250mm×850mm,经运输实践证明,对30吨、50吨和60吨棚车容积能较好地利用。

(三)集合包装的特点

1. 简化包装,节省包装材料,降低包装和运输成本。包装费一般要占产品成本的10%～15%,由于采用集合包装—集装单元输送方式,在物流领域,与手工装卸单件运输包装相比,其所受的垂直跌落冲击危害,约降低一半,于是可减少包装对货物所受冲击危害的防护性能,因此,可以简化包装。根据国外资料,一般可降低包装费约10%。显而易见,包装材料与成本均可相应地节约与降低。

2. 有效利用流通系统各种运输工具,提高仓库利用率。托盘的体积约为0.14立方米,托盘包装装载,其所占容积约为运输车辆容积的10%～12%;滑板体积是普通平托盘的1/70～1/60,以滑板包装装载货车,滑板所占运输车辆的容积,可以略而不计。托盘自重(标准托盘)约为30千克～40千克,以托盘包装装载60吨棚车为例,其自重仅为运输车辆载重量的4%～5%;而滑板自重为1千克～3千克,仅为标准托盘自重的1/30～1/20,以滑板包装装载车辆,滑板总重占运输车辆的利用率可提高16.7%。因此,采用托盘和滑板集合包装—集装单元输送系统,可以保证流通领域运输工具的净载重和有效容积得到充分合理的利用。

3. 推动流通领域装卸、搬运作业的综合化、机械化、自动化,采用集合包装—集装单元输送,加速实现流通系统铁路、公路、水路、航空各种不同的运输工具的快速换装、联运和"门对门"运输。根据国外资料,日本采用集合包装—集装单元输送后,装卸作业劳力节省80%以上,减轻了劳动强度,改善了劳动条件,提高了劳动生产率;我国装卸托盘包装的水泥、煤炭,较人工作业单件纸袋包装同类货物,其工效提高8～12倍,从而降低了包装货件在流通系统的作业费用。

4. 有效地保护货物,防止损坏丢失。集合包装—集装单元输送系统可以有效地保护商品,方便理货,减少破损,防止盗窃和丢失,保证运输安全。我国平板玻璃由木箱改为集装架包装后,破损率由原来的20%下降到2%以下;水泥由纸袋包装改为集装袋包装后,运输途中损失由原来的40%下降到1%以下。有色金属(镍、铝)锭等,由散装小件改为一吨装集合包装后,大大减少了运输途中的被盗丢失风险。

5. 促进流通系统管理现代化。集合包装可以实行以目的地表示标记,与单件作业相比,方便清点交接,可简化流通系统的组织工作,简化运货手续,节省作业时间,减少货省、货差,避免和消灭事故,消灭环境污染和社会公害。同时,集合包装便于流通系统自动化立体仓库的开发和采用,以及装卸、收发作业的自动化和仓库信息计算机管理,有利于实现高效能、高效益,促进流通系统管理的现代化。

6. 推动流通系统的标准化。托盘集合包装使用的托盘、滑板标准规格与流通系统装卸搬运及运输工具、仓储设备的适应与配合,将加速单件运输包装的标准化、系列化、通用化。集合包装所集成的成件包装货物,必须合理排列堆叠,并符合力学原理,构成稳定、整齐规则的不易倒塌和倾斜的单元载荷,其规格必须与集合包装的底面积相适应。因此,必须形成包装货件统一流通模数化。集合包装—集装单元输送系统的开发与推广,势必推动单件运输包装规格的标准化、系列化、通用化,并推动运载工具—集合包装—包装货件的综合标准化的贯彻实施。集合包装—集装单元输送是工业生产、商品流通和运输现代化的产物,它可以简化单件货物运输包装,又能使包装货件物流作业(例如,包装、装卸、搬运、运输、仓储、配送等)实现安全、迅速、简便、经济的目的;同时,促进包装货件物流合理化,提高作业效率,降低成本,节省劳力,加速货物周转与送达,减少破损,提高总的社会经济效益。

五、货物运输包装的发展趋势

随着商品经济的发展,商品运输包装也要随之发展,商品运输包装的首要目的是把单体商品或单体销售包装组合起来,保证商品安全无损地从生产领域运送到消费者手中。商品经济的发展将导致商品流量增加,流通范围扩大,商品的运输距离变长,流通费用加大,所采用的交通工具变得更加复杂。因此,商品运输包装,必须适应这些变化并做适当的改进,以保证商品在整个运输过程中不发生物理性的破损和化学上、生物上的变质。

因此,一种好的包装,必须适应这些变化,以提高物流效率。事实上,合理的商品运输包装是降低物流费用的有效手段。

就世界范围而言,商品运输包装的发展趋势是:各种性能不同的纸箱、纸桶逐渐地取代原来的木箱和铁桶;集合包装得到越来越普遍的采用;运输包装的标准化得到高度重视;根据货物发运所在地的气候、港口设施等因素条件,同时结合不同商品特点进行合理包装优化设计。

就我国而言,1972年以前我国商品运输包装多数采用木箱、木桶、麻袋、篓筐、缸坛等传统包装,商品在流通中损失严重。1984年全国包装大检查的总结报告中曾经指出:"通过包装大检查,暴露出我国各类商品在商品流通中破损、霉变、渗漏、散失等现象十分严重。据各地不完全统计,1983年内销商品由于包装不善和运输、装卸、仓储等问题,造成商品损失约40亿元。"全国包装大检查有力地推动了运输包装的改进工作,经过1984~1987年的包装改进和综合治理,取得减损、增收、节约40多亿元的经济效益。尽管我国运输包装的改进取得了较大的成绩,但与世界包装的发展水平相比还有一定差距,因此,我国的运输包装在包装标准化、集合包装、合理包装优化设计等方面都需要进一步改进和发展。

六、自动识别技术

自动识别技术,是20世纪70年代发展起来的集光、电、计算机等技术为一体的高新技术,是数据自动采集、自动输入的基础,是计算机"实时"处理的重要技术保障。经过多年的研究发展,自动识别技术如今已包括很多内容,例如,条码识别技术、射频识别技术、生物识别技术、磁及智能卡识别技术、光字符识别技术、视觉识别技术、语音识别技术、图像识别技术等。

（一）条码识别技术

条码是由一组按特定规则排列的条、空及对应字符组成的表示一定信息的符号。不同的码制,条码符号的组成规则不同。条码技术是集编码、符号表示、印刷、识别、数据采集和处理于一身的新兴技术。其核心内容是利用光电扫描设备识读条码符号,从而实现机器的自动识别,并快速准确地将信息录入到计算机进行数据处理,以达到自动化管理的目的。目前,较常使用的码制有:商品条码（EAN/UPC 条码）、EAN-UCC 系统 128 条码、ITF-14 条码（交插二五条码）、三九条码、库德巴条码等。

商品条码（EAN/UPC 条码）主要用于标志零售贸易单元,全球通用,是商品进入扫描商店的先决条件,人们形象地把它称为商品的"身份证"。EAN/UPC 条码是由国际物品编码协会（EAN）和美国统一代码委员会（UCC）共同开发和管理的。在我国,商品条码由中国物品编码中心统一管理。

ITF-14 条码（交插二五条码）主要用于非零售贸易单元的标志。EAN-UCC 系统 128 条码除用于物流单元的标志外,还用于贸易单元及物流单元的附加信息,例如,生产日期、保质期、数量、重量、尺寸等的标志,以及位置、资产及服务的标志。

二维条码是在一维条码的基础上发展起来的一种新型条码。人们通常所看到的商品包装上的条码是一维的。二维条码的主要特征是水平和垂直两个方向都可表示信息。它具有信息量大、可靠性高、保密防伪性强等优点,可表示图像、汉字等多种文字信息。二维条码解决了如何用条码对物品进行描述的问题,使得条码真正成为信息存储和识别的有效工具。我国现已在汽车自动化生产线、武警车辆管理、银行汇票、急救卡等方面应用了二维条码。

（二）射频识别技术

射频识别（RFID）技术是近几年发展起来的现代自动识别技术。基本的 RFID 系统由射频标签和读写器组成,射频标签和读写器之间互相不接触并利用感应、无线电波或微波进行数据通信,从而达到识别的目的。RFID 最突出的特点是可以非接触识读（识读距离可从 0.1 米至几十米不等）,可识别高速运动物体,抗恶劣环境,保密性强,可同时识读多个识别对象等。当前国际上 RFID 技术发展异常迅速,已深入很多领域,例如,铁路车辆的自动识别、生产线的自动化及过程控制、动物的跟踪及管理、货物的跟踪及物品监视等。

（三）生物识别技术

生物识别技术是指通过计算机利用人类自身生理或行为特征进行身份认定的一种技术。人类利用生物特征识别的历史可追溯到古代埃及人通过测量人体各部位的尺寸来进行身份鉴别,现代生物识别技术始于 20 世纪 70 年代中期,由于早期的识别设备比较昂贵,因而仅限于安全级别要求较高的原子能实验、生产基地等。现在由于微处理器及各种电子元器件成本不断下降,精度逐渐提高,生物识别系统逐渐应用于商业上的授权控制（例如,门禁、企业考勤管理系统安全认证等）领域。

目前用于生物识别的生物特征主要有手形、指纹、脸形、虹膜、视网膜、脉搏、耳郭等,行为特征有签字、声音、按键力度等。基于这些特征,人们已经发展了手形识别、指纹识别、面部识别、发音识别、虹膜识别、签名识别等多种生物识别技术。

生物识别技术是目前最为方便与安全的识别技术,它不需要记住复杂的密码,也不需要随身携带钥匙、智能卡之类的东西。生物识别技术认定的是人本身,没有什么能比这种认证方式更安全、更方便了。由于每个人的生物特征具有与其他人不同的唯一性和在一定时期内不变的稳定性,不易伪造和假冒,所以利用生物识别技术进行身份认定,安全、可靠、准确。此外,生物识别技术产品均借助于现代计算机技术实现,很容易配合电脑与安全、监控、管理系统整合,实现自动化管理。

七、扫描技术

扫描仪从视觉上收集条形码数据,并把它们转换成可用的信息。现在较为流行的有两种扫描仪:手提的和定位的。每种类型都能使用接触和非接触技术。手提扫描仪既可以是激光枪(非接触式的),也可以是激光棒(接触式的)。定位扫描仪既可以是自动扫描仪(非接触式的),也可以是卡式阅读器(接触式的)。接触技术需用阅读装置实际接触条形码,这样可以减少扫描错误,但降低了灵活性。激光枪技术是当前最流行的扫描技术,速度超过激光棒。

(一)扫描技术的作用

对托运人而言,可改进订货准备和处理,排除航运差错,减少劳动时间,改进记录保存,减少实际存货时间。

对承运人而言,运费账单信息完整,顾客能存取实时信息,改进顾客装运活动的记录保存,可跟踪装运活动,简化集装箱处理,监督车辆内的不相容产品,减少信息传输时间。

对仓储而言,可改进订货准备、处理和装置,提供精确的存货控制,顾客能存取实时信息,考虑安全存取信息,减少劳动成本,入库精确。

对批发商或零售商而言,可保证单位存货和销售点价格精确,改进注册付款生产率,减少实际存货时间,增加系统灵活性。

(二)扫描技术在物流管理中的应用领域

第一种应用是零售商店的销售时点信息系统(Point of Sale,POS)。除了在现金收入机上给顾客打印收据外,POS应用可在商店层次上提供精确的存货控制。POS可以精确地跟踪每一个库存单位(Stock Keeping Unit,SKU)出售数,有助于补充订货,因为实际的单位销售数能够迅速地传输到供应商处。实际销售跟踪可以减少不确定性,并可去除缓冲存货。除了提供精确的再供给和营销调查数据外,POS还能向所有的渠道内成员提供更及时的具有战略意义的利益。

第二种应用是针对物料搬运和跟踪的。通过扫描枪的使用,物料搬运人员能够跟踪产品的搬运、储存地点,以及装船和入库过程。虽然这种信息能够用手工跟踪,但却要耗费大量的时间,并容易出错。在物流应用中更广泛地使用扫描仪,将会提高生产率、减少差错。

本章小结

包装是指在物流过程中保护产品,方便储运,促进销售,按一定技术方法采用容器、材料及辅助物等将物品包封并予以适当的装饰和标志的工作总称。简言之,包装是包装物及包装操作的总称。包装具有三大特性:保护性、单位集中性及便利性。

包装设计会影响到所有的物流作业的效率。包装也能够提高产出量。几乎所有的物流活动的生产都能用包装所组成的货物单元来描述。

包装是物流的开始和结尾,对于包装,需要我们掌握其含义、功能、包装的容器和材料以及包装的现代发展状况和趋势。

思考与练习

一、名词解释

包装　　包装标志　　包装技术　　绿色包装　　集合包装

二、简答题

1. 简述包装的概念与功能。
2. 包装容器的种类有哪些？
3. 包装技术有哪些？请举例说明。
4. 试解释集合包装。
5. 简述绿色包装，并讨论绿色包装的作用。

三、案例与分析

包装新科技激活包装市场

当今包装科技飞速发展，包装新品日新月异。包装制造商针对市场，不断加快包装科研及新材料的开发进度，不断推出了许多包装新技术、新材料和多种用途的新产品，以满足商品制造业的新需求。

1. 微波包装。开发微波包装是欧美国家食品包装的新趋势，在欧美国家电子普及率极高的情况下，德国 MatonPack 公司、瑞典 Sprinter 公司生产了扁盘式微波包装，采用 PET 衬里复合层包装，并压制出加强筋，选用 C-PET 材料。采用这种包装的食品从冰箱取出就可直接进入微波灶烘烤，可耐 230℃ 高温。Pillsbury 公司还研制出一种烤饼包装，为扁盘形状，印刷装潢精美，深受欢迎。

2. 生态包装。法国达诺内奶制品公司制造出一种用从甜菜中提取的乳酸制成的酸奶盒和杯子。这种生态盒（杯）的基本原料是甜菜，通过发酵转化为乳酸，经抽出水分形成丙酯，再加工为聚乳酯，掺入矿物质后便成为一种轻型、坚固的材料。用这种材料制成的盒（杯）可在 55℃ 下、60 天内分解为农家肥料。

3. 新型玻璃包装纸。日本一家公司推出一种新型玻璃包装纸，该玻璃包装纸表面涂了一层名为桧酸的特殊化学物质，这种物质能抑制促使水果、蔬菜成熟的乙烯生成酶的活动，从而延长包装水果、蔬菜等生鲜果蔬的保鲜期。使用这种包装纸，不仅使长距离运输这类食品变得容易，减少损耗，同时可减少防腐剂的使用量，降低成本。

4. 抗菌包装容器。日本一家化学公司研制成功一种抗菌塑料包装容器，该包装容器在食品、化妆品生产和制药业等领域有着广泛的用途。这种抗菌塑料包装容器是用纤维化塑料和聚丙烯等合成材料与一种用于食品薄膜的抗菌剂混合制成的，能防止微生物和细菌的繁殖，防止所盛装的食品、化妆品或药物变质，大大延长了保质期。

5. 鸭嘴式易拉罐。其主要特点是把鸭嘴形的开口装置与饮料罐合在一起，既巧妙又实用。鸭嘴式易拉罐环是一个底部被削了边的鸭嘴形的装置，它被反着铆接在罐盖的拉口之处。打开时，先要将盖口的一层透明膜弄破，然后用手指的压力将它固定住，一旦固定好后，鸭嘴装置和罐开口处连接得非常紧密，不会漏，其原因在于鸭嘴装置固定在罐盖边和开口之间。该项发明除了安全实用外，还大大减少了嘴唇受伤的可能性。

思考题：

结合上述包装的新科技和本章所授内容，谈谈我国包装的发展方向及趋势。

第五章

装卸搬运

学习目标与要求

1. 掌握装卸搬运的概念及组成；
2. 掌握装卸搬运活动的主要目的；
3. 掌握装卸搬运的分类；
4. 掌握装卸搬运的原则；
5. 了解装卸搬运的新发展；
6. 掌握装卸搬运的设备；
7. 了解物料搬运系统。

在物流活动中，装卸搬运分布在物流活动的各个环节、各个方面。据典型调查，我国机械工业每生产1吨产品，平均需要进行252吨次的装卸搬运，其成本为加工成本的15.5%。因此，它是物流的一个重要的功能要素，是构成物流系统的一个子系统。

装卸作业的代表形式是集装箱化和托盘化，使用的装卸机械设备有吊车、叉车、传送带和各种台车等。在物流活动的全过程中，装卸搬运活动是频繁发生的，因而是产品损坏的重要原因之一。对装卸搬运的管理，主要是对装卸搬运方式、装卸搬运机械设备的选择和合理配置与使用，以及装卸搬运合理化，尽可能减少装卸搬运次数，以节约物流费用，获得较好的经济效益。

第一节 装卸搬运的特点和作用

在同一地域范围内（例如，车站范围、工厂范围、仓库内部等）改变"物"的存放、支撑状态的活动称为装卸，改变"物"的空间位置的活动称为搬运，两者全称装卸搬运。有时候或在特定场合，单称"装卸"或单称"搬运"也包含了"装卸搬运"的完整含义。

在习惯用法中，物流领域（如铁路运输）常将装卸搬运这一整体活动称为"货物装卸"；在生产领域中常将这一整体活动称为"物料搬运"。实际上，活动内容都是一样的，只是领域不同而已。装卸搬运是介于物流各环节（如运输、储存等）之间起衔接作用的活动。它把物资运动的各个阶段连接成为连续的"流"，使物流的概念名副其实。它把各种运输方式连接起来，形成各种运输网络，极大地发挥其功能。

第五章 装卸搬运

在实际操作中,装卸与搬运是密不可分的,两者是伴随在一起发生的。因此,在物流科学中并不特别强调两者的差别而是统一为一种活动来对待。

搬运的"运"与运输的"运",区别之处在于,搬运是在同一地域的小范围内发生的,而运输则是在较大范围内发生的,两者是量变到质变的关系,中间并无一个绝对的界限。

一、装卸的概念

它是指各种运输工具,譬如汽车、铁路货车、船舶等,装载商品的装卸和搬运,或在仓库内保管商品的出入库、库内搬运,以及对上述有关商品进行处理的操作等而言的。一般来说,可将装卸作业分解为装卸、搬运、入库、出库、分拣和备运等项工作,以及与这些作业有关的附属作业。

(一)概念

"装卸",是将商品装入运输工具,或从运输工具上卸下的总称。对于集装箱而言,也可把物品装入集装箱称为装箱,而把从集装箱内取出物品称为拆箱。"搬运",是指在比较短的距离内将物品移动。

以往装卸搬运是用人力较多的作业,近年来追求机械化、自动化、省力化以及无人化等方法以减少劳动力和降低成本。这种趋势是提高装卸搬运效率的方向。

"装卸"与"搬运"的主要区别是:"装卸"是指在商品空间上发生的以垂直方向为主的位移,而"搬运"则是指商品在区域内所发生的短距离、以水平方向为主的位移。由于商品在空间上发生绝对的位移或发生绝对的水平位移的情况是不多的,多数情况则是两者的复合运动,有时以垂直位移为主即"装卸",有时以水平位移为主即"搬运"。

商品的装卸贯穿于商品实体运动的全过程。无论是商品的运输、储存、保管,还是商品的配送、包装和流通加工,都伴随着装卸作业。在整个物流活动中,装卸搬运所占的比重很大。

因此,装卸效率的高低、装卸质量的好坏、装卸成本的大小,都与整个物流活动关系密切。可以说,装卸合理化也是物流合理化的一个重要问题,改善装卸作业是加速车船周转、加快商品运达速度、减少资金占用、简化包装、减少货损的重要手段,对提高物流总体效益具有重要作用。

(二)装卸搬运的组成

搬运装卸作业有对输送设备(如辊道、车辆)的装入、装上和取出、卸下作业,也有对固定设备(如保管货架等)的出库、入库作业,主要由六个方面组成:(1)装卸,指货物装上或卸下运输工具;(2)搬运,指货物在短距离移动的作业;(3)堆码,将物品或包装货物进行码放、堆垛等作业;(4)取出,从保管场所将物品取出;(5)分类,将物品按品种、发货方向、顾客要求等进行分类;(6)集货,将物品备齐,以便随时装货。

(三)装卸搬运质量

对于装卸搬运质量的考查,我们可以运用下面一组公式来完成:

$$装卸搬运损失率 = 装卸搬运损失量 / 期内吞吐量$$

$$装卸搬运质量 = 1 - 装卸搬运损失量 / 期内吞吐量$$
$$= (期内吞吐量 - 装卸搬运损失量) / 期内吞吐量$$

(四)装卸搬运活动主要目的

表5-1列出了装卸搬运活动的主要目的。

表 5—1　　　　　　　　　　　　　装卸搬运活动的主要目的

目的	内容
1. 提高生产力	顺畅的搬运系统,能够消除瓶颈以维持及确保生产水准,使人力有效利用,设备减少闲置。
2. 降低搬运成本	减少每位劳工及每单位货品的搬运成本,并减少延迟、损坏及浪费。
3. 提高库存周转率,以降低存货成本	有效率的搬运,可加速货品移动及缩减搬运距离,进而减少总作业时间,使得存货存置成本及其他相关成本皆得以降低。
4. 改善工作环境,增加人员、货品搬运安全性	良好的搬运系统,能使工作环境大为改善,不但能保证物品搬运的安全,减少保险费率,而且能提高员工的工作情绪。
5. 提高产品品质	良好的搬运可以减少产品的毁损,使产品品质水准提升,减少客户抱怨。
6. 促进配销成效	良好的搬运,可增进系统作业效率,不但能缩短产品总配销时间,提高客户服务水准,也能提高土地劳动生产力,对公司营运成效助益很大。

二、装卸搬运的分类

（一）按商品形态的种类分

1. 按设施分

（1）自用物流设施装卸。即在工厂、自用仓库、配送中心等商品的发货、进货设施场所中装卸搬运。

（2）公用物流设施装卸。即在车站、铁路、港口、机场、仓库的装卸,分别称为车站装卸、港湾装卸、航空港装卸、仓库装卸等。

铁路装卸是对火车车皮的装进及卸出,特点是一次作业就实现一车皮的装进或者卸出,很少有像仓库装卸时出现的整装零卸或零装整卸的情况,港口装卸包括码头前沿的装船,也包括后方的支持性装卸,有的港口装卸还采用小船在码头与大船之间"过驳"的办法,因而其装卸的流程较为复杂,往往经过几次的装卸及搬运作业才能最后实现船与陆地之间货物过渡的目的。仓库装卸配合出库、入库、维护保养等活动进行,并且以堆垛、上架、取货等操作为主。

2. 按运输设备分

可分为汽车装卸、货车装卸、船装卸、飞机装卸等。汽车装卸一般一次装卸批量不大,由于汽车的灵活性,可以少进行或根本减去搬运活动,而直接、单纯利用装卸作业达到车与物流设施之间货物过渡的目的。

3. 按商品形态分

（1）单个物品装卸。即以箱、袋等为包装形态的商品装卸或者是长、大、笨、重商品的装卸。

（2）集装商品装卸。即为了装卸托盘、集装箱等集装商品而使用的设备名或冠以集合包装等名称的装卸。

（3）散装商品装卸。即对块状、粒状、粉末状或液体等物品直接向运输设备、商品装运设备或储存设备的装取与出入库的装卸。

4. 按照装卸机械分

可分为传送带装卸、吊车装卸、叉车装卸、各种装载机装卸等。以此可分成吊车的"吊上吊下"方式,使用叉车的"叉上叉下"方式,使用半挂车或叉车的"滚上滚下"方式,"移上移下"方式及散装方式等。

(1) 吊上吊下方式。采用各种起重机械从货物上部起吊,依靠起吊装置的垂直移动实现装卸,并在吊车运行的范围内或回转的范围内实现搬运或依靠搬运车辆实现小搬运。由于吊起及放下属于垂直运动,这种装卸方式属垂直装卸。

(2) 叉上叉下方式。采用叉车从货物底部托起货物,并依靠叉车的运动进行货物位移,搬运完全靠叉车本身,货物可不经中途落地直接放置到目的处。这种方式垂直运动不大而主要是水平运动,属水平装卸方式。

(3) 滚上滚下方式。主要指港口装卸的一种水平装卸方式。利用叉车或半挂车、汽车承载货物,连同车辆一起开上船,到达目的地后再从船上开下,称为滚上滚下方式。利用叉车的滚上滚下方式,在船上卸货后,叉车必须离船,利用半挂车、平车或汽车,则托车将半挂车、平车拖拉至船上后,托车开下离船而载货车辆连同货物一起运到目的地,再原车开下或拖车上船拖拉半挂车、平车开下。

滚上滚下方式需要有专门的船舶,对码头也有不同要求,这种专门的船舶称"滚装船"。

(4) 移上移下方式。即在两车之间(如火车及汽车)进行靠接,然后利用各种方式,不使货物垂直运动,而靠水平移动从一个车辆上推移到另一车辆上,称移上移下方式。移上移下方式需要使两种车辆水平靠接,因此,对站台或车辆货台需进行改变,并配合移动工具实现这种装卸。

(5) 散装散卸方式。即对散装物进行装卸。一般从装点直到卸点,中间不再落地,这是集装卸与搬运于一体的装卸方式。

(二) 按装卸作业的种类分

装卸可分为与运输设备对应的"装进、卸下装卸"和与储存保管设施对应的"入库、出库装卸"两大类。而这两类装卸分别伴随商品的"堆垛、拆垛"、"分拣、配货"、"搬送、移送"三类基本的装卸作业,这些作业由于动作和装卸机械的不同,随之出现了不同的作业方法。

1. 堆垛作业

即把商品从预先放置的场所移动到卡车之类的商品运输设备或仓库之类固定的设备的指定位置,再按要求的位置和形态放置商品的作业。

2. 拆垛作业

即堆垛作业的逆向作业。

3. 分拣作业

即在堆垛、拆垛作业的前后或在配送作业之前发生的作业,把商品按品种、出入先后、货流分类(分拣分类),再分别放到规定位置的作业。

4. 配货作业

即向卡车等运输设备装货作业前和从仓库等保管设施出库装卸前发生的作业,是把商品从所定的位置,按品种、下一步作业种类、发货对象分类(配货分类)所进行的拆垛、堆放作业。这一作业又分成把分拣作业拣出的商品按规定分类集中起来的作业和以一定批量移动到一端的分拣场所,分别送到指定位置的作业两类。

5. 搬送作业

即为了进行上述各项作业而发生的、以这些作业为主要目的的移动作业。搬送作业包括水平、垂直以及几种组合的搬送。

6. 移送作业

即用传送带对商品进行运送的作业。

三、装卸作业特点

1. 作业对象复杂。在物流过程中的商品品种繁多,其形态、形状、体积、重量、性质、包装等各不相同,而且车辆的类型、托运方式也各不相同。因此,在选用装卸设备、作业方式时都必须适应商品品种多变的特点。

2. 作业不均衡。商品运输的到发时间不定、批量大小不等,而且各运输仓储部门收发商品的时间经常变化,因而造成装卸作业在时间上不连续,在作业量上表现为时忙时闲。因此,必须加强货运、中转、储存、装卸之间的协调配合,提高装卸机械的使用效率。

3. 作业地点分散。在物流过程中,各车站、码头,各物流中心、仓库等都可能发生装卸作业,这给装卸机械化带来一定困难。因此,合理组织物流,尽量使装卸机械集中化,才能充分利用装卸机械。

4. 作业时间要求。为了使物流顺利进行,各环节的装卸作业必须在规定的时间内完成。

5. 作业活动的衔接性。在任何其他物流活动互相过渡时,都是以装卸搬运来衔接的,因而,装卸搬运往往成为整个物流的"瓶颈",是物流的各功能之间能否形成有机联系和紧密衔接的关键,而这又是一个系统的关键。建立一个有效的物流系统,关键看这一衔接是否有效。比较先进的系统物流方式——联合运输方式,就是为着力解决这种衔接而实现的。

四、装卸搬运在物流中的地位和作用

（一）装卸搬运在物流中的地位

装卸搬运作为物流系统的构成要素之一,是为运输和保管的需要而进行的作业,但是,相对于运输产生的场所效用和保管产生的时间效用来说,装卸搬运活动本身并不产生价值。

然而,从生产到消费的流通过程中,装卸搬运是必不可少的作业,装卸搬运的好坏对物流成本的影响很大,装卸搬运作业与物品被破坏、污损造成的损失密切相关,且对货物的包装费用也有一定的影响。

（二）装卸搬运在物流中的作用

1. 主要影响企业的物流效率,是决定物流技术经济效果的重要环节。它是伴随运输和储存而附带产生的物流工作环节,物流部门应选择适当的方式,合理配置和使用装卸设备,采取相关措施尽量减少这一工作环节中发生的货物损失。

2. 装卸搬运是连接其他物流主要环节的桥梁。物流活动的主要环节,例如运输、保管、包装、流通加工等,是靠搬运装卸活动联结起来的,以及在保管等活动中为进行检验、维护、保养所进行的装卸活动,例如货物的装上卸下、移送、拣选、分类等也要通过搬运和装卸来完成。

第二节 装卸搬运的原则和方法

一、装卸搬运基本的原则

装卸搬运的基本原则是指装卸搬运活动应当遵循的原则或要求达到的目标。根据装卸搬运活动的特征和作用,为了提高装卸搬运作业的效率和经济效益,在长期实践中总结出装卸搬

运的基本原则，可以归纳为以下几个方面。

(一) 减少环节，简化流程

是指根据物流规律，设法取消、合并装卸搬运环节和次数，杜绝重复性、不必要作业；对于必须进行的作业，尽可能流水作业。装卸作业本身并不产生价值，但是，如果进行了不适当的装卸作业，就可能造成商品的破损，或使商品受到污染。因此，尽力排除无意义的作业，是理所当然的。尽量减少装卸次数，以及尽可能地缩短搬运距离等，所起的作用也是很大的。因为装卸作业不仅要花费人力和物力，增加费用，还会使流通速度放慢。如果多增加一次装卸，费用也就相应地增加一次，同时还增加了商品污损、破坏、丢失、消耗的机会。因此，装卸作业的经济原则就是"不进行装卸"。应当考虑如何才能减少装卸次数、缩短移动商品的距离等问题。

同样，进行装卸作业时，为了不使连续的各种作业中途停顿，两处以上的装卸作业要配合好且能协调地进行，整合其作业流程是很必要的。因此，进行"流程分析"，对商品的流动进行分析，使经常相关的作业配合在一起，也是很必要的。例如，把商品装到汽车或铁路货车上，或把商品送往仓库进行保管时，应当考虑合理取卸或出库的方便。某一次的装卸作业，某一个装卸动作，有必要考虑下一步的装卸而有计划地进行。要使一系列的装卸作业顺利地进行，作业动作的顺序、作业动作的组合或装卸机械的选择及运用也是很重要的。

(二) 文明装卸，科学运营

是指杜绝"野蛮装卸"，保证货物、装卸设施、设备安全；针对不同的装卸作业，科学组织管理。

(三) 集中作业，集散分工

集中作业主要是指装载点和卸载点要尽量集中，同一类货物尽量集中在一起。把商品汇集成一定单位数量，然后再进行装卸，既可避免损坏、消耗、丢失，又容易查点数量，而且最大的优点在于使装卸、搬运的单位加大，使机械装卸成为可能，以及增强装卸搬运的灵活性等。这种方式是把商品装在托盘、集装箱和搬运器具中原封不动地装卸搬运，进行输送、保管。

集散分工是指成件货物集装化作业和粉粒状袋装货物散装化作业，要作为装卸搬运作业的两个发展方向。

(四) 协调兼顾，标准通用

是指装卸搬运与其他物流环节之间、装卸搬运各工序和工步之间，要相互协调，实行通用标准化管理。

(五) 减轻人力装卸

是指把人的体力劳动改为机械化劳动。在不得已非得依靠人力不可的情况下，尽可能不要让搬运距离太远。关于"减轻人力装卸"问题，主要是在减轻体力劳动、缩短劳动时间、防止成本上升、劳动安全卫生等方面推进省力化、自动化。

(六) 巧装满载，牢固稳定

是指充分利用运输工具的装载利用率；货物装上车船或在货场、仓库堆码要稳固，减少货损。

上述原则都是一些基本性要求，但落实起来涉及面广、难度很大，也不是装卸搬运行业自身所能解决的。应当从物流系统的整体上统筹规划、合理安排，各个环节要紧密配合，这样才有助于落实这些原则。

二、装卸搬运作业合理化的原则

(一) 提高机械化水平的原则

初期阶段，搬运机械大多在以下情况使用：超重物品；搬运量大、耗费人力多、人力难以操作时;粉体或液体的物料搬运;速度太快或距离太长,人力不能胜任时;装卸作业高度相差太大,人力无法操作时。

对于劳动强度大、工作条件差、搬运、装卸频繁、动作重复的环节,应尽可能采用有效的机械化作业方式。例如,采用自动化立体仓库可以将人力作业降低到最低程度,而使机械化、自动化水平得到很大提高。

今后的发展方向是,即使在人可以操作的场合,为了提高生产率、安全性、服务性和作业的适应性等,也应将人力操作转由机械来实现,而人可以在更高级的工作中发挥作用。

（二）减少无效作业的原则

当按一定的操作过程完成货物的装卸搬运时,要完成许多作业。作业即产生费用,因此,应避免无效作业,可采取多种措施,例如,减少作业数、使搬运距离尽可能缩短等。要提高搬运纯度,只搬运必要的物资,例如,有些物资要去除杂质之后再搬运比较合理;避免过度包装,减少无效负荷;提高装载效率,充分发挥搬运机器的能力和装载空间;中空的物件可以填装其他小物品再进行搬运;减少倒搬次数,因为作业次数增多不仅浪费了人力、物力,还增加物品损坏的可能性。

（三）提高装卸活性

货物的存放状态对装卸搬运作用的方便（或难易）程度,称为货物的"活性",也称装卸活性。活性可用"活性指数"进行定量的衡量。例如,工厂的物料处于散放状态的活性指数为0,集装、支垫、装载和在传送设备上移动的物料,其活性指数分别为1,2,3,4。在货场装卸搬运过程中,下一步工序比上一步的活性指数高,因而下一步比上一步工序更便于作业时,称为"活化"。装卸搬运的工序、工步设计使货物的活性指数逐步提高,则称"步步活化"。通过合理设计工序、工步,以做到步步活化作业的同时,还要采取相应措施和方法尽量节省劳力,降低能耗。这些方法和措施的实例有:作业场地要尽量硬化;运动服务尽量光洁精确;在满足作业要求的前提下,货物净重与其单元毛重之比尽量接近于1;能进行水平装卸、滚动装卸的,尽量采用水平装卸和滚动装卸。

移动货物时的机动性大小反映出物流的合理化程度。物品放置时要有利于下次搬运,例如,装于容器内并垫放的物品较散放于地面的物品易于搬运。在装上时要考虑便于卸下,在入库时要考虑便于出库,还要创造易于搬运的环境和使用易于搬运的包装。

（四）利用重力和减少附加重量的原则

在货物搬运、装卸和堆存时,应尽可能利用货物的自重,以节省能量和投资。例如,利用地形差进行装货,采用重力式货架堆货等。

在保证货物搬运、装卸和堆存安全的前提下,应尽可能减少附加工属具的自重和货物的包装物重量。

表 5—2　　　　　　　　　　　不同货物支撑状况的比较

货物的支撑状况	示意图	机动指数	货物移动的机动性
直接置地		0	移动时需逐个用人力搬到运输工具中

续表

货物的支撑状况	示意图	机动指数	货物移动的机动性
置于容器		1	可用人工一次搬运,一般不便于机械使用
置于托盘		2	可以方便地使用机械搬运
置于车内		3	不需要借助其他机械便可搬动
置于传送带		4	货物已处于移动状态

（五）保持物流的均衡顺畅

物品的处理量波动大时会使搬运作业变得困难,但搬运作业受运输等其他环节的制约,其节奏不能完全自主决定,必须综合各方面因素妥善安排,使物流量尽量均衡,避免忙闲不均的现象。

（六）集装单元化原则

将零散放置的物体归整为统一格式的集装单元称为集装单元化。为了提高搬运、装卸和堆存效率,提高机械化、自动化程度和管理水平,应根据设备能力,尽可能扩大货物的物流单元,如采用托盘、货箱等。这对搬运作业的改善是至关重要的原则,可以达到以下目的:由于搬运单位变大,可以发挥机械的效能,提高作业效率,搬运方便,灵活性好；负载的大小均匀,有利于实行作业标准化；在作业过程中避免物品损伤；对保护被搬运的物品有利。目前发展较快的集装箱单元就是一种标准化的大单元装载货物的容器。

（七）各环节均衡、协调的原则

装卸搬运作业是各作业线环节的有机组成,只有各环节相互协调,才能使整条作业线产生预期的效果。应使装卸搬运各环节的生产率协调一致,能力相互适应,因为个别薄弱环节的生产能力决定了整个装卸搬运作业的综合能力,因此,要针对薄弱环节,采取措施,提高能力,使装卸搬运系统的综合效率最高。

（八）系统效率最大化原则

在货物的流通过程中,应力求改善包装、装卸、运输、保管等各物流要素的效率,由于各物流要素间存在着效益背反的关系,如果分别进行,则物流系统总体效率不一定能够提高,因此,要从物流全局的观点来研究问题。

（九）从物流整体的角度去考虑

在整个物流过程中,要从运输、储存、保管、包装与装卸的关系来考虑。装卸要适合运输、储存保管的规模,即装卸要起着支持并提高运输、储存保管能力和效率的作用,而不是起阻碍的作用。对于商品的包装来说也是一样的,过去是以装卸为前提进行的包装,要运进许多不必要的包装材料,现在采用集合包装,不仅可以减少包装材料,同时也省去了许多工作。

三、决定装卸搬运方法的条件

（一）外部条件

1. 商品：每一装卸对象的商品包装形状、装卸单位的重量、装卸单位的尺寸。
2. 装卸作业种类：堆装、拆装、分拣、配货、搬送、移送。
3. 数量：每一作业种类的数量、每单位时间的数量、每批的数量。
4. 装运设备：装运设备构造、装运能力、装运设备尺寸。
5. 运输保管设施：设施配置、设施规模、设施尺寸。

（二）内部条件

1. 商品状态：指装卸作业前后包装形态、放置方法等商品状态的变化。
2. 作业动作：包括作业动作的种类、单位动作的组合及其变化（指一系列装卸作业，可以分解成一个单位的装卸动作）。
3. 装卸机械：包括机械动作的种类、机种、能力、尺寸、使用条件、配套机具、机械的组合等。
4. 工作：包括人员、时间、负荷、密度、技能等。

四、装卸搬运作业的基本方法

装卸搬运的基本方法，可以分别从作业对象、作业手段、装卸设备作业管理、作业方式的角度进行划分。

（一）按作业对象（货物形态）分

1. 单件作业法。即单件逐件货物作业。
2. 集装作业法。指将货物集零为整（集装化）后再行装卸搬运的方法。这种方法又可按集装化方式不同，分为集装箱作业法、托盘作业法、货捆作业法、滑板作业法、挂车作业法（驮背式运输）。
3. 散装作业法。是指对诸如煤炭、矿石、建材等大宗货物通常采用的散装散卸方法，以及近来随着粮食、食糖、水泥、化肥、化工原料等的作业量增大，为提高装卸效率、降低成本而趋向采用散装散卸的方法。散装散卸方法主要分为：重力法（利用货物的位能完成装卸）；倾翻法（利用运输工具的载货部分倾翻完成卸货）；机械法（利用各种抓、铲、舀等机器完成装卸）；气力输送法（利用风机在管道内形成气流，依靠气体的动能或压差输送货物）。

（二）按作业手段及组织水平分

可分为人工作业法、机械化作业法、综合机构化作业法。

（三）按装卸设备作业原理分

可分为间歇式作业法（例如，包装货件、笨重货物等的装卸搬运是断续、间歇、重复、循环进行的）和连续性作业法。连续装卸主要是同种大批量散装或小件杂货通过连续输送机械，连续不断地进行作业，中间无停顿，货间无间隔。在装卸量较大、装卸对象固定、货物对象不易形成大包装的情况下适于采取这一方式。

间歇装卸有较强的机动性，装卸地点可在较大范围内变动，主要适用于货流不固定的各种货物，尤其适于包装货物、大件货物，散粒货物也可采取此种方式。

（四）按作业方式分

可分为吊装吊卸法（也称垂直装卸法）和滚装滚卸法（也称水平装卸法）。

五、装卸搬运的新发展

(一)装卸搬运的机械化

实现装卸作业的机械化,是装卸作业的重要途径。过去的装卸作业主要是依靠人力手搬肩扛,劳动效率低,劳动强度大,从而严重地影响了装卸效率和装卸能力的提高,随着我国国民经济的迅速发展,商品流通量扩大,单纯依靠人工装卸已无法满足客观形势发展的需要。

1. 装卸机械化的作用

(1)实现装卸机械化可以大大节省劳动力和减轻装卸工人的劳动强度。例如,装卸自行车时,每箱重180千克左右,使用人工搬运比较费力,而使用铲车作业则轻而易举,充分显示了机械化的好处。

(2)装卸机械化可以缩短装卸作业时间,加快车船周转。各种运输工具在完成运输任务的过程中,有相当一段时间是属于等待装卸的。如能缩短装卸时间,就能用现有的运输工具完成更多的运输任务,这样不仅提高了物流的经济效益,也有利于社会经济效益的提高。

(3)有利于商品的完整和作业安全。商品的种类、形状极其复杂,但都可以根据商品的不同特性来选择或设计不同的机型和属具,以保证商品的完整。如果人工把超过自身重量二三倍的木箱从3米高处拿下而又不使商品受损,是难以做到的。

(4)有效地利用仓库库容,加速货位周转。随着生产的发展、流通速度的加快,仓储的任务不断增加,无论是库房还是货场都要充分利用空间,提高库容利用率。因此,必须增加堆垛和货架的高度。但人工作业使堆码高度受到限制,若采用机械化作业,就可提高仓库的空间利用率,同时由于机械作业速度快,可及时腾空货位。

(5)装卸机械化可大大降低装卸作业成本,从而有利于物流成本的降低。由于装卸效率的提高,作业量大大增加,摊到每一吨商品的装卸费用相应地减少,因此降低了装卸成本。

2. 装卸机械化的原则

(1)符合装卸商品种类及特性的要求。不同种类商品的物理、化学性质及其外部形状是不一样的,因此,在选择装卸机械时必须符合商品的品种及其特性要求,以保证作业的安全和商品的完好。

(2)适应运量的需要。运量的大小直接决定了装卸的规模和装卸设备的配备、机械种类以及装卸机械化水平。因此,在确定机械化方案前,必须了解商品的运量情况。对于运量大的,应配备生产率较高的大型机械;而对于运量不大的,宜采用生产率较低的中小型机械;对于无电源的场所,则宜采用一些无动力的简单装卸机械。这样,既能发挥机械的效率,又使方案经济合理。

(3)适合运输车辆类型和运输组织工作特点。装卸作业与运输是密切相关的,因此,在考虑装卸机械时,必须考虑装载商品所用的运输工具的特性,包括车船种类、载重量、容积、外形尺寸等,同时要了解运输组织的情况,譬如运输取送车(船)次数、运行图、对装卸时间的要求、货运组织要求、短途运输情况等。例如,在港口码头装卸商品和在车站装卸商品,所需要的装卸机械是不同的。即使是同一运输工具,即使构造相同,也要采取不同的装卸机械。例如,用于铁路敞车作业和用于铁路棚车作业的装卸机械是不一样的。

(4)经济合理,适合当地的自然、经济条件。在确定选择机械化方案时,要作技术分析,尽量达到经济合理的要求。对现有的设施、仓库和道路要加以充分利用,同时要充分考虑到装卸场所的材料供应情况、动力资源以及电力和燃料等因素。要充分利用当地的地形、地理条件,应当贯彻因地制宜、就地取材的原则。

3. 装卸机械类型的选择

(1)叉车主要用于堆放、卸货作业和搬送、移送作业,是应用最广泛的装卸机械。叉车的种类,按构造形式可分为平衡重量式叉车、前移式叉车和侧面叉式叉车。平衡重量式叉车在场所、作业方面有通用性的特长;前移式叉车有在室内使用的特长;侧面叉式叉车,有叉运长尺寸商品的特长。

(2)输送机。输送机适于在搬运距离较长的场所使用,但在作业的机动性和灵活性方面都不如叉车,输送机本身不能解决商品的装卸问题,它必须与其他机械(如装车机、卸车机等)配合使用,才能提高其机械化作业水平。用于日用商品搬运作业的输送机主要有滚柱式输送机、链板输送机和平型胶带输送机。输送机的结构型式取决于商品的形状、重量及工作路线。对于箱装、袋装或无包装商品,可采用滚柱式输送机。链板输送机比较坚固,能承受冲击载荷,输送机可以有较大的倾斜角度。但与功率相同的胶带输送机相比,其自重量大且工作速度低。根据货运量的大小及具体条件的不同,输送机可单个使用,也可由几种不同型式的输送机组合使用。

(3)巷道式或桥式堆垛起重机主要用于货架—托盘系统储存单元化商品的仓库中商品的存取。与滚柱式输送机相衔接,可构成一个完整的商品出入库运输系统。

(二)装卸的集装化集装

就是把许多需要运输的商品集中成一个单元,进行一系列的运输、储存和装卸作业,从而可以取得多方面的效果。集装化主要采取以下几种形式:

1. 集装箱化

除了符合国际和国内标准的通用集装箱外,还有多种多样的、根据不同特殊要求专门设计的专用集装箱,以及集装袋、集装网、集装盘等,主要有以下几种。

(1)专用集装箱

例如,通风式集装箱适用于不怕风吹雨淋的商品和怕闷热的农副土特产品,譬如日用陶瓷、水果等。折叠式通风集装箱适用于装运瓜果、蔬菜、陶瓷等商品。多层合成集装箱主要用于装运鲜蛋,既通风又固定,每一层都有固定的格子,鲜蛋装满后,将每一层用固定装置组成集装箱。

(2)集装袋

集装袋是一个大型口袋,上下都能开口,装货时用绳结系住从上口装,卸货时将下口的绳结拉开,商品可自动出来。主要用于装运化肥、碱粉等袋装商品。

(3)集装网

指用麻绳或钢丝绳制成的网络,麻绳网主要用于装运水泥等商品,钢丝绳网主要用于装运生铁。

(4)集装盘

将许多件商品放在一个类似托盘的木盘上,然后用塑料带或铁皮把商品捆扎在木盘上。它与托盘的不同之处在于木盘随货而去,不能回收。

2. 托盘化

托盘有木材制成的,也有钢材、塑料等材料制成的。托盘除了起搬运工具的作用外,主要起集合商品的作用。实行托盘化有许多优点,主要是它适合机械装卸,可以提高装卸效率;可以有效地保护商品,减少破损;可以节省物流费用,还可以推动包装的标准化。多年来,我国商业物流部门在使用托盘方面积累了不少经验,不少物流企业的仓库、专用线都已使用托盘作业。

（三）装卸的散装化

即对大宗商品(如煤炭、矿石、建材、水泥、原盐、粮食等)的运输采用散装的方法。装卸的散装化作业与成件商品的集装化作业已成为装卸现代化的两大发展方向。装卸的散装化,具有节省包装用具、节省劳动力、减轻劳动强度、减少损耗、减少污染、缩短流通时间等优点。对提高装卸效率、加速车船周转、提高经济效益,具有重要意义。开展装卸的散装化必须具备一定的条件和物质基础。散装化有连续性的特点,必须配备专用的设备,包括专用散装运输工具及设施、仓库、港口、车站的装卸设备,做到装、卸、运、储各个环节的工具设备成龙配套。发、转、收各部门之间要加强横向联系形成综合能力,如果有一个环节在设备的衔接上或工作的配合上脱节,就将影响散装化的开展。

六、搬运的改善

（一）考虑搬运成本的基本原则

考虑货品搬运成本时,有两个很重要的基本原则:

1. 距离的原则。距离越短,移动越经济。
2. 数量的原则。移动的数量越多,每单位移动成本越低。

（二）搬运工作的改善

1. 搬运的对象。搬运的对象是指搬运物的数量、重量、形态,就是要保证在整个作业过程中各点都要能不断收到正确且适量、完好的货品,同时要使搬运设备能对应好搬运的货品量,以免徒增设备产能耗费。

2. 搬运的距离。此距离指搬运的位移及长度,搬运的位移包括水平、垂直、倾斜方向的移动,而长度则指位移的大小。因而良好搬运即是要设法运用最低成本、最有效方法来克服搬运位移、长度,以尽快将所运物件运送到指定的场所。

3. 搬运的空间。物料、搬运设备皆有其所占空间,所以在系统规划时必须预留足够适当的搬运空间,才能达到搬运目的。然而,空间的需求受搬运系统的效率影响很大(一个无效率的搬运系统为防拥塞,其所需空间必大),因而搬运要有效,才能使厂房空间更加充分利用。

4. 搬运的时间。时间的意义包括两种:搬运过程所发生的总耗费时间及完成任务的预期时间。要使这两项时间控制在规划之内,就必须配合适当的机器工具及运作方式,才能使物件在恰好的时间到达准确的地点,以避免"过快"(会影响后续作业效率)或"来不及"(往往增加仓储成本)的情形发生。

5. 搬运的手段。针对搬运的对象,要使搬运达到有效的移动,利用有效的空间,掌握有效的时间,都必须要采用适当的搬运手段。而对于手段的运用,应遵循经济、效率两大原则,并在其中谋求平衡点,才能满足对内、对外的要求。

（三）改善搬运的原则

改善搬运的原则见表 5—3。

表 5—3　　　　　　　　　　　改善搬运的原则

因素	目标	想法	改善原则	改善方法
搬运对象	减少总重量、总体积	减少重量、体积	尽量废除搬运	调整厂房布置
			减少搬运量	合并相关作业
搬运距离	减少搬运总距离	减少回程	废除搬运	调整厂房布置
			顺道行走	
		回程顺载	掌握各点相关性	调整单位相关性布置
		缩短距离	直线化、平面化	调整厂房布置
		减少搬运次数	单元化	栈板、货柜化
			大量化	利用大型搬运机
				利用中间转运站
搬运空间	降低搬运使用空间	减少搬运	充分利用三度空间	调整厂房布置
		缩减移动空间	降低设备回转空间	选用合适、不占空间、不需太多辅助设施的设备
			协调错开搬运时机	时程规划安排
搬运时间	缩短搬运总时间	缩短搬运时间	高速化	利用高速设备
			争取时效	搬运均匀化
		减少搬运次数	增加搬运量	利用大型搬运机
	掌握搬运时间	估计预期时间	时程化	时程规划控制
搬运手段	利用经济效率的手段	增加搬运量	机械化	利用大型搬运机
				并用机器设备
			高速化	利用高速设备
			连续化	利用输送带等连续设备
		采用有效管理方式	争取时效	搬运均匀化
				循环、往复搬运
		减少劳力	利用重力	使用斜槽、滚轮输送带等重力设备

(四)其他改善装卸作业的方法

1. 在汽车运输方面,采用集装箱专用挂车和底盘车。当集装箱由集装箱装卸桥从船舱吊起后,直接卸在专用挂车上,汽车就可以直接装走;又如散装粮食专用车在装卸时,采取汽车的载荷部位自动倾翻的办法,不用装卸即可完成卸货任务。

2. 在船舶运输方面,采用滚装船的办法。滚装船,是在海上航行的专门用于装运汽车和集装箱的专用船。它是从火车、汽车渡轮的基础上发展而来的一种新型运输船舶。在船尾有一类似登陆艇的巨大跳板和两根收放跳板的起重柱。世界上第一艘滚装船是美国于1958年建成并投入使用的。近年来,世界各国相继建设了一定数量的滚装船,成为远洋船队中一支现代化的新生力量。我国实现滚装化也已有多年,在运载汽车作业上,效果十分显著。例如,上海江南造船厂建造的24 000吨级滚装船,可载4 000辆汽车或350个集装箱。在装卸时,集装箱挂车用牵引车拉进拉出船舱;汽车则可直接开进开出。这种船的装卸速度比一般集装箱船快30%,装卸费用比集装箱低2/3左右;也无需在港口安装大型超重装卸设备。在船舶运输方面,国外又开始使用载驳船。载驳船,又称子母船,是将已载货的驳船装在母船上,从事远洋运输的新船型。当到达目的港后,卸下的驳船再顶入或拖入内河,同时母船又装载等候的满载驳船返航。

本章小结

物流活动的主要环节,譬如运输、保管、包装、流通加工等物流活动,是靠搬运装卸活动联结起来的,以及在保管等活动中为进行检验、维护、保养所进行的装卸活动,譬如货物的装上卸下、移送、拣选、分类等,也要通过搬运和装卸来完成。因此,搬运装卸机械成为高效率作业的重要环节。物流系统中,搬运装卸不仅频繁而且作业内容复杂,因此,搬运技术和相应的设备也呈现出多样化。

物流领域(如铁路运输)常将装卸搬运这一整体活动称为"货物装卸";在生产领域中常将这一整体活动称为"物料搬运"。商品的装卸贯穿于商品实体运动的全过程。无论是商品的运输、储存、保管,还是商品的配送、包装和流通加工都伴随着装卸作业。

思考与练习

一、名词解释

装卸搬运　　物料搬运系统

二、简答题

1. 装卸搬运的概念是什么?具体由哪些方面组成?
2. 装卸搬运的目的是什么?
3. 改善装卸作业的途径有哪些?
4. 装卸搬运有哪些新发展?

三、案例与分析

沃尔玛配送中心

1. 沃尔玛配送中心概况

美国沃尔玛公司的配送中心是典型的零售型配送中心。该配送中心是沃尔玛公司独资建立的,专为本公司的连锁店按时提供商品,确保各店稳定经营。该中心的建筑面积为12万平方米,总投资7 000万美元,有职工1 200多人;配送设备包括200辆车头、400节车厢、13条配送传送带,配送场内设有170个接货口。中心24小时运转,每天为分布在纽约州、宾夕法尼亚州等6个州的沃尔玛公司的100家连锁店配送商品。完全实现了装卸搬运机械化。配送中心全面采用叉车、托盘作业系统,配以蓄电池拣选搬运车等,以实现装卸搬运的机械化作业。

该中心设在100家连锁店的中央位置,商圈为320公里,服务对象店的平均规模为1.2万平方米。中心经营商品达4万种,主要是食品和日用品,通常库存为4 000万美元,旺季为7 000万美元,年周转库存24次。在库存商品中,畅销商品和滞销商品各占50%,库存商品期限超过180天为滞销商品,各连锁店的库存量为销售量的10%左右。1995年,该中心的销售额为20亿美元。

2. 沃尔玛配送中心采用的作业方式

配送中心就是一个大型的仓库,但在概念上与仓库有所区别。配送中心的一端是装货的月台,另外一端是卸货的月台,两项作业分开。看似与装卸在一起的方式没有什么区别,但是运作效率由此提高很多。

交叉配送(Cross Docking, CD)。交叉配送的作业方式非常独特,而且效率极高,进货时直接装车出货,没有入库储存与分拣作业,降低了成本,加速了流通。

800名员工24小时倒班装卸搬运配送。沃尔玛工人的工资并不高,因为这些工人基本上是初中生和高中生,只是经过了沃尔玛的特别培训。

商品在配送中心停留不超过48小时。沃尔玛要卖的产品有几万个品种,吃、穿、住、用、行各方面都有。尤其像食品、快速消费品这些商品的停留时间将会直接影响到使用。

不只是沃尔玛,由于高科技的发展,国外配送中心均普遍采用了机械化和自动化作业,装卸搬运由吊车、电动叉车和传送带完成。设有高层货架的立体仓库,使储存向空间延伸。美国的立体仓库大部分都建有专业通信网,货物的存取搬运都利用托盘、货架铲车和吊车;日本已呈现出采用尖端物流技术的趋势,例如,电脑控制的机器人和搬运特殊物品的机械手,高速分拣装置和特殊运货车辆等,而我国的大部分连锁商业目前尚处于较为落后的状态,运输、通信等手段都很落后,技术和设备都比较缺乏。无法完成配送功能,效率较低,效益较差。

思考题:
机械和自动化装卸搬运作业能够为企业带来什么?

第六章

运输管理

学习目标与要求

1. 掌握有关运输的概念、各种运输方式的分类和作用；
2. 熟悉各种运输方式的运输设施与设备；
3. 理解运输的相关优化技术；
4. 了解货物运输合同的性质。

第一节 运输的基础知识

一、运输在国民经济中的地位和作用

运输是指人和物借助运输工具实现在空间上的移动或位移。

（一）运输的作用

1. 运输是社会物质生产的必要条件之一

运输是国民经济的基础和先行条件。马克思将运输称为"第四个物质生产部门"，即将运输看成是生产过程的继续，这个继续虽然以生产过程为前提，但如果没有这个继续，生产过程将不能最终完成。虽然"运输"的这种生产活动与一般生产活动不同，它并不创造新的物质产品，不增加社会产品数量，不赋予产品以新的使用价值，而只是变动其所在的空间位置，但这一变动却使生产能够继续下去，使社会再生产不断推进。因此，我们将其看成是一种物质生产部门。

2. 运输可以创造"场所效用"

场所效用的含义是：同种"物"由于空间场所不同，其使用价值的实现程度不同，其效益的实现也不同。由于改变场所而最大限度地发挥其使用价值，最大限度地提高了产出投入比，就称为"场所效用"。通过运输，将"物"运到场所效用最高的地方，就能发挥"物"的最大潜力，实现资源的优化配置。从这个意义上讲，也相当于通过运输提高了"物"的使用价值。

3. 运输是"第三利润源泉"的主要源泉

这是因为：(1)运输是运动中的活动，它和静止的保管不同，要靠大量的动力消耗才能实现，而运输又承担着大跨度空间转移的任务，因此，活动的时间长、距离长、消耗大、消耗的绝对数量大，其节约的潜力也就大。(2)从运费来看，运费在全部物流费用中占最高的比例，若综合

分析计算社会物流费用,运输费在其中约占50%的比例,有些产品的运费甚至还高于产品的生产费用。因此,节约的潜力是很大的。(3)由于运输总里程大,运输总量巨大,通过运输合理化可大大缩短运输吨公里数,从而节约不少费用。

4. 运输是物流的主要功能要素之一

按物流的概念,物流是"物"的物理性运动,这种运动不但改变了"物"的时间状态,也改变了"物"的空间状态。而运输承担了改变空间状态的主要任务,运输是改变空间状态的主要手段,再配以搬运、配送等活动,就能圆满地完成改变空间状态的全部任务。

(二)运输业与国民经济

交通运输是人类社会生产、经济、生活中一个不可缺少的重要环节。随着社会的发展,人们对交通运输的需求迅速增长,从而形成了现代的交通运输业。现代交通运输业包括铁路、水运、公路、航空和管道五种基本的运输方式。交通运输业是国民经济中的一个重要的物质生产部门,是国民经济的动脉血管。运输就是人们或货物在空间随着时间的变化而有所移动。运输生产是生产过程在流通过程的继续,是社会再生产过程中的重要环节。

运输业是社会生产的必要条件,而且它不是消极地、静止地为社会生产服务的。运输网的展开,方便的运输条件,将有助于开发新的资源,发展落后地区的经济,扩大原料供应范围和产品销售市场,从而促进社会生产的发展,从这个意义上讲,交通运输业是国民经济基础设施和支柱产业,具有先行官的作用。

运输费用在生产费用中占很大的比重。在生产力布局时,如何考虑运输因素,最大限度地节省运输成本,不断降低运输费用,是节省社会生产费用、提高社会劳动生产率的重要因素。

运输业担负着社会产品和商品流通的任务。缩短流通时间,就可减少社会产品和商品在流通过程中的数量。缩短流通时间的重要手段就是发展运输业。我国目前国有工业企业流动资金周转时间较长,如果流动资金的周转时间缩短10%,就可以节省流动资金200多亿元,其中有着很大的潜力。因此,加快运输业的发展,建设一个发达的交通运输体系,不仅可以满足国民经济和人民生活对运输的需要,也将促进生产发展和缩短流通时间,加速资金周转,最终将促进社会劳动生产率的提高。

运输业在平时为经济建设服务,在战时为军事服务。在战争中,它是联系前方与后方、机动部队运输武器弹药和粮食等物质的保证。因此,交通运输业具有半军事性质,是国家战斗实力的组成部分。

总之,没有交通运输,就不能完成产品的生产过程和产品的最终消耗,再生产就无法周而复始地进行。运输业的发展影响着社会生产、流通、分配和消耗的多个环节,对人民生活、政治和国防建设都有重要作用。一个国家,如果没有高度发达的交通运输业,就不可能有经济的繁荣和国防的巩固。交通运输业的发达程度已经成为一个国家综合国力和经济发展水平的重要标志。

二、运输的分类

(一)按运输的范畴分类

1. 干线运输

这是利用公路、铁路的干线或大型船舶的固定航线进行的长距离、大数量的运输,是进行远距离空间位置转移的重要运输形式。干线运输的速度一般较同种工具的其他运输要快,成本也较低。干线运输是运输的主体。

2. 支线运输

这是与干线相接的分支线路上的运输。支线运输是干线运输与收、发货地点之间的补充性运输形式,路程较短,运输量相对较小,支线的建设水平往往低于干线,运输工具水平也往往低于干线,因而速度较慢。

3. 二次运输

这是一种补充性的运输形式,路程较短。干线、支线运输到站后,站与用户仓库或指定接货地点之间的运输,由于是单个单位的需要,所以运量也较小。

4. 厂内运输

在工业企业范围内,直接为生产过程服务的运输。一般在车间与车间之间、车间与仓库之间进行。小企业中以及大企业车间内部、仓库内部则不称"运输",而称"搬运"。

(二)按运输的作用分类

1. 集货运输

将分散的货物汇集集中的运输形式,一般是短距离、小批量的运输,货物集中后才能利用干线运输形式进行远距离及大批量运输,因此,集货运输是干线运输的一种补充形式。

2. 配送运输

将据点中已按用户要求配好的货分送各个用户的运输。一般是短距离、小批量的运输,从运输的角度讲是对干线运输的一种补充和完善。

(三)按运输的协作程度分类

1. 一般运输

一般运输是指孤立地采用不同运输工具或同类运输工具而没有形成有机协作关系的运输。

2. 联合运输

联合运输,简称联运,是使用同一运送凭证,由不同运输方式或不同运输企业来有机衔接货物,利用每种运输手段的优势以充分发挥不同运输工具效率的一种运输形式。采用联合运输,对用户来讲,可以简化托运手续、方便用户,同时可以加速运输速度,也有利于节省运费。

(四)按运输中途是否换装分类

1. 直达运输

在组织货物运输时,利用一种运输工具从起运站、港一直运送至到达站、港,中途不经过换装,中途不入库储存的运输形式。

直达运输的作用在于,避免中途换装所出现的运输速度减缓、货损增加、费用增加等一系列弊病,从而缩短运输时间、加快车船周转、降低运输费用。

2. 中转运输

在组织货物运输时,在货物运往目的地的过程中,在途中的车站、港口、仓库进行的转运换装,包括同种运输工具不同运输路线的转运换装以及不同运输工具之间的转运换装,称中转运输。

中转运输的优点在于:通过中转,往往可以将干线、支线运输有效地衔接,可以化整为零或集零为整,从而方便用户,提高运输效率;可以充分发挥不同运输工具在不同路段上的最优水平,从而节约费用或提高效益,也有助于加快运输速度。中转运输方式的缺点是在换装时会出现低速度、高货损,增加费用支出。

中转运输及直达运输的优劣不能笼统断言,两者在一定条件下各有自己的优势。因此,需要具体问题具体分析，并以总体效益为最终判断标准。

三、货物运输对象

货物运输对象就是货物运输部门承运的各种货物，例如，原料、材料、工农业产品、商品以及其他产品等，它们的形态和性质各不相同，对运输、装卸、保管也各有不同的要求。从货物运输的需要出发，可以从货物的形态、性质、重量、运量等几个不同角度进行简单的分类。

（一）从货物形态的角度分类

1. 包装货物

为了保证有些货物在装卸运输中的安全和便利，必须使用一些材料对它们进行适当的包装，这种货物就称为包装货物。按照货物包装的形式和材料，通常可分为以下几种：

(1) 箱装货物。可分为木箱、纸箱和金属箱几种。木箱适用于包装各类较重的货物，纸箱适用于包装较轻的货物，金属箱则常用于包装贵重的货物。

(2) 桶装货物。有金属桶、胶合板桶、纸板桶、塑料桶和木桶等，分别适用于包装块状或粉状固体、糊状固体、液体以及浸泡于液体中的固态货物，有严格的密封要求。

(3) 袋装货物。用多层牛皮纸、麻织料、布料、塑料、化纤织料和人造革等各种材料制成的包装袋，盛装粉状、结晶状和颗粒状的货物。

(4) 捆装货物。使用棉、麻、金属或塑料等织物包扎或捆扎的条状货物。

(5) 其他，譬如卷桶状、编筐状、坛罐状等多种形状的包装货物。

2. 裸装货物

不加包装而成件的货物称为裸装货物。常见的有各种钢材、生铁、有色金属以及车辆和一些设备等。有些裸装货物在运输过程中，需要采取防止水湿锈损的安全措施。

3. 散装货物

有些大批量的低价货物，不加任何包装，采取散装方式，以利于使用机械装卸作业进行大规模运输，把运费降到最低限度，这种货物称为散装货物。包括干质散装货物和液体散装货物，例如，煤炭、铁矿、磷酸盐、木材、粮谷、工业用盐、硫黄、化肥、石油等。

（二）从货物性质的角度分类

1. 普通货物

(1) 清洁货物。指清洁、干燥的货物，例如，茶叶、棉纺织品、粮食、陶瓷品、各种日用工业品等。

(2) 液体货物。指盛装于桶、瓶、坛内的流质或半流质的货物，例如，油类、酒类、药品、普通饮料等。

(3) 粗劣货物。指具有油污、水湿、扬尘和散发异味等特殊性质的货物，例如，包装外表有油腻的桶装油类、生皮、盐渍货物、水泥、烟叶、化肥、矿粉、颜料等。由于易造成其他货物污损，所以又称为污染性货物。

2. 特殊货物

(1) 危险货物。指具有易燃、易爆、毒害、腐蚀和放射性危害的货物。根据危险货物运输规则，又细分为若干大类与小类。

(2) 易腐、冷藏货物。指常温条件下易腐变质或指定以某种低温条件运输的货物，例如，菜、鱼类、肉类等。

(3) 贵重货物。指价格高昂的货物，例如，金、银、其他贵重金属、货币、高价商品、精密器械、名画、古玩等。

（4）活的动植物。指具有正常生命活动，在运输过程中需要特殊照顾的动植物。

（三）从货物重量的角度分类

按照货物的重量和体积比例的大小来划分，可分为重量货物和体积货物两种。根据国际上统一的划分标准，凡1吨重量的货物，体积小于40立方英尺或1立方米，这种货物就是重量货物；凡1吨重量的商品，体积大于40立方英尺或1立方米，这种商品就是体积货物，也称为轻泡货物。货物的这种划分对于安排货载、计算运费等具有十分重要的意义。

（四）从货运量大小的角度分类

1. 大宗货物

同批（票）货物的运量很大者，称为大宗货物。例如，化肥、粮谷、煤炭等。大宗货物约占世界海运总量的75%~80%。

2. 件杂货物

大宗货物之外的货物称为件杂货物。它具有一定的包装，可分件点数，约占世界海运总量的25%，但其货价要占到75%。

3. 长大笨重货物

在运输中，凡单件重量超过限定数量的货物称为重件货物或超重货物；凡单件某一尺寸超过限定数量的货物称为长大货物或超长货物；一般情况下，超长的货物往往又是超重的，超重的货物中也有一些是超长的。因此，这类货物统称为长大笨重货物。例如，石油钻台、火车头、钢轨等。货物的这种划分，对于货物的装载和计费，具有十分重要的意义。

四、运输的基本原理

运输管理和营运的两条基本原理分别是规模经济和距离经济。规模经济的特点是随装运规模的增长，每单位重量的运输成本下降。例如，整车装运（也即利用整个车辆的能力进行装运）的每磅成本低于零担装运（也即利用部分车辆能力进行装运）。运输规模经济之所以存在，是因为与转移一票货物有关的固定费用可以按整票货物的重量分摊。因此，一票货物越重，就越能"摊薄"成本，由此每单位重量的成本也就更低。与货物转移有关的固定费用中包括接收运输订单的行政管理费用，定位运输工具装卸的时间、开票以及设备费用等。这些费用之所以被认为是固定的，是因为它们不随装运的数量而变化。

距离经济的特点是指每单位距离的运输成本随距离的增加而减少。运输的距离经济也指递减原理，因为费率或费用随距离的增加而逐渐减少。距离经济的合理性类似于规模经济。尤其是，运输工具装卸所发生的相对固定的费用必须分摊每单位距离的变动费用。距离越长，固定费用分摊的公里数越多，从而导致每公里支付的总费用越低。

在评估各种运输战略方案或营运业务时，这些原理就是重点考虑因素。其目的是要使装运的规模和距离最大化，同时仍要满足顾客的服务期望。

运输活动也存在着规模经济和范围经济的现象，但由于运输业网络特性和运输产品本身及其计量方式的复杂性，使得对运输业规模经济与范围经济的把握变得十分困难。

与运输活动有关的规模经济可以划分成多种不同的类型：(1)运输网络幅员经济；(2)线路通过密度经济；(3)港站（或枢纽）处理能力经济；(4)车（船、机）队规模经济；(5)载运工具能力经济；(6)运输距离经济等。

运输业在很大程度上也是存在范围经济的，产生范围经济的一个主要原因是设施和设备的共同使用可更充分地发挥效率,从而降低运输成本。范围经济的存在使得运输业规模经济概念的把握更加困难。

$$运输业的网络经济＝规模经济＋范围经济＝运输密度经济＋幅员经济$$

运输业的网络经济(Economies of Network),是指运输网络由于其规模经济与范围经济的共同作用,运输总产出扩大引起平均运输成本不断下降的现象。由于运输业规模经济和范围经济的特殊性,其网络经济又进一步是通过它们的转型(即运输密度经济和幅员经济)而构成的。运输业的规模经济(Economies of Scale),是指随着网络上运输总产出的扩大,平均运输成本不断下降的现象。运输业的范围经济(Economies of Scope),是指与分别生产每一种运输产品相比较,共同生产多种运输产品的平均成本可以更低。运输密度经济(Economies of Traffic Density),是指当运输网络在幅员上保持不变(以线路长度及服务节点数等衡量)的条件下,运输产出扩大引起平均成本不断下降的现象。运输网络的幅员经济(Economies of Size),是指在网络上的运输密度保持不变的条件下,与运输网络幅员同比例扩大的运输总产出引起平均成本不断下降的现象。

五、运输组织

(一)运输行政管理组织

运输行政管理组织是从运输管理的宏观层面上讲的,一般指各级政府主管部门及授权机关,它是行使运输行政管理的主体。

(二)运输生产经营组织

运输生产经营组织是直接进行运输生产与经营活动的组织和机构,通常情况下,运输生产组织特指运输企业,包括铁路运输企业、公路运输企业、水路运输企业、航空运输企业、联运运输企业、运输服务企业等。

六、运输参与者

运输是物流活动,必须由物主和运输参与者共同参与才能进行。

1. 物主。即货物的所有者,包括托运人(或称委托人)和收货人。
2. 承运人。即运输活动的承担者。
3. 政府。政府总是期望有一种稳定而有效的运输环境,以使经济持续增长,因此,政府通常采用多种方式来干预和影响运输市场。
4. 货运代理人。货运代理人是根据用户的指示,并为用户的利益而揽取货物运输的人,其本人不是承运人。
5. 运输经纪人。运输经纪人是替托运人、收货人和承运人协调运输安排的中间商。协调的内容包括装运装载、费率谈判、结账和跟踪管理等。经纪人也称作业中间商。在一定程度上,运输经纪人和货运代理人的功能和作用是相同的。
6. 公众。作为直接参与者的公众关注运输的可得性、费用和效果,而没有直接参与的公众也关心环境和安全问题。随着公众环保意识的增强,消费者不仅要求最大限度地降低成本,而且密切关注与环境和安全标准有关的交易代价,因为这些都与消费者的切身利益相关。

七、运输成本

运输成本是承运人为完成特定货物位移而消耗的物化劳动和活劳动的总和,其货币表现就是各种费用的支出,包括车队、燃料、设备维护、劳动力、保险、装卸等所需费用。根据分析个体的不同,可以用多种不同的方法来考察运输的支出。运输成本可以按客户、生产线、渠道类型、运输商、方向(进货与发货)等分类。根据发运量、运输的重量、距离及出发地和目的地的不同,成本相应的变化也很大。

(一)运输成本的构成

运输成本是指为两个地理位置间的运输所支付的款项以及与行政管理和维持运输中的存货有关的费用,包括人工成本、燃油成本、维护成本、管理成本等内容。这些成本有的随运输业务量的变化而变化,有的在一定运输量范围内保持不变。

(二)影响运输成本的因素

影响运输成本的因素很多,尽管这些因素并不是运费表上的组成部分,但在承运人制定运输费率时,都必须对每一个因素加以考虑。这些因素主要有以下几个方面:

1. 运输特征

(1)运输距离

运输距离是影响运输成本的主要因素。承运人可以选择使用较高的速度来降低单位成本,但在城市里送货会经常发生频繁停车的现象而增加额外的装卸成本。因此,合理地选择运输路线可以提高运输效率、降低运输成本;而调度不当造成的空驶、迂回运输、重复运输等情况,都会加大运输成本。

(2)载运量

运输活动存在规模经济,每单位重量的运输成本随载货量的增加而减少。之所以会产生这种现象,是因为提取和交付活动的固定费用以及行政管理费用可以随载货量的增加而加以分摊。但是,这种关系受运输工具(如卡车)最大尺度的限制,一旦该车辆满载,对下一辆车会重复这种关系。这种关系对管理部门产生的启示是,小批量的载货应整合成更大的载货量,以期利用规模经济。

2. 产品特征

在装载货物的时候,还要综合考虑产品的特性。比如,产品密度的增加容易使运输工具达到满载,有时也会造成运输工具容积的闲置。产品的尺寸和特殊装载要求,也会对运输工具空间的充分利用造成困难。因此,在实际工作中,多采用配载的方式来解决这个问题。

产品的装载性能(即产品对运输工具的空间利用程度的影响)对装载货物影响很大。例如,谷物、矿石和散装石油具有良好的装载性能,因为这些货物可以完全填满运输工具(譬如火车车厢、汽车车厢、管道等),其他货物,譬如车辆、机械和牲畜,都不具有良好的装载性能。货物的装载性能由其大小、形状和弹性等物理特性所决定。具有古怪的尺寸和形状,以及超重或超长等特征的产品,通常不能很好地进行装载,因此会浪费运输工具的空间,尽管装载能力的性质和产品密度相类似,但很可能存在这样的情况,即具有相同密度的产品,其装载差异很大。

一般来讲,具有标准矩形的产品比形状古怪的产品更容易装载。例如,钢块和钢条具有相同的密度,但由于钢条的长度和现状,使其装载起来更加困难。装载能力还受到装运规模的影响,大批量的产品往往能够相互嵌套、便利装载,而小批量的产品则有可能难以装载。例如,整车的垃圾罐有可能实现相互嵌套,而单独一个垃圾罐装载起来就显得较为困难。

3. 市场竞争

不同运输模式之间的竞争、同一运输模式的线路竞争以及同种运输方式之间的竞争会影响运输费用的波动。铁路、水路、航空以及海运之间长期以来都存在不同程度的竞争,有时为了赢得市场份额，会提供一些不同的价格策略或优惠策略。例如，相同起讫地的货物可采用两种不同的运输方式进行运输，运输速度较慢的那种运输方式只能实行较低的运价。

4. 运输方式的选择

运输方式的选择是指运力选择是否恰当。各种运输方式的成本特征是决定运输总成本的关键。因此，在特定的条件下，某一种运输方式的潜在优势可能会是其他运输方式无法相比的，从而也就给予企业比较选择、优化组合的机会。

（三）运输成本的优化措施

运输系统优化要求做到合理运输。所谓合理运输是指选择运距短、运力省、速度快、运费低的产品运输方式。合理运输是一个相对的概念，在运输工作中往往存在一些不合理运输的情况，包括对流运输、迂回运输、重复运输等，合理运输主要是对消除上述不合理运输的情况而言的。但是合理运输，不仅是对运输和行程作单纯的几何线条的比较，主要还涉及如何对运输体系中各种运输方式进行合理的统筹安排，从而使各类运输方式得到有效的综合利用。对客户特别是商业企业来说，在选择运输路线和运输方式时，判断它是否属于合理运输，则是以运输时间是否恰当、运输费用是否节省、运输质量是否稳定作为主要根据的。商业企业对产品运输的要求首先是运输速度快，因为运输时间是整个物流时间最重要的组成部分，运输时间的长短直接影响到市场能否及时供应和资金能否加速周转。对鲜活、易腐、季节性强和市场急需的产品，要选择运输环节比较少、运行速度比较快的运输方式，力求快运。但同时，产品运输还要求费用少。由此可见，产品运输是否合理的尺度，是以客户的物流需要及自身的经济利益来衡量的。

1. 提高运输工具实载率，降低运输成本

（1）组织轻重配装

提高运输工具实载率，充分利用运输工具的额定能力，可以减少车船空驶和不满载行驶的时间，减少浪费，从而求得运输的合理化。例如，把实重货物和轻泡货物组装在一起，既可以充分利用车船装载容积，又能达到装载重量，以提高运输工具的使用效率。

（2）实行解体运输

对一些体大笨重、不易装卸又容易碰撞致损的货物，例如，自行车、缝纫机、科学仪器、机械等，可将其拆卸装车、分别包装，以缩小所占空间，并易于装卸和搬运，以提高运输装载效率、降低运输成本。

（3）高效的堆码方法

根据车船的货位情况和不同货物的包装形状，采取各种有效的堆码方法，譬如多层装载、骑缝装载、紧密装载等，以提高运输效率。当然，推进物品包装的标准化，逐步实行单元化、托盘化，是提高车船装载技术的一个重要条件。

2. 简化运输系统，减少中间环节，降低运输成本

（1）发展社会化的运输体系

实行运输社会化，可以统一安排运输工具，避免多种不合理运输现象，不但可以追求组织效益，而且可以追求规模效益。社会化运输体系中，各种运输方式的联运是社会化运输体系中水平较高的方式，这种方式充分利用面向社会的各种运输系统进行合理的运输网络的优化，减少不必要的运输环节，或通过协议进行一票到底的运输，有效打破了一家一户的小生产，提高了规模效益，降低了成本。

发展共同运输或共同配送。参加共同运输计划通常意味着一家货运代理、共同仓储或运输公司为在相同市场中的多个货主安排集运。提供共同输送的公司通常具备大批量送货目的地的长期送货约定。在这种安排下，集运公司通常为满足客户的需要而完成增加附加值的服务，诸如分类、排序、进口货物的单据处理。

共同配送是指由几个配送中心联合起来，共同制订计划，共同对某一地区的用户进行配送，共同使用配送车辆。这是实行物流合理化的一种很有效的、很有发展前途的模式。目前在发达国家中已被广泛使用。此模式主要是能解决长途运输车辆跑空车和运费上升的问题，特别是当两个以上的产地和销地相距较远且又有交叉运输时，其优点尤为突出。采用共同配送，既能减少企业的物流设施投资，使物流设施布局合理化，又能充分合理地利用物流资源，同时还可促使实现质量管理的制度化。

(2) 开展中短距离铁路公路分流

开展中短距离铁路公路分流，采取"以公代铁"的运输。这一措施的要点，是在公路运输经济里程范围内，或者经过论证，超出通常平均经济里程范围也尽量利用公路。这种运输合理化的表现主要有两点：一是对于比较紧张的铁路运输，用公路分流后，可以得到一定程度的缓解，从而加大这一区段的运输通过能力；二是充分利用公路从门到门和在中途运输中速度快且灵活机动的优势，实现铁路运输服务难以达到的水平。

(3) 运输路线优化、尽量发展直达运输

在通常情况下，单位商品的运输成本与运输距离成正比，与运输商品的数量成反比。因此，理想的运输服务系统应该是在运输距离固定的情况下，追求运输商品数量的最大化。而在运输商品数量不足的情况下，追求运输距离的最小化。理想的运输服务系统的解决方案是将长距离、小批量、多品种的商品运输整合起来，统一实施调度分配，并按货物的密度分布情况和时间要求在运输过程的中间环节适当安排一些货物集散地，用以进行货运的集中、分拣、组配。实行小批量、近距离运输和大批量、长距离干线运输相结合的联合运输模式，并通过线路优化和有效配载降低物流运输成本。

在长距离的运输中，回程配载可以极大地降低运输成本。如果长途货物运输回程实现有效配载，则单位商品的运输距离由往返减为单程。距离减半，运输成本降低50%。

直达运输，就是在组织货物运输过程中，越过仓库环节或铁路、公路等中转环节，把货物从产地或起运地直接运到销地或用户，以减少环节。直达运输是追求运输合理化的重要形式，其对合理化的追求要点是通过减少中转、过载、换载来提高运输速度，节省装卸费用，降低中转货损。直达的优势，尤其是在一次运输批量和用户一次需求量达到了一整车时表现最为突出。因此，直达运输的合理性是在一定条件下才能体现，不能绝对认为直达一定优于中转。

此外，对于商业、供销等部门的杂货运输还可以选择最佳运输手段以降低运输成本。例如，采用拼装整车运输、实施集装箱运输、开展国际多式联运等。

八、运输经营形式的选择

采用自营运输还是寻找其他管理方式取决于下列两个因素的平衡：运输对于企业成功的关键程度以及企业管理运输的能力。如图6-1所示，企业所处的位置决定了其采取的战略。

如果公司对客户服务要求高，运输成本占总成本的比重大，且已经有高素质的人员对运输运作进行有效的管理，那么该企业就不应将运输活动外包出去，而应当自营。沃尔玛就是一例，其供应渠道的管理非常出色。另一方面，如果对于一家公司来说，运输并不是其核心战略，企业内部运输管理水平也不高，那么将运输活动外包给第三方物流运输供应商就有利于降低

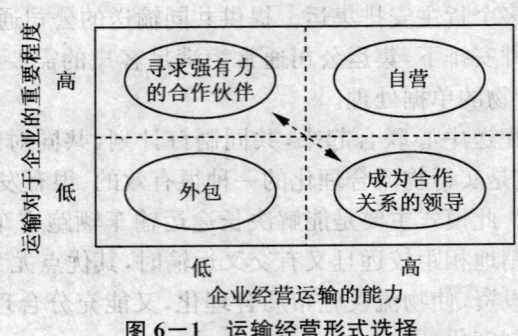

图 6—1 运输经营形式选择

成本、提高客户服务质量。戴尔电脑公司认为其核心竞争力是营销,是制造高科技的个人电脑硬件,而不是运输,因此,戴尔电脑在世界各地直销时,就与几家第三方物流企业合作,在一定地理范围内分销商品。

如果物流是企业战略的核心,但企业物流管理能力很低,那么寻找物流伙伴将会给该公司带来很多收益。好的合作伙伴在公司现有的甚至还未进入的市场上拥有物流设施,可以向企业提供自营物流无法获得的运输服务及专业化的管理。相反,如果公司的物流活动不那么重要,但是由专业人员管理,那么该公司就会主动寻找需要物流服务的伙伴,通过共享物流系统提高货物流量,实现规模经济效益,降低企业的成本。而这种企业的目标伙伴就应该是处于图 6—1 左上方的那类公司。

第二节 运输技术与装备

一、水路运输技术与装备

水路运输是指利用船舶及其他航运工具,在江、河、湖、海及人工水道上运送旅客和货物的一种运输方式。

(一)水路运输技术经济特征

与其他运输方式相比,水路运输有其自身的技术经济特点。充分研究水路运输的技术经济特点有利于明确水路运输的适应范围及其在综合运输体系中的地位,以便更有效地利用水路运输资源,实现资源利用的高效化。

1. 水路运输的优点

从技术性能上看,水路运输的主要优点有:(1)运输能力大。船舶可供作货物运输的舱位及装载量比陆地和空中运输庞大。以石油运输为例,现有的超大型油轮,其每次运载的原油数量可高达 56 万吨。而在长江干线,一个拖驳或推驳船队的载运能力已经超过万吨。(2)在运输条件良好的航道,船舶的通过能力几乎不受限制。通过江、河、湖、海及人工水道,将内陆经济腹地与世界联通。一般来说,水运系统综合运输能力主要由船队的运输能力和港口的通行能力所决定。(3)水路运输通用性能也不错,可以运输各种货物。水路运输的主要货物,以煤炭及其制品、石油和天然气及其制品、矿石、建筑材料、粮食与钢铁材料为主。特别适用于大宗货物的运输。

从经济指标上来看,水路运输的主要优点有:(1)水运建设投资少。水路运输可利用天然水道,除必须投资的各种船舶、港口设施外,沿海航道几乎不需要投资。另外,水运航道几乎不占用土地,节约了国家的土地资源。(2)运输成本低。水路运输在所有运输方式中是最为便宜的运输方式。运输1吨货物至同样的距离,水运尤其是海运所消耗的能源最少;水运的运输成本约为铁路运输的1/25~1/20,公路运输的1/100。(3)续航能力大。一艘大型船舶出航,所携带的燃料、食物和淡水,可以历时数十日,这是其他运输方式无法达到的。而且,现代化的船舶还具有独立生活的种种设备,如发电、淡水制造等,使船舶的续航能力、运输距离大大延长。

2. 水路运输的缺点

水路运输和其他运输方式相比,主要有以下缺点:(1)运输速度较慢。船舶的平均航速较低,一般为15~50km/h。在运输途中的时间长,会增加货主的流动资金占有量。(2)受气候和商港的限制,可及性较低。水路运输生产过程由于受自然条件影响较大,特别是受气候、季节条件的影响较大,船舶遇暴风雨需及时躲避以防损害,遇枯水季节无法通行,因此呈现较大的波动性和不平衡性。水路运输受河流通航条件以及海岸和港口条件的限制,其普遍性不如公路、铁路运输。此外,水路运输过程往往需要公路、铁路运输系统的配合才能完成。(3)船舶投资和港口建设投资巨大。航运公司订造或购买船舶需要花费大量的资金,回收期较长,且船舶一般没有移作其他用途的可能。港口基础设施的修建费用巨大,船舶大型化和装卸自动化的趋势使港口设施建设的投资费用进一步提高。

根据水路运输的上述特点,水路运输的主要功能是:(1)承担长距离、大宗货物,特别是集装箱的运输;(2)承担原料、半产品等散装货物运输;(3)承担国际间的货物运输,是国际商品贸易的主要运输方式。

(二)水路运输技术设施

水路运输技术设施主要是指港口及其附属设施。港口是货物和旅客由陆路进入水路运输系统或由水路运输转向陆路运输的接口。现代港口是具有仓储运输、商业贸易、工业生产、流通加工和社会服务功能的现代化、综合性的工商业中心和海陆空联合为一体的立体交通运输枢纽。

(三)水路运输工具

水路运输工具也称为浮动工具,主要包括船、驳、舟、筏等。船与驳是现代水路运输工具的核心。船一般装有原动机,有动力驱动装置,而驳一般是没有动力驱动装置的。船有多种分类方式,可按用途、航行区域、航行状态、推进方式、动力装置和船体数目等分类。按用途分类,可以分为军用和民用船舶两大类。

1. 船舶构造

船舶是水上运输的工具。船舶虽有大小之分,但其船体结构的主要部分大同小异,主要由以下五个部分构成:(1)船壳。船壳即船的外壳,是由多块钢板铆钉或电焊结合而成,包括龙骨翼板、弯曲外板及上舷外板三部分。(2)船架。船架是指为支撑船壳所用各种材料的总称,分为纵材和横材两部分。纵材包括龙骨、底骨和边骨;横材包括肋骨、船梁和舱壁。(3)甲板。甲板是铺在船梁上的钢板,将船体分隔成上、中、下层。大型船甲板数可多至六七层,其作用是加固船体结构和便于分层配载及装货。(4)船舱。船舱是指甲板以下的作各种用途的空间,包括船首舱、船尾舱、货舱、机器舱和锅炉舱等。(5)船面建筑。船面建筑是指主甲板上面的建筑,供船员工作起居及存放船具,它包括船首房、船尾房及船桥。

2. 船舶设备与装置

现代船舶除船体外,为了使船舶正常运行,运送货物和旅客,还需要一系列的设备和装置,例如，船体舾装设备、船舶管系、船舶动力装置、船舶电气设备、船舶冷藏设备、船舶空调及通风设备等。

二、铁路运输技术与装备

（一）铁路运输的技术经济特征

铁路运输是国家的经济大动脉，是物流运输的其中一种方式。与其他运输工具比较，具有以下的特点：

1. 铁路运输的准确性和连续性强

铁路运输几乎不受气候影响，一年四季可以不分昼夜地进行定期的、有规律的、准确的运转。

2. 铁路运输速度比较快

铁路货运速度每昼夜可达几百公里，一般货车可达100km/h左右，远远高于海上运输。

3. 组成车群，运输量比较大

铁路运输的机车，有强大的牵引力，各种车辆的连接器，具有强大的挽力，适合于组成车群运转。根据车流理论，若有N辆车组成车群，则路线容量可以提高多倍，故虽编组费时，但其有较大的运输能量。铁路一列货物列车一般能运送3 000～5 000吨货物，远远高于航空运输和汽车运输。

4. 动力电化，能源经济，运输成本较低

铁路运输的轨道，路成以后固定不移，沿线架设电车线路，并无技术困难，适宜以外来的电力供应机车的动力，故虽建设成本甚高，但有利于节约能源供应，减轻环境污染。铁路运输的车辆，在轨道上行驶，接触的面积小，轮轨的硬度强，所遭遇的行驶阻力甚小，故同样的牵引动力，所消耗的能源最省。铁路运输费用仅为汽车运输费用的几分之一甚至十几分之一；运输耗油约为汽车运输的1/20。

5. 铁路运输行车平稳、安全可靠，风险远比海上运输小

铁路运输使用的车辆，有良好的避震功能。轨道的坡度与曲度，受制于轨道的导向功能，有一定的标准。列车的加速与制动，受制于车辆与轨道的摩擦力，距离较长，冲击较小，故行车平稳，乘坐舒适。

6. 资本密集，初期投资大

铁路运输因车路一体，需要购置机车车辆，建立通信系统，建设轨道站场，铺设轨道，建造桥梁和隧道，建路工程艰巨复杂，需要消耗大量钢材、木材，占用土地，均需要巨额的资金，故固定成本的比率甚高，其初期投资大大超过其他运输方式。

铁路运输的诸多设备，各有专门的用途，尤其是轨道站场等设施，投资以后极难变更，但如停止营业，所有投资更难回收，因而具有沉没成本的特性。

7. 车路一体

铁路运输的机车、车辆、轨道、站场以及其他一切营运设施，均由同一机构置备，专供自己使用，因此，虽然投资庞大，但有较高的管理效率。它由运输、机务、车辆、工务、电务等业务部门组成，要具备较强的准确性和连贯性，各业务部门之间必须协调一致，这就要求在运输指挥方面实行统筹安排、统一领导。

8. 路权专用

铁路运输的轨道，由所有者独享专用，铁路运输的机车车辆，运用导向原理在轨道上行驶，

自动控制行车,虽缺乏机动性,但具有极高的安全性能。

9. 污染轻微

铁路运输的动力,蒸汽机车已不再使用,柴电机车也逐渐被淘汰,取而代之的是电力机车,因无动力发生装置,空气污染已很少,噪音干扰也极为有限。

10. 收益递增

铁路运输的潜在能力十分雄厚,而固定成本又占支出的大部分,在一定的运能范围内,其运量增加越多,其单位成本越小,换言之,铁路的收益递增。

铁路运输主要承担长距离、大批量的货运,在没有水运条件的地区,几乎所有大批量货物都是依靠铁路,是在干线运输中起主力运输作用的运输形式。

铁路运输优点是速度快,运输受自然条件限制小,载运量大,运输成本较低。主要缺点是灵活性差,只能在固定线路上实现运输,而且需要其他运输手段的配合和衔接。铁路运输经济里程一般在 200 公里以上。

(二)铁路运输技术设施

铁路运输技术设施主要由铁路线路、站场和附属设施三部分组成。铁路线路是列车所行驶的轨道式通道。站场是旅客和货物出入铁路运输系统的交接点或界面,也是列车进行准备、检查、解体、编组等作业的场所。附属设施包括通信、信号、电力供应和给排水等交通控制、营运管理和供应设施。

(三)铁路运载设备

铁路运载设备主要是指沿着固定轨道行驶,由电力、内燃机和蒸汽作动力的各种车辆。在铁路系统中,通常把有动力配置的车辆称为机车(动车),把没有动力配置的车辆就称为车辆(挂车或拖车)。

三、公路运输技术与装备

(一)公路运输的技术经济特征

公路运输是综合运输的重要组成部分,它除了具有交通运输的共有特点之外,还具有与铁路、水运、航空、管道四种运输方式不同的特点:

1. 机动灵活性与深入性。公路运输机动灵活,使用方便,可以深入到工厂、矿山、企业、机关、学校、铁路车站、码头、居民点、农村和山区。

2. 广泛的适应性。公路运输能够满足多方面多种运输需求,既能完成零星运输任务,又能承担大宗运输业务,既是短途客货运输的主力,又可承担部分货物(如高价值货物、鲜活易腐货物和集装箱等)的中长距离的运输任务,既适合于民用,又适合于军事运输的需要。

3. 公路运输网纵横交错,干支结合,比其他运输网稠密得多。可以说,航空运输是一种点上的运输,铁路、水运是一种线上的运输,而公路则是一种面上的运输或网上的运输(当然,面上运输也包括了线上的运输,线上的运输也包含了点上的运输)。

4. 公用性能强。可以说公路运输是一种全民均可利用的运输方式。在某种意义上可以说铁路运输和管道运输的线路设备是一种专用性质的基础设施,而公路、航空和水运的线路设备则是公用性质的基础设施。凡拥有相应运输工具(如汽车、飞机、轮船)的机关、团体、企业或个人,均可利用公路、航空和水运的公用线路设施。其中,尤以公路运输的公用性为强,这是因为公路运输的站点设备及运输工具比专业运输部门的拥有性更为普遍。

5. 更具有开放性。各种交通运输系统都是开放系统,而公路运输系统的开放性则更为显著。公路运输系统不仅交通运输枢纽或交通运输节点向四面八方辐射,实现同国民经济各子系统、各经济点和商业点之间的密切联系,而且由于公路运输具有深入性、更强的公用性,而使它同社会经济系统的细胞——工厂、矿山、企业、机关……乃至居民点、山区和农村——的联系更为密切。这些基层单位、基层集散点与外界的各种社会、经济交往活动大多要通过公路才得以进行。这些活动都会对公路运输产生一定的干扰,或者说都将成为公路运输系统的任务之一。公路运输系统的这一特点很明显。

6. 直达性好,可以实现门到门运输。由于公路运输机动灵活,具有深入性,可以深入到城市和区域的各个角落,做到取货上门、送货到家,从而实现门到门的直达运输。

7. 在适运距离内送达速度快。由于公路运输可以实现门到门运输,运输途中不需要换装作业,因而可以大大缩短送达时间。

8. 建设初期投资较少,资金周转快,回收快,较易兴办,且资金和设施转移的自由度也大。由于公路运输公用性强,兴建公路的地方受益极大,可充分调动地方的积极性。同时,由于公路运输的活动设备可分散投资,因此,兴办公路运输资金筹措渠道广泛,较易兴办。

9. 一般公路的技术要求较低,受到破坏后较易恢复。

10. 运输工具载运量较小,运行持续性较差,单位运量能耗较大,运输成本较高。

11. 环境污染较大,主要是废气污染及噪声污染。

公路运输是唯一可以实现"门到门"的运输方式,由其自身特点所决定,公路运输一般适于小批量的中短途货物运输,尤其适用于末端物流配送,是物流运输的主要运输方式。

(二) 公路运输技术设施

公路运输技术设施主要指的是道路及其附属设施,它是汽车运输的物质基础。道路(公路和城市道路)是指主要供车辆行驶的工程结构物,由路基、路面、桥梁、涵洞和隧道以及沿线附属设施等组成。路基、路面、桥梁、涵洞和隧道是道路工程的主体构造物,其设计、修筑和养护需保证在设计使用期内安全而耐久地承受行车载荷的作用。沿线附属设施包括交通安全管理设施、服务设施、绿化、照明、道路管理设施等。

(三) 公路运载设备

汽车是公路运输的主要运载工具,是指由本身的动力驱动(不包括人力、畜力),装有驾驶装置的在固定轨道以外的道路或自然地域上运输客、货或牵引其他车辆的车辆。

四、航空运输技术与装备

(一) 航空运输的技术经济特征

航空运输与其他运输方式相比具有明显的技术经济特征,主要有:

1. 快捷

航空运输采用飞机作为运送货物的主要工具,其最大的特点就是速度快。早期的活塞式飞机所达到的最大时速约为 600 千米,现代喷气式飞机的时速都在 900 千米左右。在现代社会,市场竞争激烈,对于运输距离比较远或者对时间性要求较高的货物来说,航空运输的快速性是增强其市场竞争力的有效手段。鲜活易腐和季节性强的货物,如食品、水果和报纸杂志、时装等,其性质都比较特殊,对时间极其敏感。采用航空运输则可以争取时间,有利于货物的保鲜成活和占有市场先机。这是其他运输方式所不具备的优势。

2. 高效

"航空式服务"几乎成了高标准服务的代名词,航空运输的高效可以在许多方面有所体现。

比如,在保障物品的安全性方面,与其他运输方式相比,航空运输的管理制度比较严格、完善,且运输手续简便,运输中间环节较少,在运输过程中发生意外损失的机会也就少得多,且现代运输机飞行速度快,运行相当平稳,商品的破损率也较低。在机动性方面,飞机在空中飞行,受航线条件限制的程度比其他运输方式小得多,它可以将地面上任何距离的两个地方连接起来,可以定期或不定期飞行,尤其对于灾区的救援、供应,以及边远地区的急救等紧急任务,航空运输已成为必不可少的手段。此外,航空运输以其高速而具有全球性的特征,在国际物流方面发挥着重要的作用。

3. 节约物流总成本

从表面上看,航空运输的费用要高于其他运输方式,但采用空运方式运送货物可节省不少其他费用。例如,货物破损率较低,对包装要求也较宽松,从而可减少商品的包装费用和保险费用;运输速度快,可以缩短商品的库存期和周转期,加快资金流转的速度,货物可以在几天之内运抵市场,这样就没有必要建立庞大和昂贵的仓储系统,可以节省商品的存储费用和利息费用;运输的手续简便,可以节约一些手续费用。

但航空运输也有显而易见的缺点,主要有:(1)受气候条件的限制。为保证飞行安全,航空运输对飞行的气候条件要求较高,从而影响了运输的准时性和正常性。(2)可达性差。一般情况下,航空运输难以实现客、货的"门到门"运输,必须借助其他运输工具转运。(3)飞机机舱的容积和载重量都比较小,飞机的造价高,技术复杂。例如,美国波音公司的747-400飞机,单价达1.8亿~2.0亿美元。

航空运输所具备的显著优势,使得那些科技含量高、附加价值高、体积小、重量轻、市场敏感度高、交货期短的产品越来越多地选择空运。无论是国内运输,还是国际运输,航空运输在整个运输量中的比例都确实很少,但增长很大,这缘于适合空运的货物增多了。

现今中国航空运输主要服务于五个行业:鲜活产品(如水果、鲜花)、精密机械产品(如医疗器械)、电子产品(如计算机)、商务文件、通信产品(如手机)。以IT行业为例,全世界2/3的IT生产企业已经或正在落户长三角,IT企业的产品80%走空运,在48小时或者72小时之内把产品运到世界各地。随着对外开放的不断深入,书籍、药品、软件、玩具等逐渐会成为航空物流的服务行业。中国经济的持续增长,发展航空运输有着巨大的市场需求,航空运输在物流中将会发挥日益重要的作用,地位会越来越显著。未来随着经济全球化的发展,航空运输的全球性特征会愈发明显,以及随着供应链管理理念的逐步深入,竞争在高速发展的市场中展开,航空运输也会面临向供应链管理的整合变革。

(二)航空运输技术设施

航空运输的技术设施主要包括航空港、航路、航线、航班等,它们构成了辐射式航线网络。

航空港是航空运输系统中航线网络的交汇点,是航空运输用的机场及其服务设施的总称。机场是供飞机起飞、降落、停放和维修等活动的场所,场内设有为飞行服务的各种建筑物和设施。航空港内的服务设施主要包括客、货运输设施,有候机楼、货运站等。大型的航空港还配有商务、餐饮、娱乐等附属设施。

(三)航空运载设备

用于物流领域的航空运输运载工具主要是各种飞机。它是在20世纪初出现的,也是技术发展最迅速的一种运载工具。

当今世界航空运输中集装箱的应用已十分广泛。我国4类以上的机场均配有集装箱设备。航空运输中的集装箱设备主要是指为提高飞机运输效率而采用的托盘、货网和集装箱等成组装载设备。为了使用这些设备，飞机的货舱和甲板都设置了与之配套的固定系统。

五、管道运输技术与装备

（一）管道运输的技术经济特征

管道是一门新兴运输行业，从它诞生之日起就显示了旺盛的生命力。管道运输是利用管道，通过一定的压力差而完成的物品（多为液、气体货物）运输的一种运输方式，只限于特定对象和固定流向。

与其他运输方式相比，管道运输具有如下特点：

1. 连续运输、运量大、效率高、时间快，可避免空车返回的运力浪费，而且易于实现自动化管理，一条直径720毫米的管道，可以年输原油2 000万吨以上，相当于一条铁路的运量。

2. 投资省、见效快、占地少，与建设同样长度的铁路相比，管道建设的周期和费用不到铁路的1/2，平均占地只有铁路的1/9，并且管道建成投产后有90%的土地可恢复使用。

3. 安全密闭，基本不受恶劣气候条件的影响。

4. 损耗低、效益高，燃料消耗是铁路的1/2，是公路的1/8，运输损耗是铁路的1/3，是公路的1/12。由于在运送液体、气体、浆液等物资方面具有特殊的优势，所以较其他运输方式成本最低。这是充分利用了液、气态物质加压易于流动的特点，而处于封闭的状态下流动又减少了运输过程中的自然损耗和挥发，所以其成本低廉。

但它的缺点是适应性差，当气田的产量低于管道经济输送的40%时，输气成本将明显上升。但是，对于稳产气田来说，管道运输必然优于铁路运输。

管道运输除广泛用于石油、天然气的长距离运输外，还可运输矿石、煤炭、建材、化学品和粮食等。管道运输可省去水运或陆运的中转环节，缩短运输周期，降低运输成本，提高运输效率。当前管道运输的发展趋势是：管道的口径不断增大，运输能力大幅度提高；管道的运距迅速增加；运输物资由石油、天然气、化工产品等流体逐渐扩展到煤炭、矿石等非流体。

（二）管道运输技术

1. 管道站

管道站又称为输油（气）站，是对沿管道干线为输送油品（油气）而建立的各种作业站（场）的总称，是给液流增加能量（加压）、改变温度、提高液流流动性的场所。按管道站所处位置的不同，可分为首站、末站和中间站；中间站按其设备的不同又可分为中间泵站、加热站、热泵站、分（合）输站和减压站等。

（1）首站。首站是长输管道的起点，通常位于油（气）田或港口附近。其任务主要是接受来自油（气）田的原油（天然气）或来自炼厂的成品油，经计量、加压（有时还加热）后输往下一站。此外，还有发送清管器、油品化验、收集和处理污油等作业。有的首站还兼有油品预处理任务，例如，原油的脱盐、脱水、脱机械杂质、加添加剂或热处理等。

（2）末站。末站位于管道的终点，往往是收油单位的油（气）库（例如，炼厂的原油库）或转运油库，或者两者兼而有之。接受管道来的油（气），将合格的油品经计量后输送给收油单位，或者改换运输方式，例如，转换为铁路、公路或水路继续运输，以解决管道运输和其他运输方式之间运输量的不均衡问题。

（3）中间站。中间站位于管道沿线。中间站的设置一般是根据输油工艺中水力和热力计算，以及沿线工程地质、建设规则等方面的要求来确定的。中间站的主要任务是给油（气）流提供能量（压力、热能），它可能是只给油（气）品加压的泵站，也可能是只给油（气）品加热的加热

2. 管道运输方式

运送固体货物的管道运输，一般有以下几种方式：

(1) 水力管道运输。把需要运送的粉末状或小块状的固体(一般是煤或矿石)浸在水里，依靠管内水流、浮流运行。管道沿线设有压力水泵站，维持管内水压、水速。管道起点设有调度室，控制整个管道运输。终点设有分离站，把所运货物从水中分离出来，并进行入库前的脱水、干燥处理。这种水力管道运输的缺点是固体货物损耗较大，管道磨损严重，一些不能同水接触的货物受到限制。

(2) 水力集装箱管道运输。运输原理同水力管道运输一样，不同的是预先用装料机把货物装在用铝合金或塑料制成的圆柱形集装箱内，然后让集装箱在水流中运行。管道终点设有接收站，用卸料机把货物从箱内卸出，空箱从另一管道回路送回起点站。优点是货物和能源消耗以及管道磨损都比较小。

(3) 气力集装箱管道运输。同水力管道运输的主要区别是用高压气流代替高压水流，推动集装箱在管内运行。由于气流压力较大，集装箱大小和管道直径配合适宜，箱体沿管道壁顺气流运行，运输速度可达每小时 20～25 千米。管道两端设有调度室、装卸货站，用电子技术自动控制。气力集装箱管道运输除了用来运输矿物、建筑材料外，一些国家还用来运送邮包、信件和垃圾。主要缺点是动力消耗太大，集装箱耐压技术要求高。

(4) 真空管道气压集装箱运输。在管道两端设立抽气、压气站，抽出集装箱前进方向一端的空气，在集装箱后面送入有气压的空气，通过一吸一推，使集装箱运行。对箱体和管壁的光滑度、吻合度要求较高，但动力消耗较小。

(5) 电力牵引集装箱管道运输。不用水流或气流推动箱体，靠电力传送带或缆索牵引集装箱在管内的水中漂浮前进。这种方法由于管道不承受压力，可用廉价材料制作管道。

第三节　运输组织技术及其优化

一、运输合理化

由于运输是物流中最重要的功能要素之一，物流合理化在很大程度上依赖于运输合理化。

运输合理化的影响因素很多，起决定性作用的有五个方面的因素，称为合理运输的"五要素"：

1. 运输距离。在运输时，运输时间、运输货损、运费、车辆或船舶周转等运输的若干技术经济指标，都与运距有一定的比例关系，运距长短是运输是否合理的一个最基本因素。缩短运输距离从宏观和微观上都会带来好处。

2. 运输环节。每增加一次运输，不但会增加起运的运费和总运费，而且要增加运输的附属活动，例如装卸、包装等，各项技术经济指标也会因此下降。因此，减少运输环节，尤其是同类运输工具的环节，对合理运输有促进作用。

3. 运输工具。各种运输工具都有其使用的优势领域，对运输工具进行优化选择，按运输工具特点进行装卸运输作业，最大限度地发挥所用运输工具的作用，是运输合理化的重要一环。

4. 运输时间。运输是物流过程中需要花费较多时间的环节，尤其是远程运输，在全部物流时间中,运输时间占绝大部分,因此,运输时间的缩短对整个流通时间的缩短有决定性的作用。此外,运输时间短,有利于运输工具的加速周转,充分发挥运力的作用,有利于货主资金的周转,有利于运输线路通过能力的提高,对运输合理化有很大贡献。

5. 运输费用。运费在全部物流费用中占很大比例,运费高低在很大程度上决定整个物流系统的竞争能力。实际上,运输费用的降低,无论对货主企业还是对物流经营企业而言,都是运输合理化的一个重要目标。运费的判断,也是各种合理化措施是否行之有效的最终判断依据之一。

二、运输方式的选择

(一)运输方式选择的指标

1. 经济性

运输工具的经济性是由运费、包装费、装卸费和设施费等有关运输费用合计来表示的。很显然,费用越高,则经济性越差。

2. 迅速性

运输工具的迅速性是用从发货地到收货地所需的天数(或时间)来表示。所需的时间越长,则迅速性越低。

3. 安全性

运输的安全性要根据过去一段时间内的货损、货差率(有时通过实验数据得到)来确定,一般实行计量化较为适合。破损率越高,安全性越差。

4. 便利性

单以便利性计量化作为评价尺度是比较困难的,因为究竟达到何种程度才能算是便利,是很难确定的,因此,比较妥帖的办法是根据具体情况具体分析。以代办货物运输为例,在考虑货物运到代办运输点所需时间和距离等问题时,通常用代办点的经办时间与货物运到代办点所需时间差来衡量,可以看出时间差越大,便利性越高。

(二)影响运输方式选择的因素分析

决定运输方式,可以在考虑具体条件的基础上,对下面5项具体项目作认真研究考虑:(1)货物品种;(2)运输期限;(3)运输成本;(4)运输距离;(5)运输批量。

关于货物品种及性质、形状,应在包装项目中加以说明,选择适合这些货物特性和形状的运输方式。

运输期限必须与交货日期相联系,保证及时运输。必须调查各种运输工具需要的运输时间,根据运输时间来选择运输根据。运输时间的快慢顺序一般情况下依次为航空运输、汽车运输、铁路运输、船舶运输。各种运输工具可以按照它的速度编组来安排日期,加上两端及中转的作业时间,就可以计算出所需要的运输时间。

运输成本因货物的种类、重量、容积、运距不同而不同。而且,运输工具不同,运输成本也会发生变化。在考虑运输成本时,必须考虑运输费用与其他物流子系统之间存在着互为利弊的关系,不能单从运输费用出发来决定运输方式,而要从全部的总成本出发来考虑。

从运输距离看,一般情况下可以依照以下原则:300千米以内用汽车运输;300～500千米的范围内用铁路运输;500千米以上,用航空运输(一般指高价值货物而言)。

运输批量方面,因大批量运输成本低,应尽可能使商品集中到最终消费者附近,选择合适的运输工具进行运输是降低成本的好方法。

在选择运输方式时,保证运输的安全性是选择的首要条件,它包括人身、设备和被运货物的安全等。为了保证被运输货物的安全,首先应了解被运物资的特性,例如重量、体积、贵重程度、内部结构及其他物理化学特性(易燃、易碎、危险性),然后选择安全可靠的运输方式。

物资运输的在途时间和到货的准时性是衡量运输效果的一个重要指标。运输时间的长短和到货的准确性不仅决定着物资周转的快慢,而且对社会再生产的顺利进行影响较大,由于运输不及时,有时会给国民经济造成巨大的损失。

运输费用是衡量运输效果的综合标准,也是影响物流系统经济效益的主要因素,一般来说,运输费用和运输时间是一对矛盾体,速度快的运输方式一般费用较高,与此相反,运输费用低的运输方式速度较慢。

综上所述,选择运输方式时,通常是在保证运输安全的前提下再衡量运输时间和运输费用,当到货时间得到满足时再考虑费用低的运输方式。当然,计算运输费用不能单凭运输单价的高低,而应对运输过程中发生的各种费用以及对其他环节费用的影响进行综合分析。图6—2描述了铁路、汽车、飞机三种运输工具的费用比较。

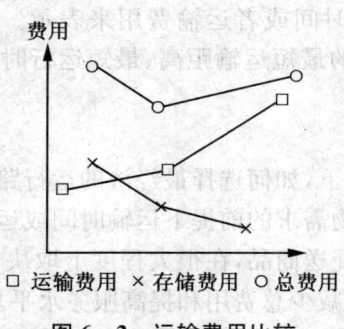

图 6—2 运输费用比较

由图 6—2 可以看出,铁路运输的费用一般较低,但是铁路整车运量大,因此存储时间长,存储费用也就相当高,总费用达不到最低。飞机运输速度快,可把库存保持到很低的水平,存储费用较低,但运价太高,总费用也不经济。而汽车运输费用和存储费用都比较低,总费用也最经济。

选择运输方式时,不能仅从费用考虑,还应考虑到发送方式。不同的发送方式不仅运输费用相差较大,而且运输的安全程度和在途时间差别也很大。例如,铁路运输有整列、成组、整车、零担、包裹等发送方式,成组、整车运输由于配车编组,在途停滞时间长,而零担、包裹运输费用则较高。

三、物流运输网络优化

在整个物流系统中,运输子系统是非常重要的,在整个物流成本中,运输成本高达 50% 左右。因此,降低物流成本首先要从降低物流运输成本开始。物流系统的设计应该以能把系统总成本降低到最低限度的运输为基础。要根据各种运输方式的技术经济特点,合理组织运输。在设计物流系统时,首先要考虑的是建立整体的运输网络,其次是如何利用已有的运输网络合理地进行物流运输活动。

四、物流配送路线优化

（一）配送路线优化的"节约法"

"节约法"是20世纪60年代由克拉克（Clarke）和怀特（Wright）提出的，其主要目的就是如何从许多条可供选择的路线中选出最佳的运输路线的方法。

利用"节约法"制定配送路线的主要出发点是，根据配送中心的运输能力（包括车辆的多少和载重量）和配送中心到各个用户以及各个用户之间的距离来制定使总的车辆运输的tkm数量最小的配送方案。利用"节约法"求解首先必须做出如下假设：(1)配送的是同一种货物；(2)各个用户的坐标（x,y）及需求量均为已知；(3)配送中心有足够的运输能力。

利用"节约法"制定出的配送方案除了使配送的总tkm最小外，还必须满足如下的条件：(1)方案能够满足所有用户的要求；(2)不使任何一辆车超载；(3)每一辆车每天的总运行时间或者行驶里程不超过规定的上限；(4)能够满足用户到货时间的要求。

（二）最短路径算法

在运输网络的每一个O-D对子之间的最小路径，称为最短路径。最短路径在物流运输、配送活动中的意义是不言而喻的，一般情况下，最短路径的权重是以O-D之间的距离来表示的，但也可以用在路径上的运输时间或者运输费用来表示。求解物流网络的最短路径就是要求出在每一个O-D对子之间的最短运输距离、最短运行时间以及最省的运输费用。

五、物流配送车辆优化调度

在满足货运任务要求的前提下，如何选择最经济的运行路线，是一项重要的工作。所谓最经济的运行路线，就是在保证货物需求的前提下运输时间或运输费用最省的路线。

如何按时按量、经济高效地配送商品，在很大程度上取决于有效的车辆调度安排，调度方案的优化与否，对增加配送效率、减少总费用和提高服务水平具有重要的意义。

在需求点较多且分布不均匀、道路网复杂的情况下，制定调度方案单凭人工经验是难以做好的。尤其是现在客户对运输配送服务质量要求较高，对配送的时效性要求较强，按照规定，当日要求配送到的货物一定要配送到位。如何在保持高度准时、快速配送要求下降低成本是物流配送面临的挑战。但如何制定优化调度方案，在满足车辆容量限制（有的还有时间限制）的条件下，使总运输距离或总运输时间最短却并不容易。

国外将物流配送车辆优化调度问题归结为或称之为Vehicle Scheduling Problem（VSP）。VSP问题一般定义为：对一系列装货点和（或）卸货点，组织适当的行车线路，使车辆有序地通过，在满足一定的约束条件（例如，货物需求量、发送量、交发货时间、车辆容量限制、行驶里程限制、时间限制等）下，达到一定的目标（例如，路程最短、费用最少、使用车辆数量尽量少等）。

第四节　货物运输合同

一、货物运输合同的概念、特征

货物运输合同是承运人将货物运到约定地点，托运人或收货人支付票款或运费的合同。货物运输合同的定义包含了以下几个方面的内容：

1. 货物运输合同的主体是承运人和托运人。货物运输合同主体是货物运输合同权利义务的承担者,即运输合同的当事人。根据货物运输合同是双务合同的特性,当事人一方是承运人,另一方是托运人,双方当事人的数目视具体合同关系而定。在运输合同中,承运人作为一方当事人,可以是一人或者数人,例如,在相继运输中承运人可分为缔约承运人和实际承运人,在多式联运合同中有多式联运经营人和各区段承运人。承运人多为法人或者组织,但也可以是个人。托运人是指与承运人订立货物运输合同的一方当事人。

2. 货物运输合同中的托运人有时就是收货人,但在多数情况下,另有收货人。此时,收货人不是运输合同的一方当事人。外国和国际公约一般都规定,货物送达目的地后,承运人有通知收货人的义务,经收货人请求交付后,取得托运人因运输合同所产生的权利。

货物运输合同具有如下特征:

第一,货物运输合同是双务、有偿合同。货物运输合同的双方当事人均负有义务,承运人须将货物从一地运送到另一地,托运人或收货人须向承运人支付票款或运费。因此,运输合同是双务合同、有偿合同。

第二,货物运输合同原则上是诺成合同。就货物运输而言,交付货物一般只是承运人履行合同义务的条件,而不是运送合同成立的条件。因此,货物运输合同一般是诺成合同,除非双方当事人另有约定。

第三,多数运输合同是标准合同。大多数运输合同的主要内容和条款都由国家有关部门以标准的形式统一规定,双方当事人无权变更。

第四,从整体上看,运输合同具有计划性。一般来说,关系国计民生的大宗货物的运输合同都应当根据国家的计划签订。

二、货物运输合同当事人的权利与义务

1. 托运人的主要权利。托运人的主要权利包括:要求承运人按合同约定的时间安全运输到约定的地点;在承运人将货物交付收货人前,托运人可以请求承运人中止运输、返还货物、变更到货地点或将货物交给其他收货人,但由此给承运人造成的损失应予赔偿。

2. 托运人的主要义务。托运人的主要义务包括:如实申报货运基本情况的义务;办理有关手续的义务;包装货物的义务;支付运费和其他有关费用的义务。

3. 承运人的主要权利。承运人的主要权利包括:收取运费及符合规定的其他费用;对逾期提货的,承运人有权收取逾期提货的保管费,对收货人不明或收货人拒绝受领货物的,承运人可以提存货物,不适合提存货物的,可以拍卖货物提存价款;对不支付运费、保管费及其他有关费用的,承运人可以对相应的运输货物享有留置权。

4. 承运人的主要义务。承运人的主要义务包括:按合同约定调配适当的运输工具和设备,接收承运的货物,按期将货物运到指定的地点;从接收货物时起至交付收货人之前,负有安全运输和妥善保管的义务;货物运到指定地点后,应及时通知收货人收货。

5. 收货人的权利与义务。收货人的主要权利是:承运人将货物运到指定地点后,持凭证领取货物的权利;在发现货物短少或灭失时,有请求承运人赔偿的权利。收货人的主要义务是:检验货物的义务;及时提货的义务;支付托运人少交或未交的运费或其他费用的义务。

三、运输合同中的违约责任

(一)托运人责任

1. 未按合同规定的时间和要求提供托运的货物,托运人应按其价值的一定百分比偿付给

承运人违约金。

2. 由于在普通货物中夹带、匿报危险货物，错报笨重货物重量等而招致吊具断裂、货物摔损、吊机倾翻、爆炸、腐蚀等事故，托运人应承担赔偿责任。

3. 由于货物包装缺陷产生破损，致使其他货物或运输工具机械设备被污染腐蚀、损坏，造成人身伤亡的，托运人应承担赔偿责任。

4. 在托运人专用线或在港、站公用线以及专用铁道自装的货物，在到站卸货时，发现货物损坏、缺少，在车辆施封完好或无异状的情况下，托运人应赔偿收货人的损失。

5. 罐车发运货物，因未随车附带规格质量证明或化验报告，造成收货方无法卸货时，托运人应偿付承运人卸车等费用及违约金。

（二）承运人责任

1. 不按合同规定的时间和要求配车（船）发运的，承运人应偿付托运人违约金。

2. 承运人如将货物错运到货地点或接货人，应无偿运至合同规定的到货地点或接货人。如果货物逾期到达，承运人应偿付逾期交货的违约金。

3. 运输过程中货物灭失、短少、变质、污染、损坏，承运人应按货物的实际损失（包括包装费、运杂费）赔偿托运人。

4. 联运的货物发生灭失、短少、变质、污染、损坏，应由承运人承担赔偿责任的，由终点阶段的承运人向负有责任的其他承运人追偿。

5. 在符合法律和合同规定条件下运输，由于下列原因造成货物灭失、短少、变质、污染、损坏，承运人不承担违约责任：(1)不可抗拒；(2)货物本身的自然属性；(3)货物的合理损耗；(4)货运人或收货方本身的过错。

本章小结

运输是物流的根本活动内容。商品在流通领域的位置变化，可以使用不同运输工具、采用不同的运输方式，根据需要做出相应的运输决策。通过本章对运输的基本原理和各种运输工具、运输方式的学习，掌握不同的运输组织、运输管理的手段，为有效地进行运输的合理决策打好基础。

思考与练习

一、名词解释

运输　　规模经济　　范围经济　　VSP

二、简答题

1. 请分析运输业的规模经济和距离经济。
2. 请分析五种运输方式的技术经济特征。
3. 简述降低运输成本的主要措施。
4. 分析运输承运人的责任。
5. 简述运输方式选择的影响因素。

三、计算题

某卡车从亚特兰大起运 42 000 磅的货物，中途在达拉斯、俄克拉荷马城和圣路易斯停留。

据估计,每站的中途停经费是75美元。从亚特兰大到达拉斯距离为822英里,从达拉斯到俄克拉荷马城距离为209英里,从俄克拉荷马城到圣路易斯距离为500英里。到圣路易斯的每英里成本为1.65美元。请确定该次运输的成本。

四、案例与分析

中铁快运"5100西藏冰川矿泉水"案例

中铁快运,作为一个成功的运输商,其在物流领域的成绩也不菲。多年来,凭借在第三方物流领域的工作经验以及以顾客为主的服务,在上游企业与下游顾客中建立起了良好的口碑。这与其综合化、特色化的物流发展战略分不开。尤其是他们意识到现代的物流行业已经不单单局限于实现货物的运输流通,而是一个集合仓储、采购、配送、供应等一系列活动的综合货物的流通过程。而且,在这个流通过程中,必须以强大的信息化技术作为发展的后盾。因此,中铁在物流领域的发展始终把综合性的物流活动与强大信息化技术相互结合,这一点在2007年中铁快运开始承办的"5100西藏冰川矿泉水"的项目中得以体现。

"5100西藏冰川矿泉水"是来自西藏的高端饮用水品牌,在当地市场中占有重要的一席之位。然而,生产工厂在海拔4 000米的西藏那曲,因此给公司的发展带来了很大的障碍。2007年,公司为了扩大自己现有的市场份额以及打开内地市场,决定与中铁快运结成战略联盟,依托青藏铁路的运输,把自己的产品推广到内地。在这个项目中,中铁快运完成了集运输、仓储、采购、配送、原料加工、销售等一系列的综合物流活动。利用先进的网络技术完成了中央水库到各地水库的配送方案、车站到动车组的配水方案、仓储方案等各项方案,并细化了各个环节的衔接,满足了市场多变的需求。2007年7月18日首列装载88 000箱"5100西藏冰川矿泉水"的班列从那曲发出。矿泉水被分别运抵黄村、上海西、江岸西、郑州四个大型中央水库。这也标志着中铁快运和"5100西藏冰川矿泉水"的战略合作正式开始。由于产品的品质远远超过了目前市场上的一些国际矿泉水品牌,所以消费者对产品的认可程度很高,国内市场销量正在快速上升。在不久前举行的德国科隆国际食品饮料展上,"5100西藏冰川矿泉水"备受关注,不少国外经销商都肯定地表示,西藏之水很快就会成为国际矿泉水产业中的明星。

物流企业的发展壮大离不开先进的电子信息技术,尤其是对于一个综合性的大物流企业而言,更是如此。强大的网络技术能够帮助企业在最短的时间内完成最合理化的资源配置,进而产生最优的效益。中铁快运采取集中式信息系统,实现了较高的数据共享功能和不同基础软件数据、各系统数据的共享。其中央处理系统的使用能够最大化缩短地区间的信息差异,加速信息处理。这一点可从仓储以及配送方面得到体现。据了解,公司目前的"5100西藏冰川矿泉水"业务已经覆盖200个地区,并且在北京、郑州、广州、兰州和上海等地建立了6个网络性的大水库,在25个城市建立了供水站,所有的车站都建立了送水点。为了确保整个矿泉水业务的顺畅,公司对6个水库进行24小时的封闭管理,对水质进行定时测量,保证产品的安全性。在他们的中央系统中,对各个地区的产品库存也实施监控。客户一旦订水,通过强大的电子网络系统,公司就能够在最短的时间里完成运输线路的规划、产品的包装,保证及时、高效、准确地将水送达客户的手中。

另外,此次与"5100西藏冰川矿泉水"合作,还有一个让人耳目一新的特色,那就是,中铁快运在这个项目中不仅承担物流商的角色,而且还承担销售商的角色。通过在动车组列车上逐步实行向旅客免费供应,帮助该企业迅速打开内地市场,而且目前在大部分列车上已经实现销售。这种生产商与物流合作的新型物流运作模式,使得生产商不必再考虑运输、销售、存储等一系列问题,而且也节约了大量的成本;同样,对于物流运作商而言,这样的物流运行模式,无疑能够帮助他们在市场竞争中占有先机,从而扩大物流企业的自身发展范围。

中铁快运与"5100西藏冰川矿泉水"的合作是成功的,就小方面而言,它使得矿泉水公司得到了发展,在市场上扩大了自己的影响力;但是从大方面而言,其实这次合作带动了整个西藏地区的经济,它把西藏与内地的经济紧紧联系在了一起。从这个角度来讲,中铁快运的这个项目是值得国内每一个物流企业学习的。

思考题:
分析中铁快运在该案例中的成功经验。

第七章

仓储管理

学习目标与要求

1. 明确仓储的概念及仓储管理的任务；
2. 了解仓储合理化的标志；
3. 掌握商品仓储管理中的入库、保管保养与出库三环节的要求，在储存中保养和维护的基本知识，以及对商品质量的保养和维护的基本能力；
4. 掌握商品验收标准、商品保管保养的影响因素与内容、商品的出库原则等。

第一节 仓储管理的概念

"仓"可以称为仓库，是存放物品的建筑物和场地，可以为房屋建筑、大型容器、洞穴或者特定的场地等，具有存放和保护物品的功能。"储"表示收存以备使用，具有收存、保管、交付使用的意思，当适用有形物品时也称为储存。"仓储"就是利用仓库存放、储存未即时使用或将使用物品的行为。概括"仓储"二字，可以说，仓储就是在特定的场所储存物品的行为。

仓储管理是企业物流中一个十分重要的环节，是企业针对存货收发存与产供销各环节的特点，事先制定的一套相互牵制、相互稽核、相互验证的内部监控管理，是企业整个内控中的重点和中心。仓储的形成是社会产品出现剩余和产品流通的需要，当产品不能被即时消耗掉而需要专门的场所存放时，就产生了静态的仓储。而将物品存入仓库以及对于存放在仓库里的物品进行保管、控制、提供使用等管理，这样就形成了动态仓储。仓储在整个物品流通过程中具有相当重要的作用，马克思在《资本论》中提到："没有商品的储存就没有商品的流通。"有了商品的储存，社会再生产过程中物品的流通过程才能正常进行。

仓储的性质可以归结为仓储是物质产品的生产持续过程，物质的仓储也创造着产品的价值；仓储既有物品静态的储存，也有物品动态的存取、保管、控制监督的过程；仓储活动发生在仓库等特定的场所；仓储的对象既可以是生产资料，也可以是生活资料，但必须是实物动产。

第二节 仓储管理的任务

一、利用市场经济的手段获得最大的仓储资源的配置

市场经济最主要的功能是通过市场的价格和供求关系调节经济资源的配置。市场配置资源是以实现资源最大效益为原则,这也是企业经营的目的。配置仓储资源也应依据所配置的资源能获得最大效益为原则。仓储管理则需要营造本仓储机构的局部效益空间,吸引资源进入。具体任务包括:根据市场供求关系确定仓储的建设;依据竞争优势选择仓储地址;以生产差别产品决定仓储专业化分工和确定仓储功能;以所确定的功能决定仓储布局;根据设备利用率决定设备配置等。

二、以高效率为原则组织管理机构

管理机构是开展有效仓储管理的基本条件,是一切管理活动的保证和依托。生产要素特别是人的要素只有在良好组织的基础上才能发挥其作用,实现整体的力量。仓储组织机构的确定需围绕着仓储经营的目标,以实现仓储经营的最终目标为原则,依据管理适度、因事设岗、责权对等的原则,建立结构简单、分工明确、互相合作和促进的管理机构和管理队伍。

仓储管理机构因仓储机构的属性不同,分为独立仓储企业的管理组织和附属仓储机构的管理组织。一般都设有:内部行政管理机构、商务、库场管理、机械设备管理、安全保卫、财务以及其他必要的机构。仓储内部大多实行直线职能管理制度或者事业部制的管理组织结构。随着计算机网络的应用普及,管理机构趋向于向少层次的扁平化发展。

三、以高效率、低成本为原则组织仓储生产

仓储生产包括货物入仓、堆存、出仓的作业,仓储物验收、理货交接,在仓储期间的保管照料、质量维护、安全防护等。仓储生产的组织应遵循高效、低耗的原则,充分利用机械设备、先进的保管技术、有效的管理手段,实现仓储快进、快出,提高仓储利用率,降低成本,不发生差、损、错事故,保持连续、稳定的生产。生产管理的核心在于充分使用先进的生产技术和手段,建立科学的生产作业制度和操作规程,实行严格的监督管理,采取有效的员工激励机制。而非独立经营的部门仓储管理的中心工作就是开展高效率、低成本的仓储生产管理,充分配合企业的生产和经营。

四、以不断满足社会需要为原则开展商务活动

商务工作是仓储对外的经济联系,包括市场定位、市场营销、交易和合同关系、客户服务、争议处理等。仓储商务是经营仓储生存和发展的关键工作,是经营收入和仓储资源充分利用的保证。从功能来说,商务管理是为了实现收益最大化,但作为社会主义的仓储管理,必须遵循社会主义不断满足社会生产和人民生活需要的生产原则,最大限度地提供仓储产品,满足市场需要。满足市场需要包括数量上满足和质量上满足两个方面。仓储管理者还要不断掌握市场的变化发展,不断开展创新,提供适合经济发展的仓储产品。

五、以优质服务、讲信用建立企业形象

企业形象是指企业展现在社会公众面前的各种感性印象和总体评价的整合,包括企业及产品的知名度、社会的认可程度、美誉度、企业的忠诚度等方面。企业形象是企业的无形财富,良好的形象可促进产品的销售,也可为企业的发展提供良好的社会环境。作为产业服务的仓储业,其企业形象所面向的对象主要是生产、流通经营者,其企业形象的建立主要通过服务质量、产品质量、诚信和友好合作获得,并通过一定的宣传手段在潜在客户中推广。在现代物流管理中,对服务质量的高度要求、对合作伙伴的充分信任促使作为物流环节仓储的企业形象建立极为必要,具有良好形象的仓储经营人才能在物流体系中占有一席之地,适应现代物流的发展。

六、通过制度化、科学化的先进手段不断提高管理水平

任何企业的管理都不可能一成不变,需要随着形势的发展而不断发展,适应新的变化,仓储管理也要根据仓储企业经营目的的改变、社会需求的变化而改变。管理也不可能一步到位,一开始就设计出一整套完善的管理制度实施于企业,这样,不仅教条,而且不可执行。仓储管理也要从简单管理到复杂管理,从直观管理到系统管理,在管理实践中不断补充、修正、完善,不断提高,实行动态的仓储管理。

仓储管理的动态化和管理变革,既可以促进管理的提高,提高仓储效益,也可能因为脱离实际、不同于人们的惯性思维或者形而上学,使管理的变革失败,甚至趋于倒退,不利于仓储的发展。因而仓储管理的变革需要有制度性的变革管理,通过科学的论证,广泛吸取先进的管理经验,针对本企业的客观实际进行管理。

七、从技术到精神领域提高员工素质

没有高素质的员工队伍,就没有优秀的企业。企业的一切行为都是人的行为,是每一个员工履行职责的行为表现。员工的精神面貌表现了企业的形象和企业文化。仓储管理的一项重要工作就是不断提高员工的素质,根据企业形象建设的需要加强对员工的约束和激励。员工的素质包括员工每个人的技术素质和精神素质。通过不断的、系统的培训以及严格的考核,保证每个员工熟练掌握其从事劳动岗位应知应会的操作、管理技术和理论知识,且要求精益求精,跟上技术和知识的发展并保持不断更新;明白岗位的工作制度、操作规程;明确岗位所承担的责任。

良好的精神面貌来自于企业和谐的氛围、有效的激励、对劳动成果的肯定以及有针对地开展的精神文明教育。在仓储管理中重视员工的地位,而不能将员工仅仅看作生产工具、一种等价交换的生产要素。在信赖中约束、在激励中规范,使员工有人尽其才、劳有所得、人格被尊重的感受,形成热爱企业、自觉奉献、积极向上的精神面貌。

第三节 仓储合理化标志

仓储合理化的含义就是用最经济的仓储管理来实现仓储的功能,仓储的功能是满足物品的储存需要以实现储存物品的"时间效用"等。因此,仓储管理中降低成本满足客户需求的仓储量是衡量仓储管理中合理化的一个原则。仓储合理化标志主要具体体现在以下几个方面,

如表 7—1 所示。

表 7—1　　　　　　　　　　　仓储合理化标志

标志类型	仓储合理化内容
质量标志	仓储管理中对物品科学的保管保养，以保证物品具有使用价值，这是实现仓储合理化的基本要求。为此，应通过仓储质量控制和管理来保证仓储质量。
数量标志	仓储管理中的物品数量控制体现出整个仓储管理的科学化和合理化程度。合理的仓储数量应该能满足需求并做到成本最低。
时间标志	在保证仓储功能实现的前提下，寻求一个合理的储存时间。要求仓储管理中，物品的管理应该处于动态的、不断周转状态下。资金的周转率越高，运作的成本越低。因此，仓储的时间标志反映出仓储的动态管理程度。
结构标志	从仓储物品不同品种、不同规格、不同花色的仓储数量的比例关系可以对仓储合理性进行判断。
费用标志	仓租费、维护费、保管费、损失费、保险费和资金占用利息支出费用等，都能从实际费用上判断储存的合理与否。
分布标志	指不同地区仓储的数量比例关系，反映了满足需求的程度和对整个物流的影响。

第四节　仓储管理作业流程

按作业过程来分，仓储管理主要有商品的入库、保管保养、出库三个阶段。

一、商品入库阶段

它是指仓储管理人员根据入库凭证或供货合同的规定，接收承运单位或供货商运到仓库的物品，并对货物进行验收、记账及建立货物档案。搞好物品入库阶段作业，把好物品入库验收关是搞好仓储全过程管理的基础。

（一）商品验收作用

所有到库商品，必须在入库前进行验收，只有在验收合格后方可正式入库。这种必要性体现在：一方面各种到库商品来源复杂，渠道繁多，从结束其生产过程到进入仓库，经过一系列储运环节，受到储运质量和其他各种外界因素的影响，质量和数量可能发生某种程度的变化；另一方面，各类商品虽然在出厂前都经过了检验，但有时也会出现失误，造成错检或漏检，使一些不合格商品按合格商品交货。

（二）商品验收标准

商品验收主要是对商品数量、质量和包装的验收，即检查入库商品数量是否与订单资料或其他凭证相符，规格、牌号等有无差错，商品质量是否符合规定要求，物流包装是否能保证货物在运输和储存过程中的安全，销售包装是否符合要求。在仓库验收商品时，所验商品都是整批、连续到库，品种、规格较为复杂，在有限时间内不可能逐件查看，一般采用抽查的方法。验收抽查比例大小，一般依据商品特性、价值大小、品牌信誉、物流环境等因素确定。只有经验收能达到公司的各项预定的验收标准才准许入库。在验收商品时，基本上可根据下列几项标准进行检验：(1)买卖双方约定的商品接收标准；(2)采购合同或订单所规定的具体要求和条件；(3)以议价时的合格样品为标准；(4)以各类产品的国家品质标准或国际品质标准为依据。

（三）商品入库作业管理原则

入库作业作为仓库作业的基础，迅速准确地收货就成为其最重要的作业目标，因此，在安排进货作业时必须注意以下几个原则：(1)尽量使进货地点靠近商品存放点，避免商品进库过程的交叉、倒流；(2)尽量将卸货、分类、标志、验货等作业环节集中在一个场所完成，这样既可以减少空间占用，又可以节省人力物力，降低成本，提高作业效率；(3)通过制作作业相关性分析图，合理布置作业顺序，避免倒装、倒流等现象；(4)对作业人员及搬运设备的调度安排与进货作业的日常活动分布相配合；(5)入库商品流动尽量设计成直线；(6)对小件物品或可以使用托盘集合包装的物品，尽量固定在可流通的容器中进行搬运或存储，以减少货物倒装的次数；(7)详细认真记录进货信息，以备后续作业的查询及信息资料的管理。

二、商品保管保养阶段

它是指仓储管理人员对经验收合格的物品进行科学储存规划、堆码苫垫、清仓盘点、维护保养等作业的过程。物品保管保养阶段的关键作业是制定物品分类储存规划和对不同性质物品采取有效的保管保养措施。搞好物品保管保养，对于合理储存物品，提高仓库利用率和作业效率，确保物品数量准确、质量完好有着十分重要的意义。

（一）商品储存规划

商品储存场所除了储存商品之外还有商品的入库、装卸搬运、检验、流通加工、包装、出库等其他的作业程序。如何提高储存场所的利用率、降低运作成本是每一企业所要关注的问题。因此，在储存场所的布置规划中应科学合理地根据商品的特性、储存要求等进行商品的储存规划。

仓库总平面布置不只包括库区的划分以及建筑物等平面位置的确定，还包括运输线路的组织与布置、库区安全防护以及绿化和环境保护等内容。

仓库总平面布置首先是按作业功能进行分区。根据仓库各种建筑物性质、使用要求、运输关系以及安全要求等，将商品性质相同、功能相近、联系密切、对环境要求一致的建筑物分成若干组，再结合仓库用地内外的具体条件，合理地进行功能分区。仓库总平面布置应能充分、合理地利用机械化进行作业。

仓库总平面一般可以划分为仓储作业区、辅助作业区、行政生活区，除了上述区域之外，还包括铁路专用线和库内道路。

1. 仓储作业区

仓储作业区是仓库的主体，仓库的主要业务和商品保管、检验、包装、分类、整理等都在这个区域里进行。主要建筑物包括库房、货场、站台，以及加工、整理、包装场所等，仓库作业区布置中所要考虑的因素包括减少运动的距离、有效地利用时间、充分利用仓库面积等。

2. 辅助作业区

在辅助作业区内进行的活动是为主要业务提供各项服务，例如，设备维修、加工制造、各种物料和机械的存放等。辅助作业区的主要建筑物包括维修加工以及动力车间、车库、工具设备库、物料库等。

3. 行政生活区

行政生活区由办公室和生活场所组成，具体包括办公楼、警卫室、化验室、宿舍和食堂等。行政生活区一般布置在仓库的主要出入口处并与作业区用隔墙隔开。这样既方便工作人员与作业区的联系，又避免非作业人员对仓库生产作业的影响和干扰。

仓储作业区与辅助作业区分开的目的是为了避免在辅助作业区内发生的灾害事故危及存货区域。在划定各个区域时，必须注意使不同区域所占面积与仓库总面积保持适当的比例。商品储存的规模决定了主要作业场所规模的大小。同时，仓库主要作业的规模又决定了各种辅助设施和行政生活场所的大小。各区域的比例必须与仓库的基本职能相适应，保证商品接收、发运和储存保管场所尽可能占最大的比例，提高仓库的利用率。

在仓库总面积中需要有库内运输道路，对于大型仓库还要包括铁路专用线。商品出入库和库内搬运要求库内外交通运输线相互衔接，并与库内各个区域相贯通。这些交通运输道路构成了仓库内部四通八达的交通运输网。仓库交通运输网布置得是否合理，对于仓库组织仓储作业和有效利用仓库面积都产生很大的影响。在满足各项作业需要的前提下，应尽可能减少道路占用的面积。

运输道路的配置应符合仓库各项业务的要求，方便商品入库储存和出库发运，还应适应仓库各种机械设备的使用特点，方便装卸、搬运、运输等作业操作。库内道路的规划必须与库房、货场和其他作业场地的配置相互配合，减少各个作业环节之间的重复装卸、搬运，避免库内迂回运输。各个库房、货场要有明确的进出、往返路线，避免作业过程中相互干扰和交叉，以防止因交通阻塞影响仓库作业。

在具体规划时，根据上面各区的要求还需要对作业活动设施的关联性进行分析配置，反复分析和评价直至得到最合适的设施关联方案。

（二）商品堆码苫垫

商品一旦验收后就进入商品的入库堆垛程序。商品的堆码与苫垫工作，是商品入库管理中的一个重要环节，将会直接影响到商品的储存质量。堆码与苫垫就是根据商品的包装形状、重量和性能特点，结合地面负荷、储存时间将商品按一定的要求集中堆放在指定的货位，并进行苫垫或密封。合理科学的商品堆码与苫垫能够使储存的商品仍保持使用价值，同时可以提高仓库的利用率等。

1. 商品堆码技术

堆码就是根据商品的特性、形状、规格、质量及包装质量等情况，同时综合考虑地面的负荷、储存时间，将商品分别叠堆成各种码垛。合理科学的商品堆码技术，对提高入库商品的储存保管质量、提高仓容利用率、提高收发作业及养护工作的效率，有着相当重要的作用。

2. 商品苫垫技术

苫垫可以分为苫盖和垫底两种。商品苫垫是为了防止各种自然因素对储存商品质量的影响的一种措施，商品在堆垛时一般都需要苫垫，即把货垛垫高，对露天货物进行苫盖，只有这样才能使商品避免受潮、淋雨、暴晒等，保证储存、养护商品的质量。

（三）商品保管保养

储存保管的商品总是在不断变化的，只是快慢不一样而已。因此，商品的储存保管就是要讲究一种科学的管理方法，要掌握每一种物品的物理、化学等特性，采取相适应的措施以达到科学的仓储管理。对商品所进行的保养和维护工作，称为商品的养护。商品养护是防止储存商品质量变化的重要措施，是仓储保管中一项经常性的工作。

1. 商品养护的概念

储存在仓库中的商品种类繁多，并且有着不同的商品特性，这样，在商品的储存保养过程中，养护工作的任务就是要针对商品不同的特性和储存要求，积极创造合理的储存条件，采取科学的养护技术措施，以保证商品在储存中的安全。面向库存商品，根据库存数量多少、发生质量变化速度、危害程度、季节变化，按轻重缓急分别研究制定相应的技术措施，使储存商品具有使用价值，以避免和减少商品损失、降低保管损耗，为企业创造经济效益和社会效益。

商品在养护过程中也应遵循"以防为主、防治结合"的储存保管原则。要做到防得早、工作细致周密、渗透到整个流通过程，做好"防"就可以减少"治"或者避免"治"。但是，一旦发生了质量问题，就必须及时进行"治"。如果"治"的方法恰当、"治"得及时，同样可以避免使商品的使用价值受到影响而发生损失。

2. 商品养护的任务

商品养护的任务是通过科学合理的养护措施以保证储存商品的质量。但是，储存商品的质量变化是绝对的，只是快慢不同而已。另外，由于一些其他方面的因素，储存商品的质量也会发生变化从而导致报废。因此，商品养护的目的就是要依据商品的物理、化学性质，避免人为误操作因素，运用商品养护中各类理论知识和养护技术，掌握商品质量发生变化的规律，做到最大限度地减少损耗以维护商品的安全，从而保证储存商品的使用价值。

3. 影响储存养护商品质量变化的因素

（1）人为因素

人为因素是指物品在储存过程中不按照商品储存保管的客观规律或违反操作规程而造成影响商品的质量后果。例如，由于包装不合理、装卸不慎、堆垛苫垫不当或机械事故、储存期过长等造成商品的损坏变质。

（2）客观因素

客观因素是由于物品本身的物理、化学性质和自然因素的影响等所造成的商品质量的损坏变质。

①商品的物理性质

商品的物理性质是指商品某种性质改变时不牵涉物质分子（或晶体）化学组成改变的性质。例如，导热性、弹性、强度、刚度、熔点等。

②商品的化学性质

商品的化学性质是指商品某种性质必须在其分子（或晶体）起化学反应时方显示出来的性质。例如，氧化反应、还原性、酸性、碱性、腐蚀、燃烧、爆炸和化学稳定性等。

（3）外部自然因素

商品在储存养护过程中的质量变化，除了商品内部运动变化的结果外，同时还与储存的外界因素有着密切的关系。这些外界因素主要包括空气中的氧、日光、温度、湿度、微生物、昆虫等，它们是影响储存商品质量、数量变化的外部因素。如果掌握了在储存期间影响商品质量的自然因素的特点及其变化规律，通过采取一系列科学合理的保养维护工作，可以有效地控制储存环境因素，减少或减缓外界因素对仓储商品质量的不良影响。自然因素对储存商品影响的相关因素主要有：

①空气中的氧气

空气是由各种不同气体混合而成的，空气中约含有21%左右的氧气。氧气非常活泼，能和许多商品发生作用，对商品质量变化影响很大。空气中的氧气会使金属氧化、化纤物资老化。空气中的二氧化碳、二氧化硫等有害气体与水蒸气相遇成为碳酸、亚硫酸等，附着于金属表面上成为电解质溶液，导致金属的电化学腐蚀。沿海地区的空气中，特别是夏季，带有大量海洋盐雾，盐雾中含有大量的氯化物与空气中水汽相混合，更增加了金属腐蚀速度。

因此，为了避免氧气对商品质量变化的影响，在商品保管中，隔绝氧气是保养好商品的有效方法。对于受氧气影响比较大的商品,要采取各种方法(如浸泡、密封、充氮等)隔绝氧气对商品的影响。

②有害气体

大气中的有害气体,主要来自燃料,例如,煤、石油、天然气、煤气等燃料燃烧后放出的烟尘和工业生产过程中的粉尘、废气。对空气的污染,主要是二氧化碳、二氧化硫、硫化氢、氯化氢和氮氧化物等气体以及粉尘微粒。因此,可通过改善商品的储存环境、改进商品的包装等来减少有害气体对商品质量的影响。

③温度

空气温度的变化对某些商品的质量有很大影响。一般商品在常温或常温以下都比较稳定,高温能促进商品的挥发、渗漏、熔化等物理变化及各种化学变化。而低温又容易引起某些商品的冻结、沉淀等变化,温度忽高忽低,会影响到商品质量的稳定性。例如,橡胶及其制品、塑料制品等,温度过高会发黏、老化变质。含有一定水分或结晶水的物资,在高温下逐渐失去水分引起外形和性质变化并造成重量损失,例如,石膏、硫酸铜、纸张、木材等。温度过高,应避免某些商品熔化、挥发以及引起某些危险品的自燃或爆炸。锡在低温时(小于13.2℃)会发生同素异构现象,即锡疫现象。精密仪器在过高或过低的温度中会影响仪表的精密度。

20℃~35℃之间是菌类和微生物生长繁殖最适宜的温度,加速商品腐败变质和虫蛀。菌类和微生物生长繁殖时摄取橡胶、纸张、棉纱等有机物中的淀粉、糖类、蛋白质,并使其长霉腐烂变质。

因此,控制和调节储存商品的温度是商品养护的重要工作内容之一。

④湿度

湿度是指空气的干湿程度。一般随天气的晴雨冷暖而定,以相对湿度来表示。空气湿度的改变,能引起商品含水量、化学成分、外形或体态结构发生变化。大部分物资怕潮湿。湿度过大(相对湿度达80%以上)会给菌类及其他微生物提供孳生条件,使有机物生霉,腐烂变质。相对湿度超过80%时,空气中的水蒸气很容易被物资吸附,金属及其制品会锈蚀,吸湿性强的化工产品会潮解、溶化而失效,仪器会失灵等。有些商品因大量吸收空气中的水分而变质,例如水泥受潮后硬化而失效;而有些商品遇空气的湿气而分解所产生的热量积聚到一定程度会自燃而引起火灾。相对湿度过低(小于4%)又会使某些非金属物资燥裂(如纸张),降低强度。因此,要根据各种不同商品的特性,尽量创造各种商品适宜的相对湿度条件,储存商品,并应经常检查。

⑤日光

日光是由各种不同波长的光线组成的。日光中含有热量、紫外线、红外线等,它对商品起着正反两方面的作用。一方面,日光能够加速受潮商品的水分蒸发,杀死杀伤微生物和商品害虫,在一定条件下,有利于商品的保护。但是另一方面,某些商品在日光的直接照射下,又发生破坏作用。除可见光外,还有两种不可见光线,即红外线和紫外线。例如,日光能使酒类挥发、油脂加速酸败、橡胶塑料制品迅速老化、纸张发黄变脆、色布褪色、药品变质、照相胶卷感光等。在日光的照射下,由于紫外线的作用,高分子材料(包括制品)的分子链发生变化,从而使材料的弹性降低、龟裂,例如,橡胶制品迅速老化,表面龟裂,失去弹性。因此,要根据各种不同商品的特性,注意避免或减少日光的照射。

⑥微生物和仓库虫害

微生物广泛存在于空气中,也是储存商品发生质量变化的重要因素之一。这些微生物在生命活动过程中能分泌出一种酶,利用它可以把有机商品中的蛋白质、纤维素、糖、木质素、有机酸、果胶等物质分解为简单的物质,加以吸收利用,从而使商品变质,丧失其食用或使用价值。微生物的种类很多,譬如酵母菌、霉菌和放线菌,其中以霉菌危害最大。

如果气温、湿度合适,就为霉菌的生存繁殖提供了极有利的条件,它们便能迅速生长繁殖。譬如皮革、纤维、橡胶、木材、涂料等制品,受到霉菌的侵蚀,会发生霉变。同时,微生物异化作用中,在细胞内分解氧化营养物质产生各种腐败性物质排出体外,使商品产生腐臭味和色斑霉点。真菌和霉菌也会沉积在金属表面,保持表面的水分,使金属易锈蚀。仓虫在仓库里,不仅蛀食动植物性商品和包装,有些仓虫还能危害塑料、化纤等化工合成商品,此外,白蚁还会蛀蚀仓库建筑物和纤维质商品。仓虫在危害商品过程中,不仅破坏商品的组织结构使商品发生破碎和孔洞,外观形态受损,而且在生活过程中,吐丝结茧,排泄各种代谢废物而玷污商品,影响了商品的质量和外观。

⑦卫生条件

卫生条件是保证商品免于变质腐败的重要条件之一。卫生条件不良,不仅使灰尘、油垢、垃圾、腥臭等污染商品造成某些外观疵点和感染异味,而且还为微生物、仓虫等创造了活动场所。因此,在商品储存过程中,一定要搞好储存环境的卫生,保持商品本身的卫生,防止商品之间的感染。

(四)商品养护的基本原则

商品在养护过程中也应遵循"以防为主、以治为辅、防治结合"的储存养护原则。要做到早防、早治,将防与治渗透到整个商品储存养护过程中。做好商品储存养护中的防治结合工作不仅是养护技术问题,同时也是养护管理的问题。因此,需要运用科学合理的技术,不断实践,找到符合规律的、行之有效的养护措施,搞好商品储存养护工作。具体来说,商品在储存养护中的基本原则如下:

1. 掌握商品的性能,合理安排储存养护场地

商品进入储存养护状态之前,为了确保商品养护质量在出库时仍具有使用价值,应该充分掌握和了解商品的各项性能、储存要求等,采取分区分类储存方法,按储存"三一致"要求进行储存养护场地的安排。

2. 严格入库验收

商品在入库之前,由于运输、搬运、装卸、堆垛等,可能受到雨淋、水湿、玷污或因操作不慎以及运输中震动、撞击致使货物或包装受到损坏,通过入库验收即能及时发现,以分清责任界限。因此,对入库货物除了核对数量、规格外,还应该按比例检查其外观有无变形、变色、玷污、生霉、虫蛀、鼠咬、生锈、老化、沉淀、聚合、分解、潮解、溶化、风化、挥发、含水量过高等异状,有条件的还应进行必要的质量检验。

3. 选择合理的堆垛苫垫

入库商品应根据其性质、包装条件、安全要求采用适当的堆垛方式,达到安全牢固、合理、定量、整齐和节约的仓储操作要求和"五距"要求。根据商品的包装形状、重量和性能特点,结合地面负荷、储存时间将商品按一定的要求集中堆放在指定的货位,并进行苫垫或密封。合理科学的商品堆码与苫垫能够使储存的商品仍保持使用价值,同时可以提高仓库的利用率等。

4. 加强仓库温度、湿度控制管理

温度和湿度是影响各类商品在储存过程中发生质量变化的重要因素,因此,在商品储存养护过程中,应对不同的商品依据不同的储存要求,将温度、湿度控制在适宜的范围。这就需要

科学掌握自然气候变化规律,并采取各种措施,使库房内的温度和湿度得到控制与调节,创造商品养护适宜的温度、湿度条件,以保护商品的质量不变。

5. 坚持储存商品的在库检查

处于储存养护过程中的商品由于受到自身和其他各种因素的影响,其质量发生变化是绝对的,只是快慢不同而已,因此需要根据其性质、储存条件、储存时间以及季节气候变化分别确定检查周期、检查比例、检查内容。分别进行日常检查、定期检查和临时检查。在检查中发现异状,要扩大检查比例,并根据问题情况,及时采取适当的技术措施,及时处理,防止商品受到损失。

6. 开展科学实验研究

对入库储存的商品及时检验质量,开展对货物质量变化规律的研究和采取养护措施的科学实验,是养护科研工作的一项主要内容。通过实验的可靠数据,证实养护措施的可靠性以指导实践。再通过保管实践的数据反馈,使养护措施的可靠性得到验证,或根据其不足处再作进一步研究改进。

三、商品出库阶段

物品出库是指仓储管理人员根据货主或业务部门的出库指令,对物品进行备料、复核、包装和发货等作业过程。随着客户对物流服务的要求不断提高,物品配送业务必然迅速发展,如何将传统的出库作业向物流配送作业转化,是仓储部门有待解决的问题。搞好出库配送,为客户提供增值服务,对于提升物流企业形象、满足客户个性化需求有着关键的作用。

(一)商品出库基本原则

1. 商品出库,必须根据业务部门或客户开具的商品调拨通知单进行,仓库不准随意动用或外借库存商品。

2. 在特殊情况下,企业自备仓库可根据上级主管业务部门的电报、电话(必须先做好记录)先行出库,后补办手续。

3. 下列商品不经业务部门允许不准出库:质量不合格、规格不符件、缺件不配套、包装不牢以及未进行检查验收、无技术证件和不允许使用的商品。

4. 用户自提商品在规定期限内办理,逾期不提者,不予办理发货。

(二)商品出库要求

1. 在具体品种、规格、质量上必须完全符合出库凭证上所规定的内容。

2. 在办理出库手续上,要求迅速、及时、简化环节、提高出库效率。

3. 增强服务意识,提高为用户服务的水平,减少并力争杜绝差错事故的发生。

4. 出库应贯彻"先进先出,存新发旧"的原则。

5. 商品装箱时,对包装商品要逐项填写装箱单。有技术证件的,要一起放于箱内易见的位置,便于收货人开箱时核对清点。

6. 出库的商品要根据不同的性质、特点进行包装,箱内要填塞紧密,包装捆扎要牢固。易燃品、易碎品、怕热、怕冻、怕震商品要严格包装,并附特殊标记,确保运输安全。

7. 无包装或不易识别的商品(如外形、尺寸近似等),要标上料笺,便于用料单位点收。

8. 保管部门应严格执行签发手续,当商品发出后应在原出库凭证上的回单上注明发货时间和实发数量,并加盖主管人和承办人的印章(或签字)。逐级退回上一级主管业务部门,作为账务处理的依据。如果是用料单位自提,提货人还应在出库凭证上签字。

9. 商品出库完毕,应及时销账,及时清理现场,并将提货凭证注销后归档存查。

第五节 流通加工

一、流通加工的概念

流通加工(见图7-1)是为了提高物流速度和物品的利用率,在物品进入流通领域后,按客户的要求进行的加工活动。即在物品从生产者向消费者流动的过程中,为了促进销售、维护产品质量、实现物流的高效率所采取的使物品发生物理和化学变化的功能。流通加工是物品在从生产地到使用地的过程中,根据需要施加包装、分割、计量、分拣、组装、价格贴付、商品检验等简单作业的总称。

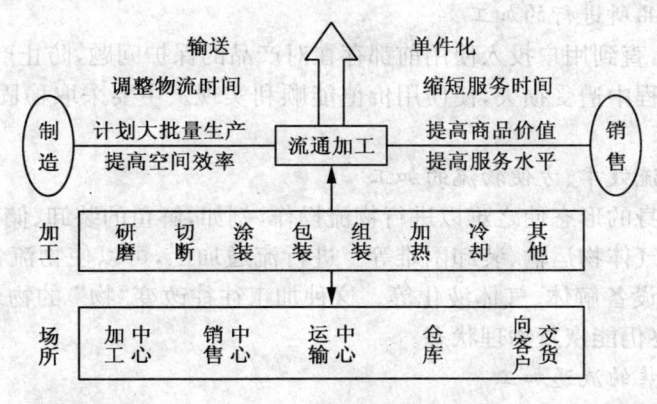

图7-1 流通加工示意图

流通加工和流通总体同样起着"桥梁和纽带"的作用。但它不是通过"保护"流通对象的原有形态而实现这一作用的,它是和生产一样,通过改变或完善流通对象的原有形态来实现"桥梁和纽带"作用的。流通加工是在物品从生产领域向消费领域流动的过程中,为了促进销售、维护产品质量和提高物流效率,对物品进行加工,使物品发生物理、化学或形状的变化。随着经济增长、国民收入增多,消费者的需求出现多样化,促使在流通领域开展流通加工。目前,在世界许多国家和地区的物流中心或仓库经营中都大量存在流通加工业务,在日本、美国等物流发达国家则更为普遍。

二、流通加工的目的

1. 适应多样化的顾客需求,促进商品的销售。
2. 在食品方面,可以通过流通加工来保持并提高其机能,在提供给消费者时保证新鲜。
3. 提高商品的附加值。
4. 可以规避风险,使商品跟得上市场需求的变化。
5. 推进物流系统化,提高物流效率,降低物流成本。

三、流通加工的类型

(一)为弥补生产领域加工不足的深加工

有许多产品在生产领域的加工只能到一定程度,这是由于存在许多限制因素限制了生产领域不能完成终极的加工。例如,钢铁厂的大规模生产只能按标准规定的规格生产,以使产品有较强的通用性,使生产能有较高的效率和效益;木材如果在产地完成成材加工或制成木制品,就会造成运输上的极大困难,所以原生产领域只能加工到圆木、板、方材这个程度,进一步的下料、切裁、处理等加工则由流通加工完成。这种流通加工实际是生产的延续,是生产加工的深化,对弥补生产领域加工不足有重要意义。

(二)为适应多样化需要的流通加工

生产部门为了实现高效率、大批量生产,其产品往往不能完全满足客户所需的要求。为了满足客户对产品多样化的需要,同时又保证社会高效率的大生产,将生产出来的单调产品进行多样化的改制加工是流通加工中占重要地位的一种加工形式。例如,对钢材卷板的舒展、剪切加工;平板玻璃按需要规格的开片加工;木材改制成枕木、方材、板材等加工。

(三)为保护产品所进行的加工

在物流过程中,直到用户投入使用前都存在对产品的保护问题,防止产品在运输、储存、装卸、搬运、包装等过程中遭受损失,使使用价值能顺利实现。主要采取稳固、改装、冷冻、保鲜、涂油等方式。

(四)为提高物流效率、方便物流的加工

有一些产品本身的形态使之难以进行物流操作,例如,鲜鱼的装卸、储存操作困难;过大设备搬运、装卸困难;气体物运输、装卸困难等。进行流通加工,可以使物流各环节易于操作,例如,鲜鱼冷冻、过大设备解体、气体液化等。这种加工往往改变"物"的物理状态,但并不改变其化学特性,并最终仍能恢复物理状态。

(五)为促进销售的流通加工

流通加工可以从几个方面起到促进销售的作用。例如,将过大包装或散装物(这是提高物流效率所要求的)分装成适合一次销售的小包装的分装加工;将原来以保护产品为主的运输包装改换成以促进销售为主的装潢性包装,从而起到吸引消费者、指导消费的作用;将零配件组装成用具、车辆以便直接销售;将蔬菜、肉类洗净切块以满足消费者要求等。这种流通加工可能是不改变"物"的本体,只进行简单改装的加工,也有许多是组装、分块等深加工。

(六)为提高加工效率的流通加工

许多生产企业的初级加工由于数量有限加工效率不高,也难以投入先进科学技术。流通加工以集中加工形式,解决了单个企业加工效率不高的弊病。以一家流通加工企业代替了几家生产企业的初级加工工序,促使生产水平有一个发展。

(七)为提高原材料利用率的流通加工

流通加工利用其综合性强、用户多的特点,可以采用合理规划、合理套裁、集中下料的办法,提高原材料利用率,减少损失浪费。

(八)衔接不同运输方式使物流合理化的流通加工

在干线运输及支线运输的节点设置流通加工环节,可以有效解决大批量、低成本、长距离干线运输与多品种、少批量、多批次末端运输和集货运输之间的衔接问题。在流通加工点与大生产企业间形成大批量、定点运输的渠道,又以流通加工中心为核心,组织对多用户的配送。也可在流通加工点将运输包装转换为销售包装,从而有效衔接不同目的的运输方式。

(九)以提高经济效益、追求企业利润为目的的流通加工

流通加工的一系列优点可以形成一种"利润中心"的经营形态,这种类型的流通加工是经营的一环,在满足生产和消费要求基础上取得利润,同时在市场和利润引导下使流通加工在各

个领域中能有效地发展。

（十）生产—流通一体化的流通加工

依靠生产企业与流通企业的联合，或者生产企业涉足流通，或者流通企业涉足生产，形成对生产与流通加工进行合理分工、合理规划、合理组织，统筹进行生产与流通加工的安排，这就是生产—流通一体化的流通加工形式。这种形式可以促成产品结构及产业结构的调整，充分发挥企业集团的经济技术优势，是目前流通加工领域的新形式。

四、流通加工的合理化

流通加工合理化的含义是实现流通加工的最优配置，不仅做到避免各种不合理加工，使流通加工有存在的价值，而且做到最优的选择。

为避免各种不合理现象，对是否设置流通加工环节，在什么地点设置，选择什么类型的加工，采用什么样的技术装备等，需要做出正确抉择。目前，国内在进行这方面合理化的考虑中已积累了一些经验，取得了一定成果。

实现流通加工合理化主要考虑以下几个方面：

（一）加工和配送结合

将流通加工设置在配送点中，一方面按配送的需要进行加工，另一方面加工又是配送业务流程中分货、拣货、配货的一环，加工后的产品直接投入配货作业，这就无需单独设置一个加工的中间环节，使流通加工有别于独立的生产，而使流通加工与中转流通巧妙结合在一起。同时，由于配送之前有加工，可使配送服务水平大大提高。这是当前对流通加工做合理化选择的重要形式，在煤炭、水泥等产品的流通中已表现出较大的优势。

（二）加工和配套结合

在对配套要求较高的流通中，配套的主体来自各个生产单位，但是，完全配套有时无法全部依靠现有的生产单位，进行适当流通加工，可以有效促成配套，大大提高流通的桥梁与纽带的能力。

（三）加工和合理运输结合

上面已提到过流通加工能有效衔接干线运输与支线运输，促进两种运输形式的合理化。利用流通加工，在支线运输转干线运输或干线运输转支线运输这本来就必须停顿的环节，不进行一般的支转干或干转支，而是按干线或支线运输合理的要求进行适当加工，从而大大提高运输及运输转载水平。

（四）加工和合理商流相结合

通过加工有效促进销售，使商流合理化，也是流通加工合理化的考虑方向之一。加工和配送的结合，通过加工，提高了配送水平，强化了销售，是加工与合理商流相结合的一个成功的案例。

（五）加工和节约资源相结合

节约能源、节约设备、节约人力、减少耗费是流通加工合理化重要的考虑因素，也是目前我国设置流通加工并考虑其合理化的较普遍形式。

对于流通加工合理化的最终判断，是看其是否能实现社会的、企业本身的两个效益，而且是否取得了最优效益。流通企业更应该树立社会效益第一的观念，以满足实现产品生产的最终利益为原则，只有在生产流通过程中的补充、完善为己任前提下才有生存的价值。如果只是追求企业的微观效益，不适当地进行加工，甚至与生产企业争利，这就有违于流通加工的初衷，或者其本身已不属于流通加工范畴。

第六节 库存及库存管理

一、库存含义及类型

从某种意义上说,库存是为了满足未来需要而暂时闲置的资源,因此,资源的闲置就是库存,与这种资源是否存放在仓库中没有关系,与资源是否处于运动状态也没有关系。

根据库存管理中库存的定位目的要求,仓储与配送管理过程中可将库存分为以下七种类型。

（一）经常库存

指配送中心在正常的经营环境下为满足日常的需要而建立的库存。这种库存随着每日的需要不断减少,当库存降低到某一水平时（如订货点）,就要进行订货来补充库存。这种库存补充是按一定的规则反复进行的。

（二）安全库存

指为了防止由于不确定因素（如突发性大量订货、厂商交货期延期等）而准备的缓冲库存。

（三）加工和运输过程的库存

加工过程的库存指处于流通加工状态或因等待加工而处于暂时储存状态的商品。运输过程的库存指处于运输状态或为了运输的目的而暂时处于储存状态的商品。

（四）季节性库存

指为了满足特定季节中出现的特定需要而建立的库存,或指对季节性出产的商品在出产的季节大量收购所建立的库存。

（五）促销库存

指为了应付企业的促销活动产生的预期销售增加而建立的库存。

（六）投机库存

指为了避免因商品价格上涨造成损失或为了从商品价格上涨中获利而建立的库存。

（七）沉淀库存或积压库存

指因物品品质变坏不再有效用的库存或因没有市场销路而卖不出去的商品库存。

二、库存作用与反作用

库存既然是资源的闲置,就一定会造成浪费,增加企业的成本。那么,为什么还要维持一定量的库存呢？这是因为库存有其特定的作用。"没有商品的储存就没有商品的流通。"因此,库存在物流的运作中具有特定的内在作用。

（一）库存的作用

1. 保持生产运作的独立性

在作业中心保持一定量原材料能给该中心带来生产柔性。例如,因为每一次新的生产准备都带来成本,而库存能减少生产准备次数。装配线上各个工作站是独立进行工作的,即使是相似的操作,在各个工作站所花的时间也不同。因此,有必要在工作站上保持一些零件,这样,作业时间短的工作站与作业时间长的工作站之间可以得到平衡,进而使平均产量平稳化。

2. 满足需求的变化

如果能够精确地知道产品的需求,将有可能使(虽然不是必须节约的)生产的产品恰好满足需求。但是,需求通常是不能完全知道的,所以必须保持安全库存或缓冲量以防需求的变化。

3. 增强生产计划的柔性

库存储备能减轻生产系统要尽早生产出产品的压力。也就是说,生产提前期宽松了,在制订生产计划时,就可以通过加大生产批量使生产流程更加有条不紊,并降低生产成本。生产准备完成后,若生产批量比较大,昂贵的生产准备成本就能得以分摊。

4. 克服原料交货时间的波动

在向供应商订购原材料时,有许多原因都将导致材料到达延误:发运时间的变化,供应商工厂中原材料短缺而导致订单积压,供应商工厂或运输公司发生意外的工人罢工,订单丢失以及材料误送或送达的材料有缺陷等。

(二) 库存的反作用

1. 库存会引起仓库建设、仓库管理、仓库工作人员工资、福利等项费用开支增高。
2. 储存物资占用资金所付的利息,以及这部分资金如果用于另外项目的机会损失都是很大的。
3. 陈旧损坏与跌价损失。物资在库存期间可能发生各种物理、化学、生物、机械等方面的损失,严重者会失去全部价值及使用价值。随着储存时间的增加,存货无时无刻不在变得陈旧,一旦错过有利销售期,就不可避免出现跌价损失。
4. 保险费支出。近年来为分担风险,我国已开始对储存物采取投保缴纳保险费方法,保险费支出在有些国家、地区已达到很高比例。
5. 进货、验收、保管、发货、搬运等工作费。

三、传统库存管理技术——ABC 管理法

在库存管理中,我们不能采用对所有的库存商品进行"一视同仁"的管理。存货管理中,总是有些商品进出库频繁,有些商品价格高、资金大,而有一些商品存期长或者价值低廉。如果对所有的商品都采用相同的存货管理方法,显然管理的难度和强度会很大,而且也不符合经济的原则,因此,应采取有区别的、轻重缓急管理的方法。ABC 管理法就是一种依据一定的原则对众多事物进行分类的方法。

19 世纪,帕累托在研究米兰的财富分布时发现,20%的人口控制了 80%的财富。这一现象被概括为重要的少数、次要的多数,这就是应用广泛的帕累托原理。帕累托原理也适用于我们的日常生活(日常生活中我们的大部分决策不怎么重要,而少数决策却影响了我们的未来),在库存系统中帕累托原理同样适用(少量物资占用了大量投资)。

任何一个库存系统必须指明何时发出订单,订购数量为多少。然而,大多数库存系统要订购的物资种类非常多,因此,对每种物资采用模型来进行控制有些不切实际。为了有效地解决这一问题,我们可根据物资的年耗用金额来进行排序,就会发现少数物资占用了很大的资金,而大多数物资占用的资金却很少,如图 7-2 所示。

因此,我们可以看出 ABC 管理法就是重点管理法,其理论基础是关键的少数和一般的多数,而少数几种取得大部分的利润。

其储存管理要求是对 A 类商品采用现代化技术措施和设备进行重点的精心管理,加强养护以保证质量,信息传递迅速,将库存压到最低水平,人员配备素质高,设备投入相对先进,采

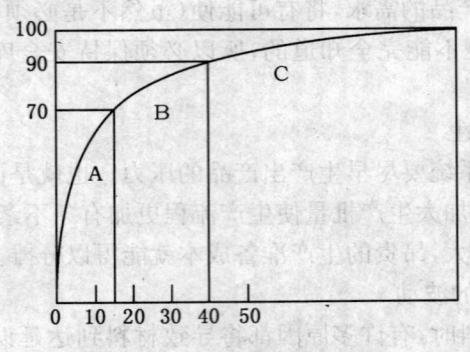

图7-2　ABC管理法曲线图

用较少的安全库存。对B类商品进行较好的管理,保持一定的安全库存。而对于C类商品进行一般的管理,维护适当的储备,保持相对较高的安全库存。

本章小结

仓储管理是现代物流管理的基础,高效率的仓储管理是实现满足客户的个性化需求、降低企业运作成本的保证。仓储是物流的主要功能要素之一,是社会物质生产的必要条件之一,储存可以创造"时间效用",是"第三利润源泉"。

科学的商品储存规划与养护是降低成本满足客户需求的基本保证,通过本章对商品的储存规划、商品的养护管理及库存管理方法的学习,能够掌握商品储存中的要求、方法,为在今后的商品养护管理中制定科学合理的养护规划、优化库存决策打下一定的基础。

思考与练习

一、名词解释

仓储管理　　仓储合理化标志　　仓储技术作业三环节　　商品堆码与苫垫　　流通加工

二、简答题

1. 仓储管理的任务是什么?
2. 仓储合理化的标志是什么?
3. 仓储管理技术作业流程三环节及内容有哪些?
4. 商品保管保养的意义有哪些?
5. 简述商品验收的作用及标准。
6. 简述商品保管保养的影响因素及内容。
7. 简述仓库总平面规划的内容与要求。
8. 简述商品出库的原则与要求。
9. 如何理解流通加工的合理性?
10. 库存的类型及作用有哪些?
11. 简述库存ABC管理法。

三、案例与分析

像送鲜花一样送啤酒
——青岛啤酒的新鲜度战略

青啤从 1993 年开始"做大做强",多年的收购使公司的负债率上升,引起一系列的成本增加,造成很大的财务压力,盈利能力下降(2001 年净利润只有 1 亿元,只达到预期的 60%),边际利润只有 1.8%。

2001 年新任总经理调整了战略,由原来的"做大做强"改为"做强做大",进行了一系列改革,以提升公司的核心竞争力。

2002 年,青啤和招商局成立合作物流公司,全面接管青啤的物流业务,让青啤能从不在行的领域里抽身。

青啤先后设立了 CDC 中央分发中心(Distribution Center Built by Catalogue Saler)、多个区域物流中心(Region Distribution Center,RDC)以及前端物流中心(Front Distribution Center,FDC),一改以前仓库分散且混乱的局面。

这样,青啤从原有的总部和分公司都有仓库的情况,变成了由中央分发中心至区域物流中心,再到直供商,形成了"中央仓—区域仓—客户"的配送网络体系,对原来的仓库重新整合。

青啤在全国设置了 4 个 RDC,分别在北京、宁波、济南和大连。在地理上重新规划企业的供销厂家分布,以充分满足客户需要,并降低经营成本。

而 FDC 方面的选择,则是考虑了供应和销售厂家的合理布局,能快速准确地满足顾客的需求,加强企业与供应和销售厂家的沟通与协作,降低运输及储存费用。

不仅仓储发生了变化,库存管理中还采用信息化管理,提供商品的移仓、盘点、报警和存量管理功能,并为货主提供各种分析统计报表,例如,进出存报表、库存异常表、商品进出明细查询、货卡查询和跟踪等。

青啤将物流外包的结果是一年节约 1 000 万元,而且青岛啤酒运往外地的速度也提高了 30% 以上。从 2002 年起,山东省 300 公里以内的区域消费者能喝到当天生产的啤酒,300 公里以外的消费者也能喝到隔日的啤酒。通过多方面的内部管理重组,青啤也大幅削减人手。

通过对全国市场区域的仓储活动进行重新规划,青啤的仓库面积由以往的 7 万多平方米下降到目前的 29 260 平方米。库存量也得到改善,从以下数据可以知道,成立仓储调度中心后,青岛本部的产量虽然上升了,但库存量反而大大下降。

1998 年产量 30 万吨,2002 年超过 50 万吨;1998 年库存量 3 万吨,2002 年小于 1 万吨。仓储所需资金也节省了不少。下表显示了首阶段仓储管理的成效,一年多节省了约 4 877 万元。

资金节省项目	金额(万元/年)
库存资金占用	3 500
仓储费	187
市内周转运输费	189.6
物流外包	1 000
合　计	4 876.6

思考题：
1. 青岛啤酒物流外包的原因是什么？
2. 青岛啤酒新鲜度战略得到实施采取了什么具体方法？

第八章

配送管理

学习目标与要求

1. 了解配送的概念和配送的类型；
2. 掌握配送中心的作业流程；
3. 了解配送的模式及特点；
4. 会比较分析物流中心与配送中心的区别；
5. 掌握合理化配送标志及方法；
6. 了解配送中心含义及类型；
7. 掌握配送的作业流程。

第一节 配送的概念

1985年底，日本颁布的《日本工业标准(JIS)物流用语》中将配送定义为："将货物从物流据点送交给收货人。"

1998年4月，早稻田大学教授西泽修博士在他的专著《物流ABC指南》中对配送进行了较为详细的描述："从发货地到消费地之间，所有进货品、半成品、发货品及库存品都是有计划地、统一地进行管理和实施。配送是费用最低、服务最好的送货方式，为了最有效地将原材料、产品送达，把采购、运输、仓库的功能有机地组合在一起。"

2001年4月，中国国家标准《物流术语》将配送定义为："在经济合理区域范围内，根据用户要求，对物品进行拣选、加工、包装、分割、组配等作业，并按时送达指定地点的物流活动。"

从物流角度来说，配送几乎包括了所有的物流功能要素，是小范围内物流全部活动的体现。一般来说，配送集装卸、包装、保管、运输于一身，通过这一系列活动完成将物品送达客户的目的。特殊的配送则还要以加工活动为支撑，包含的面更广。

从商流来说，物流和配送有明显的不同。物流是商物分离的产物，而配送则是商物合一的产物。配送是"配"和"送"的有机结合体。配送与一般送货的重要区别在于，配送往往在物流据点有效地利用分拣、配货等理货工作，使送货达到一定的规模，以利用规模优势取得较低的送货成本。同时，配送以客户为出发点，强调以"按客户的订货要求"为宗旨。为此，完善配送对于物流系统的提升、生产企业和流通企业的发展，以及整个经济社会效益的提高，具有重要的作用。

配送的作用可以体现在如下方面：

1. 配送可降低整个社会物资的库存水平，发展配送，实施集中库存，可发挥规模经济优势，降低库存成本。

2. 采用配送方式，批量进货，集中发货，以及将多个小批量集中一起大批量发货，可有效节省运力，实行合理、经济运输，降低物流成本。

3. 实行高水平的定时配送，生产企业可依靠配送中心的准时配送或即时配送，压缩库存，甚至实现零库存、节约储备资金，降低生产储备。

4. 配送可成为流通社会化、物流产业化的战略选择。

第二节 配送的种类

配送在长期的实践中以不同的运作特点和形式满足不同的顾客需求，形成不同的配送形式。

一、按配送机构的不同分类

按配送机构的不同，配送可分为配送中心配送、仓库配送、生产制造企业配送等类别。各类型配送的配送特点分别叙述如下。

（一）配送中心配送

通过"配送中心"这一专门的配送组织机构来完成配送业务，配送中心是专门从事商品配送的流通机构，通常具有较大规模的储存、分拣及输配送系统和设施，而且需要建立较大的商品储备，风险和投资都比较大，其设施和工艺流程是根据配送活动的特点和要求专门设计和建设的，因此，其专业化、现代化程度高。

（二）仓库配送

在物流服务社会化程度较低和配送业务发展的初期，大多数配送活动是以传统仓库为依托的，在此基础上形成了仓库配送。

（三）生产制造企业配送

通常是以生产企业成品库为依托开展配送活动，其客户对产品需求量较大，对品种、规格和质量的要求相对稳定。

二、按配送商品种类及数量不同分类

按商品种类及数量的不同和配送时间及数量的不同，配送还可以分为其他不同的类型，每一种类型都有其各自的特点。

（一）少品种、大批量配送

少品种、大批量配送的方式由于配送的商品品种少，所以配送机构内部组织、策划等管理工作较为简单，而且配送数量大，易于配载且车辆使用效率高。多数可以采取直送方式，因此，配送成本较低。这种方式常见于为生产企业配送和批发商配送。

（二）多品种、少批量配送

多品种、少批量配送是按用户的要求，将其所需要的多种商品通过集货、分拣、配货、流通加工等环节，少量而多次地配送给顾客。这种配送方式相对来说配送作业难度较大，技术要求高，使用设备特别是分拣设备复杂，为实现预期的服务目标，必须制定严格的作业标准和管理制度。目前国内在经济较发达地区,这种方式较常见于生产制造企业零配件的配送和商业连锁体系商品的配送,生产制造企业的多品种少批量或多品种小体积零配件的需求通常由专业化配送企业代理,而零售商场商品的配送,特别是商业连锁体系的配送,则多由自有型配送中心来完成。

(三)配套(成套)配送

配套(成套)配送是按顾客的要求,将其所需要的多种商品(配套产品)配备齐全后直接运送到生产企业、建设工地或其他顾客。例如,对生产制造企业生产的某一台产品或某一个部件,将其所需的全部零件配齐,再按生产计划的要求在一定时间送达指定地点,以使生产企业即时装配。这种配送方式强化了物流的服务功能,有利于生产企业实行"准时制"生产。

三、按配送时间及数量分类

(一)定时配送

定时配送就是按事先约定的时间间隔进行配送,每次配送的品种及数量可预先计划,也可以临时根据客户的需求进行调整。这种方式由于时间固定,双方均易于安排作业计划,但也可能由于配送品种和数量的临时性变化,增加管理和作业的难度。

(二)定量配送

定量配送是按规定的批量在一个指定的时间范围内进行配送。定量配送由于配送品种和数量相对固定,备货工作相对简单,而且时间没有严格限制,因此,可以将不同客户所需的商品拼凑整车,并且对配送线路进行合理优化,以节约运力,降低配送成本。

(三)定时定量配送

定时定量配送是按规定的时间、规定的商品品种和数量进行的配送。这种方式兼有定时配送和定量配送两种方式的特点,对配送企业的服务要求比较严格,管理和作业的难度较大。由于其配送计划性强,准确度较高,所以,相对来说,比较适合于生产和销售稳定、产品批量较大的生产制造企业或大型连锁商场的部分商品的配送。

(四)即时配送

即时配送是根据客户提出的时间要求和商品品种、数量要求及时地将商品送达指定的地点。即时配送可以满足用户的临时性急需,对配送速度、时间要求相当高。因此,通常只有配送设施完备、具有较高管理和服务水平及作业组织能力和应变能力的专业化配送机构才能开展即时配送业务。完善而稳定的即时配送服务可以使客户保持较低的库存水准,真正实现"准时制"生产和经营。

(五)定时定路线配送

定时定路线配送是通过对客户分布状况的分析,设计出合理的配送运输路线,根据运输路线安排到达站点的时刻表,按照时刻表沿着规定的运行路线进行配送。这种配送方式一般由客户事先提出商品需求计划,然后按规定的时间和在确定的站点接收商品,易于有计划地安排运送和接货工作,比较适应于消费者集中的地区。

四、配送模式

(一)配送按配送机构的经营权限和服务范围来分类

配送按配送机构的经营权限和服务范围不同可以分为配销模式和物流模式两种,其运作特点如图8—1所示。

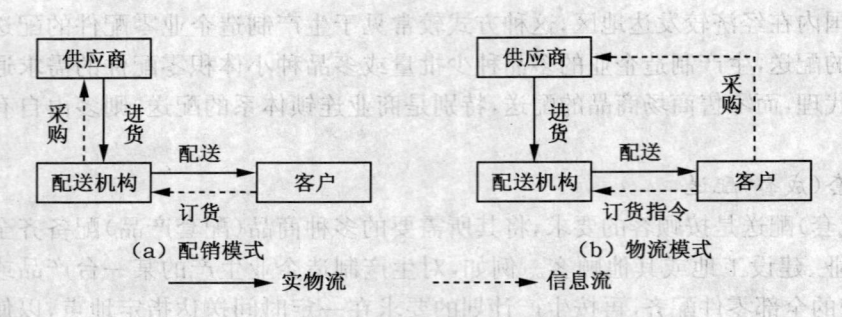

图 8—1 配销模式与物流模式运作特点

1. 配销模式

配销模式又称为商流、物流一体化的配送模式,其基本含义是配送的组织者既从事商品的进货、储存、分拣、送货等物流活动,又负责商品的采购与销售等商流活动。这类配送模式的组织者通常是商品经销企业,也有些是生产企业附属的物流机构。这些经营实体不仅独立地从事商品流通的物流过程,而且将配送活动作为一种"营销手段"和"营销策略",既参与商品交易,实现商品所有权的让渡与转移,又在此基础上向客户提供高效优质的物流服务。在我国物流实践中,配销模式的组织方式,大多存在于以批发为主体经营业务的商品流通机构中。在国外,许多汽车配件中心所开展的配送业务也多属于这种模式。

配销模式的特点在于:对于流通组织者来说,由于其直接负责货源组织和商品销售,因而能形成储备资源优势,有利于扩大营销网络和经营业务范围,同时也便于满足客户的不同需求。但这种模式由于其组织者既要参与商品交易,又要组织物流活动,所以,不但投入的资金、人力、物力比较多,需要一定的经济实力,而且也需要较强的组织和经营能力。

2. 物流模式

物流模式是指商流、物流相分离的模式。配送组织者不直接参与商品的交易活动,不经销商品,只负责专门为客户提供验收入库、保管、加工、分拣送货等物流服务。其业务实质上属于"物流代理",从组织形式上看,其商流和物流活动是分离的,分别由不同的主体承担。

(二) 配送按配送主体承担者不同来分类

1. 自有型配送模式

这是目前生产流通或综合性企业(集团)所广泛采用的一种配送模式。企业(集团)通过独立组建配送中心,实现内部各部门、厂、店的物品供应的配送,这种配送模式中虽然体现了自我满足特点,但形成了新型的"大而全"、"小而全"倾向,从而造成了社会资源浪费。但是,就目前来看,在满足企业(集团)内部生产材料供应、产品外销、零售场店供货和区域外市场拓展等企业自身需求方面发挥了重要作用。因此,这是一种高消耗、低收益的配送模式。

2. 外包型配送模式

主要是由具有一定规模的物流设施设备(库房、站台、车辆等)及专业经验和技能的批发、储运或其他物流业务经营企业,利用自身业务优势,承担其他生产性企业在该区域内市场开拓、产品营销而开展的纯服务性的配送。通过这种现场办公式的决策组织,生产企业在该区域的业务代表控制着信息处理和决策权,独立组织营销、配送业务活动。提供场所的物流业务经营企业,只是在生产企业这种派驻机构的指示下,提供相应的仓储、运输、加工和配送服务,收取相对于全部物流利润的极小比率的业务服务费。开展这种配送模式的企业,对所承揽的配送业务缺乏全面的了解和掌握,无法组织合理高效的配送,在设备、人员上浪费比较大。因此,这是一种高消耗、低收益的配送模式。

3. 综合型配送模式

在这种模式中,从事配送业务的企业,通过与上家(生产、加工企业)建立广泛的代理或买断关系,与下家(零售店铺)形成稳定的契约关系,从而将生产、加工企业的商品或信息进行统一组织、处理后,按客户订单的要求,配送到店铺。这种模式的配送,还表现为在用户间交流供应信息,从而起到调剂余缺、合理利用资源的作用。综合化的中介型配送模式是一种比较完整意义上的配送模式。

4. 共同配送模式

这是一种配送经营企业间为实现整体的配送合理化,以互惠互利为原则,互相提供便利的配送业务的协作型配送模式,是配送的一种发展方向,特别是在城市中的配送。

(三)生产资料配送模式

生产资料是劳动手段和劳动对象的总称。在管理运作中,人们常常把生产资料分成两大类:工业品生产资料和农产品生产资料。我们这里讲的生产资料是一般用于满足工作、交通、基本建设等需要的工业品生产资料,其中包括各种原料、材料、燃料、机电设备等。

生产资料的消费量都比较大,从而运输量相应也较大。从物流的角度看,有些生产资料是以散装或裸露方式流转的(如煤炭、水泥、木材等产品),有些则是以捆装和集装方式流转的(如金属材料、机电产品等),有些产品是经过初加工以后才供应给消费者使用的(如木方等),也有些产品直接进入消费领域,中间不经过初加工过程。由于产品的性质和消费情况各异,其配送模式也迥然不同。从配送流程上来看,生产资料配送模式大体上可分为以下两种。

第一种模式:在配送流程中,作业内容和工序比较简单,除了进货、储存、装货和送货等作业以外,基本上不存在其他工序。这种配送模式流程如下所示:

进货→储存→装货→送货

这种配送模式中,装卸运输作业通常要使用专用的工具或设备,并且车辆可直接开到储货场地进行作业(直接发送)。在流通实践中,按照这种模式进行配送的生产资料产品主要有煤炭、水泥、成品油等。

第二种模式:在配送活动中包含着加工(产品的初级加工)。换言之,加工作业成了配送流程中的一道重要工序。由于产品种类和需求方向不同,在加工工序之后续接的作业不尽一致,如下所示:

进货→储存→加工→装货→送货
进货→储存→加工→储存→分拣→配货→送货

很明显,第二种模式要比第一种模式复杂:不但作业工序多,而且同样的工序会重复出现(如储存工序)。在物资供应活动中,采用第二种配送模式流转的生产资料产品主要有钢材、木材等。下面仅选出几种有代表性的产品来具体说明生产资料的配送模式。

1. 金属材料配送模式

作为配送对象的金属材料主要包括如下几种产品:黑色金属材料(包括各种型材、板材、线材等),有色金属材料(有色金属及其型材),以及各种金属制品(如铸件、管件、坯料)。

与生活资料相比,金属材料有如下一些特点:重量大、强度高、规格品种繁多,但运输时可以混装。一般来说,这类物资的产需关系比较稳定,但是需求结构比较复杂。因此,金属材料配送多数都内含着加工工序。对于一些需求量不太大但需要品种较多的用户,金属材料的配送流程中常包含着分拣、配送和配装等作业。就加工工序而言，主要有这样几项作业：集中下料；材料剪切、定尺和整形；除锈、剔除毛刺。

金属材料的配送流程如图8－2所示。

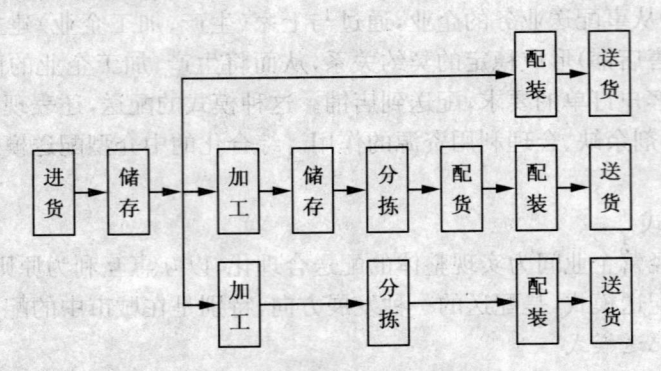

图8－2　金属材料的配送流程

从图8－2中可以看到，金属材料配送存在着一种特殊的情况，若配送品种单一且数量较多的货物，流程中没有也不需要安排分拣、配装等作业（或工序）。通常，配送车辆可以直接开到储货场进行装货、送货。由于金属材料的需求相对稳定，因此，在实践中，适宜采用计划配送的形式供货；同时，因为金属材料的需求量大，并且带有连续性，所以，也适宜采用集团配送和定时、定量配送的形式向用户供货。

2. 煤炭配送模式

作为配送对象的煤炭产品主要有原煤、型煤、配煤（混配煤炭）。这类产品需求有这样一些共同特点：需求量大，需求范围广；消耗稳定，用户较固定。此类产品储运是以散堆为主，因此很难与其他产品混装。

鉴于煤炭有其特殊的物理性能和化学性质，因而在实际操作中形成了两种不同的配送流程：一种流程是从储存场地直接装货后直接送货；另一种流程是在储货场地设置加工环节，将煤炭加工成"配煤"（即将几种发热量不同的煤炭掺混在一起，达到消费者的使用要求）和型煤，然后进行装货和发货（见图8－3）。

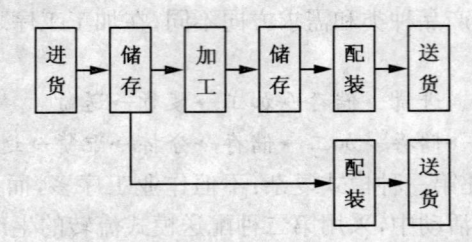

图8－3　煤炭的配送流程

煤炭配送模式是单品种散装生产资料配送的典型模式。按照此模式运作，其基本要求是：(1)配送企业要有集中库存的能力和设施；(2)配送主体必须有较强的加工能力；(3)需配置专用的设备和采用专门的技术。

煤炭配送的特点是配送量大且发送（货物）频繁。有些不需要加工的煤炭，在满足整车装运要求的前提下，进行配送时，运输车辆可以直接到储煤场地去装运和发货。另外，因配送的煤炭品种单一,故配送流程中不需要分拣、配货等作业。

由于煤炭产品的配送量比较大,加上这类产品需求稳定(用户比较固定),所以,在实际操作时常采用计划配送和定量配送等形式向用户供货。

3. 化工产品的配送模式

这是特殊产品(指生产资料产品)配送的典型配送模式。化工产品的种类繁多,有些产品无毒无害,有些产品则有毒有害。这里所讲的化工产品是指单位时间内消耗量大、有毒、无腐蚀性和有一定危险的化工产品。其中包括硫酸、盐酸、磷酸、烧碱、纯碱、树脂等。化工产品配送的共同特点有:活性强,不同种类的产品不能混装、混存,其装载运输和储存须使用特制的容器、设备和设施。

由于化工产品形态较为复杂,进货情况不同,所以其配送流程也不尽相同。从总体上看,基本上有两种形式:

(1)散装或大包装产品配送流程。配送企业(配送中心)集中进货后,通常都要按照要求进行分装加工(变大包装为小包装),然后采取一般配送流程进行配送作业(见图8-4)。

散装进货 → 储存 → 分装 → 储存 → 分拣 → 配货 → 配装 → 送货

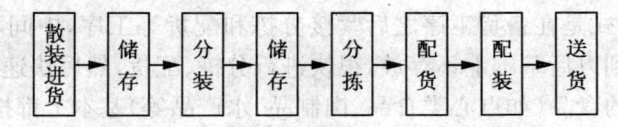

图8-4 散装产品配送流程

(2)小包装产品配送流程。有些化工产品在出厂之前即已包装成小单元(用户可以接受的单元标准),对于这类产品,配送企业集中进货以后不需要再进行分装加工,可以直接按照一般的配送流程安排作业。

如上所述,很多用于工业生产的化工产品是有毒、有害物,因此,配送这类物资须配备专用的设施和设备(储存和运输设备)。此外,化工产品的配送只适宜由专业生产企业(化工企业)和专业流通企业(化工流通公司)来组织。因此,采用定点、定量配送方式供货和计划配送方式供货是化工产品配送的主要运作形式。

(四)生活资料配送模式

生活资料是用来满足人们生活需要的劳动产品,它包括供人类吃、穿、用的各种食品、饮料、衣物、用具和各种杂品。生活资料的品种、规格较生产资料更为复杂,其需求变化也比生产资料要快,因此,生活资料的配送不但必须安排分拣、配货和配装等工艺(或工序),而且其作业难度也比较大。此外,就生活资料中的食品而言,有保鲜、保质期和卫生等质量要求,根据这一特点,一部分生活资料的配送流程中也包含着加工工序。

1. 日用小杂品配送模式

日用小杂品主要指如下几类产品:小百货(包括服装、鞋帽、日用品等),小机电产品(如家用电器、仪器仪表和电工产品、轴承及小五金),图书和其他印刷品,无毒无害的化工产品和其他杂品。这类产品的共同特点是:有确定的包装,可以集装、混装和混载,产品的尺寸不大,可以成批存放在设有单元货格的现代化仓库中。

由于日用小杂品的品种、规格繁多,其市场需求又呈多品种、小批量状态,因此,其配送流程中必然要求有理货和配货等工序。又由于每一个用户每次对日用小杂品的需求量有限而这类产品又能够进行混存、混装,因此,为了进行合理运输,在配送主流程中必然会安排配装工序。就整个配送流程来看,日用小杂品配送是一种标准化的配送模式(见图8-5)。

进货 → 储存 → 分拣 → 配货 → 配装 → 送货

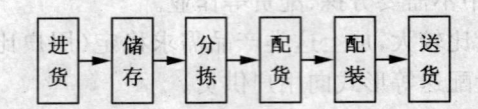

图8—5 日用小杂品的配送流程

日用小杂品的配送模式工序比较齐全,但流程中没有加工工序。这是因为日用小杂品多为有包装物品,并且包装内的产品数量一般都不太好拆开(即为小包装物品),故在这类产品的配送中很少有流通加工环节出现。

日用小杂品的配送常常要根据用户的临时需要来安排和组织,因而其配送量、配送路线和配送时间等很难固定下来。在现实生活中,往往都是采用"即时配送"形式和"多品种、小批量、多批次"配送的方法来向用户供货和发送货物。

2. 食品配送模式

食品的种类很多,其形状各异,又都有保质、保鲜期。据此,食品配送有三种配送模式:

(1)第一种流程模式是在备货工序之后紧接分拣和配货等工序,中间不存在着储存工序。亦即货物(食品)组织到以后基本上不存放,很快进行分拣、配货,然后快速送货。通常,保质期较短和保鲜要求较高的食品(如点心类食品、肉制品、水产品等)基本上都按照上述流程进行配送。其配送流程如图8—6所示。

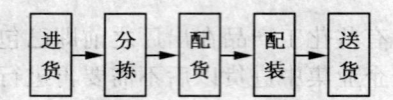

进货 → 分拣 → 配货 → 配装 → 送货

图8—6 没有储存工序的食品配送流程

(2)第二种流程模式是在备货作业后安插储存工序,然后依次进行配货和配装等作业。通常,保质期较长的食品主要按照上述流程进行配送。其操作程序是:大量货物组织进来以后,先要进行储存、保管,然后根据用户订单进行分拣、配货、配装,待车辆满载以后,随即向各个用户送货。这种带储存工序的食品配送模式如图8—7所示。

进货 → 储存 → 分拣 → 配货 → 配装 → 送货

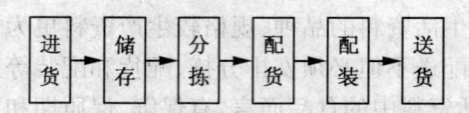

图8—7 带有储存工序的食品配送流程

(3)第三种流程模式是带有加工工序的配送模式。实际操作情况大体上是这样的:大量货物集中到仓库或场地以后,先进行初加工,然后依次衔接储存、分拣、配货、配装和送货等工序(其顺序如图8—8所示)。

鲜菜、鲜果、鲜肉和水产品等保质期短的货物配送经常选用上述包含有加工工序的食品配送模式。而就加工工序的作业内容而言,主要有以下几项:分装货物(将大包装改成小包装),货物分级分等,去杂质(如蔬菜去根、鱼类去头和内脏),配制半成品等。

食品配送特别要强调速度和保质。据此,在物流实践中,一般都采用定时配送、即时配送等形式向用户供货。

第八章　配送管理

```
进货 → 加工 → 储存 → 分拣 → 配货 → 配装 → 送货
```

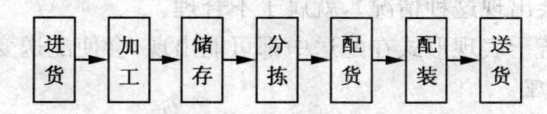

图 8—8　带有加工工序的食品配送流程

第三节　配送合理化

配送合理化有利于达到提高配送效率、降低配送成本、为客户创造价值的企业战略目标。配送合理化决策是一个全面的、综合的决策，在决策时要避免由于不合理配送所造成的损失，但有时某些不合理现象是伴生的，要追求大的合理，就可能派生小的不合理，因此，这里只单独论述不合理配送的表现形式，但要防止绝对化。

一、不合理配送现象

（一）资源筹措不合理

配送是利用较大批量筹措资源。通过筹措资源的规模效益来降低资源筹措成本，使配送资源筹措成本低于用户自己筹措资源成本，从而取得优势。如果不是集中多个用户需要进行批量筹措资源，而仅仅是为某一两个用户代购代筹，对用户来讲，就不仅不能降低资源筹措费，相反却要多支付一笔配送企业的代筹代办费，因而是不合理的。资源筹措不合理还有其他表现形式，例如，配送量计划不准，资源筹措过多或过少，在资源筹措时不考虑建立与资源供应者之间长期稳定的供需关系等。

（二）库存决策不合理

配送应充分利用集中库存总量低于各用户分散库存总量这一点，从而大大节约社会财富，同时降低用户实际平均分摊库存负担。因此，配送企业必须依靠科学管理来实现低总量的库存，否则就会出现单是库存转移而未使库存降低的不合理现象。配送企业库存决策不合理还表现在储存量不足，不能保证随机需求，失去了应有的市场。

（三）价格不合理

总的来讲，配送的价格应低于不实行配送时，用户自己进货时产品购买价格加上自己提货、运输、进货的成本总和，这样才会使用户有利可图。有时候，由于配送有较高服务水平，价格稍高，用户也是可以接受的，但这不能是普遍的原则。如果配送价格普遍高于用户自己进货价格，损伤了用户利益，就是一种不合理表现。价格制定过低，使配送企业处于无利或亏损状态下运行，会损伤销售者，也是不合理的。

（四）配送与直达的决策不合理

一般的配送总是增加了环节，但是这个环节的增加可降低用户平均库存水平，这样不但抵消了增加环节的支出，而且还能取得剩余效益。但是，如果用户使用批量大，可以直接通过社会物流系统均衡批量进货，较之通过配送中转送货则可能更节约费用，所以，在这种情况下，不直接进货而通过配送，就属于不合理范畴。

（五）送货中不合理运输

配送与用户自提比较，尤其对于多个小用户来讲，可以集中配装一车送几家，这比一家一户自提可大大节省运力和运费。如果不能利用这一优势，仍然是一户一送，而车辆达不到满载

（即时配送过多过频时会出现这种情况），就属于不合理。

此外，不合理运输若干表现形式在配送中都可能出现，会使配送变得不合理。

（六）经营观念不合理

在配送实施中，有许多是经营观念不合理，使配送优势无从发挥，相反却损坏了配送的形象。这是在开展配送时尤其需要注意克服的不合理现象。例如，配送企业利用配送手段，向用户转嫁资金和库存困难：在库存过大时，强迫用户接货，以缓解自己库存压力；在资金紧张时，长期占用用户资金；在资源紧张时，将用户委托资源挪作他用获利等。

二、合理化配送标志

（一）库存标志

库存是判断配送合理与否的重要标志。具体指标有以下两个方面。

1. 库存总量

在一个配送系统中，从分散于各个用户转移给配送中心，配送中心库存数量加上各用户在实行配送后库存量之和应低于实行配送前各用户库存量之和。

此外，从各个用户角度判断，各用户在实行配送前后的库存量比较，也是判断合理与否的标准，某个用户上升而总量下降，也属于一种不合理现象。

库存总量是一个动态的量，上述比较应当是在一定经营量前提下。在用户生产有发展之后，库存总量的上升则反映了经营的发展，必须扣除这一因素，才能对总量是否下降做出正确判断。

2. 库存周转

由于配送企业的调剂作用，以低库存保持高的供应能力，库存周转一般总是快于原来各企业库存周转。

此外，从各个用户角度进行判断，各用户在实行配送前后的库存周转比较，也是判断合理与否的标志。

为取得共同比较基准，以上库存标志，都以库存储备资金计算，而不以实际物资数量计算。

（二）资金标志

总的来讲，实行配送应有利于资金占用降低及资金运用的科学化。具体判断标志如下：

1. 资金总量

资源筹措所占用流动资金总量，随储备总量的下降及供应方式的改变必然有一个较大的降低。

2. 资金周转

从资金运用来讲，由于整个节奏加快，资金充分发挥作用，同样数量资金，过去需要较长时期才能满足一定供应要求，配送之后，在较短时期内就能达此目的。因此，资金周转是否加快，是衡量配送合理与否的标志。

3. 资金投向的改变

资金分散投入还是集中投入，是资金调控能力的重要反映。实行配送后，奖金必然应当从分散投入改为集中投入，以增加调控作用。

（三）成本和效益

总效益、宏观效益、微观效益、资源筹措成本都是判断配送合理化的重要标志。对于不同的配送方式，可以有不同的判断侧重点。例如，如果配送企业、用户都是各自独立的以利润为中心的企业,则不但要看配送的总效益,而且还要看对社会的宏观效益及两个企业的微观效益,不顾及任何一方,都必然出现不合理。又例如,如果配送是由用户集团自己组织的,配送主要强调保证能力和服务性,那么,效益主要从总效益、宏观效益和用户集团企业的微观效益来判断,不必过多顾及配送企业的微观效益。

由于总效益及宏观效益难以计量,在实际判断时,常以按国家政策进行经营,完成国家税收及配送企业及用户的微观效益来判断。

对于配送企业而言(投入已确定的情况下),企业利润反映配送合理化程度。

对于用户企业而言,在保证供应水平或提高供应水平(产出已定)前提下,供应成本的降低反映了配送的合理化程度。

成本及效益对合理化的衡量,还可以具体到储存、运输具体配送环节,使判断更为精细。

(四)供应保证标志

实行配送,各用户最大的担心是害怕供应保证程度降低,这是个心态问题,也是承担风险的实际问题。配送的重要一点是必须提高而不是降低对用户的供应保证能力,才算实现了合理。供应保证能力可以从以下方面判断:

1. 缺货次数

实行配送后,对各用户来讲,该到货而未到货以致影响用户生产及经营的次数,必须下降才算合理。

2. 配送企业集中库存量

对每一个用户来讲,其数量所形成的保证供应能力高于配送前单个企业保证程度,从供应保证来看才算合理。

3. 即时配送的能力及速度

即时配送是用户出现特殊情况的特殊供应保障方式,其能力必须高于未实行配送前用户紧急进货能力及速度才算合理。特别需要强调一点,配送企业的供应保障能力,是一个科学的合理的概念,而不是无限的概念。具体来讲,如果供应保障能力过高,超过了实际的需要,属于不合理。因此,追求供应保障能力的合理化也是有限度的。

(五)社会运力节约标志

末端运输是目前运能、运力使用不合理,浪费较大的领域,因而人们寄希望于配送来解决这个问题,这也成了配送合理化的重要标志。运力使用的合理化是依靠送货运力的规划和整个配送系统的合理流程及与社会运输系统合理衔接实现的。送货运力的规划是任何配送中心都需要花力气解决的问题,而其他问题有赖于配送及物流系统的合理化,判断起来比较复杂。可以简化判断如下:(1)社会车辆总数减少,而承运量增加为合理;(2)社会车辆空驶减少为合理;(3)一家一户自提自运减少,社会化运输增加为合理。

(六)用户企业仓库、供应、进货人力物力节约标志

配送的重要观念是以配送代劳用户,因此,实行配送后,各用户库存量、仓库面积、仓库管理人员减少为合理,用于订货、接货、搞供应的人应减少才为合理。真正解除了用户的后顾之忧,配送的合理化程度才可以达到高水平。

(七)物流合理化标志

配送必须有利于物流合理。这可以从以下几方面判断:(1)是否降低了物流费用;(2)是否减少了物流损失;(3)是否加快了物流速度;(4)是否发挥了各种物流方式的最优效果;(5)是否有效衔接了干线运输和末端运输;(6)是否不增加实际的物流中转次数;(7)是否采用了先进的

技术手段。

物流合理化的问题是配送要解决的大问题,也是衡量配送本身的重要标志。在具体技术的操作上,可以进行如下配送合理化运作:

1. 推行一定综合程度的专业化配送

通过采用专业设备、设施及操作程序,取得较好的配送效果并降低配送过分综合化的复杂程度及难度,从而追求配送合理化。

2. 推行加工配送

通过加工和配送结合,充分利用本来应有的这次中转,而不增加新的中转求得配送合理化。同时,加工借助于配送,加工目的更明确,和用户联系更紧密,更避免了盲目性。这两者有机结合,投入不增加太多却可追求两个优势、两个效益,是配送合理化的重要经验。

3. 推行共同配送

通过共同配送可以最近的路程、最低的配送成本完成配送,从而追求合理化。

4. 实行送取结合

配送企业与用户建立稳定、密切的协作关系,配送企业不仅成了用户的供应代理人,而且承担用户储存据点的作用,甚至成为产品代销人,在配送时,将用户所需的物资送到,再将该用户生产的产品用同一车运回,这种产品也成了配送中心的配送产品之一,或者作为代存代储,免去了生产企业库存包袱。这种送取结合,使运力充分利用,也使配送企业功能有更大的发挥,从而追求合理化。

5. 推行准时配送系统

准时配送是配送合理化的重要内容。配送做到了准时,用户才有资源把握,可以放心地实施低库存或零库存,可以有效地安排接货的人力、物力,以追求最高效率的工作。另外,保证供应能力,也取决于准时供应。从国外的经验看,准时供应配送系统是现在许多配送企业追求配送合理化的重要手段。

6. 推行即时配送

作为计划配送的应急手段,即时配送是最终解决用户企业担心断供之忧、大幅度提高供应保证能力的重要手段。即时配送是配送企业快速反应能力的具体化,是配送企业能力的体现。

即时配送成本较高,但它是整个配送合理化的重要保证手段。此外,用户实行零库存,即时配送也是重要保证手段。

第四节 配送中心

随着我国经济的不断发展,经济总量越来越大。市场经济竞争的结果已从卖方市场转向买方市场。传统的流通模式越来越不能满足市场多品种小批量的需求,一些商业或流通企业纷纷准备或开始筹建配送中心,以降低成本,提高服务质量和水平。通过建设配送中心,可以扩大经营规模,改进物流与信息流系统,满足用户不断发展的多样化需求,使末端物流更加合理。而配送中心在我国的发展明显滞后于西方发达国家,在配送中心的规划中,配送中心是基于物流合理化和发展市场两个需要而发展的,是以组织配送式销售和供应,执行实物配送为主要功能的流通型物流结点。它可以很好地解决用户多样化需求和厂商大批量专业化生产的矛盾,因此,逐渐成为现代化物流的标志。

一、配送中心定义和种类

配送中心是以组织配送性销售或供应，执行实物配送为主要职能的流通型物流结点。日本《物流手册》定义："配送中心是从供应者手中接受多种大量的货物，进行倒装、分类、保管、流通加工和信息处理等作业，然后，按照众多需要者的订货要求备齐货物，以令人满意的服务水平进行配送的设施。"配送中心是从事服务配备（集货、加工、分货、拣选、配货）和组织对用户的送货，以高水平实现销售或供应的现代流通设施。

配送中心的形成及发展是有其历史原因的，它是为了达到物流系统化和大规模化的必然结果。正如《变革中的配送中心》一文所指出的："由于客户在服务处理的内容上、时间上和服务水平上都提出了更高的要求，为了顺利地满足客户的这些要求，就必须引进先进的物流服务水平的分拣设施和配送设备。"由此可见，配送中心是基于物流系统化和进行市场开拓两大因素而发展起来的。

（一）配送中心的定义

配送活动是在物流发展的客观过程中产生并不断发展的，这一活动过程随着物流活动的深入和物流服务社会化程度的提高，在实践中不断演绎和完善着其组织机构。我们将组织配送性销售或专门执行实物配送活动的流通机构称为配送中心。配送中心具有集货、分货、送货等基本职能，为了提供更完善的配送服务，配送中心有时还具有较强的流通加工能力。配送中心是物流中心的一种主要形式，是在实践中产生并发展的，因此，国内外学者对配送中心的界定不完全相同。例如，日本《市场用语词典》将配送中心定义为："一种物流结点。它不以贮藏仓库这种单一的形式出现，而是发挥配送职能的流通仓库，也称作基地、据点或流通中心。配送中心的目的是降低运输成本，减少销售机会的损失，为此建立设施、设备并开展经营、管理工作。"

不管从哪个角度来定义配送中心，有一点是可以肯定的，即配送中心是一种以物流配送活动为核心的经营组织，其目的是为了提供高水平的配送服务，因此，要求其具有现代化的物流设施和经营理念。配送中心还包含以下含义：

1. 配送中心按照生产企业的要求，组织货物定时、定点、定量地送抵用户。由于送货方式较多，有的由配送中心自行承担，有的利用社会运输力量完成，有的由用户自提，因此就送货而言，配送中心是组织者而不是承担者。

2. 配送活动与销售供应等经营活动的结合，使配送成为经营的一种手段，以此排除了这是单纯物流活动的看法。

3. 配送中心为"现代流通设施"，着意于和以前的流通设施（诸如商场、贸易中心、仓库等）相区别。这个流通设施以现代装备和工艺为基础，不但处理商流，而且处理物流、信息流，是集商流、物流、信息流于一身的全功能流通设施。

但在物流运作中，我们时常将配送中心和物流中心相混而感觉到彼此难辨。我国国家标准《物流术语》对此有以下方面的区分，如表8—1所示。

表8—1　　　　　　　　　　配送中心与物流中心的区别

	配送中心	物流中心
服务对象	主要为针对性的特定用户服务	主要是面向社会服务

续表

	配送中心	物流中心
功能	配送功能健全	物流功能健全
信息网络	完善的信息网络	完善的信息网络
辐射范围	辐射范围小	辐射范围小
配送特点	多品种、小批量	少品种、大批量
经营特点	以配送为主，储存为辅	储存、吞吐能力强

（二）配送中心的分类

对于不同种类与行业形态的配送中心，其作业内容、设备类型、营运范围可能完全不同，但在系统规划分析的方法与步骤方面有其共同之处。配送中心的发展已逐渐由以仓库为主体的配送中心向信息化、自动化的整合型配送中心发展。企业的背景不同，其配送中心的功能、构成和运营方式就有很大区别，因此，在配送中心规划时应充分考虑到。随着经济的发展，以及流通规模的不断扩大，配送中心不仅数量增加，也由于服务功能和组织形式的不同演绎出许多新的类型。标准不同，分类的结果也不一样。

1. 配送中心的分类

（1）专业配送中心

专业配送中心大体上有两个含义。第一个含义是配送对象、配送技术属于某一专业范畴，在某一专业范畴有一定的综合性，综合这一专业的多种物资进行配送，例如，多数制造业的销售配送中心，我国目前在石家庄、上海等地建的配送中心大多采用这一形式。专业配送中心的第二个含义是，以配送为专业化职能，基本不从事经营的服务型配送中心。

（2）柔性配送中心

这是在某种程度上与第一种专业配送中心对立的配送中心。这种配送中心不向固定化、专业化方向发展，能够随时变化，对用户要求有很强适应性，不固定供需关系，不断发展配送用户和改变配送用户。

（3）供应配送中心

这是专门为某个或某些用户（例如联营商店、联合公司）组织供应的配送中心，例如，为大型联营超级市场组织供应的配送中心、代替零件加工厂送货的零件配送中心。

（4）销售配送中心

这是以销售经营为目的、以配送为手段的配送中心。销售配送中心大体有三种类型：第一种是生产企业将本身产品直接销售给消费者的配送中心，在国外这种配送中心有很多；第二种是流通企业作为本身经营的一种方式，建立配送中心以扩大销售，我国目前拟建的配送中心大多属于这种类型；第三种是流通企业和生产企业联合的协作性配送中心。比较起来看，国外和我国的发展趋向，都以销售配送中心为主要发展方向。

（5）城市配送中心

这是以城市范围为配送范围的配送中心。城市范围一般处于汽车运输的经济里程，汽车配送可直接送抵最终用户。由于运距短、反应能力强，这种配送中心往往和零售经营相结合，在从事多品种、少批量、多用户的配送上占有优势。

（6）大区域型配送中心

这是以较强的辐射能力和库存准备,向相当广大的一个区域进行配送的配送中心。这种配送中心规模较大,用户和配送批量也较大,配送目的地既包括下一级的城市配送中心,也包括营业所、商店、批发商和企业用户,零星配送虽也从事,但不是主体形式。该类型配送中心在国外十分普遍。

(7)储存型配送中心

这是有很强储存功能的配送中心。一般来讲,买方市场下,企业成品销售需要有较大库存支持。卖方市场下,企业原材料、零部件供应需要有较大库存支持。大范围配送也需要较大库存支持。我国目前拟建的配送中心都采用集中库存形式,库存量较大,多为储存型。

(8)流通型配送中心

这是基本上没有长期储存功能,仅以暂存或随进随出方式进行配货、送货的配送中心。这种配送中心的典型方式是,大量货物整进并按一定批量零出,采用大型分货机,进货时直接进入分货机传送带,分送到各用户货位或直接分送到配送汽车上,货物在配送中心仅做少许停滞。

(9)加工配送中心

从提高原材料利用率、提高运输效率、方便用户等多重目的出发,许多材料都需要配送中心的加工职能。

2. 配送中心按服务范围分类

(1)城市配送中心

城市配送中心是以城市范围为配送范围的配送中心,由于城市范围一般处于汽车运输的经济里程,这种配送中心可直接配送到最终用户,且采用汽车进行配送。因此,这种配送中心往往和零售经营相结合,由于运距短,反应能力强,因而从事多品种、少批量、多用户的配送较有优势。

(2)区域配送中心

区域配送中心(Regional Distribution Center,RDC)是以较强的辐射能力和库存准备,向省(州)际、全国乃至国际范围的用户配送的配送中心。这种配送中心配送规模较大,一般而言,用户也较大,配送批量也较大,而且,往往是配送给下一级的城市配送中心,也配送给营业所、商店、批发商和企业用户,虽然也从事零星的配送,但不是主体形式。

较典型的企业(集团)内自有配送模式,就是连锁企业的配送。大大小小的连锁公司或集团基本上都是通过组建自己的配送中心来完成对内部各场、店的统一采购、统一配送和统一结算的。

二、配送中心的功能

一般的仓库只重视商品的储存保管,一般传统的运输只是提供商品运输配送而已,而配送中心重视商品流通的全方位功能,其功能全面完整,它把收货验货、储存保管、装卸搬运、拣选、流通加工、配送、结算和信息处理有机地结合起来。通过发挥配送中心的各项功能,大大地压缩整个连锁企业的库存费用,从而降低整个物流系统的成本,提高企业的服务水平。配送中心一般具备如下一些功能。

(一)集货功能

为了能够按照用户要求配送货物,尤其是多品种、小批量的配送,首先必须集中用户需求规模数量和品种的备货,从生产企业取得种类、数量繁多的货物,这是配送中心的基础职能,是配送中心取得规模优势的基础所在。一般来说,集货批量应大于配送批量。

(二)储存功能

储存在配送中心创造着时间效用。配送依靠集中库存来实现对多个用户的服务,储存可形成配送的资源保证,可有效地组织货源。调节商品的生产与消费、进货和销售之间的时间差是配送中心必不可少的支撑功能。为保证正常配送特别是即时配送的需要,配送中心应保持一定量的储备。同时,为对货物进行检验保管,配送中心还应具备一定的检验和储存设施。

(三)分拣、理货功能

分拣是配送中心区别于一般仓库和送货的标志。为了将多种货物向多个用户按不同要求、种类、规格、数量进行配送,配送中心必须有效地将储存货物按用户要求分拣出来,并能在分拣基础上,按配送计划进行理货,这是配送中心的核心职能。为了提高分拣效率,应配备相应的分拣装置,例如货物识别装置、传送装置等。

(四)配货、分放功能

将各用户所需的多种货物,在配货区有效地组合起来,形成向用户方便发送的配载,这也是配送中心的核心职能。分拣职能和配货职能作为配送中心不同于其他物流组织的独特职能,作为整个配送系统水平高低的关键职能,已不单纯是完善送货、支持送货的准备,而是配送企业提高竞争服务质量和自身效益的必然延伸,是送货向高级形式发展的必然要求。

(五)倒装、分装功能

不同规模的货载在配货中心应能高效地分解组合,形成新的装运组合或装运形态,从而符合用户的特定要求,达到有效的载运负荷,提高运力,降低送货成本。这是配送中心的重要职能。

(六)装卸搬运功能

配送中心的集货、理货、装货、加工都需要辅之以装卸搬运。有效的装卸能大大提高配送中心的水平。这是配送中心的基础性职能。

(七)送货功能

虽然送货过程已超出配送中心的范畴,但配送中心仍对送货工作指挥管理起决定性作用,送货属于配送中心的末端职能。配送运输中的难点是,如何组合形成高效最佳配送路线,如何使配装和路线有效搭配。

(八)流通加工功能

配送中心为促进销售,便利物流或提高原材料的利用率,按用户要求并根据合理配送的原则而对商品进行下料、打孔、解体、分装、贴标签、组装等初加工活动,因而使配送中心具备一定的加工能力。流通加工不仅提高了配送中心的经营和服务水平,也有利于提高资源的利用率。

(九)信息功能

配送中心除了具有上述功能外,更能为配送中心本身及上下游企业提供各式各样的信息情报,以作为配送中心营运管理政策制定、商品路线开发、商品销售推广政策制定的参考。例如,对于哪一个客户订多少商品,哪一种商品比较畅销,电脑的 EIQ 分析资料中显示得非常清楚,甚至可以将这些宝贵资料提供给上游的制造商及下游的零售商当作经营管理的参考。配送中心不仅实现物的流通,而且也通过信息来协调配送中各环节的作业,协调生产与消费等。配送中心在干线物流与末端物流之间起衔接作用,这种衔接不但靠实物的配送,也靠信息的衔接。配送中心的信息是全物流系统中重要的一环。

第五节 配送中心作业流程

一、配送流程

配送中心的效益主要来自"统一进货、统一配送",统一进货的主要目的是避免库存分散、降低企业的整体库存水平。通过降低库存水平,可以减少库存商品占用的流动资金,减少为这部分占压资金支付的利息和机会损失,降低商品滞销压库的风险。配送中心的作业流程设计要便于实现两个主要目标:一是降低企业的物流总成本;二是缩短补货时间,提供更好的服务。

配送中心的作业项目包括订货、到货接收、验货入库与退货、订单处理、储存、加工、拣选、包装、装托盘、组配、配装、送货、送达服务等,作业项目之间衔接紧密,环环相扣,整个过程既包括实物流,又包括信息流,同时还有资金流。

配送中心的作业流程如图8—9所示,流程中操作的每一步都要准确、及时且具备可跟踪性、可控制性和可协调性。

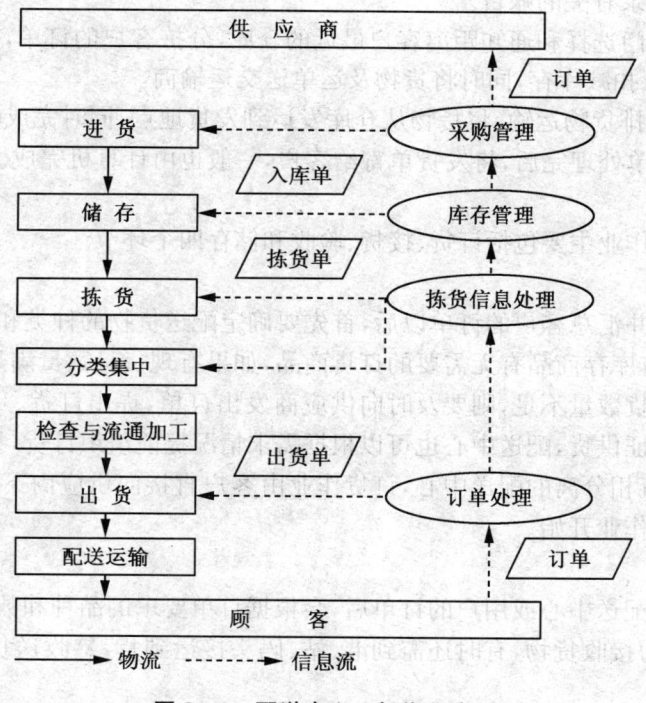

图8—9 配送中心一般作业流程

(一)订单处理

物流活动要实现的目标就是降低成本与提高客户的服务满意度,而在降低成本中,按订单生产已越来越受到商家的重视。配送中心和其他经济组织一样,具有明确的经营目标和对象,配送中心的业务活动是以客户订单发出的订货信息作为其驱动源的。在配送活动开始前,配送中心根据订单信息,对客户的分布、所订商品的品名、商品特性和订货数量、送货频率和要求等资料进汇总和分析,以此确定所要配送的货物种类、规格、数量和配送的时间,最后由配送中心调度部门发出配送信息(如拣货单、出货单等)。订单处理是配送中心调度、组织配送活动的前提和依据,是其他各项作业的基础。

订单处理是配送中心客户服务的第一个环节,也是配送服务质量得以保证的根本。在订单处理过程中,订单的分拣和集合是重要的环节。

订单处理的职能之一是填制文件,通知指定仓库将所订货物备齐,一般用订单分拣清单表明所需集合的商品项目,该清单的一联送到仓库管理人员手中。仓库接到产品的出货通知后,按清单拣货、贴标,最后将商品组配装车。

订货方式一般有传统订货方式和电子订货方式。国外许多配送中心采用电子化订货方法。例如,电子订货系统(EOS),通过操作订货簿或货架标签配合手持终端机及扫描器、POS机、订货应用系统等来完成订货任务。还有较先进的 EDI 电子数据交换系统。

配送中心收到客户订单后,进行处理的主要工作有:

1. 检查订单是否全部有效,即订单信息是否完全、准确。
2. 信用部门审查客户的信誉。
3. 市场销售部门把销售额记入有关销售人员的账目。
4. 会计部门记录有关的账目。
5. 库存管理部门选择和通知距离客户最近的仓库,分拣客户的订单,包装备运,并及时登记公司的库存总账,扣减库存,同时将货物及运单送交运输商。
6. 运输部门安排货物运输,将货物从仓库发运到发货地点,同时完成收货确认(签收)。

配送中心在订单处理完后,将发货单寄给客户,一般也由计算机完成。

(二)进货作业

配送中心进货作业主要包括订货、接货、验收和储存四个环节。

1. 订货

配送中心收到并汇总客户的订单以后,首先要确定配送货物的种类和数量,然后要查询管理信息系统,看现有库存商品有无需要的订货商品,如果有现货且数量满足,则转入拣货作业;如果没有现货或现货数量不足,则要及时向供应商发出订单,提出订货。另外,对于流转速度较快的热门商品保证供货,配送中心也可以根据需求情况提前组织订货,批量上最好是经济批量。对于商流、物流相分离的配送中心,订货作业由客户直接向供应商下达采购订单,配送中心进货工作从接货作业开始。

2. 接货

供应商在接到配送中心或用户的订单后,会根据订单要求的品种和数量组织供货,配送中心则组织人力、物力接收货物,有时还需到港、站、码头接运到货,签收送货单后就可进行货物验收。

3. 验收

验收是配送中心一个重要的工作,其目的就是保证商品能及时、准确、安全地发运到目的地。所订货物到达配送中心后,即由配送中心负责对货物进行检查验收,验收的内容主要是货物的品质质量、数量、重量和包装的完好性。验收的依据主要是合同条款要求和有关质量标准。验收合格无误的货物办理入账、信息采集和货物入库手续;如不符合合同条款要求,配送中心将详细登记差错情况,并拒收货物,按有关规定或合同中的事先约定来处理。

4. 储存

在配送中心一般都有库存保管的储存区,因为任何商品为了防止缺货,或多或少都有一定的安全库存,视商品的特性及生产前置时间的不同,则安全库存的数量也不同。一般国内制造的商品库存较少,而国外制造的商品因船期的原因库存较多;另外,生鲜产品的保存期限较短,因此,保管的库存量较少;冷冻食品因其保存期限较长,因此,保管的库存量比较多。

配送中心为保证货源供应,通常都会保持一定数量的商品库存(安全库存),另外对于商流、物流一体化的配送中心来说,一次性集中采购,储备一定数量的商品,可享受供应商提供的折扣优惠。储存作业的主要内容就是随时掌握商品的库存动态,对处于储存状态中的商品进行温度与湿度等控制的保管保养,保证库存商品的质量完好、重量和数量准确。

(三)理货和配货作业

配送中心的核心作业就是理货和配货作业。通过该项作业根据不同客户的订单要求进行货物的拣选、加工、包装和配装,为货物发出做好准备。

1. 拣选

分拣作业是指拣货人员依据业务部门按照客户订单要求下达的拣货单,从储存的货物中拣出一定品种和数量的商品。分拣作业的方法分为摘果式和播种式两种,常用的是摘果式拣选。具体做法是拣货员拉着拣货箱在仓库货架内巡回走动,根据拣货单和配货单在货架上的位置(货位或储存),拣取规定的货物品种、规格和数量并放入货箱内。另外,一些大型配送中心采用了自动分拣技术,利用自动分拣设备自动分拣,大大地提高了拣货作业的准确性和作业效率。

2. 流通加工作业

配送中心加工作业属于增值性活动,不具有普遍性。有些加工作业属于初级加工活动,比如,按照客户的要求,将一些原材料套裁;有些加工作业属于辅助加工,比如,对产品进行简单组装,给产品贴上标签或套塑料袋等;也有些加工作业属于深加工,食品类配送中心的加工通常是深加工,比如,将蔬菜和水果洗净、切割、过磅、分份并装袋,加工成净菜,或按照不同的风味进行配菜组合,加工成原料菜等配送给超市或零售店。

不同类型的配送中心会根据其配送商品的特性、用户的要求、加工的可行性选择是否进行配送加工作业,作业内容也不尽相同,通过加工作业可完善配送中心的服务功能。

3. 包装作业

配送中心将需配送的货拣取出来后,为便于运输和识别不同用户的货物,有时还要对配送货物进行重新包装或捆扎,并在包装物上贴上标签。

4. 配装作业

为充分利用运输车辆的动力,提高货物运输的积载率,配送中心一般将在同一时间内发出货物的不同用户的货物组合配装在同一批次运输车辆上进行运送,这就是配送中心的配装作业。合理的混装与配装,不但能有效地降低成本,还可以减少城市道路的交通流量,改善交通状况和降低环境污染。

(四)出货作业

出货作业是配送中心的末端作业环节,包括装车和送货两个作业项目。

1. 装车

配送中心装车作业可以采用机械装车,也可采用人力装车。通常对于较大批量或较大体积和重量的货物采用装卸机械设备(如叉车)和托盘进行装车;对于批量较小的散货,由于数量少、重量轻,可人力装车。装车时要注意避免货物损坏和外包装的破损。

2. 送货

一般情况下，配送中心都自备送货车辆，有时也可根据实际需要借助社会运力来组织送货。送货作业的重点是正确选择运输工具和合理选择运输路线；对于固定用户的送货，可事先编排出合理的运送线路，选择合适的送货时间，进行定时定线送货；对于临时送货，可根据用户要求和当时的交通状况，选择合适送货路线进行送货。

本章小结

经济的快速增长，为我国物流业的发展提供了相当大的空间。物流业作为"第三利润源"，其发展前景相当广阔。如何更大地挖掘这一利润已是目前物流业的当务之急。

配送作为物流的末端作业环节，具有降低物流成本、提高物流经济效率、优化物流系统、提高客户满意度等作用。在整个物流系统的运作中显示出相当重要的作用。

配送中心是基于物流系统合理化和发展市场两个需要而发展的，是以组织配送式销售和供应，以实物配送为主要功能的流通型物流结点。它可以很好地解决用户多品种、小批量需求和企业大批量专业化生产的矛盾。因此，配送中心正逐渐成为现代化物流的一个标志。

思考与练习

一、名词解释

配送　　配送中心　　配送模式　　配送功能　　理货和配货　　流通加工

二、简答题

1. 配送的定义和作用是什么？
2. 配送的功能有哪些？
3. 配送中心的作业流程有哪些？
4. 配送的类型有哪些？
5. 配送中的配送模式和物流模式各有什么特点？
6. 配送中心与物流中心比较有哪些差异？
7. 配送为什么说是现代物流的一个标志？
8. 配送的现代化趋势是什么？

三、案例与分析

美国沃尔玛配送体系简介

沃尔玛公司的总部在阿肯色州的一个小城市——本顿维尔，现有人口大约2万人。沃尔玛公司的总部也就是沃尔玛的第一个配送中心，沃尔玛的总部就在这个配送中心里。在不断增长扩大的过程中，沃尔玛也建立了一批新的配送中心，但沃尔玛的总部仍然在阿肯色州本顿维尔市的配送中心附近。

沃尔玛的最早创始人山姆·沃尔顿，在1962年开设了第一家沃尔玛商场，而配送中心一直到1970年才建立。现在沃尔玛的配送中心已经有了30年的历史。第一个配送中心是供货给4个州、32家商场。而现在，沃尔玛在美国就有30座配送中心，分别服务于18个州、2 500家商店。沃尔玛为什么要花费很大的精力投在物流方面呢？只要看一看以往几年中沃尔玛的发展就可以了解到，进行物流配送在沃尔玛公司里是非常重要的。2000年沃尔玛在物流上的投资是1 600亿美元。2001年增加到1 900亿美元,因此,沃尔玛将从现有的销售额中提取250亿美元,集中用于配送中心建设。在美国,沃尔玛拥有1 800多家商场。

沃尔玛的商场是一个提供比较常规的商品的商场,它以比较低的价格为人们提供日常用品。除此之外,沃尔玛还有一类沃尔玛超级中心,这是在过去10年中才开发出来的。沃尔玛有721个这样的超级中心,它们是由规模较大的商场及附近一些小的副食品店加在一起形成的超级中心。它有一些比较常规的日常用品,同时也卖一些食品。这些结合在一起,便可向消费者提供一站式的消费服务。顾客来到一个商场,便可买齐想要的所有商品。沃尔玛把它看作是未来的商场模式。在美国,沃尔玛还有463家山姆会员店。这种会员店内的商品量特别大。目前,沃尔玛在美国有88.5万名员工,在美国之外的世界其他地方有25.5万员工。消费者消费行为的最终目的就是用较少的金钱得到较多的使用价值,消费者除了购买到满意的商品以外,还需要得到更好的服务。那么,沃尔玛是怎样获得成功的呢?

1. 明确的经营理念

区域的经营理念,不仅仅是区域的灵魂,同时也是经营成败的主要因素。

(1)沃尔玛对顾客的承诺就是商品价格最便宜、顾客永远是对的

任何一家沃尔玛的连锁店里都张贴着醒目的标语:"我们争取做到,每件商品都保证让您满意!"沃尔玛人知道,消费者的一分一毫都是辛勤工作所得。为了让消费者的金钱最大限度地发挥它的作用,沃尔玛人应该做到的是"天天平价,始终如一,为您提供超值、优质的商品"。每天员工在这种观念下工作,很自然就会把服务的质量放在首位。这样就使员工的服务更加贴近顾客,使人感到宾至如归,回头客越来越多。

(2)提供一站式服务

这是吸引消费者的另一行之有效的方法。顾客是否能够在商店里一次性购买所有需要的商品,能否得到一些及时的新产品的信息以及另外一些附加服务,这都是衡量企业经营的重要标志。任何一个成功的具有相当规模的零售企业,必须为消费者提供全方位的服务体系。沃尔玛的商场比一般的超级市场要略大一些,经营商品的品种十分齐全,一个家庭所需要的物品几乎都能在这里买到,所以又被称为"家庭一次购物"。从服装、药品、玩具、卫生用品到家庭电器、珠宝化妆品、汽车用品等,一应俱全,而且陈列干净、标志清楚,使人充分感受到购物的乐趣。沃尔玛出售商品的价格并不是标在商品的包装上的,而是统一利用带有磁性的大标签贴在货架上。这样一来既节省成本又显而易见。特别是山姆会员店,凡加入会籍的顾客,都可以享受折扣价。

2. 先进完善的配送体系

作为商品流通企业,采购、存货、运输、销售、信息等是影响商品成本的关键因素。首先是购货,即商品采购,它是商品销售价格的第一道关卡,也是商品物流管理的始点。

(1)沃尔玛直接从工厂进货

良好的监督体制以及优秀的员工素质使其避免了在采购过程中容易出现的"回扣"、"偏高进货成本"等问题。例如,禁止推销商向采购员送礼或请客吃饭;尽量避免采购人员单独同供货商签订合同;教育员工与供应商讨价还价,培养他们不仅仅是在为公司讨价还价,同时也是在为自己和为顾客讨价还价。沃尔玛的大批量订购货物的形式往往能够拿到比其他商家更加优惠的价格。这样一来,相对于其他零售商而言,沃尔玛的购货成本就低一些,所卖商品的价格就更加具有竞争力。

(2)沃尔玛具有独特的配送体系

沃尔玛被称为是零售配送革命的领袖,所谓配送就是将各分店所需要的商品在规定的日期,安全、准确地送达。其中,减少费用的措施有:减短途径;减少运输次数;提高车辆装载效率;设定最低配送量;实施共同配送;选择最佳配送手段。下面具体来看一下沃尔玛的配送体系:

①沃尔玛的目标是满足顾客的需要,因此要及时提供给顾客质优价低的商品。为使这些商品在顾客所需要的时间和地点内出现,就一定要开发出一种低成本补充存货的方法——交叉装卸法。通过这种方法,很大程度上降低了成本,提高了存货周转,使得沃尔玛在激烈的市场竞争中取得优势。它的做法就是使商品不断地被送到公司的配送中心,在那里进行拣货、分拣、再包装最后再发送到各个分店。货物在配送中心(仓库)的时间很短,一般不会超过48小时。这样做,一来可避免公司正常库存条件下所付出的成本,二来又可以得到大批量购买所带来的折让。

沃尔玛销售的商品中,87%左右是自己的配送中心提供的,使用这种方法,其成本可低于正常情况50%,自然均摊到商品上的成本也就低于其他商家,价格也就更加具有吸引力。

②交叉装卸法能够正常的运作,就必须要求配送中心、各个分店、供应商之间有着密切的联系。这样才能确保采购——配送——销售在短时间内完成,这是一个紧密相关的系统。"天天平价"的基础,使销售情况便于预测,减少存货的同时带来了大量的顾客,创造了更好的销售额。紧密的联系使商家与供应商能及时联络,第一时间内补偿货架上缺少的货物,高效、快速地运输体系使商品的运输成本大大降低。

(3)沃尔玛如何选择配送中心地址

从配送中心的角度来看,配送中心负责将从供应商处大量运达的商品配送至各分店。配送中心的选址十分重要,它直接关系到成本、运输、采购等多种方面的问题,沃尔玛是如何选择配送中心地址的呢?从距离来看,配送中心到所负责的目的地的路程不会超过一天行程,这样就能保证配送的及时性;从位置来看,沃尔玛的商店定位不是根据城市的大小来确定,在一些乡村也开设,因此它的配送中心一般不会设在城市里,而是在郊区,这样有利于降低成本;从面积来看,一般都达11万平方米,员工近千人,将近85%的货物通过配送中心发送。一个配送中心通常负责一定区域范围内的多家商场。

3. 沃尔玛拥有自己的计算机网络体系

配送中心的管理是机械化与电脑化的有机结合。沃尔玛具有发达的计算机网络体系。总体上可以说是发达的"根系"状形式,从分店的销售统计到自动存货再到自动订货,这就是他为什么能够及时地了解销售情况并能准时补充货源的原因所在。

任何一家沃尔玛商场,都具有自己的终端,并通过卫星与总部相连,在商场设有专门负责排货的部门。沃尔玛每销售一件商品,都会即时通过与收银机相连的电脑服务器记录下来,每天都能清楚地知道实际的销售情况。所有商品都利用条形码通过计算机进行跟踪,既方便、安全,又十分快捷。

沃尔玛拥有发达完善的信息处理系统。沃尔玛在科技上花费了大量的人力和财力,经过多年的实践,充分地证明了在科技上的投入是物有所值的。

沃尔玛是世界上第一个拥有私人通信卫星的企业。1983年,沃尔玛用了2 400万美元建立了自己的卫星通信系统,通过整个系统每天直接把销售情况传送给5 000家供应商。像沃尔玛在我国深圳开设的几家商场来说,商场电脑与总部相连,通过卫星通信,可随时查货、调拨商品和进行信息交流。

由于商品的售价是标在货架上,所以条形码显得十分重要。沃尔玛所出售的商品都是通过条形码来确定价款的,包括水果、面包等,不少生鲜商品在称重或包装时随即提供条形码。这种方法安全、可靠、方便、快捷,优势显而易见。

4. 先进的管理方法

现代的企业必须具有现代的管理体制,沃尔玛成功的另一个因素就是现代化管理。就传统意义而言,零售业的采购、补货、定价以及推广等权利都高度集中在公司的管理层,然而沃尔玛的配送系统则是把传统控制模式调换了方向,以前是零售商把商品"推"向已有的系统,沃尔玛则让顾客决定何时何处购买商品,让顾客拉动产品,使分店、配送中心及供应商之间,建立起一种非正式的、往来频繁的合作关系。

在经营中,沃尔玛以员工为合伙人,坚持让员工从公司的成长中获得好处;以员工为合伙人使其与员工之间的利益紧密相连;沃尔玛还尽其所能地使员工有归属感,公司雇用当地人员,经过训练并鼓励他们提出问题,同时采取多种奖励手段来提高员工士气;公司努力营造出一个畅所欲言、面对面沟通的文化环境,任何员工都可以直接同经理提出改进公司的建议,如果得以采纳,将会得到奖励。沃尔玛讲究团队精神,经常开展活动,员工们可以共享信息,每位员工可采纳最好的建议运用在实际工作中。在员工工资并不高、福利也不值得标榜的条件下,沃尔玛的员工仍具有相当的凝聚力。公司越大,就越有摆脱和防止专制管理,在《富甲天下》中,山姆认为,作为高层管理者,既要谨慎,更要谦虚,丝毫不可松懈大意。他的六条管理方法分别是:(1)每次只考虑一家商店;(2)沟通再沟通;(3)倾听基层的声音;(4)下放责任和权利;(5)调动员工的积极性;(6)精简机构,防止官僚作风。

5. 发达的运输体系

整个物流过程中,最昂贵的就是运输费用。运输车队省下的钱越多,整个供应链所节省的费用就越多,让利给消费者的部分也就越多。沃尔玛拥有自己庞大的运输车队,承担着从配送中心到商场的运输任务。他们所用的卡车,都是尽可能大的16米长的货柜车,比集装箱卡车更长,而且要求把车中的每一立方米都填得满满的,以进一步降低运输成本。沃尔玛的车队有3 700多名司机、2 000多辆公路长途运输卡车和1.1万多辆拖车,这是美国乃至全世界最大的企业商用车队。沃尔玛采用全球卫星定位系统,在任何时候,调度中心都可以知道这些车辆在什么地方,离商店还有多远,同时也可了解到某个产品运输到了什么地方,还有多长时间才能运到商店。正是通过迅速的信息传递及先进的电脑跟踪系统,使之能够在全美范围内进行商品的快速运输,保证了沃尔玛能够及时地进行商品供给,从而大大提高了整个系统的效率。

思考题:

1. 沃尔玛公司成功的经营理念是什么?
2. 沃尔玛公司成功的配送模式是什么?
3. 结合沃尔玛公司的成功案例谈谈自己的感想。

第九章

企业物流

学习目标与要求

1. 熟悉企业物流的基本内容；
2. 掌握企业物流及其相关的概念；
3. 熟悉与企业物流有关的决策问题；
4. 了解企业中各种物流的形式、过程，熟悉常用管理方法；
5. 了解企业物流活动与企业生产经营活动之间的关系。

企业物流是企业生产与经营的组成部分，也是社会物流的基础，属于具体的、微观的物流活动领域。在现代企业的生产经营活动中，物流活动贯穿于从原材料采购开始，到零部件的加工，最后把产成品销售并送达用户的整个循环过程。企业物流活动的客观存在，必然促使企业重视物流问题的研究，实现企业物流合理化。物流合理化不仅对实现企业整体优化有着重要的意义，而且也是企业合理组织生产力研究的重要课题。

第一节 企业经营活动中的物流

一、企业物流的含义、地位和作用

(一)企业物流的含义与企业物流系统的特征

1. 企业物流的含义

所谓企业物流，是指企业内部的物品实体流动。企业内部物流活动主要是企业内部的生产经营工作和生活中所发生的加工、检验、搬运、储存、包装、装卸、配送等物流活动。

从系统原理来看，企业的生产经营活动是一个承受外界市场环境干扰作用的，具有输入、转换和输出功能，并通过市场信息反馈不断完善自身功能的自适应体系。其中，企业购进原材料和投入其他生产要素表现为系统的输入；生产过程是对生产要素的加工处理，即生产要素向新产品的转换；而产成品的销售表现为系统的输出，以满足市场需要；同时，产品的销售情况又表现为需求信息的反馈，企业在生产过程中进行自我调整，并按新的市场需求重新组织企业的生产经营活动。实际上，企业生产经营过程都是围绕物质资料使用价值的形态功能更替和价值的实现来完成的。因此，企业的生产经营活动，在物质资料使用价值的形态功能更替上，其中任何一个环节受阻,或购不进原材料,或生产不出满足质量要求的产成品,或产成品销售不出去等,都会影响企业生产经营活动的顺利进行。可以这样讲,企业生产经营活动本身,是物质资料实体由一种形态功能转换为另一种形态功能的运动过程。

从企业物流活动所发生的先后次序来看,企业物流包括供应物流、生产物流、销售物流、回收物流和废气物流五个部分。

2. 企业物流系统的特征

企业物流系统除了具有一般系统的特征外,还具有其自身的较为明显的特征。

(1)强烈的集合性。企业物流系统,按其物流活动的业务性质可分为供应、生产、销售、废旧物的回收与处理等既有区别又密切相关的分系统,每一分系统又由若干个子系统构成。例如,原材料供应分系统包括资源的筹集子系统和实物供应子系统,每一子系统又需要考虑许多因素和变量。

(2)密切的相关性。企业物流系统的结构相当复杂,供、产、销和废旧物流分系统之间存在着相互联系、相互依赖、相互制约的内在关系和外部联系。例如,供应分系统必须根据生产的需要按时、按质、按量均衡配套地输入生产要素,任何一种原材料的短缺都会引起连锁反应,造成生产过程的中断;同样,销售分系统必须及时把产成品销售出去,否则就会由于商品完不成向货币的转化,影响生产要素的购进和供应。这就是说,供应是生产的源,销售又是供应的源,任何一个分系统出现障碍都会影响企业物流的正常运动,进而影响企业生产经营活动的顺利进行。

(3)具有明显的服务性。从企业物流活动本身来看,它与企业的生产经营活动紧密相连、不可分开,它受生产约束,为企业生产经营活动服务。一般来讲,由于工业生产的特点和组织管理的需要,要求生产过程具有连续性、平行性、节奏性和比例性。生产过程的这种客观需要的特性决定了企业物流的流动特点。例如,生产过程的连续性决定了物流方向和流程与生产过程一致,生产过程如何进行,物流就如何流动,物流不能脱离生产流程而存在;生产过程的平行性决定了物流网络与生产物流相一致,决定了物流的空间结构;生产过程的节奏性决定了物流在时间上的规律性,即物流在时间上要与生产过程同步,要符合生产过程的节拍,决定了物流的时间结构;生产过程的比例性决定了物流量的大小;等等。所有这些,都说明了物流必须服从于生产经营的需要,为生产过程服务。

(4)企业物流系统的目的性,虽然与整个企业生产经营活动的目的是一致的,都是为了满足社会的某种需求和获取最满意的经济效益,但企业物流系统的目的在于追求物流合理化,提高物流速度,降低物流费用。也就是说,通过开发物流,促进物流合理化,来实现企业经济效益的提高,即所谓的挖掘企业"第三利润的源泉"。

(二)企业物流在社会物流系统中的地位

企业物流与社会物流之间的关系是相互依存和不可分割的,也反映了微观物流与宏观物流之间的关系。从系统网络上看,如果把社会物流看作一个物流系统网络,那么企业物流则是物流系统的一个子系统和网络上的一个节点,或成为一个物流据点(或社会物流的一个子系统)。所以,只有把社会物流和企业物流联系起来看,才能构成物流系统的网络体系;从两者的物流关系上看,企业物流是社会物流的基础,而社会物流则是企业物流赖以生存的外部条件。这就是说,企业物流是社会物流之"源",又是社会物流之"汇",只有当企业"流"出很多满足需要的产品,并流入消费市场或别的企业,或企业所需的原材料从别的企业流入时,社会物流才能运动起来。

(三)物流在企业生产经营中的地位和作用

从企业所固有的价值循环过程来看,企业的价值循环由资金和物资两个首尾相接的半环组成。首先,企业通过市场购进物资(包括其他生产要素),经过企业内部生产各过程的转化,变成企业所生产的产成品后通过销售返回市场,同时,从市场上收回资金,用于支付(下一轮循环)所购进物资(和其他要素)的价款。其中,前者是物资循环,后者是资金循环。

从企业的生产经营过程来看,物流的地位和作用可以从以下两个方面来予以考察:

1. 现代企业的生产经营过程,是物质资料实体不断运动和转化的过程。在企业生产经营系统的输入—转化—输出过程中,同时也是一个价值转移、增值和实现的过程,它们都是围绕着物质资料的使用价值、形态功能的不断交替来满足社会的需要。从企业生产经营的职能来看,无论是产品的开发、设计、物料采购、工艺生产、产品销售,都是通过物的流转得以实现的;从管理的角度来看,经营方针的决策,企业的计划、指挥、协调、控制等职能的发挥,无一不伴随着物流的开发和运行。现代企业生产经营过程的物流如图9—1所示。

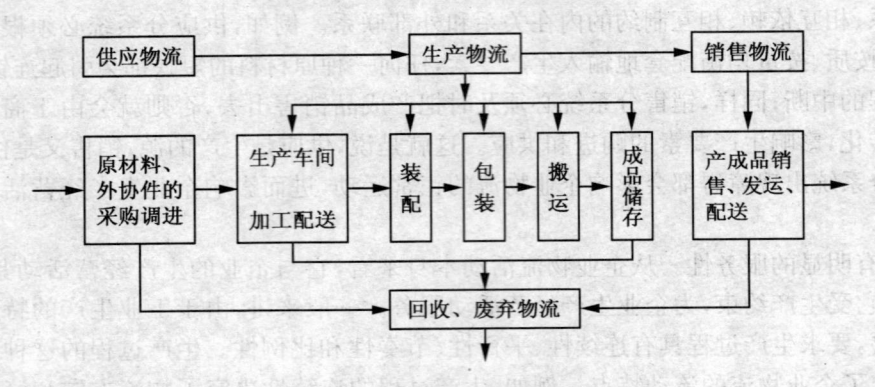

图9—1 生产经营中的物流活动

从图9—1中可以看出,物流贯穿于整个生产经营的过程中,并构成了企业物流包括的内容,即企业物流是由供应物流、生产物流、销售物流以及回收和废弃物流等构成。

2. 企业生产过程的组织与管理同时也是一个物流的组织管理过程。企业物流管理作为企业管理的一个分支,通过对企业内部各项物流活动(如采购、运输、物资储备等)进行协调与控制并使之趋于合理化。在保证物流服务水平的前提下,达到降低物流成本的目的,这也是现代企业物流管理的目的所在。

由于企业赖以生存和发展的环境的不断变化,企业不得不站在战略的高度来研究企业的生存和发展问题。而从企业竞争的角度看,企业的基本竞争战略可归纳为成本领先战略、差异化战略和目标聚集三种。然而,作为以节省原辅材料的消耗为主的第一利润源和作为提高劳动生产率为主的第二利润源中可挖掘的潜力越来越少。因此,作为第三利润源的物流越来越得到企业管理者的重视。以上所说的利润源泉其实是指通过降低企业生产经营活动过程的成本而达到的,所以,通过企业物流的合理化来降低成本,达到成本领先的目的,正逐步成为实施成本领先战略企业的共识。

同时,对于实施差异化战略和目标聚集战略的企业来说,物流管理也是同等重要的。一方面,所谓的差异化不仅仅是指产品质量的差异,还包括服务、营销、运行机制甚至是经营理念的差异。而目标聚集是指在企业资源有限的情况下,选择有别于其他企业的某一经营领域,集中企业的资源以创造企业的局部优势。因此,所谓的目标聚集也带有明显的差异化特征。而物流管理可以改变企业经营活动的运作机制,营造本企业与其他企业的差异(例如,提高服务水平、快速适应市场环境的变化等)。

由此我们可以得出结论:企业物流管理在企业的生产经营中占有战略地位。

二、企业物流需要研究和解决的问题

(一)从生产经营的业务性质考察物流

从企业生产经营活动的业务性质来考察物流问题,就需要研究和解决企业生产经营过程中的供应、生产、销售以及废旧物回收和处理中的物流合理化问题。这就是使企业物流中的供应物流、生产物流、销售物流以及废旧物回收和处理物流能够做到有机结合、无缝连接,从而发挥它们的整体效果。

(二)从影响物流合理化的因素来考察物流

从影响物流合理化的因素来考察物流问题,内容丰富,主要需要解决以下几个问题(如图9-2所示)。

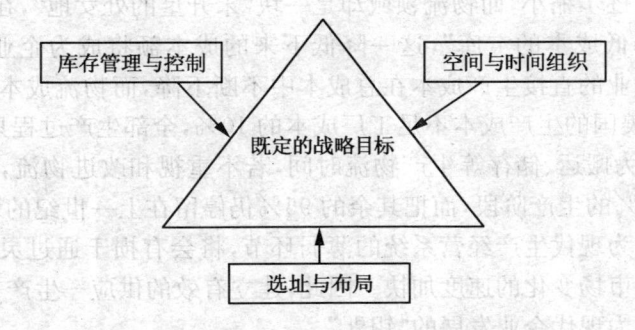

图9-2 企业内部物流的决策三角形

1. 工厂的布局和厂址的选择。工厂的合理布局不仅直接关系到企业自身的物流合理化,而且关系到社会物流的合理化。工厂布局和厂址选择本身,一方面要考虑企业生产和企业物流与社会物流的适应性;另一方面,不但要考虑各种各样的社会因素、地理因素、水文因素和物流因素等,而且还要用相应的科学方法,譬如数学模型、经济区划方法,来解决工厂的合理布局和厂址的选择。而选址问题是物流系统合理化的基础,在此基础上进行合理布局。再以合理布局为框架,进行厂区规划与厂区物流设计。按照一般厂区规划的原则,结合企业生产规模、产品的特征,合理规划场区各单位的相互位置,使厂内物流在空间结构和时间组织上,既有利于生产,又节约物流费用。厂内物流在空间结构和时间组织方案指导下,进行工作地和工位的配置和生产线的设计。如果把厂区规划看作工厂布置,那么工作地或工位配置和生产线设计则是车间布置。合理配置工位和生产线,必然对物流合理化、降低物流费用具有重要意义。

2. 仓储管理和库存控制。为了保证生产过程连续不断进行,必须要有一定物料的库存,但又不能储存过多,这里就有一个物料的合理储存问题,有储存就有物料的维护保养问题。因此,加强企业仓库管理,维护、保养好储存的物料,合理控制库存,制定科学的物料消耗定额,就成为企业物流管理需要研究和解决的问题。

从图9-2可以看出,企业的选址与布局是企业物流合理化的基础,而空间与时间组织以及库存管理与控制是企业物流合理化的两个重要方面(即两翼)。

三、推进物流合理化的紧迫性

在社会主义市场经济体制下,企业作为市场的主体,必须在市场环境中具有较强的竞争能力,这样才能使企业在激烈的市场竞争中生存和发展。现代企业在市场环境中面临着严峻的考验,特别是在生产经营中面临着开发物流、发展物流的严峻挑战。

1. 在经济高速发展的现代,能源短缺、原材料供应紧张和价格上涨,以及交通运输紧张,是世界性的问题,如何保证企业有稳定的生产要素输入,成为企业生产经营连续进行的前提。企业的供应物流,即适时、适质、适量、适价的高效率的物料供应是企业经营的重大课题。

2. 在生产高速发展、市场需求变化日益加快的态势下,仅仅靠产品质量、价格、广告和推销作为市场竞争的手段已远远不够了,而销售物流的低费用和准时交货的物流服务高水平已成为胜负成败的关键之一。企业的输出机制表现为提供产品和劳务两个方面,搞好销售物流,不仅单纯是获得商品劳动价值,而且能以劳务价值来追加生产的劳动价值。

3. 由于科学技术的发展和生产管理水平的提高,仅靠降低物质消耗和提供劳动生产率来降低产品成本的潜力逐步缩小,而物流领域却是一块"未开垦的处女地",在管理和技术上加以改进,将是"大幅度降低成本的宝库",这一降低下来的成本额将成为企业的"第三利润的源泉"。与此相对照,企业的直接生产成本在总成本中不断下降,而物流成本在总成本中的比例上升。据有关资料,美国的生产成本不足工厂成本的10%,全部生产过程只有5%时间用于制造加工,其余95%多为搬运、储存等生产物流时间,若不重视和改进物流,这就如同把我们的全部力量集中于仅5%的生产阶段,而把其余的95%仍停留在上一世纪的水平上,这种不协调的状况是企业物流成为现代生产经营系统的薄弱环节,将会有损于通过灵活的生产系统实现生产率的提高和响应市场变化的速度加快。因此,建立有效的供应—生产—销售物流系统,开拓企业物流领域将成为现代企业发展的"钥匙"。

第二节 厂址选择与工厂布置

厂址选择属于工业布局问题,是一项宏观经济决策问题;而工厂布置则是在厂址确定之后,按产品的特征、规模和工艺流程,确定工厂各组成单位的空间位置。如果把厂址选择看作追求社会物流合理化,那么工厂布置则是追求企业内部物流合理化问题。因此,合理的厂址选择和工厂布置,是企业物流合理化的基础条件,是企业物流合理化研究的重要内容。

一、厂址选择

(一)厂址选择的意义

厂址选择是宏观经济决策问题,是一项综合性的技术经济工作,政策性和科学性很强,涉及社会、经济、政治等多方面的因素。厂址选择是生产力布局的具体表现,它是根据国家产业政策和工业布局规划,按设计任务要求,对建厂地区和工厂位置的选择。厂址选择是否合理恰当,对基本建设投资、建设速度、生产经营管理、劳动条件、生活条件、环境保护,以及城市建设与城市经济的发展等都具有重要意义。厂址选择从社会物流和企业物流合理化来讲,其重要意义表现在以下几个方面:

1. 正确选择厂址和工厂布置是物流合理化的重要基础,是企业物流合理化的前提条件。从社会物流来讲,工厂是物流系统网络上的一个节点,这个节点的空间位置直接关系到货物流动路径的长短;从企业物流来讲,只有在合理选择厂址的基础上,才能对一个工厂平面布置和物流活动进行规划和设计,使物料进出工厂和在厂内流动畅通无阻。

2. 合理的厂址选择,能使生产企业或者接近原材料、燃料产地,或者接近产品销售地,或者靠近交通运输干线,这样既有利于资源的合理开发,又能缩短运输距离,减少中间环节,降低社会物流费用,从而有利于加速企业物流速度,加快资金周转,提高企业经济效益。

3. 厂址选择对物流系统的开发与设计有重大影响。厂址所在地的自然地理条件,直接影响着工厂布置及其相应的物流线路;同时,厂址的选择决定着原材料采购的方式以及投入生产的方式,从而为决定企业仓库规模提供了依据等。

(二)影响厂址选择的因素

1. 外部环境因素

(1)资源因素。我们知道企业要维持正常的生产经营活动,离不开各种各样资源要素的输入。其中主要包括:①原材料,譬如炼铁用的铁矿石、炼油用的原油等。②能源(和其他自然资源),譬如水、电、气、热等的供应条件。为了便于能源的合理利用,可以尽量把有联系的企业集中在一起,一方面可以降低以上能源的利用成本,另一方面可以通过适当的分工、合作增强区域特色,提高区域专业化水平。③劳动力资源,尤其是提供熟练技术劳动力的供应条件。

(2)交通运输条件。这是厂址选择应考虑的重要因素之一。一般认为,厂址选择应尽量靠近水运、铁路、港口、码头等交通设施,以利于工厂货运,降低物流费用。

(3)市场分布状况。这就是说,要根据目前和将来市场对企业生产产品的需求情况,选择在主要消费区或最迫切的消费地区设置工厂,并要综合考虑生产、流通和消费,促进三者的统一。

(4)自然条件。厂址选择在具体位置的确定上要特别注意工程区域的地质、地理、水文条件,例如,地面力求平整,了解地震情况、生活设施情况,以及气温、湿度、雨量、风向、水文和废弃物的处理条件等情况。

2. 厂址选择应考虑自身条件的影响

(1)考虑所建厂的生产规模和生产能力、产品结构特征、生产工艺要求、设备投资等情况。

(2)所建厂要能满足容纳全部建筑物、构筑物和厂内道路和其他物流设施,有扩建伸展的余地,少占农田。

(3)要有合理的通道条件,包括货物的进出、职工的上下班、消防和救护等。其基本要求是既要方便,又要易于控制。

(4)废弃物的回收与处理场所,布置要合理,既要有利于环境保护,又要达到资源的综合利用。

在考虑以上外部环境和自身条件时,需要相互结合、综合考虑。例如,有特殊气味的化工企业要把自己的生产工艺特征与当地的风向结合考虑,尽可能布置在下风处或不影响厂内外居住生活的场所。

(三)厂址选择的基本方法

1. 方案比较法。这种方法是指在一定的区域范围内,选择比较理想的几个备选方案,通过详细调查、实际勘察、洽谈,列出不同方案的技术参数、基建费用和经营费用,经过比较分析选择出技术条件好、费用低的最满意的方案。

2. 分级评分法。这种方法包括分等排队加权法。它的基本步骤是:首先,列出影响厂址选择的不同因素,并根据这些因素在选择中所处的地位确定相应的权重数;其次,按备选厂址逐一考察，并按预先规定的等级对每一厂址按每一因素确定其等级数；再次，将每一备选厂址，在第二步中各因素的等级数乘以该因素的权重数所得的分数加总，便得到每一备选厂址的总得分。一般认为，如果各因素均为正影响，那么其总得分最高者为较好的厂址方案。

3. 重心坐标法。这种方法又称直接分析法，是根据厂址预选点与各供应点之间的距离和相应的供应量之间的数量关系，建立其数学模型或运用系统模拟来寻求最优方案的方法。如果设厂址为P，其坐标为P(x,y)，各供应点坐标为$P_i(x_i,y_i)(i=1,2,\cdots,n)$，其需要量为$W_i(i=1,2,\cdots,n)$，即为寻求点P的位置，使P点到各供应点$P_i$的总吨公里数为最小，用MinC(x, y)表示。用数学公式可表示为：

$$MinC(x,y) = \sum_{i=1}^{n}[(x_i-x)^2+(y_i-y)^2]^{0.5}$$

4. 运用线性规划的运输问题的数学模型，来寻求最优方案。它是在一组约束条件下，寻求吨公里最少或费用最小方案的方法。

二、工厂布置

（一）工厂布置的意义

厂址确定之后，就要根据产品特征、生产类型和产品工艺流程确定工厂的组成部分及其规模大小，并在此基础上进行厂区规划，即工厂布置。工厂布置就是根据已确定的工厂组成部分及其规模，合理地在厂区安排它们的相互几何位置，并画出工厂的平面布置图。从企业物流的角度来解释，就是对组成工厂的各部门、设施和设备按一定方式布置，使产品生产过程从投入原材料到成品的发运，物料流动最方便，物流过程的运输、装卸搬运量最少，物流费用最低，即以最低的成本生产出市场需求的产品。

很明显，工厂布置与企业物流有着十分密切的关系。一个良好的工厂布置，不仅有利于对投入的各种生产要素的合理配置，而且为企业物流合理化提供了条件；既是工厂工程建设上应该注意的问题，也是企业物流研究的重要课题。

（二）工厂布置影响的因素和应遵循的原则

1. 工厂布置应考虑的因素

这种因素大体上可分为两类：物流因素和非物流因素。物流因素是指根据各部门之间物流量的大小来考虑各单位、部门之间的几何位置，即尽量把相互之间物流量大的单位靠近一些，以减少装卸搬运工作量，提高物流速度，降低物流费用。非物流因素指除物流因素以外的因素，例如社会因素、地理因素、水文和地质因素、环境因素，以及人的意志因素等。

2. 工厂布置的原则

工厂布置包括两项基本内容：一是工厂总平面布置，二是车间布置。前者属于厂区规划，后者指厂房内的设施、设备配置。无论是工厂总平面布置，还是车间布置，都要遵循以下基本原则：

（1）服从生产工艺的流程需要。要求工厂的每一组成部分的位置安排能保证生产工艺流程的畅通和便利，有利于缩短生产周期和降低物流费用。例如，物料的单一流向，最小的物流距离，最少的装卸搬运次数，进出方便，通道、道路畅通等。

（2）适应于厂外运输的要求。在进行工厂平面布置时，不仅要考虑厂内运输路线的合理布置，还要研究厂内运输如何与厂外运输衔接的问题。要利用厂区所在地现有的运输条件，满足厂内物流的需要，避免货运路线和人流路线相交叉。

(3)节约用地,向立体空间发展。
(4)有利于生产,服务于生产。
(5)有利于企业管理水平的提高。
工厂布置除了以上要求外,还应注意遵守与之相关的标准。

(三)工厂布置的方法

工厂布置,按其内容包括工厂总平面布置和车间布置;按工艺流程形式可区分为产品布置、工艺布置和定位布置。工厂布置的方法常用的有平面模型布置法、立体模型布置法、物料流向图法。下面我们以流向图法为例,阐述工厂布置的具体方法。物料流向图法的基本思路是:以工厂组成部分之间的物流量大小来判断它们之间密切相关程度,并以此为基础,按照尽量把相互之间物流量大的单位靠近的原则,对工厂组成部分进行布置。物料流向图法的具体步骤如下所述:

1. 根据已确定的工厂各组成部分,建立一定时期各组成部分之间的物料流量(运量)表。例如,某一工厂由六个生产单位组成,这六个单位每日的运量如表9-1所示。

表 9-1　　　　　　　　　　　　物料运量起讫棋盘表　　　　　　　　　　　　单位:吨/日

起点＼终点	A_1	A_2	A_3	A_4	A_5	A_6	合计
A_1		6	0	2	0	2	10
A_2	0		2	4	0	0	6
A_3	0	6		2	2	0	10
A_4	0	0	2		1	3	6
A_5	0	0	0	2		2	4
A_6	0	3	0	0	0		3
合计	0	15	4	10	3	7	39

在表9-1中,上三角形部分表示各单位之间的关系由前到后的顺序,称为顺行物流量;下三角形部分表示各单位之间的关系由后到前的顺序,称为逆行物流量。

2. 根据建立的物流运量表,绘制物流相关线图,如图9-3所示。

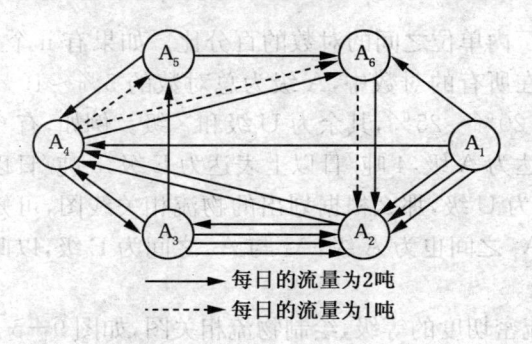

图 9-3　物流运量相关线图

3. 根据已知的物料运量起讫棋盘表,编制物流相关图,如图9-4所示。

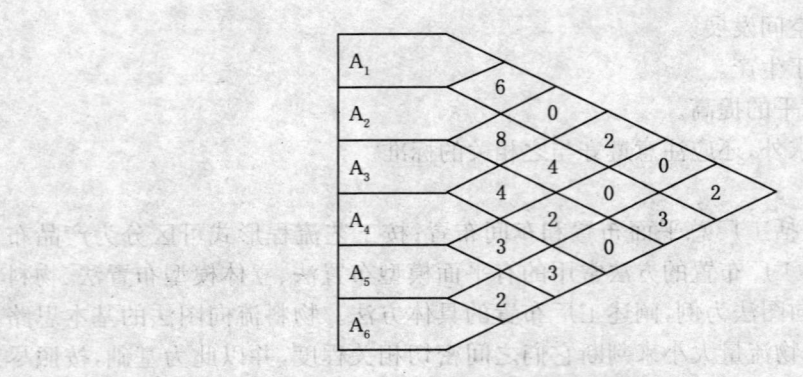

```
        A₁
          \ 6
        A₂  \  0
          \ 8 \  2
        A₃  \  4 \  0
          \ 4 \  2 \  2
        A₄  \  2 \  3
          \ 3 \  0
        A₅  \  3
          \ 2
        A₆
```

图 9—4　物资流量图

以图 9—4 中与 A₁ 相对应的那一斜行（包括"6、0、2、0、2"5 个数）分别表示 A₁ 与 A₂、A₁ 与 A₃、A₁ 与 A₄、A₁ 与 A₅、A₁ 与 A₆ 之间的物资流量。这里所指的物资流量是指双向的流通量，例如，A₁ 与 A₂ 之间物资流量为"6"，是根据物料运量起讫棋盘表中的 A₁ 到 A₂ 的物资流量为 6 吨/日和 A₂ 到 A₁ 的物资流量为 0 吨/日之和计算而得，即 A₁ 与 A₂ 之间物资流量为 6+0=6 吨/日，以此类推。

也可以根据物流运量的多少确定各单位之间物流密度的等级。各单位之间物流密切度等级一般分为五个级别，分别用英文字母 A、E、I、O、U 表示，再加上如果两个单位之间不能靠近的情况，用"×"表示，这样就有六个级别。这六个级别的含义如表 9—2 所示。

表 9—2　　　　　　　　　　　　　物流密切程度等级表

等　级	英　文	中文含义
A	Absolutely Necessary	绝对必要
E	Especially Important	特别重要
I	Important	重要
O	Ordinary Closeness	普通重要
U	Unimportant	不重要
×		不可靠近

分级的确定，一般按厂内单位之间的对数的百分比。如果有 n 个单位，则有 (n-1)×n/2 对联系，即所谓的对数。在所有的对数中，A 级为总对数的 5%～10%，E 级为 10%～15%，I 级为 15%～20%，O 级为 20%～25%，其余为 U 级和×级。例如，有 6 个单位，则有 15 对。

如果 6 吨/日以上表达为 A 级，4 吨/日以上表达为 E 级，3 吨/日以上表达为 I 级，2 吨/日以上表达为 O 级，其余均为 U 级，那么根据划出的物流相关线图，可知 A₁ 与 A₂ 之间的物流密切级数为 A 级，A₂ 与 A₃ 之间也为 A 级，A₃ 与 A₄ 之间为 E 级，以此类推，可得到其他各单位之间物流密切度的等级。

4. 根据已确定的物流密切度的等级，绘制物流相关图，如图 9—5 所示。

根据物流相关图确定各单位的优先权重数。优先权重数的确定是按各级别的重要程度所赋予的权重数表示的。例如，给定 A 级、E 级、I 级、O 级、U 级、×级的权重数分别为 6、5、4、3、2、1，那么图 9—5 的物流相关图对应的权重数如图 9—6 所示。

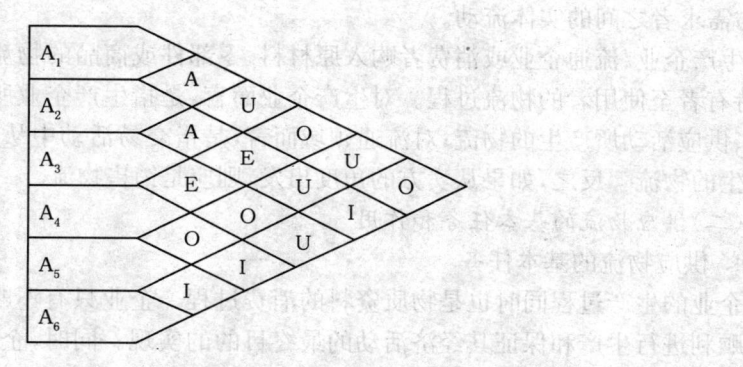

图 9-5 物流相关图

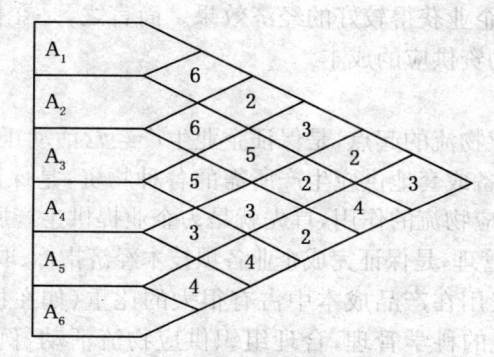

图 9-6 各单位物流相关权重数图

各单位优先权重数是根据图 9-6 的权重数计算的,其计算方法是把图 9-6 中各单位所对应行上所有元素的数值相加。例如,A_1 的优先权重数为 16,A_2 的优先权重数为 23,以此类推,A_3 为 18,A_4 为 20,A_5 为 14,A_6 为 17。

根据计算的各单位的优先权重数,按由大到小排列,从而得出各单位的优先顺序,即 A_2,A_4,A_3,A_6,A_1,A_5。也可以根据与各单位有关的物资流量(用同样的方法计算)由大到小排列,得出各单位的优先顺序,即 A_2,A_4,A_3,A_6,A_1,A_5。

5. 根据给定的厂区面积和各单位的占地面积,在考虑厂内运输、道路、通道、环境绿化,以及其他应注意问题的基础上,按各单位物流量的优先权重数的大小进行单位的布置。一般认为,优先权重数最大的置于厂区中心,其他单位按优先权重数的多少,较大的尽可能靠近已确定的单位,以此类推。这样就可以得到一个较为满意的工厂布置方案。

第三节　企业物流活动分析

企业生产经营活动是供、产、销三个阶段的统一。物流贯穿于供、产、销各个阶段。因此,对企业物流活动的分析,需从供应物流、生产物流和销售物流三个方面进行。

一、供应物流

(一)供应物流的含义

所谓供应物流,是指为生产企业提供原材料、零部件或其他物品时,物品在提供者(指供应商)与需求者之间的实体流动。

生产企业、流通企业或消费者购入原材料、零部件或商品的物流过程,也就是物品从生产者、持有者至使用者的物流过程。对生产企业而言,是指生产企业所需的原材料、备品备件的采购、供应活动所产生的物流;对流通领域而言,是指交易活动中从买方角度出发的交易行为所产生的物流。反之,如果从卖方的角度出发,则应是销售物流。

(二)供应物流的基本任务和作用

1. 供应物流的基本任务

企业的生产过程同时也是物质资料的消费过程。企业只有不断地投入必要的生产要素,才能顺利进行生产和保证其经济活动的最终目的的实现。同时,企业供应物流的基本任务是保证适时、适量、适质、适价、齐备成套,经济合理地供应企业生产经营所需要的各种物资,并且通过对供应物流活动的科学组织与管理以及运用现代物流技术,促进物资的合理使用,加速资金周转,降低产品成本,使企业获得较好的经济效果。简言之,是在保证生产活动正常进行的前提下,尽可能减低企业物资供应的成本。

2. 供应物流的作用

首先,供应物流是企业物流的起点,是保证企业生产经营活动正常进行的前提条件。能否适时、适量、适质、适价、齐备成套地供应生产所需的各种物资,是保证企业顺利进行生产经营活动的先决条件。企业供应物流的作用,首先就是为企业提供生产所需的各种物资。

加强供应物流的科学管理,是保证完成企业各项技术经济指标、取得良好经济效果的重要环节。我们知道,物资供应费用在产品成本中占有很大的比重(如在机械产品中一般占60%~70%),因此,加强供应物流的科学管理,合理组织供应物流活动,例如采购、存储、运输、搬运等,对降低产品成本有着重要意义。其次,在现代化大生产中,企业的储备资金在流动资金中所占的比重也是很大的,一般为50%~60%,因此,加强供应物流的组织管理,合理储备,对压缩储备资金、节约占用资金、加快流动资金的周转起着重要的作用。

最后,在物资供应中,能否提供合乎生产要求的物资,还关系到产品的质量、新产品的开发和劳动生产率的提高。

(三)供应物流的基本业务活动

围绕供应物流的基本任务,供应物流的主要业务活动包括采购、生产物资供应、仓储与库存管理、装卸与搬运等。

1. 采购

采购工作既是供应物流的起点,又是与社会物流的衔接点,它根据为满足企业生产需要所制订的物资采购计划来进行物资外购作业。同时,还负责市场资源、供货厂家、市场变化、物资质量等信息的收集和整理工作。

2. 生产物资供应

供应工作是供应物流与生产物流的衔接点,是根据生产—供应计划和物资消耗定额进行的生产物资供给作业,并负责物资消耗管理。供应活动可按两种基本方式进行:一是用料部门到供应部门领料;二是供应部门按时、按质、按量进行物资配送。

3. 仓储与库存管理

仓储管理工作是供应物流的转换点,负责生产物资的接货和发货以及物资储存管理。库存是用于调节生产与供应之间的不均衡性,即在批量采购与连续生产之间起到缓冲作用。因此,存货管理是供应物流的重要组成部分,同时根据企业的生产计划和采购计划制订库存控制计划,并反馈计划执行情况及其他相关信息。

4. 装卸与搬运

装卸搬运工作是物资接货、发货和堆码时进行的操作。它是衔接供应物流中其他业务活动的重要组成部分。

(四)供应物流的不确定性分析与供应商管理

在一般情况下,企业的生产经营活动计划工作是从销售开始的。即根据企业的销售预测结果制订销售计划,再根据销售计划和产成品库存制订生产计划。而生产计划是否能够正确执行,生产物资的供应是非常重要的一环。由此我们可以看出,生产计划一旦制定,则可以看作供应物流的输出情况已经确定。这时不确定的因素来自于物资采购,这是因为采购不仅受企业内部因素的影响,更受企业外部因素的影响(及供应商因素的影响)。因此,我们提出供应商管理的目的在于将此不确定因素尽可能确定下来,以便更好地为企业的生产经营服务。

1. 供应商的评估与选择

供应商的评估与选择不仅是企业保证供应的需要,而且也是企业在生产经营活动过程中提高竞争力的一项重要决策。未来的市场竞争将从企业间的竞争逐渐转向供应链之间的竞争,因此,我们有必要从决定企业竞争力的重要因素——供应链——的角度来考察供应商管理。供应商的评估与选择工作可以按以下步骤进行:

(1)成立供应商评估小组

供应商的选择不仅是采购部门的事情,而且还是整个企业都需要关注的重要决策。因此,评估小组的成员不仅应当包括采购部门的决策者,还应当包括生产、技术、计划、财务、物流和市场等的决策影响者。

(2)确定候选供应商的名单

企业可以通过供应商信息数据库,以及采购人员、行业杂志等各种信息渠道了解所需物资的供应商。如有必要,则可以采用招标的形式。

(3)列出评估指标并确定其权重

采用专家意见法、经验估计法等适合本企业的方法,并根据本企业对所购物资的需求特点,确定代表供应商服务水平的各有关因素,据此确定供应商的评估指标体系。再根据该指标体系中的具体指标对本企业生产经营活动影响的性质和程度确定该具体指标的权重。

(4)逐项评估每个供应商的服务能力

为了保证评估结果的可靠性,应对供应商进行调查。所谓对供应商进行调查,就是收集与评价指标有关的各种信息。可以直接听取供应商提供的情况,也可以通过对供应商实地考察或其他途径寻找反映供应商服务能力的有关证据。最后根据较为完善的信息资料就各个评价指标进行打分。

(5)综合评定并确定供应商

根据事先确定的权重,结合各供应商的评分结果综合评定供应商。在综合评价结果的基础上选出合适的供应商。

2. 供应商关系管理

在企业的采购实践中,有不少企业在供应商管理方面有了很大的创新。企业根据自己的生产情况、所采购产品的特性、市场的供求关系等实际情况确立自己与供应商的关系,并有许多企业已将供应商关系管理提高到战略的高度来对待。因此,有必要将有关供应商关系管理的理论与实践相结合,探讨企业如何确立与供应商的关系,有利于企业提高管理水平、降低采购成本。

(1) 企业与供应商关系的基本类型

① 短期目标型

在这种关系中,企业与供应商之间的关系仅停留在买卖关系上,只以达成本次交易为目的。各自关注的是如何提高自己的谈判水平,使自己获利,而不关心如何改善自己的工作,使双方获利。

② 长期目标型

与短期目标型不同,买卖双方的目的是建立一种合作伙伴关系。双方都从长远利益出发,相互配合,不断改善产品与服务质量,共同降低成本,提高供应链的竞争力。

③ 相互渗透型

这种类型是在长期目标型的基础上发展起来的。双方都把对方企业看作自己企业的延伸。往往在资产和人员上相互渗透,以保证各方利益的共享和利益的一致性。

④ 纵向联盟型

纵向联盟型的特点是从更长的供应链上各成员企业之间的关系来考虑问题。由于供应链上的成员企业增多,往往需要一个在供应链上处于核心地位的主导者来协调各成员企业之间的关系。

⑤ 纵向集成型

在供应链上的各个企业成员,虽然在产权和决策权上看是相互独立的,但供应链上的成员已被整合起来。其实这种关系类型已经具备了纵向一体化的基本条件。

(2) 供应商关系管理的发展轨迹

从以上供应商关系的类型以及经济发展的规律来看,供应商关系管理已从传统的供应商关系管理模式发展到现代的供应商关系管理模式。但从两种管理模式的比较(见表9—3)和目前实际存在的供需关系类型中,我们应当看到,供应商关系管理在其模式上并不是现代的供应商关系管理对传统的供应商关系管理的简单替代,而是这两种管理模式按不同的程度和方式的相互融合。

表 9—3　　　　传统的供应商关系管理与现代的供应商关系管理的比较

	传统的供应商关系管理	现代的供应商关系管理
供应商数量	多数	少数
供应商关系	短期、买卖关系	长期稳定的合作伙伴关系
企业与供应商的沟通	采购部门与供应商销售部门之间	供需各方多个部门之间的沟通
信息沟通的内容	订货和收货信息	多方面信息共享
价格谈判	尽可能低的价格	互惠互利、利益共享
供应商的选择	仅凭价格或采购员的经验	具有完善的程序
供需双方的相互支持	无	在技术、服务等方面支持

以上提出的供应商管理的两个基本模式,实际上是描述了两种较为极端的状态。在现实中,上述五种企业与供应商之间的关系类型介于这两种模式之间。它们各自的位置如图9—7所示。

从图9—7中可以看出,企业根据自己和供应商之间的具体情况,在传统的供应商关系管理模式和现代的供应商关系管理模式之间选定位置,从而也就确定了自己与供应商之间的关

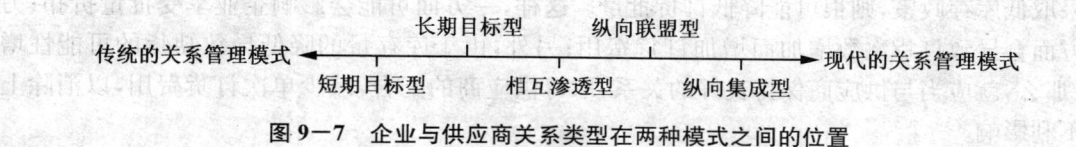

```
传统的关系管理模式 ←——— 长期目标型   纵向联盟型 ———→ 现代的关系管理模式
                    短期目标型  相互渗透型  纵向集成型
```

图 9—7　企业与供应商关系类型在两种模式之间的位置

系类型。那么,企业在确定与供应商的关系时,应考虑哪些因素呢?

3. 企业的供应商关系管理的战略目标

在企业的战略目标体系中,供应商关系管理的目标只是其中的一部分,因此,在确定供应商关系的战略问题上应服从于企业的总体目标。由于企业的总体战略不同,企业的供应商管理战略目标也有所区别,但在战略方面应考虑的问题是大体相同的:(1)设计一种风险最低的合理的物资供应结构,增强供应源的稳定性;(2)希望供应商能够不断努力降低成本,提高产品和服务质量;(3)考虑纵向整合的最佳程度;(4)能够使本企业的采购成本最小。

4. 企业供应商关系管理的具体策略

为了保证企业合理的运营状态,企业需要对原材料、零部件、设备、办公用品及其他产品和劳务进行采购。由于所采购的物品的数量、频度、金额、性质以及对本企业的重要性不同,需采用不同的采购策略,因而对供应商关系的管理方法也有所不同。

(1)所购物品的供求关系

在这一点上,已有不少企业积累了不少成功经验:当所采购的产品供过于求时,供应商之间的竞争本来就比较激烈,在激烈竞争的情况下,各供应商自然会不断努力降低成本、提高质量。同时,由于供应商多,采购方便,供应的稳定性较强。因此,企业的主要精力可放在降低采购成本上,应向传统的供应商关系管理模式倾斜,采用典型的短期目标型管理方式。

当所采购的产品供不应求时,此时最主要的问题有两个:一是由于供应不足,易造成缺货;二是由于货源紧张而造成价格上涨。此时的主要目标应当是稳定价格、保障供应。因此,应考虑增加与供应商的整合程度,建立一种较为稳定的长期合作关系。

(2)所购产品的同质性

除了所购产品的供求关系以外,不同供应商提供产品的同质性也是一个值得注意的问题。如果说所购产品虽然处于供过于求状态,但有些供应商所供应的产品与其他供应商提供的产品之间有较明显的差异(例如供应商采用差异化竞争战略),而这种差异又是符合本企业的利益要求的。那么,由于企业更换供应商的成本较高,此时,企业仍应考虑与供应商建立一种长久稳定的合作关系。当该产品供不应求时,则更应如此。

(3)本企业的生产特征

如上所述,所购产品的差异性与企业自身的生产特性有关。但是,除了本企业的生产特性与所购产品的差异性有较高的吻合程度以外,还有可能存在以下情况:所采购的产品在本企业的生产过程中所占成本的比重较低,但是,一旦出现问题就会造成自己的整批产品质量不合格。换句话说,就是所占成本比重小而其引发的质量风险却很大。企业一般不会轻易更换供应商,而倾向于同供应商建立比较固定的业务关系。例如,在芯片生产过程中所必需的清洗、蚀刻工序所使用的高纯度化学试剂所占芯片生产成本的比例约为1%～2%,但如果试剂出问题则会造成100%的损失。因而,它与供应商的关系是很稳定的。

(4)企业的库存控制政策或存储能力

有些企业可能是出于资金使用效率、持仓成本或是自有仓库存储能力等方面原因的限制而采取低库存政策,则很可能降低订货批量。这样,一方面可能会影响企业享受批量折扣;另一方面会导致订货次数增加而增加订货费用;另外,由于库存量的降低导致缺货的可能性增加,那么,就应当与供应商保持良好的关系,取得供应商的配合,减少单次订货费用,以消除上述不利影响。

二、生产物流

(一)生产物流的含义

生产物流是指生产过程中,原材料、在制品、半成品、产成品等在企业内部的实体流动。

生产物流和生产流程同步,是从原材料领用开始直到产成品检验入库为止的全过程物流活动。原材料、半成品等按照工艺流程在各个加工点之间不停顿地移动,形成了生产物流。如果生产物流中断,则生产过程也随之停顿。

(二)产品开发与设计中的物流课题

1. 产品开发与设计

产品开发与设计包括功能设计、式样设计、生产设计和包装设计四个方面。

(1)功能设计。功能设计是在销售物流工作提供的信息和研究资料的基础上,开展价值分析,为新产品开发和老产品改造提供依据。例如,什么样的产品才能使功能、质量、可靠性与成本之间的关系相适应等。也只有充分可靠地分析市场和预测信息,产品的功能设计才能从质量、品种、成本、可靠性等方面综合考虑,以适应市场需求。

(2)式样设计。精巧的设计涉及最终产品的形状等。产品式样对用户或消费者来说,无疑是很关心的事。因此,式样设计应满足各种消费者的爱好和需求。

(3)生产设计。生产的方式能影响产品的最终成本。因此,生产设计同生产费用的多少有关。生产设计应考虑到原材料、配件、半成品、成品在机台、工序、车间、仓库之间的装卸搬运等物流问题,使其省时、省力、连贯化、自动化、均衡化,任何物流的阻塞和低效率都会导致生产成本的提高。

(4)包装设计。产品设计还包括包装决策。包装已不再孤立地成为销售物流的职能,它从产品决策开始就应考虑到包装的设计,如何使包装的式样有利于充当不说话的推销员,如何在装卸、保管、运输过程中使物流费用降低和保护商品,如何使包装在生产—装卸—运输—保管—发放一体化担负起串联角色。

产品的开发与设计并不仅仅是生产部门的事情,它与供应商的选择与评估一样,牵涉到销售、生产、供应等多个部门,同样需要各相关部门的通力合作才能富有成效地完成。我们知道商品满足人们需要的程度决定了人们购买此商品所愿意支付的价格,我们称之为"认知价格"。而以上四项内容恰好就是决定产品满足需求程度的主要因素,生产者为提高消费者对产品的"认知价格"而提高产品满足需求的程度所支付的成本与"认知价格"之间的关系并非线性的,如图9—8所示。如果不考虑竞争等其他因素,则企业产品的满足需求程度应确定在"价格差额"最大的点上。

2. 以产定供

产品开发与设计确定后,解决了生产什么的问题。这时需要进一步解决生产方法、生产工艺并安排生产计划,解决怎样生产、质量控制、生产批量、生产周期、生产进度等问题。但是,若无符合产品开发与设计质量要求的原材料、工具、机械、设备、零配件等物资的供应,任何工艺与生产均无法实现;若无合理的价格并按生产计划要求均衡、适时、适量的物资供应,生产成本

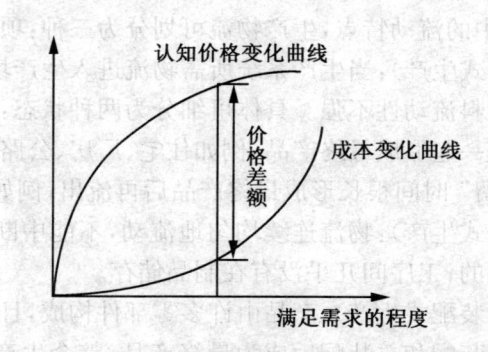

图 9—8　产品的生产成本与认知价格之间的关系

必然增大,生产的连贯性、均衡性必遭破坏。因此,以销定产之后的重要决策便是以产定供。理想的物资供应方式是实现零库存的滚动式的生产。根据生产的批量、工艺、质量、时间、成本要求,准时地、无积压地、不间断地送货到加工机组。

(三)生产过程的物流

1. 生产物流的目标

在企业系统生产中,物料流转贯穿于加工制造过程的始终。无论是在车间内、车间之间、工序之间、机台之间,都存在着原材料、零部件、半成品和成品的流转运动,都离不开物料的装、卸、运等活动,也就必然产生费用支出。生产过程物流的目标应该是:(1)提供畅通无阻的物料流转,以保证生产过程顺利地、高效地进行;(2)减少物料搬运的数量、频率和距离,减少搬运费用,降低成本;(3)防止物料损坏、丢失,防止人身设备事故。

2. 生产物流的类型

在一般情况下,由于生产物流过程与生产过程是同步进行的,因此,企业生产的产品产量越大、品种数越少,则生产的专业化程度越高,生产物流的稳定性和重复性也就越大。所以,我们把划分生产物流的类型与划分生产类型看作同一个问题的两个方面。

(1)按生产专业化程度的高低划分

按生产专业化程度的高低可将生产划分为单件生产、成批生产和大量生产三种类型。所谓单件生产是指一次只生产一件产品,而在生产第二件产品时,往往需要从设计开始重新进行,生产的重复度低;大量生产是指产品的品种单一,但生产量大,生产的重复度高;而成批生产则介于两者之间,即品种不单一且同种产品均有一定的生产批量,因而具有一定的重复性,可细分为大批生产、中批生产和小批生产。具体划分标准如表 9—4 所示。

表 9—4　　　　　　　　　　　　生产类型的划分标准

生产类型		工作地的工序数目
大量生产		1~2
成批生产	大批生产	2~10
	中批生产	10~20
	小批生产	20~40
单件生产		40 以上

(2)按物料流动状况来分

按照物料在生产过程中的流动特点,生产物流可划分为三种:项目型、连续型和离散型。

项目型生产物流(固定式生产):当生产系统所需物流进入生产场地后,几乎处于"凝固"状态,或者说在生产过程中物料流动性不强。具体可细分为两种状态:一是物料进入生产场地后就被凝固在场地中,与场地一起形成最终产品,例如住宅、厂房、公路、铁路、机场、大坝等;二是物料进入生产场地后,"滞留"时间很长形成最终产品后再流出,例如重型设备、轮船、飞机等。

连续型生产物流(流程式生产):物流连续均匀地流动,不能中断,生产出的产品和使用的设备、工艺流程都是标准化的;工序间几乎没有在制品储存。

离散型生产物流(加工装配式生产):产品由许多零部件构成,且各零部件的加工过程彼此独立;制成的零件通过部件装配和总装配后成为最终产品,整个生产工艺是离散的,而且各生产环节间要求有一定的在制品储存。

3. 生产过程的物流组织

生产过程的物流组织与生产过程的组织是同步进行的。例如,从加工装配型的工业企业来讲,伴随着生产过程的空间和时间组织,物流也存在着空间组织和时间组织。也就是说,随着生产过程的组织不同,其物流组织也有所不同。

(1)生产过程的空间组织

生产过程的空间组织,决定了物流的空间结构和流动特征。生产过程的空间组织是指企业内部各生产阶段或生产单位组织及其空间位置。为了使生产过程达到连续性和节奏性,必然从空间上把生产过程的各个环节有机地组织起来,使它们能够密切配合、协调一致。生产过程的组织形式主要取决于产品的特点、工艺特点,以及专业化的程度。通常,生产过程各生产单位的组织有三种基本形式,即对象专业化、工艺专业化和成组工艺。

对象专业化(也称产品专业化),其特点是把不同的生产设备和辅助设备按生产对象(即产品)和加工路线的顺序组织起来,即组成生产流水线。这种方法的优点是可以减少搬运次数和距离;协作关系简单而简化了生产管理;在制品少,生产周期短。缺点是对品种变化适应性差,生产系统可靠性低,工艺及设备管理复杂且缺乏柔性。

工艺专业化的特点是按生产工艺性质把同类生产设备集中在一起,对不同类产品(零件、部件)进行相同的工艺加工。其优点是对产品品种的变化和加工顺序的变化适应能力强;生产系统可靠性高;工艺及设备管理方便且具有柔性。缺点是物流在加工过程中流转次数多、路线长而复杂且协调难度大。

成组工艺形式结合了以上两种方式的特点,按照成组技术的原理,把具有相似性的零件分成一个成组生产单元,并根据其加工路线组织设备并兼顾工艺特点。它的主要优点是既可以简化加工流程,又可以提高生产系统的柔性和适应性。

(2)生产过程的时间组织

生产过程的时间组织,决定了产品(零件、部件)在生产过程中的时间长短。因此,在生产过程中合理安排和组织产品(零件、部件)的移动,是保证和实现生产过程连续性、节奏性的重要一环,对缩短生产过程的时间有着重要的意义。生产过程的时间组织主要研究生产过程产品(零件、部件)在各生产阶段(工序)之间实体移动方式。通常,生产过程的时间组织有三种形式,即顺序移动方式、平行移动方式和平行顺序移动方式。

顺序移动方式是指成批在制品在上一道工序全部完工之后,整批集中运输到下一道工序,假如某产品的生产批量为 4 件/批,并需要依次经过 M_1、M_2、M_3、M_4 四道工序(如图 9—9 所示)。

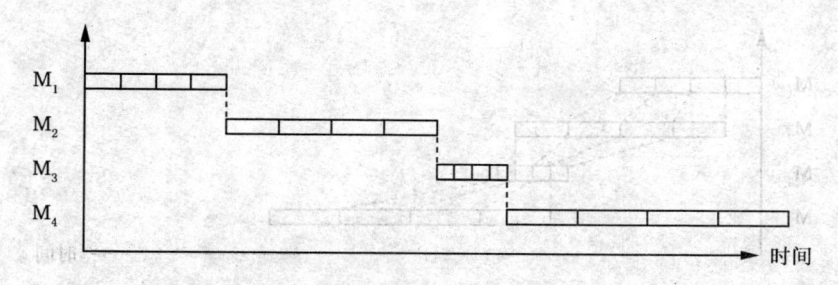

图 9-9　顺序移动方式

这种移动方式下,整批在制品的工艺时间为:

$$T_{顺} = n\sum_{i=1}^{m} t_i$$

$i=1,2,\cdots,m$（这里 m=4,即四道工序）

式中,$T_{顺}$ 表示整批在制品的工艺时间;t_i 表示单位在制品在第 i 道工序加工时间;n 表示在制品的批量(这里 n=4)。

平行移动方式是指每一个在制品在前一道工序完工之后,立即移到下一道工序加工,从而形成了这批在制品中每一在制品在各道工序上平行地移动和进行加工。假如某产品的生产批量为 4 件/批,并需要依次经过 M_1、M_2、M_3、M_4 四道工序(如图 9-10 所示)。

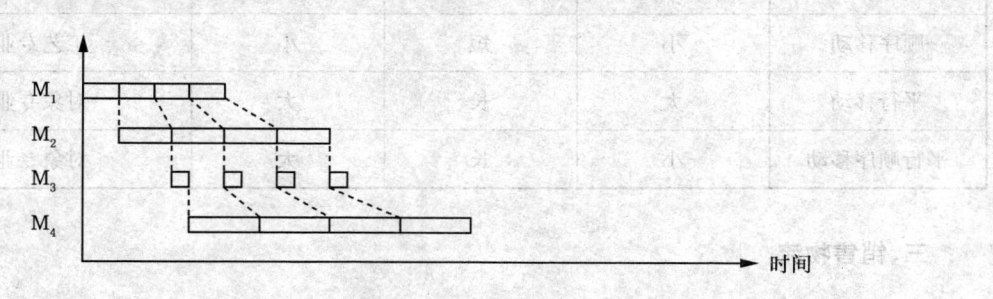

图 9-10　平行移动方式

其整批在制品工艺时间为:

$$T_{平} = \sum_{i=1}^{m} t_i + (n-1)t_L$$

式中,t_L 表示单位在制品在最长的那一道工序的加工时间;其他符号与顺序移动方式下的表达式相同。

平行顺序移动方式是结合平行移动方式和顺序移动方式,既考虑了相邻工序上加工时间的交叉,又保持了整批在制品在工序上的顺序加工。在这种形式下,每批物料在每一道工序上连续加工,没有停顿,并且物料在各道工序上尽可能做到平行,如图 9-11 所示。

整批在制品的工艺时间为:

$$T_{平顺} = n\sum_{j=1}^{m} t_j - (n-1)\sum_{j=1}^{m-1} \min(t_j, t_{j+1})$$

式中,$\min(t_j, t_{j+1})$ 表示相邻的顺次两道工序相比,选择其中较短的工序时间;并将所有选出的较短工序时间求和后乘以(n-1)。第一项的所有符号与顺序移动方式的表达式相同。

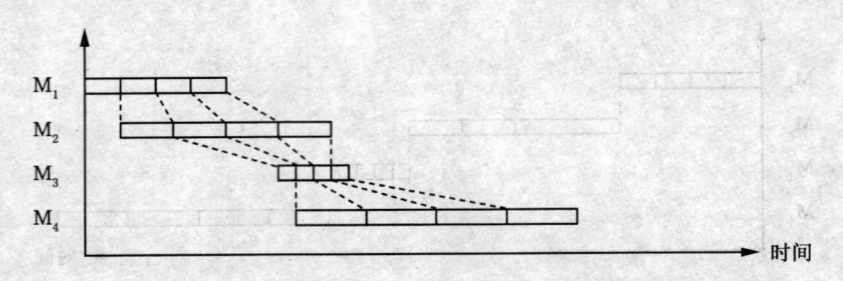

图 9—11　平行顺序移动方式

在上述三种在制品的移动方式中,整批在制品工艺时间最短的当属平行移动方式,但不利于机器设备的充分利用;顺序移动方式工艺时间最长;平行顺序移动方式介于两者之间。

因此,在生产过程的时间组织中,应根据企业成品的生产类型、生产专业化形式、零件重量和工序工作量的大小、调整机具时间的长短等因素,选择合理的在制品的移动方式,对缩短工艺时间、加快物流速度起着重要作用。选择生产物流时间组织方式所应考虑的因素如表 9—5 所示。

表 9—5　　　　　　　选择生产物流时间组织方式需考虑的因素

物料移动方式	物料尺寸	物料加工时间	物料批量大小	物料空间组织形式
顺序移动	小	短	小	工艺专业化
平行移动	大	长	大	对象专业化
平行顺序移动	小	长	大	对象专业化

三、销售物流

(一)销售物流的含义

销售物流是指生产企业、流通企业出售商品时,物品在供方与需方之间的实体流动。销售物流是物品的生产者或持有者至客户或消费者之间的物流。通过销售物流,企业得以回收资金,进行再生产活动。销售物流的效果关系到企业的存在价值是否被社会承认,因此,为增强企业的竞争力,必须重视销售物流的合理化。

(二)销售物流的目标

一般来说,销售物流的目标应该是:以最低的成本和最佳的服务将产品在适当的时间送达适当的地点。事实上,销售物流的成本与服务很难获得最佳的效果。因为为了提供最好的服务,需要较多的库存量、最快的运输、多设网点,结果必然大量增加物流成本;另一方面,为了降低成本,势必要采取缓慢而价廉的运输,降低存货量,减少仓库及网点。因此,真正的销售物流效率是在成本与服务上取得合理的平衡,即对销售物流的各要素进行平衡,取得合理成本下的时空效用。

考虑销售物流目标时,应该注意到企业的成本和消费者希望的服务方式,或将竞争对手的服务水准作为制定本企业服务水准时的参考。例如,可以采用与竞争对手相同的服务水准;也可以采用较低的服务水平,但这时由于销售物流成本降低,价格可以更低;同时也可用较高的服务水准,但由于物流成本高,价格也应提高。总之,企业应从物流成本、消费者的要求、竞争者的状况三方面出发,制定本企业销售物流的目标。

(三) 销售物流的作用

在现实生活中,企业经营者往往把精力花在刺激消费者需求和推销方面,而忽视销售物流的作用。实际上,销售物流绝不仅仅是销售的一种附属功能。它的作用表现在以下几个方面。

1. 销售物流使产品的价值和使用价值真正得以实现。企业生产的产品如果不通过运输、配送等方式送到消费者手中,它只是一种可能的产品;只有通过销售物流,产品的消费才成为可能。

2. 销售物流的好坏影响企业的形象。有效率的储存、运输及送交等,使产品适时、适地和适量地提供给消费者,这是销售完成以前的重要工作。这样,在消费者心目中可以树立起企业效率高和信用好的声誉。反之,产品供应不及时,就会影响或降低企业声誉,失去顾客。

3. 销售物流合理化,有利于降低成本,提高企业经济效益。销售物流成本包括运输成本、存货成本、管理成本等,它们是构成销售成本的重要组成部分。销售物流成本的降低是"成本经济的最后据点"。降低物流成本,可以进一步降低售价,促使销售量上升和利润增加,从而提高企业经济效益。

(四) 销售渠道和销售物流的组织

1. 企业销售渠道

目前情况下,常见的销售渠道按其结构可分为以下三种形式:(1)生产者→消费者;(2)生产者→批发商→零售商→消费者;(3)生产者→批发商或零售商→消费者。

从物流过程来看,第一种销售渠道最短,第二种销售渠道最长,第三种介于两者之间。但随着物流业的发展,以上形式可能有所变化。例如,后两种可能变成:生产者→物流中心→配送中心→消费者,或生产者→配送中心→消费者。

2. 影响企业销售渠道选择的因素

企业在选择销售渠道时一般应考虑政策性因素、产品因素、市场因素和企业自身因素等,以便使企业的销售渠道满足渠道的经济性、对市场的适应性和对渠道的可控性等要求。

3. 企业销售物流的组织

企业销售物流的组织与产品类型有关,例如,钢材、木材等生产资料商品,一般应选择短渠道;而诸如日用百货、小五金等商品应选择长、宽渠道。

正确选择和应用渠道,合理组织物流,可使企业迅速地将产品送到用户手中,达到扩大商品销售、加速资金周转、降低流通费用的目的。

(五) 销售物流管理的关键——存货与运输决策

1. 存货决策

每个企业都有一定的存货。作为生产供应人员,关心的是原材料的存货数量能保证生产有效率地进行;销售人员则关心产成品存货的控制能为顾客提供最高水准的服务效率。在企业流通资产中,产成品存货占有很大比重,尤其是在买方市场条件下,更是如此。因此,存货管理日益受到人们的重视。

存货管理是企业现代市场营销决策的重要方面。这种决策具有风险性和不确定性。对营销来讲,存货过少,企业不能及时交货;存货过多,会增加成本,降低利润;超量存货,会增加仓储、利息、保险、损耗等费用。因此,存货管理决策就是在风险环境下,寻求和把握适当的库存数量。作出产成品存货决策时主要应考虑的因素是:客户的要货规律(可通过统计或销售预测得到)及生产和供应对客户要求的响应能力。决策的方法主要有 ABC 分析法、经济订货量法等。

2. 运输决策

产品由生产地向消费地的流转是靠运输实现的。运输成本是销售物流成本中最主要的项目。运输决策的科学化,对企业信誉、经济效益均有直接影响。

运输决策的目标是进行合理运输。即在一定条件下,以尽可能快的速度,尽可能少的成本,尽可能大地利用运输工具的容量和载重来组织运输。合理运输,应根据产品的不同性质和数量、市场需求急缓、进入目标市场的交通运输条件、运程远近,并结合各种运输工具的特点等来进行决策。

运输决策的中心是选择正确的运输方式和适当的交通工具。在选择运输方式时,必须尽量减少中转环节。直达运输和集装箱运输是比较好的运输方式。运输工具包括铁路、公路、水运、空运、管道等。企业必须从整体的系统观点出发进行决策分析,规划合理的运输方案,以达到成本与服务绩效之间的平衡。

第四节 企业物流合理化

实现企业物流合理化,是物流科学管理的主要目的。这里着重分析实现企业物流合理化的方略和目标。

一、企业物流合理化的方略

企业物流合理化,就是通过改进各种物流作业和物流组织工作减少以至杜绝企业物流活动的不合理现象,提高物流效率,降低物流成本。与企业生产经营系统中的物流领域相适应,企业物流合理化包括供应物流合理化、生产物流合理化、销售物流合理化。

(一)供应物流合理化

企业的生产过程同时也是物质资料的消费过程。企业只有不断地投入必要的物质资料,才能进行生产和保证其经营活动的连续性。企业供应物流的基本任务,就是保证适时、适量、适价、齐备成套地供应企业生产经营所需的各种物资。由于供应的物资费用在产品成本中占有很大的比重(在我国机械成品材料成本中占 60%～70%),加强供应物流管理,可以降低物资进货价格和采购费用,从而降低产品成本。但是,物资供应特别是原材料和零部件,由于费用可以加在进货价格中,其合理化问题往往不被人们重视。不过,供应物流与销售物流相比,以企业内部为主体,合理化问题较易解决。

供应物流合理化主要从下述两方面入手:

1. 进货方式合理化。现代企业生产的规模大、品种多、技术复杂,生产需要的物资不仅数量、品种、规格、型号繁多,供应来源也广,因此,在采购物料时,必须改变过去那种分别购买、各自进货的做法,根据企业生产经营的用货需要和进货要求,采取联合进货方式,由运输单位实行有组织的送货,使企业的物流批量化,以提高运输单位的配送车辆效率和进货工作效率。同时,还可以与同行企业采用代行进货方式,由别的企业代为采购、发送,以提高整车发送率。

2. 供应方式合理化。其主要内容包括:(1)发展以产定供的多种形式的物资技术供应,包括按需加工供应、承包配套供应、定点直达供应等。(2)实行供运需一体化供货,物资供应厂商按照企业生产、工艺和设备要求,签订供货合同,实行定品种、定质量、定数量、定时间送货上门,运输部门按供货合同承担送货任务。按确定的时间将物料送达规定地点。这种供运需一体化方式有利于缩短供应物流时间,减少物流费用。

(二)生产物流合理化

生产物流活动包括产品开发与设计中的物流合理化和加工制造过程中的物流合理化。

1. 产品开发与设计中的物流合理化。运输与保管等物流功能能否顺利并经济合理地发挥出来,与产品的形态大小和重量有关联,而且不仅局限于产品的形态,同时还与这些产品的组合包装形式、重量、大小有关联。因此,在进行产品设计时就必须考虑物流问题。例如,在生产设计上应考虑原材料、配件的可得性以及原材料、配件、半成品、成品在工序、车间和仓库间的流转问题,使其省时、省力、连贯化、自动化、均衡化,人和物流阻塞及低效率都会导致成本提高;包装设计应考虑如何使包装式样有助于充当不说话的推销员,如何在装卸、保管、运输过程中既保护商品又使物流费用降低、效率提高,如何使包装在生产—装卸—运输—保管—发放一体化中充当起串联角色。

2. 加工制造过程中的物流合理化。在企业生产系统中,物料流转贯穿于加工制造过程的始终。生产过程物流的目标是提供畅通无阻的物料流转,以保证生产过程顺利地高效率地进行,减少物料搬运的数量、频率和距离,减少物流费用,降低成本,防止物料损坏丢失。生产物流合理化的中心课题是工序间的以产定供。近年来,日本丰田汽车公司生产供应系统的看板生产方式,在国际上引起强烈反响,这种生产管理方式的基本主导思想是力求压缩生产过程中的库存,减少浪费。其做法是:销售市场上可能售出的汽车数量即从工厂最后生产工序中出厂的数量,生产数量信息由后向前传递。其生产供货的顺序是:下一道工序生产过程中需要的零部件由前一道工序供应。这种生产供货方式改变了过去前道工序的产品全部流入后道工序,多余半成品和配件大量积压的情况;而采用看板的卡片,流通于工厂内与协作厂之间,使这种"何时、何地、何物、多少"的信息流恰当地统一管理生产物流,这样,后道工序要多少,前道工序供多少,使生产物流合理化,不使多余的东西流入下一工序,减少不必要的搬运。这种合理化的生产管理方式,要求小批量、高效率地迅速准时供货。

(三)销售物流合理化

销售物流活动作为市场销售战略手段,不仅要考虑物流效率,而且要考虑企业销售政策和服务水平。目前发达国家销售物流合理化的形式是多种多样的,归纳起来有以下几种类型:

1. 大量化。通过延长备货时间、增加运输量来组织物流合理化。日本家用电器工厂把"当日配送"改为"次日配送",就属于这一类。为了鼓励运输大量化,日本采取一种增大一次物流批量折扣收费的办法,实行"大量(集装)发货减成收费制",因实行物流合理化而节约的金额由双方分享。

2. 计划输送。即以销售计划为基础,按规定渠道把一定量的货物送达指定地点。例如,对某些季节性消费的产品,可能会出现运输车辆过剩与不足,或装载效率下降等影响物流效率的问题。为了调整这种波动性,可以事先同买主商定进货时间和数量,制订出配送计划,使生产厂计划供货、拣选进货、货物装车和货物运输配送等物流活动都可按计划进行。日本啤酒行业称之为"定期定量直接配送系统"的计划化物流。

3. 商物分流。其具体做法之一是订货活动与配送活动相分离。在配送过程中,把自备卡车运输与委托运输和共同运输联系起来,提高运输效率,此外,还可以把销售设施与物流设施分离开来,例如,把同一企业所属的各销售网点的库存功能分离出来,实行集中统一管理,在物流上最理想的地点设立仓库,以压缩流通库存,集中发送,解决交叉运输,减少中转环节。这种商物分流，把企业的批发和零售交易从大量的物流活动中分离出来，有利于销售部门集中精力搞销售。企业的整个流通渠道，不仅实现物流效率化，而且有利于加强流通系统化。

4. 差别化。利用差别化方法实现物流合理化就是根据商品流转快慢和销售对象规模大小，把保管场所和配送方式区别开来。对周转快的商品群分散保管，反之集中保管，以压缩流通库存，有效利用库容面积。对供货量大的实行直接送货，供货量小而分散的实行营业所供货或集中配送。差别化方针必须注意既要节省物流费用，又要提高服务水平。

5. 共同化。共同化是物流合理化的最有效措施。在国内，超出单一企业物流合理化界限的物流合理化，正作为最有发展前途的方向进行着种种尝试。一方面，通过本行业组合而形成的垂直方向的共同化，实现系列集团企业内的物流一元化、效率化，例如，实行同类商品共同保管、共同配送；另一方面，通过与其他行业企业之间联合而形成的水平方向的共同化，来解决两个以上产地和销售地点相距很远，以及交叉运输的企业如何加强合作以提高装载效率、压缩物流设施投资的问题，例如，解决长途运输车辆空载和设施共同利用等问题就是共同化的结果。

二、企业物流一体化目标

生产的发展和管理的现代化迫切需要企业从现代生产的整体出发，从提高经济效益着眼，用系统的观点和系统工程方法全面规划，统筹解决企业物流问题，以求合理地使用有限的资源，以最低的消耗、最好的服务取得最佳的经济效果。就企业物流活动来说，必须使企业的供应、生产、销售物流一体化，在企业建立配合物流的管理体制，这是实现企业物流合理化的关键。企业的物流活动是贯穿于企业供产销始终的活动，必须按照过程管理的原则，使供应、生产、销售中的物流活动协调统一；否则，由各个职能部门在互不沟通的状况下各自从事自己的业务活动，势必造成低效率、浪费甚至相互拆台的情况。

企业物流活动是一个系统。系统的整体功能大于局部之和，只有系统的一体化才能组成系统的有序结构，实现合理化的最佳目标。就企业物流的三个方面来说，供应物流、生产物流与销售物流是相互联系、相互制约的。供应物流是从原材料和商品购进的角度考虑的概念，它作为输入系统，不仅直接制约着生产物流而且影响销售物流；而生产物流不仅直接受供应物流影响，受销售物流制约，而且也对供应物流和销售物流发生反作用。就销售物流来讲，它与生产、供应物流的关系同样密切，其中任何一个环节不能达到要求，则变成企业物流的瓶颈，约束着整个企业物流过程。通常所说的"以销定产"、"以产定供"，就是这种制约关系的概括。

实现物流一体化，要求企业各个部门的理解和合作。如果设计、生产、供应、运输、销售部门不理解、不合作的话，物流合理化的进展将是十分困难的。对于人事和财务部门也是如此。因为推进物流合理化，必不可少的是掌握物流费用。物流费用水平是物流合理化的"罗盘针"，缺少它，物流只能在黑暗中摸索。这就需要财会部门的全面合作。此外，组织物流合理化，还必须有对工作拿得起的人才，因而又需要人事部门的理解和合作。

物流一体化的主要内容是使计划、生产、供应、销售、财务、人事各部门都来承担或协助物流管理工作，这样才能形成有效的物流系统管理，即组成物流合理化结构，尽可能做到整个物流过程纵向流量均衡，横向相互协调。

总之，物流最合理的状态，只有供应、生产和销售的协调才能实现。也可以说，物流一体化的目标是供、产、销的协调一致。特别强调开展肩负供应、生产、销售调整重任的物流管理是使物流一体化向前发展的重要途径。美国提出的"企业后勤"一词的出发点，就是把供应、保管、运输、配送等各环节的物流活动从理论性和系统性上加以综合研究和改进，通盘考虑，发挥其综合功能,并把"后勤"当作企业经营的战略来看待。在日本,企业物流合理化的推进是由于要实现原材料和商品零库存,确立本公司的生产计划与销售计划一致的交货体制,消除因供货企业分散而在交货过程中发生的不合理现象,以期有效地利用产品配送时的回程货运能力。可见,供、产、销过程中的物流一体化是企业物流合理化的目标。

本章小结

　　企业物流一方面是企业生产经营的组成部分,另一方面又是社会物流的基础。所谓企业物流,是指企业内部的物品实体流动,主要包括企业内部生产经营活动中所发生的加工、检验、搬运、储存、包装、装卸和配送等物流活动。同时,企业物流又是一个系统,因此,我们应当用系统论的观点和方法来探讨企业物流问题。任何一个企业的运营过程都可以看成是一个首尾相接的价值循环过程,而这一循环过程包括物资流和资金流两个半环,与资金流相比,物资流由于物品的种类多、涉及面广而较复杂。可见物流在整个企业经营过程中的地位和作用。正是基于物流的系统性、复杂性以及其地位的重要性,本章提出了企业物流的决策三角形,并以此为主线来探讨企业物流问题。

　　企业的选址与布局是企业物流合理化的先决条件,这是因为企业在以后的物流合理化管理过程中,在很大程度上受到选址与布局的制约。因此,当我们考虑企业的选址与布局时,不仅要考虑目前的运行规模,而且要考虑到未来的变化,为企业的进一步发展创造宽松的决策空间。

　　最后,本章将企业物流系统中的供应、生产、销售这三个相对重要的子系统进行分析,同时从系统论的观点出发围绕企业物流决策三角形,在进行系统分析的基础上提出了企业物流合理化的方法和目标。

思考与练习

一、名词解释

企业物流　　供应物流　　生产物流　　销售物流　　回收物流　　废弃物流

二、简答题

1. 简述企业物流与企业的生产经营活动之间的关系。
2. 简述企业物流管理的决策三角形与企业物流合理化之间的关系。
3. 哪些因素影响了企业库存库存量的大小?
4. 企业的生产类型是如何划分的?这些类型与生产物流的空间和时间组织之间存在何种关系?

三、案例与分析

新建工厂的收货区设计

　　新建工厂的基础设施包括新的收货区,用以接收从公路、铁路运来的托盘、散货或者集装箱。新建的收货区将是工厂整个物流系统的一个部分。在这里,工厂自己生产的产品直接进入高架仓库储存,而外购货品(约 50%)必须经过检验。短缺商品一旦到达,就直接进入生产线投入生产。仓储接货系统的要求是建立计算机终端控制的、每天能够处理 250 托盘货物的物流系统,大部分货物在中午以前进库。

可选择的方案如下表所示:

方案 A	方案 B
叉车/人力系统	自动搬运系统
从火车上卸货,将托盘直接用叉车送入车间,工人完成各自所需的检验。在此方案中,货品或者产品主要由叉车来进行搬运。	从火车上卸货,转入自动传送带,运送到固定的操作位置或者其他位置。
简单柔性系统,较低的设备投资。需要较大的仓储空间和过道,人员需求较多。	较大投资,较少空间,较少人员。物料控制简单。较少的车辆和人员,较少的屋内屋外散热问题,检测工人人数减少。可能需要固定的大型起重设备来起吊重物。同样,照明、计算机系统相对较为简单。
放弃	选用

在厂区门口,送到的货物按照一般物料和紧急物料进行申报和分类。然后在大料棚内卸车,用辊道输送机送到仓库,通常,一般的物料被送到备料人员处,紧急物料则通过特设的输送机运输而不再经过备料人员。

收货人将所到达的货物信息输入计算机终端,免检的本厂产品储存在高层货架的高层,缺货的紧急物料直接通过特设的输送机送到生产区。

下图是货物入库、检测、仓储、分拣流程图。

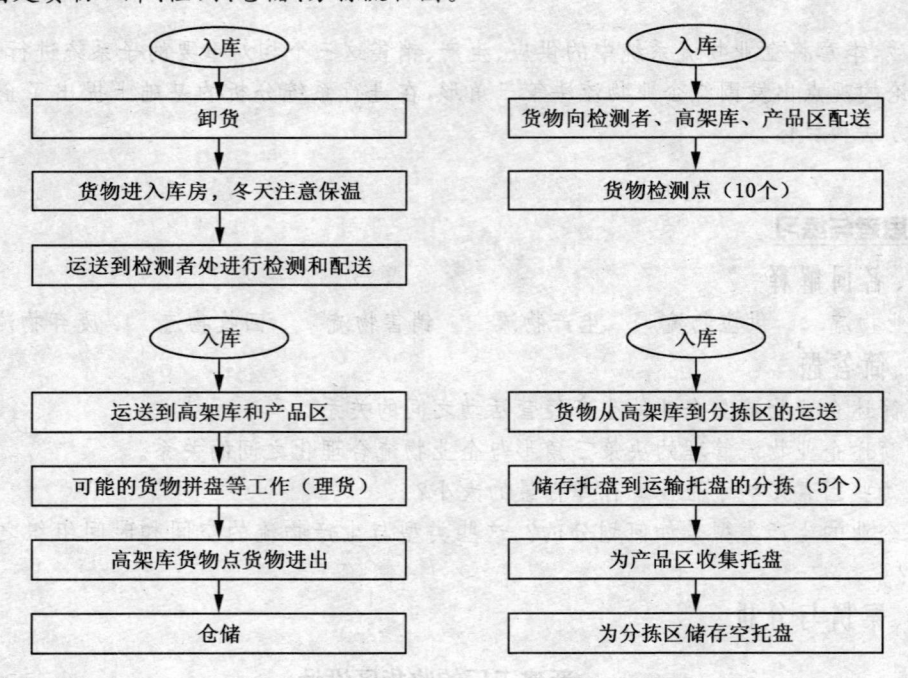

```
    入库                              入库
     ↓                                 ↓
    卸货                      货物向检测者、高架库、产品区配送
     ↓                                 ↓
货物进入库房,冬天注意保温              货物检测点(10个)
     ↓
运送到检测者处进行检测和配送

    入库                              入库
     ↓                                 ↓
 运送到高架库和产品区              货物从高架库到分拣区的运送
     ↓                                 ↓
 可能的货物拼盘等工作(理货)      储存托盘到运输托盘的分拣(5个)
     ↓                                 ↓
 高架库货物点货物进出                为产品区收集托盘
     ↓                                 ↓
     仓储                         为分拣区储存空托盘
```

思考题:
1. 画出本案例中的物料接收系统的原则流程图。
2. 画出本案例中的信息系统的示意图。
3. 如果本案例中要采取 JIT 生产方式,还应具备哪些条件?

第十章

采购管理

学习目标与要求

1. 掌握采购和采购管理的含义和地位；
2. 掌握采购品的主要类型；
3. 掌握采购的基本原则和流程；
4. 了解供应商管理的概念和作用；
5. 了解供应链环境下供应商合作伙伴管理；
6. 掌握采购管理的发展趋势。

采购与供应管理是所有企业、机构都无法回避的重要管理问题。它对提高企业竞争力以及保持企业、机构的正常运转有着极其重要的现实意义。

采购管理作为企业生产经营管理过程中的一个基本环节，已经越来越受到国际大型企业的广泛重视。但在高速发展的中国市场中，中国的企业家对采购的关注和重视程度似乎正如德鲁克所描绘的一样，大部分企业的采购职能被忽视。采购部门只是作为一个普通的职能部门，承担事务性的采购工作，首席执行官(CEO)对营销和市场的关注远远超过对采购的关注。

然而，随着国内市场经济体系的逐步完善，以及企业竞争的日趋激烈，人们对采购与供应管理问题的关注也在逐渐升温，如何规范采购与供应环节，提升采购管理的专业化水平、降低采购成本、提高采购效率，将是企业可持续发展战略的重要问题。

第一节 采购与采购管理的概念

一、采购与采购管理的概念

采购是一种常见的经济行为，从日常生活到企业运作，从民间到政府，都离不开它。无论是组织还是个人，要生存就要从外部获取所需要的有形物品或无形服务，这就是采购。

而企业采购指的是企业为了维持正常运转而寻求从体外摄入的过程，是指企业在一定的条件下从供应市场获取产品或服务作为企业资源，以保证企业生产及经营活动正常开展的一项企业经营活动。

采购管理是指为了保障企业物资供应而对企业的整个采购过程进行计划、组织、指挥、协调和控制活动。

采购和采购管理是两个不同的概念。采购是一项具体的业务活动,是作业活动,一般由采购员承担具体的采购任务。采购管理是企业管理系统的一个重要子系统,是企业战略管理的重要组成部门,一般由企业的中高层管理人员承担。企业采购管理的目的是为了保证供应,满足生产经营需要,既包括对采购活动的管理,也包括对采购人员和采购资金的管理等。一般情况下,有采购就必须有采购管理。但是,不同的采购活动,由于采购环境以及采购的数量、品种、规格的不同,管理过程的复杂程度不同。个人采购、家庭采购尽管也需要计划决策,但毕竟相对简单,一般属于家庭理财方面的研究,本书重点研究的是面向企业的采购活动。当然,在企业的采购中,工业制造和商贸流通企业的采购目标、方式等也存在差异,但因为有共同的规律,所以不再对二者进行细分。

二、采购与采购管理的重要性

采购已经成为企业经营的一个核心环节,是获取利润的重要来源,在企业的产品开发、质量保证、供应链管理及经营管理中起着越来越重要的作用。走出传统的采购认识误区、正确确定采购的地位,是当今每个企业在全球化、信息化市场经济竞争中赖以生存的一个基本保障,更是现代企业谋求发展壮大的一个必然的要求,采购在企业中具有举足轻重的地位,主要体现在以下几个方面。

(一)采购是企业的利润杠杆

使得采购在企业管理中具有重要地位的原因首先在于采购存在"利润杠杆效应"。正是这个效应的存在才使得企业的高层管理者们想方设法在采购上下工夫,为企业"挤"出更多的利润,也正是因为如此才使得采购部门越来越受到当前微利时代的企业高层管理者们更多的关注。例如,假设一个企业50%的资金用于采购原材料,其税前利润为10%,那么每收入10万元,它将获得1万元的利润,并且这10万元收入中将有5万元用于采购;我们假设采购部经过努力降低了2%的采购成本,那么在利润中将增加1 000元,如果换成通过增加销售来获取这1 000元利润,那么要增加10%的销售额才能实现,即多卖1万元才行。显然在目前普遍不重视采购管理的环境下,经过科学的管理,降低2%的采购成本是有可能的,但对一个成熟的市场来说,增加10%的销售却不是一件容易办到的事情。

(二)采购是企业降低成本和技术革新的源泉

除了直接降低采购价格,采购也能够以一种间接的方式对企业竞争地位的提高做出贡献。这种间接贡献以产品品种的标准化、质量成本的降低和产品交货时间的缩短等形式出现。在实践中,这些间接贡献通常比直接节省的金钱更实在。

此外,随着经济一体化及信息全球化的发展,市场竞争日益激烈,顾客需求的不断提升,迫使企业按库存生产,而竞争的要求又迫使企业争取按订单生产。要解决这一矛盾,企业只有将供应商纳入自身的生产经营过程中,将采购及供应商的活动看成是自身供应链的一个有机组成部分,才能加快物料及信息在整体供应链中的流动,从而可将顾客所希望的库存成品向前推移为半成品,进而推移为原材料。这样既减少整个供应链的物料及资金负担(降低成本、加快资金周转等),又可及时将原材料、半成品转换成最终产品以满足客户的需要。在整个供应链管理中,"即时生产"是缩短生产周期、降低成本和库存,同时又能以最快的交货速度满足顾客需求的有效做法,而供应商的"即时供应"是开展"即时生产"的保证。

(三)采购是企业产品质量的保证

质量是产品的生命,采购物料不只是价格问题(而且大部分不是价格问题),更多是质量水平、质量保证能力、售后服务、服务水平、综合实力等方面的问题。有些东西看起来买得便宜,但经常维修、经常不能正常工作,就大大增加了使用的总成本;如果买的是假冒伪劣商品,企业就会蒙受更大的损失,一般企业都将质量控制按时序分为采购品质量控制、过程质量控制及产品质量控制。

由于产品中价值的60%是经采购由供应商提供的,毫无疑问,产品的质量很大程度上受采购品质量控制(Incoming Quality Control,IQC)的影响。也就是说,保证企业产品"质量"不仅要靠企业内部的质量控制,更依赖于供应商的质量控制,这也是"上游质量控制"的体现。上游质量控制很好,不仅可以为下游质量控制打好基础,同时可以降低质量成本,减少企业来货检验费用(降低IQC检验频率,甚至免检)等。经验表明,一个企业要是能将1/4～1/3的质量管理精力花在供应商的质量管理上,那么企业自身的质量(过程质量及产品质量)水平起码可以提高50%以上。可见,通过采购将质量管理延伸到供应商质量控制,是提高企业自身质量水平的基本保证。

同时,采购能对质量成本的削减做出贡献,当供应商交付产品时,许多公司都会进行进料检查和质量检查。所采购货物的来料检查和质量检查的成本的减少,可以通过选择那些有严格的质量保证体系的供应商来实现。

采购不但能够减少所采购的物质或服务的价格,而且能够通过多种方式增加企业的价值,这些方式主要有支持企业的战略、改善库存管理、稳步推进与主要供应商的关系、密切了解供应市场的缺失等。因此,企业加强采购管理对提升核心竞争力具有十分重要的意义。

第二节 采购的基本原则和流程

一、采购的基本原则

企业采购过程中要遵循哪些原则,才能使采购效益最大化呢?采购专家提出应用"5R"原则指导企业采购活动,也就是在适当的时候以适当的价格从适当的供应商处买回适当数量和适当质量的物品。

(一)适价(Right Price)

价格永远是采购活动中的敏感焦点,企业在采购中最关心的要点之一就是采购能节省多少采购资金,因此,采购人员不得不把相当多的时间与精力放在跟供应商的"砍价"上。物品的价格与该物品的种类、是否为长期购买、是否为大量购买及市场供求关系有关,同时与采购人员对该物品的市场状况熟悉程度也有关系,如果采购人员未能把握市场脉搏,供应商在报价时就有可能"蒙骗"采购人员。一个合适的价格往往要经过以下几个环节的努力才能获得。

多渠道获得报价:这不仅要求有渠道供应商报价,还应该要求一些新供应商报价。企业与某些现有供应商的合作可能已达数年之久,但它们的报价未必优惠。获得多渠道的报价后,企业就会对该物品的市场价有一个大体的了解,并进行比较。

比价:俗话说"货比三家",因为专业采购所买的东西可能是一台价值百万或千万元的设备或年采购金额达千万元的零部件,这就要求采购人员必须谨慎行事。由于供应商的报价单中所包含的条件往往不同,故采购人员必须将不同供应商报价中的条件转化一致后才能进行比较,只有这样才能得到真实可信的比较结果。

议价:经过比价环节后,筛选出价格最适当的2~3个报价。随着进一步的深入沟通,不仅可以将详细的采购要求传达给供应商,而且可进一步"杀价",供应商的第一次报价往往含有"水分"。但是,如果采购物品为卖方市场,即使是面对面地与供应商议价,最后所取得的实际效果可能也要比预期的低。

定价:经过上述三个环节后,买卖双方均可接受的价格便作为日后的正式采购价,一般需保持2~3个供应商的报价。这些供应商的价格可能相同,也可能不同。

(二)适质(Right Quality)

一个不重视品质的企业在今天激烈的市场竞争环境中根本无法立足,一个优秀的采购人员不仅要做一个精明的商人,同时也要在一定程度上扮演管理人员的角色,在日常的采购工作中安排部分时间去推动供应商改善、稳定物品品质。

采购物品品质达不到使用要求的严重后果是显而易见的:来料品质不良,往往导致企业内部相关人员花费大量的时间与精力去处理,会增加大量的管理费用;来料品质不良,往往在重检、挑选上花费额外的时间与精力,造成检验费用增加;来料品质不良,导致生产线返工增多,降低产品质量、降低生产效率;因来料品质不良而导致生产计划推迟进行,有可能引起不能按承诺的时间向客户交货,会降低客户对企业的信任度;若因来料品质不良引起客户退货,有可能令企业蒙受多种损失,严重的还会丢失客户。

(三)适时(Right Time)

企业已安排好生产计划,若原材料未能如期到达,往往会引起企业内部混乱,即产生停工待料,当产品不能按计划出货时,会引起客户强烈不满。若原材料提前太多时间买回来放在仓库里等着生产,又会造成库存过多,大量积压采购资金,这是企业很忌讳的事情,因此,采购人员要扮演协调者与监督者的角色,去促使供应商按预定时间交货。对某些企业来讲,交货时机很重要。

(四)适量(Right Quantity)

批量采购虽有可能获得数量折扣,但会积压采购资金,太少又不能满足生产需要,因此,合理确定采购数量相当关键,一般按经济订购量采购,采购人员不仅要监督供应商准时交货,还要强调按订单数量交货。

(五)适地(Right Place)

天时不如地利,企业往往容易在与距离较近的供应商的合作中取得主动权,企业在选择试点供应商时最好选择近距离供应商来实施。近距离供货不仅使买卖双方沟通更为方便,处理事务更快捷,亦可降低采购物流成本。

越来越多的企业甚至在建厂之初就考虑到选择供应商的"群聚效应",即在周边地区能否找到企业所需的大部分供应商,对企业长期的发展有着不可估量的作用。

采购人员都有这样的体会,就是在实际的采购工作中很难同时满足上述"5R"中的每一个方面。例如,若过分强调品质,供应商就不能以市场最低价供货,因为供应商在品质控制上投入了很多精力,它必然会把这方面的部分成本转嫁到客户身上。因此,采购人员必须综观全局,准确地把握企业对所购物品各方面的要求,以便在与供应商谈判时提出合理要求,从而争取有更多机会获得供应商合理报价。

二、采购的基本流程

由于公司类型不同,具体的采购流程可能各不相同,但总体来说,通常要包含的采购业务内容最主要有下列几项:明确采购需求、制订采购计划、选择供应商、签订采购合同、发出订单、验货、采购绩效评估等。具体每一项来说,主要内容如下:

(一)明确采购需求

确定和预测消费者对某一物料产品或服务的需求是采购流程的第一步。物料需求可能包括仪器设备、零部件、原材料、部件,甚至产成品。用户(或内部消费者)首先确认对物料或服务的需求,并将此需求告知采购部门。内部消费者的需求通过各种方式表现出来,包括工作描述、采购需求申请、客户订单、常规订货系统、盘点存货,以及在新产品开发阶段所识别的需求。

明确采购需求的目的,是向供应商提供满足用户需求所需的信息。因此,在采购说明中体现这些预期很重要。否则,供应商可能会满足采购说明的需求,倒是完全不能满足用户的实际需求。正确地明确需求是最根本的,因为它是成本、效果和利润的主要决定因素,含混不清或错误的采购说明将导致:产品或服务供应的中断和延迟(例如,由于向供应商提供补充信息、澄清或改正错误花费的时间造成供应中断和延迟);多余的产品或服务中的额外成本(例如,调整运行的成本)。

尽管识别消费者对产品或服务的需求有多种措施,但采购需求申请或者工作描述却是被使用最多的。虽然采购需求申请的格式多种多样(见表10-1),但一般都包括如下主要内容:(1)对所需的物料或服务的具体描述;(2)需求的数量、何时需要;(3)估计单位成本;(4)相关运营费用;(5)请购日期;(6)所需时间;(7)授权签名。

表 10-1　　　　　　　　　　　　　　　请购单

项 目	品 名	规 格	型 号	数 量	单位价格	总金额

总 金 额	RMB:
供应商名称及联系电话	报 价
到货时间及付款条件	

备注	
审批(所有申请)(部门经理)	审批(人民币5 000元以下)(总监)
审核(所有申请)(财务经理)	审批(人民币5 000元以上)(总经理)
最终审批(人民币15万元以上)(总裁/首席执行官)	
总监	总裁	人力资源部

有时公司会需要某些服务,例如,营销部也许需要一次广告宣传,研发部需要一次临床试验,抑或是人力资源部需要打印一份宣传单。在这样的情况下,用户需要完成一份工作说明书(Statement of Work,SOW),以确切说明工作的主要内容,何时需要该项服务,以及要求何种类型的服务提供商。

（二）制订采购计划

采购部门根据企业各部门传递过来的请购单,制订本企业一定时间内的采购计划。采购部门在根据请购单制订企业采购计划的时候,会保留其对于最终采购品的质疑权。例如,采购部门还可能会提出低成本物料是否能满足工程部门一再强调的高承受力要求。采购部门对于物料规格的质疑权避免了出现下述情况:最终的规格要求只有最受用户欢迎的一家供应商能够满足。对各种不同要求的审查可能会显露出不同使用者实际上需求的是同一种物料,通过整合各类使用者的不同需求,采购部门通常会降低总的采购成本。

（三）选择供应商

在说明书中定义和说明采购需求之后,购买者就可以开始市场考察了。实际上这些步骤相互交织。在制定出技术规范后,应进行实际可行性和成本评估。依据采购规模的大小,以及公司是否曾经在同一家供应商采购过物料,采购流程有各种不同的步骤。一旦识别了用户需求,系统就会检查是否有已经被核准过的供应商被输入到资料库中。对于重复性订购,大部分情况下采购部门可能已和某个供应商就某种确定的产品签订了合同,商议好交货、定价、交易质量等,并且已经把供应商记录到系统中。

基本技术的选择（通过它才能实现产品设计）,经常是通过头脑中的一些供应商的名字做出的。实践中选择供应商的步骤包含了几个独立的步骤:(1)决定对外转包的方法;(2)初步认定供应商资格和确定投标人名单;(3)为申请报价和分析收到的标书做准备;(4)选择供应商。

选择供应商首先要解决的问题就是在总包和分包之间做出选择。在总包的情况下,完成整个任务（经常包括设计工作）的责任被交给了供应商。在分包中,任务被分成了几个部分,分别包给不同的供应商,协调由委托人负责。分包通常能够节约开支,但它有很多明显的缺点。

（四）签订采购合同

选定供应商之后就要制订一份合同。对于不同的产业,合同可能涉及特定的附加条款和条件。购货协议的技术内容自然取决于所要购买的产品或项目。特定的商业和法律条款和条件依据每份合同的变化而不同,而差异是由采购政策、公司文化、市场情况、产品特征等引起的。这限制了标准购货合同的使用。接下来讨论购货协议的几个重要方面。对于交货价格和条件,通常购买者会坚持固定的价格,这是通过竞标或谈判达成的,它是委托人和供应商都可以接受的。财务责任必须明确定义。在理想情况下,供应商应当愿意接受所有的风险,在这个范围内这些都不是排除在契约之外的。从成本控制或预算管理的远景来看,选择固定价格是毫无疑问的。在实践中,购货协议中会用到不同的价格协议。

（五）发出订单

在合同的条款和条件达成一致并记录在案后,订单就可以发出了。有时,合同实际上就是购货订单。在其他时候,例如,在常规采购时,购买方会就滚动式合同进行谈判,包括较长时间内需要的材料（一年或更长时间）。接下来,购货订单按照这个合同发出。在这种情形中,订约和订购是独立的行动。

在向供应商订货时,明确发给供应商的信息和指令是十分重要的。通常,购货订单包括下列要素:订单编号、产品的简要说明、单价、需求数量、期望的交货时间或日期、交货地址和发票地址。所有这些数据都需要在由供应商发出、用作简化电子匹配的交货单据和发票中反映出来。

通常,供应商会被要求就收到的每一份购货合同递送订单。同时,供应商的交货单据和发票构成了购买者的厂商考核制度的基础(有关这个问题更加详细的讨论见本章第三节"供应商管理")。

(六)交货验收

在产品或设备交货以后必须对其进行检查以确保它们能够满足规定的要求。虽然有好的合同和购货订单,在交货时还是可能会出错。例如,交货时间可能不为供应商所重视,采购的原料可能发生质量问题,供应商可能会要求为其产品支付比所允许的更高的价格,等等。因此,公司拥有关于所有可能发生问题的报告制度是非常重要的。应当通过供应商意见报告程序每天报告质量和交货问题。这些问题应当立刻传达给供应商以防止将来发生同样的问题。

总之,采购者在订购至规划预算支出阶段的价值增值主要在于:(1)在购货公司和供应商之间发展有效的订货程序;(2)核实供应商确认了所有的购货订单;(3)发展和实行由计算机支持的预算支出和检查区分的方法;(4)维持关于关键采购和供应商信息的由计算机支持的数据库(最好按关键技术分类);(5)为订单处理发展健全的程序;(6)需要实施使用有效的"问题解答"。

(七)绩效评价及售后服务

采购部门在新产品或新设施投入使用之后还要发挥作用。在这个阶段,与供应商有关的可能出错的和需要考虑的事项主要有:

(1)结算担保赔偿和罚款条款;

(2)结算超出或少于说明书中规定的工作成果;

(3)编制购货记录和供应商资料;

(4)记录项目评价等。

对于超额的工作,必须事先将其向委托人汇报,并且需要委托人给予许可;加班必须向采购经理汇报以使采购成本保持明确;此外,还应对随后递交的发票进行适当的管理。

对于投资货物、维修活动这些将在一段时间之后才会被关注的采购项目,采购者必须保留与每个供应商打交道的详细记录。购买者要留意供应商的质量和交货记录,及其竞争和创新能力,因为这些数据会导致所谓的卖主评级的调整。拥有最新的关于每一个供应商实际能力的全面记录是十分重要的。汇报这类信息,对于采购管理和供应商管理来说,都是由采购部门贡献的附加价值的主要来源。因为这类信息可在随后的采购循环中汇编成"竞标者候选名单",用于将来的项目和合同。通过这种方法,公司能够保证与那些确实有能力的供应商进行合作。当公司学着用这种方法运作时,通常会导致供应商基数的减少。于是,公司会逐渐将其业务集中于较少的但是能力更强的供应商上。在售后服务阶段,采购者的价值增值主要在于:

(1)进行说明书中没有包括的工作的理赔;

(2)通过详细的卖方评级系统记录用户关于特定的产品和供应商的经验;

(3)记录维修经验;

(4)对备件供应和维修有关协定进行监督。

采购管理的基本流程如图10—1所示。

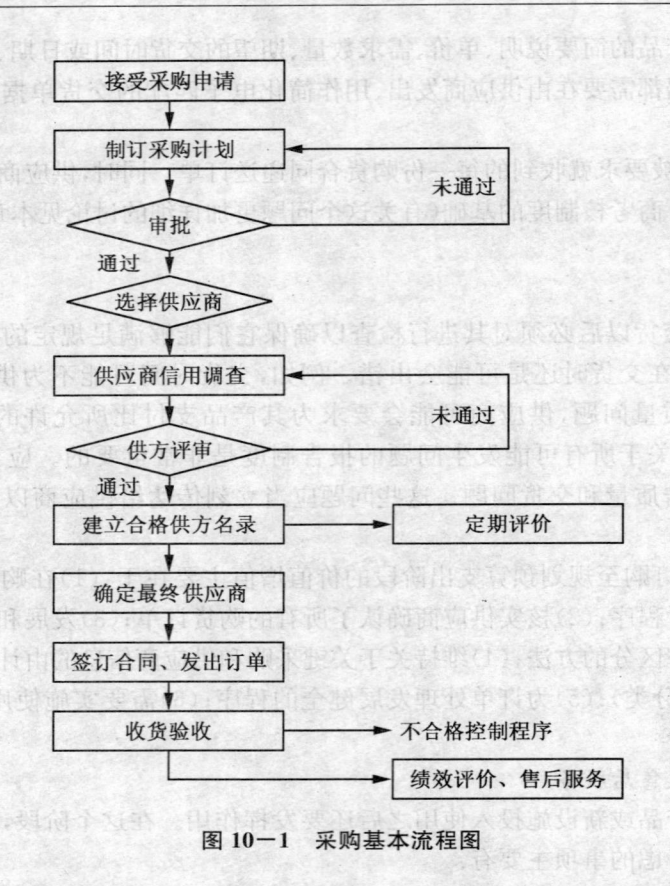

```
接受采购申请
    ↓
制订采购计划 ←─────────────┐
    ↓                     │
  审批 ──未通过────────────┘
    ↓通过
 选择供应商
    ↓
供应商信用调查
    ↓                     ┌──未通过──┐
 供方评审 ─────────────────┘          │
    ↓通过
建立合格供方名录 ──→ 定期评价
    ↓
确定最终供应商
    ↓
签订合同、发出订单
    ↓
 收货验收 ──→ 不合格控制程序
         └──→ 绩效评价、售后服务
```

图 10-1 采购基本流程图

第三节 供应商管理

一、供应商管理的概念

供应商是指那些向买方提供产品或服务并相应收取货币作为报酬的实体，是可以为企业生产提供原材料、设备、工具及其他资源的企业。

供应商管理是指对供应商的了解、选择、开发、使用和控制等综合性管理工作的总称。供应商管理是一种致力于实现与供应商建立和维持长久、紧密伙伴关系，旨在改善企业与供应商之间关系的新型管理。

目前采购业务主要围绕采购过程控制和供应商关系管理两条线展开，两者之间通过供应商信誉信息和材料价格信息紧密联系，两个业务过程的关系是相互依存、相互促进。在业务过程中，采购部门不断积累供应商信誉状况，包括供应商对采购需求的响应度、投标状况、交货准确率、产品和服务质量、技术支持等内容，不断"扶优劣汰"，持续考核和评估供应商，逐步建立优质和稳定的供应商体系。而在这持续循环和优化的过程中，供应商不断提高产品的性价比，密切与采购方之间的关系；同样对于采购方而言，通过建立优质供应商体系，解决了业务开展的资源困扰，不断提高供应商管理水平，减少对供应商主动维护管理工作，提高采购业务工作效率，逐步打造整合供应链管理，实施整体控制和降低采购总成本。因此，对于采购部门来说，加强供应商管理，建立新型的购销双方关系成为解决上述问题的法宝之一。

二、供应商管理的作用

供应商管理对于所有公司来说都是非常关键的,尤其是对于想确定哪些供应商最适合完成某特定采购任务而言是必要的。如果没有按照需要认真、系统地进行供应商管理,那么公司所选择的供应商无法圆满完成供应任务的风险就会增加。供应商管理对于采购方来说的意义可以从以下几个方面理解。

(一)做好采购管理工作的重要基础

毋庸置疑,开展采购工作,首先需要一定的供应商资源基础作为支撑。信息时代里充斥着大量的信息,采购方可以从黄页、建材市场等渠道获取大量的信息,但如何真正意义上将信息归我所用,由少变多,由静至动,由好到优,还需要采购职能部门切实做好供应商管理工作,建立自身稳定、优质的供应商信息库,方可做到未雨绸缪。

(二)提升采购经济效益的要素

提高经济效益,我们通常会从"开源"和"节流"两方面着手。而对于提升采购经济效益,主要依靠采购职能部门从"节流"方面下工夫。采购总成本主要包括物资采购成本和采购运营成本两方面,采购职能部门需要持续控制和降低物资采购成本,减少资源占用和组织运营成本,降低采购风险,实现采购经济效益最佳化。

1. 有效降低采购组织运营成本

实际采购业务工作中,采购工作运营成本主要包括购销双方沟通成本、活动组织成本、人员成本等方面。采购职能部门切实做好供应商管理工作,促进供应商主动、持续维护其相关信息,减少供应商信息库人为建立和维护成本;同时,采购部门应注重培育战略供应商和重要供应商,逐步形成伙伴和合作关系,签订长期供货协议,减少人力资源的占用,极大地提高采购工作效率,有效降低采购活动组织成本。

2. 直接控制和降低物资采购成本

在供应链管理思想影响下,采购部门和供应商之间,由过去的供需双方完全对立竞争的落后理念逐步演变为供需双方互惠互利、合作共赢和共同发展的新理念。在新型的采购战略下,采购职能部门依靠采购规模优势和与供应商稳定的伙伴关系,促进供应商持续提高自身产品质量和核心竞争力,提供更加实惠的价格和服务,有效降低物资采购成本。

3. 供应商管理是供应链管理的关键环节

对于生产企业来说,供应商的数量较多、水平不等,如果供应商选择不好,会对企业生产带来不利,轻者造成存货增多、延迟运送零件或原料,重者造成生产中断、出现缺货或残次物品,引发成品的运送延迟等不良后果。如果企业建立完整的供应商选择与评价体系,就可以掌握供应商的生产情况和产品价格信息;获取合理的采购价格、最优的服务;确保采购物资的质量和按时交货;可以对供应商进行综合、动态的评估,甚至把供应商结合到产品的生产流程中去,与供应商建立长期的交易伙伴关系以达到效益最优化。

三、供应商管理基本流程

大多数采购专家认为,没有一种公认的最好的供应商管理的方法,而企业一般会采用多种不同的方法。不管采用什么方法,供应商管理流程的总体目标,就是降低采购风险并使采购方的整体价值最大化。

供应商管理流程包括多个步骤,该过程从确定进行潜在的供应商评估所使用的标准开始,随后以这些标准为基础识别和筛选出公司想要评估的供应商,并为实现评估目标收集相关信息。

公司应该为不同采购需求的相关评价标准设定不同的权重,并根据这些标准给不同的潜在供应商评定等级,从而得到最终的潜在供应商候选名单。评定等级工作完成后,公司还要对所选定的供应商的优势和劣势进行分析,以预测可以从每一个供应商处得到的服务。公司必须将评估结果记录在供应商数据库内。

公司应该与供应商分享已评定的结果,以便确定必要时可以采取何种措施帮助供应商发挥其潜力并提高供应水平。以上步骤如图10-2所示。

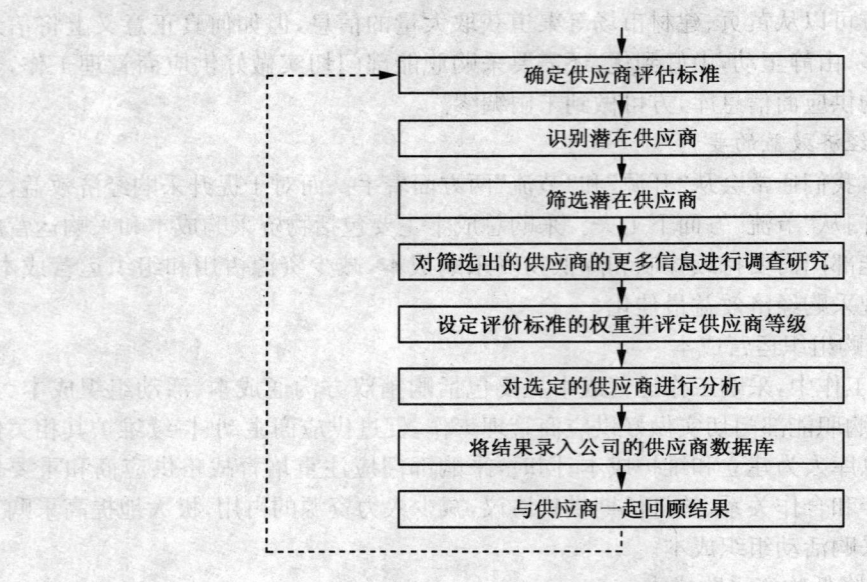

```
┌──────────────────────────┐
│    确定供应商评估标准    │
└──────────────────────────┘
              ↓
┌──────────────────────────┐
│      识别潜在供应商      │
└──────────────────────────┘
              ↓
┌──────────────────────────┐
│      筛选潜在供应商      │
└──────────────────────────┘
              ↓
┌──────────────────────────┐
│ 对筛选出的供应商的更多信息进行调查研究 │
└──────────────────────────┘
              ↓
┌──────────────────────────┐
│ 设定评价标准的权重并评定供应商等级 │
└──────────────────────────┘
              ↓
┌──────────────────────────┐
│    对选定的供应商进行分析    │
└──────────────────────────┘
              ↓
┌──────────────────────────┐
│  将结果录入公司的供应商数据库  │
└──────────────────────────┘
              ↓
┌──────────────────────────┐
│    与供应商一起回顾结果    │
└──────────────────────────┘
```

图10-2 供应商管理流程图

四、供应链环境下与供应商合作伙伴关系管理

传统的观点认为供应链渠道成员之间是一种此消彼长的零和博弈,每一方都想尽量从其他方身上多拿些好处,以提高自己的经济效益,从而导致价格不稳定、信息彼此封闭、设施重复浪费,实际上对双方的共同利益造成了损害。而在目前供应链环境下,要求企业不应该把渠道伙伴作为竞争对象,而应该选择合适的供应商伙伴,建立利益共享的战略联盟,使得交易各方通过相互协调合作,实现以低成本向最终消费者提供更高价值服务的目标,在此基础上实现双方的利益最大化。

(一)供应商合作伙伴关系的定义和内涵

供应商伙伴关系是企业与供应商之间达成的最高层次的合作关系,它是指在相互信任的基础上,供需双方为了实现共同的目标而采取的共担风险、共享利益的长期合作关系。具体包括以下含义:

1. 发展长期的、信赖的合作关系;
2. 这种关系有明确或口头的合约确定,双方共同确认并且在各个层次都有相应的沟通;
3. 双方有着共同的目标,并且为共同的目标制订有挑战性的改进计划;
4. 双方相互信任,共担风险,共享信息;

5. 共同开发,创造价值;
6. 以严格的尺度来衡量合作表现,不断提高。

(二)供应商合作伙伴关系与传统供应关系的区别

面对供应市场的变化与越来越激烈的竞争市场,传统采购的弊端越来越明显:

1. 采购过程中信息封闭,供应商和采购方做不到有效的信息共享,影响采购效率,造成采购、库存成本大大增加;

2. 对产品质量、交货期的控制难度大;

3. 供需双方的关系未能很好地协调,竞争多于合作,造成了更多的时间浪费,在解决日常问题和供应商频繁选择上,未能达成双赢的目的;

4. 供应商对用户的需求变化反应迟钝,缺乏应付需求变化的能力。

供应商合作伙伴关系与传统供应关系的比较如表10-2所示。

表10-2　　　　　　　　　合作伙伴关系与传统供应关系的比较

合作伙伴关系	传统供应关系
采购总成本	最低价格
最终用户导向	产品规格导向
长期	短期,市场反映
机会最大化	避免麻烦
职能交叉小组,高层管理者参与	采购方责任
战略	战术
采购方与供应方互通长短期计划	双方信息基本不沟通
共担风险与机遇	
标准化	
合营	
共享数据	

(三)建立供应商合作伙伴关系的意义

在传统的采购模式中,供应商与需求企业之间是一种简单的买卖关系,因此无法解决一些涉及全局性、战略性的供应链问题,而基于战略伙伴关系的采购方式为解决这些问题创造了条件。与供应商建立合作伙伴关系可以解决以下问题:

1. 库存问题。在传统的采购模式下,供应链的各级企业都无法共享库存信息,各级节点企业都独立地采用订货点技术进行库存决策,不可避免地产生需求信息的扭曲现象,因此,供应链的整体效率得不到充分提高。但在供应链管理模式下,通过双方的合作伙伴关系,供应与需求双方可以共享库存数据,因此,采购的决策过程变得透明多了,减少了需求信息的失真现象。

2. 风险问题。供需双方通过战略性合作关系,可以降低由于不可预测的需求变化带来的风险,比如,运输过程的风险、信用的风险、产品质量的风险等。

3. 通过合作伙伴关系可以为双方共同解决问题提供便利的条件,通过合作伙伴关系,双方可以为制订战略性的采购供应计划共同协商,不必为日常琐事消耗时间与精力。

4. 降低采购成本问题。通过合作伙伴关系,供需双方都可从降低交易成本中获得好处。由于避免了许多不必要的手续和谈判过程,信息的共享避免了信息不对称决策可能造成的成本损失。

5. 战略性的伙伴关系消除了供应过程的组织障碍,为实现准时化采购创造了条件。当然还可以通过与供应商共享管理经验,推动企业整体管理水平的提高。

(四)避免供应商合作伙伴关系失败的要素

1. 双赢的思路

双赢描述的是伙伴间能够创造具体有效的成果,是双方建立伙伴关系的最根本因素。

首先,成功的伙伴关系可以提高生产力和附加价值,改善获利能力,因而双赢可以说是每一个成功伙伴关系"存在的理由"。双赢可能来自供应商与客户间创新能力的整合,专业服务公司就是将其咨询能力与客户结合而创造新价值;而在零售业,双赢则来自于系统(如信息、资源、业务流程等)的整合,因而双赢可以依产业不同而呈现出不同的形式。

其次,双赢来自从未使用过的巨大的生产力宝库,借助重新思考、彼此合作的形态,重新设计组织界限,就能赋予自己和合作伙伴更佳的生产力,从而打开了这个取之不竭的宝库,这在传统的买卖关系中是完全不可能的。例如,在传统的买卖关系中,供应商不时被竞争者所取代,这种关系是充满变化且不堪一击的,相反,伙伴关系提供了一种真正持久的竞争优势。

2. 亲密的关系

亲密描述的是业务伙伴关系间的紧密程度。双赢不会凭空而得,在以买卖为基础的环境下,想要改变供应商与客户间的关系基本上是行不通的。双赢需要一个培育伙伴关系生生不息的环境,激励它们彼此进行变革,以维系长期的深层次的合作方式。成功的伙伴关系超越了交易关系而达到相当高的紧密程度,这种紧密结合在以往的买卖模式中是难以建立的。因此,亲密超越了交易关系,亲密是极致的表现,是第二大因素。

当合作双方都愿意就提高生产力的目标来重新思考与改变现有关系时,就开发了一种新的生产力之源。伙伴关系归功于彼此间的高度信任,甚至可以超越对自己公司内部同仁的信赖。一些伙伴团队树立了积极的可达成的目标,并一致合力支持该目标,因此能够获得辉煌的成功;而有些企业则是因为能与伙伴共享价值理念,所以才能建立长久有益的关系。例如,IBM 供应商的人员可以佩戴 IBM 的员工徽章并常驻 IBM 办公,而且可以参阅除专利权以外的所有工程设计资料;IBM 主要供应商的销售人员也会参与其内部机要的采购与产品设计会议,希望借此影响 IBM 的需求,同时也敦促自己提高符合这些需求的能力。又如,家乐福可以对雀巢公司公开自己的商业机密——每天的销售数据,使双方的供需关系更加清晰和紧密。正如雀巢公司的高斯先生所说:"如果没有亲密关系的存在,就无法为伙伴企业带来贡献。身为伙伴,我不再是个局外人,而是内部关系人;在达到这层亲密性之前,我无法有所贡献。"可见,亲密使得伙伴关系的高度贡献成为可能。

3. 一致的目标

目标的一致是供应链伙伴关系的导航系统,伙伴关系对于供应商与客户双方都有着强烈且深远的影响,因此绝对需要有一个清晰的指引方向,并对所追求的目标有明确的远景。在非常亲密的伙伴关系中,目标可以彻底转变伙伴双方的组织,引导出一个在普通环境下绝对无法达成的潜在机会。当英特尔公司的设计能力与应用材料公司的制造技术相结合时,就开发出了震撼全球的芯片。伙伴关系远景通过合作直接促使组织改进效率,并增进双方利益。

通过伙伴关系达到共赢的例子很多,例如,新西兰的一个番茄酱生产商为了开发出果实大而籽少的番茄,参与了对番茄种植研究,并与为其供货的番茄栽培方确定了伙伴关系,为合同栽培方提供了种苗以确保将来可产出更好的果实。由于这些合同栽培方多是一些个体的和小型的番茄种植者,为了提高他们的生产力,番茄酱生产商又进一步与一些设备供应商、化肥和其他农业化学品供应商进行谈判并签订合同去帮助那些种植方。种植方受到了鼓舞,踊跃地使用合同折扣价去购买农业机械和农化产品。结果在使用了优质的种苗、农业机械和农化产品的情况下,番茄结出了硕果,同时各方都得到了意想不到的收益。相比之下,国内外一些大型超市无视供应链伙伴关系,自持店大能欺客,挟大额采购的优势逼迫和压榨上游供应商,最后造成了"多"败俱伤的结果,这不能不说是伙伴关系的一个反面例证。

由此可见,供应链伙伴关系,必须具备双赢的思路、亲密的关系和一致的目标三个要素,这样,伙伴关系的一方就能为另一方创造贡献的能力,使对方获得竞争优势的同时,自己也会得到应有的回报,从而使伙伴关系的各方都能具备一定的竞争优势,最终实现多赢的局面。表10-3为某公司的供应商评价表。

表 10-3　　　　　　　　　　某公司的供应商评价表

供应商名称：　　　　　　　　　年　月　日　　　　　　　　　编号：

序号	项目	内容	适用内容
一	企业概况	1. 企业类型：跨国公司、国内知名企业、国内集体企业、私营企业	
		2. 注册资金：	
		3. 资信等级：AAA，AA，A	
		4. 经营范围：出口产品，国内大型企业使用，国内中小型企业使用	
		5. 营业期限：	
二	技术可靠性	1. 采用标准：国际标准，国内标准，行业标准，企业标准	
		2. 技术先进性：国际先进，国内先进，行业先进，地区先进	
		3. 是否专有技术	
三	质量保证	1. 检验报告：国家检验，行业检验，市级质检	
		2. 生产许可证	
		3. 煤安标志准用证	
		4. 防爆合格证	
		5. 质量体系产品的认证	
		6. 主要原材料外购部件来源及质量状况	
		7. 质量承诺：三包期，备品备件供应，使用寿命，质量损失赔偿	
		8. 产品合格证和3C证	
四	产品价格	1. 销售价格：零售价格，批发价格，出厂价格或出厂浮动价格	
		2. 定价依据：国家定价，行业定价，企业定价，市场价格	
五	售后服务	1. 进货及时性及履约承诺	
		2. 技术服务：培训、咨询、定期巡检	
		3. 售后服务的及时性	

第四节　采购管理发展新趋势

一、集中采购和分散采购

（一）集中采购的概述

1. 集中采购定义

集中采购是指企业在核心管理层建立专门的采购机构，统一组织企业所需物品的采购业务。以组建内部采购部门的方式来统一其分布于世界各地的分支机构的采购业务，减少采购渠道，通过批量采购获得价格优惠。集中采购体现了经营主体的权利、利益、意志、品质和制度，有利于稳定本企业与供应商之间的关系，是经营主体降低进货及物流成本，赢得市场，控制节奏，保护产权、技术和商业秘密，提高效益，取得最大利益的战略手段。

所谓集中时间、集中人力、集中采购就是：在《采购供应计划》、《合约规划》下，在某一个时间段内（如利用相对闲暇的时间），公司集中人员完成今后某一阶段（如半年、一年）的所有采购工作，与供方单位签订合同，并约定好供应的时间、价格等。

2. 集中采购的主体和客体

（1）集中采购的主体

①集团范围实施的采购活动；

②各级政府机关所实施的采购活动。

（2）集中采购的客体

①大宗或批量物品，价值高或总价多的物品；

②关注程度较高且影响较大的特定商品、大型工程或重要服务类项目。

（二）分散采购的概述

1. 分散采购定义

分散采购是集中采购的完善和补充，有利于采购环节与存货、供料等环节的协调配合，有利于增强基层工作责任心，使基层工作富有弹性和成效。

与集中采购相对应，分散采购是由企业下属各单位（例如，子公司、分厂、车间或分店）实施的满足自身生产经营需要的采购。

2. 分散采购的主体和客体

（1）分散采购适用的采购主体和情况

①二级法人单位、子公司、分厂、车间；

②离主厂区或集团供应基地较远，其供应成本低于集中采购成本的情况。

（2）分散采购适用的采购客体和情况

①小批量、单件、价值低、总支出在产品经营费用中所占比重小的物品（各厂情况不同，自己确定）；

②分散采购优于集中采购的物品，包括费用、时间、效率、质量等因素均有利，而不影响正常的生产与经营的情况；

③市场资源有保证，易于送达，物流费用较少；

④分散后，各基层有这方面的采购与检测能力；

⑤产品开发研制、试验所需要的物品。

(三)集中采购和分散采购的区别

集中采购与分散采购相比,主要有以下区别:

1. 从采购项目特征看。列入集中采购的项目往往是一些大宗的、通用性的项目,一般采购单位都会涉及并需要采购,或者是一些社会关注程度较高且影响较大的特定商品、大型工程和重要服务类项目。而列入分散采购的项目往往是一些在限额标准以上的、专业化程度较高或单位有特定需求的项目,一般不具有通用性的特征。

2. 从采购执行主体看。集中采购,采购单位必须委托集中采购机构代理采购,采购单位不得擅自自行组织采购,其中部门集中采购可以由主管部门统一组织集中采购。而分散采购,采购单位可以依法自行组织实施采购,也可以委托集中采购机构或其他具有政府第三方采购资格的社会中介机构代理采购。委托集中采购机构采购的,采购单位不需支付任何第三方采购费用;而委托社会中介代理机构采购的,则需要按规定支付一定的第三方采购费用。

3. 从采购目的和作用看。集中采购具有采购成本低、操作相对规范和社会影响大的特点,可以发挥政府采购的规模优势和政策作用,体现政府采购的效益性和公共性原则,也有利于政府的集中监管和对分散采购的良好示范作用。分散采购可以借助单位的技术优势和社会中介代理机构的专业优势,可充分调动单位采购的积极性和主动性,提高采购效率,同时也有利于实现政府采购不断"扩面增量、稳步渐进"的工作目标。

无论集中采购还是分散采购,作为采购的两种执行模式,两者互有优势,可相互补充。但若作为一种政府采购行为,采购人或其委托的第三方采购机构就必须遵循政府采购公开透明、公平竞争、公正和诚实信用的原则,按照《政府采购法》和其他有关法律法规规定的采购方式和采购程序组织实施采购活动,并自觉接受同级财政部门和有关监督部门的监督、管理。

二、JIT采购

JIT采购又称为准时化采购,它是由准时化生产(Just In Time)管理思想演变而来的。它的基本思想是:把合适数量、合适质量的物品,在合适的时间供应到合适的地点,最好地满足用户需要。准时化采购和准时化生产一样,它不但能够最好地满足用户需要,而且可以极大地消除库存、最大限度地消除浪费,从而极大地降低企业的采购成本和经营成本,提高企业的竞争力。正是因为JIT采购对于提高企业经济效益有着显著的效果,20世纪80年代以来,西方经济发达国家非常重视对JIT采购的研究与应用。据资料统计,到目前为止绝大多数的美国企业已经开始全部或局部应用JIT采购方法,并取得了良好的应用效果。

由于实施JIT采购对企业的基础工作、人员素质、管理水平等要求较高,在我国实施JIT采购方法的企业数量还不太多,主要集中在诸如汽车、电子等行业,应用水平也有待于进一步提高,而在其他行业的应用仍比较有限。

(一)JIT采购战略优势及其实施前提条件

JIT采购可以大大减少在制品的库存,减少零部件、原材料的库存,缩短原材料供应周期。在原材料的供应过程中实施JIT采购,能有效地推动供应链的整体优化。JIT采购的基本思想是与供应商签订在需要时提供所需数量的零部件、原材料的协议。这就意味着可以一天一次、一天两次,甚至每小时好几次地供货。

JIT采购最终目标是为每种物资和几种物资建立单一可靠的供应渠道。

1. JIT采购的战略优势

随着时代的不断发展,随着市场、产品、生产、服务、信息、战略等各个因素的不断变化,采购战略也必须要随之进行相应的调整,如表10—4所示。

表10—4　　　　　　　　　　　采购因素发展比较

项目	过去	现在和将来
市场	卖方市场,低竞争,限制出口	买方市场,竞争激烈,全球导向
产品	种类少、生命周期长、科技含量低	种类齐全、生命周期短、科技含量高
生产	柔性低、批量大、提前期长、重生产、轻采购	柔性高、批量小、提前期短、重采购、轻制造
服务	高库存、物流速度慢	低库存、物流速度快
信息	手工数据处理、文字管理	电子数据处理、无纸化办公
战略	生产导向	市场导向

经济全球化迫使许多企业拓宽其采购渠道,在全球范围内确定提供质优价廉的商品和服务的潜在供应商;而且信息和通信的技术革命取代了传统采购部门的手工活动,提供了低成本、高速度、高效率和电子化的成效最佳的选择,这一切都促使JIT采购应运而生。因为JIT采购可以获得更短的产品生命周期、更快的技术变化和更成熟的客户,使得采购购买过程中的柔性和敏捷性变得更高。

JIT采购的战略优势表现为:(1)能保证频繁而可靠的交货(即多批次采购);(2)能有效地减少每次采购的批量(即小批量采购);(3)能有效地压缩采购提前期,以确保供应商快速可靠地交货;(4)能有助于保证一贯的采购物资的高质量(即稳定的供应质量)。

2.JIT采购的前提条件

(1)买方的生产计划相对平稳,物料的需求也相应地可随时预测;

(2)将更大、更稳定的订单交给少数几个供应商,从而激发供应商的绩效与忠诚;

(3)采购协议是长期的,只需很少的文书工作;

(4)只提供频繁的小批量交付,这样可以及早地暴露质量问题;

(5)被指定的少数供应商,对改进运输配送和包装标签能做出相应的及时反应;

(6)采购方和供应商的信息沟通无极限。

(二)JIT采购与传统采购的区别

JIT采购与传统采购的比较见表10—5。

表10—5　　　　　　　　　　JIT采购与传统采购的比较

比较因素	传统采购	JIT采购
供应商选择	较多供应商,合作关系松散,物料质量不宜稳定	较少供应商,合作关系稳固,物料质量较稳定
供应商评价	合同履行能力	合同履行能力、生产设计能力以及积极性
交货方式	由采购商安排,按合同交货	由供应商安排,确保交货准时性
到货检查	每次到货检查	质量有保障,无需检查
信息交流	信息不对称,易导致暗箱操作	采供双方高度信任,共享实时信息
采购批量和运输	大批量采购,配送频率低,运输次数相对少	小批量采购,频率高,运输次数多

三、电子采购

自 20 世纪 80 年代以来,电脑信息系统有了长足的发展,网络和电子信息交流的普及意味着,对于销售商和采购者来说,供应链内部的交流和那些使采购交易更为简便易行的电子工具变得越来越普及。这种发展深刻影响了采购和供应管理。在专业领域内,我们面临的挑战是,如何运用一些新的术语来描述这种交流以及在交流中所运用的各种工具。因此,我们有了"电子采购"这一说法。

(一)电子采购定义

电子采购就是用计算机系统代替传统的文书系统,通过网络支持完成采购工作的一种业务处理方式,例如,网上招标、网上竞标、网上谈判等。企业之间在网络上进行的招标、竞价、谈判等 B2B 电子商务活动只是电子采购的一个组成部分。电子采购比一般的电子商务和一般性的采购在本质上有了更多的概念延伸,它不仅仅完成采购行为,而且利用信息和网络技术对采购全程的各个环节进行管理,有效地整合了企业的资源,帮助供求双方降低了成本,提高了企业的核心竞争力。企业采购电子化是企业运营信息化不可或缺的重要组成部分。

电子采购最先兴起于美国,它的最初形式是一对一的电子数据交换系统,即 EDI,这种连接供需双方的电子商务系统确实大幅度提高了采购效率,但早期的解决方式价格昂贵、耗费庞大,且由于其封闭性,仅能为一家买家服务,尤令中小供应商和买家却步。20 世纪 90 年代中期,电子采购目录开始兴起,供应商通过将其产品上网,来提高供应商的信息透明度、市场涵盖面。近年来,全方位综合电子采购平台出现,并广泛连接买卖双方,提供电子采购服务。

(二)与传统采购比较,电子采购的优势

与传统的采购方式相比,电子采购的优势是显而易见的,主要表现在以下几个方面:

1. 提高采购效率,缩短了采购周期。在电子采购中,采购商与供应商以及采购公司内部繁琐的手续都将得到简化,信息的传递会更快捷而方便,物流配送可由专门的第三方物流提供方来完成等,这都将大大提高采购的效率。借助网上的搜索引擎,采购信息几乎可在瞬间得到,过去要在十天、半个月才能生成的采购订单,在电子采购中可以立即完成。对于那些极为分散的、种类多而数量并不大的商品,电子采购的优势将表现得更为充分。另外,在传统的采购过程中,大量的人工数据传输,往往会出现一些人为错误,例如,装运日期、不同规格商品的数量等往往会出现差错,常会给采购工作带来不利影响,甚至造成采购工作的失败,产生不必要的经济损失。电子采购实现了采购信息的数字化、电子化,减少了重复录入的工作量,也使人工失误的可能性降到了最低限度。

2. 节约大量的采购成本。电子采购在降低成本方面是全方位的,原材料和零部件的价格以及各种人工服务费用等都将会大幅度降低。表现在两个方面:一方面,采购企业可以通过网络进行全方位的选择,改变过去人工采购时供应商数量的局限性,可以在更大范围内进行比较选择,从中选择报价和服务最优秀的供应商;另一方面,采购过程基本可在办公室通过网络进行,采购商与供应商大部分面对面的接触将被信息传输所代替,可大大节省采购人员的差旅费开支,并且一些不规则采购行为也失去了市场。据美国全国采购管理协会称,使用电子采购系统可以节省大量成本:采用传统方式生成一份订单所需要的平均费用为 150 美元,使用电子采购可以将这一费用降低到 30 美元。企业通过竞价采购商品的价格平均降幅为 10% 左右,最高时可达到 40% 以上。通用电气公司估计通过电子采购将每年节约 100 亿美元。

3. 优化采购流程,获得采购主动权。采购流程的电子化不是用计算机和网络技术简单替换原有的方式方法,而是要依据更科学的方法重新设计采购流程,在这个过程中,摒弃了传统采购模式中不适应社会生产发展的落后因素。在传统的采购模式中,采购商根据自己的采购要求,对供货方进行访问、了解,进而谈判、交易,商品价格以及与采购过程相关服务的主动权很大程度上掌握在供货方手里,特别是采购量较小的中小企业往往处于被动地位。对采购商而言,他们都希望获得质量最好、价格最便宜的商品与服务,这就需要有一个比较和筛选的过程,而这对通过传统渠道进行采购的企业来讲是十分困难的,因为采购企业无法掌握足够多的供货方信息,也无法与之共同展开谈判。在人力、物力较为薄弱的企业更是难以承受的。电子采购可使采购企业牢牢把握采购的主动权。首先,电子采购中,企业充分考虑了企业的实际要求,再提出对产品的采购要求。其次,产品价格是竞价的结果。采购商将自己所需的产品信息在网上公布出来,供应商展开价格与质量的竞争,胜者负责将质优价廉的商品送到采购商指定的地点。最后,采购商可以与供应商随时进行沟通,获得即时的售后服务。

4. 减少过量的安全库存。电子采购是一种"即时性"采购,提出采购需求到采购品的到位可以做到紧密衔接,不会产生大的延误,这样可使存货管理达到最优化的水平。因为采购信息的公开化,采购商可以掌握全国甚至全球范围内的供应商数据,这就使得过去局限在一家或数家供应商的采购渠道得以拓宽,采购企业不必因为一家供应商的停产、减产等原因而准备充足的存货,可以大大减少存货量,从而显著降低存货的开支,避免不必要的风险。世界著名的家电行业跨国企业海尔集团在实施电子采购后,采购成本大幅降低,仓储面积减少一半,降低库存资金约 7 亿元,库存资金周转日期从 30 天降低到了 12 天以下。

5. 加强了供应商的评价管理。电子采购扩大了供应商资源,采购信息的公开化,吸引了更多的供应商。不同企业,包括各个供应商都可以共享信息,不但可以了解当时采购、竞标的详细信息,还可以查询以往交易活动的记录,这些记录包括中标、交货、履约等情况,帮助买方全面了解供应商,帮助企业及时准确地掌握供应商的变化,同时也为供应商选择提供了决策支持。

6. 适应信息时代发展的需要。电子商务正以无可比拟的优势和不可阻挡的趋势极其迅速地改变着人类生产经营活动的方式,任何一家中国企业如果漠视它的发展,必将错失良机,最终会被电子商务时代无情地淘汰。电子采购作为实施电子商务的重要内容,相对利用网络开展营销业务来说,投入少、难度小,而见效十分明显,实施电子采购对促进企业全方位实施电子商务有重要的意义。电子采购顺应了电子商务发展潮流,对提高企业的市场竞争力和经济效益有很大的促进作用,我国的企业尽快建立起一套完善的电子采购体系是十分必要的。

7. 电子采购不仅使采购企业大大获益,而且让供应商获益。对于供应商,电子采购可以更及时地掌握市场需求,降低销售成本,增进与采购商之间的关系,获得更多的贸易机会。国内外无数企业实施电子采购的成功经验证明,电子采购在降低成本、提高商业效率方面,比在线零售、企业资源计划(ERP)更具潜力。电子采购的投资收益远远高于过去 10 年内已经在企业中占主导地位的任何商业革命,包括企业流程再造、策略性采购等。

(三)常见的电子采购平台

1. 协同招投标管理系统

协同招投标管理系统是一个协同的、集成的招标采购管理平台,使各种类型的用户(包括组织者、采购业主、投标商、审批机构等)都能在统一且个性化的信息门户中一起协同工作,摆脱时间和地域的限制。协同招投标管理系统,以招投标法为基础,融合了招投标在中国的实践经验,实现了整个招标过程的电子化管理和运作,可以在线实现招标、投标、开标、评标和决标等整个复杂的招标投标流程,使招标的理念和互联网技术完美结合,从时间上、价格上、质量上都全面突破了传统的招投标方式,最大限度实现招标方的利益。

2. 企业竞价招标采购平台

企业竞价采购平台是一个供应商之间以及供应商和采购商之间互不见面的网上竞价采购管理平台,使得供应商可以远程地参与采购竞价。竞价采购,又称反向拍卖采购技术(RAT),是由采购招标和网上竞价两部分有机结合在一起的采购方式。它用电子商务取代以往的谈判公关,帮助采购商最大限度地发现卖主,并引发供应商之间的竞争,大幅度降低采购成本,同时有力地变革了采购流程,是对企业具有跨时代意义的零风险采购辅助手段。

在传统招标采购中,供应商总是在确保低价中标的同时尽量争取价格最高,并且由于比值、比价、招投标过程较长,供应商之间相互见面等因素,容易产生供应商之间的价格同盟,因此不能在最大范围内挑起各投标方的反复竞价,从而使降价空间缩小,导致采购品降价不足;而反向拍卖则是根据工业采购品的不同特点,由采购商制定产品质量标准、竞价规则,通过B2B的方式,使采购商得以更好地发现卖主,并挑起供应商竞争。成交价格可以是一个,也可以是一组,对供货方来说只有竞争价格是透明的,博弈阵容对其并不透明,从而很好地强化了降价竞争,使采购品价格大大降低。经过各个卖主之间一番激烈的降价竞争,一条降价曲线会自动输出,竞价结果客观、公开,不再需要人为的议标过程。

3. 电子目录采购系统

电子目录(Electronic Catalogues)采购系统是把产品目录管理、供应商管理以及电子采购整合为一体的综合解决方案。可以帮助采购方快速高效地实现内部采购供应系统的任意商业运作流程及业务规则,搭建符合其自身需求的、涵盖包括招标采购、竞价采购、商务谈判在内多种采购方式的在线采购平台,并能有效地管理供应商和产品目录。主要功能模块包括工作流引擎、可视化流程定义工具(WFVISIO)、流程监控工具(WFMONITOR)、流程节点定义、信息发布系统、视图定义、综合查询统计定义、文档自动生成、电子文档管理、组织结构管理、权限管理、供应商管理、专家管理、产品目录管理、在线投标、开标大厅、在线评标、竞价大厅、谈判大厅、合同管理、采购效果分析、项目任务管理、日志管理、在线编辑器等。

4. 面向电子商务的谈判支持系统

面向电子商务的谈判支持系统是一种运行于因特网上的,能为谈判者双方或多方提供谈判建议和谈判过程的支持环境。用户可通过浏览器进行在线谈判,实现交易过程的电子化。

谈判是电子商务过程的一个重要环节。在谈判过程中,面对复杂的冲突因素,谈判者不可能获得所有的判断信息,也不可能完全正确地对信息进行加工,这就是为什么能为谈判者提供决策建议的谈判支持系统越来越为人们所重视。谈判支持系统的作用可归纳为:(1)克服谈判人主观认知上的局限性或偏见;(2)减少互不信任因素,使协议更易于为各方所接受;(3)减少谈判过程中紧张造成的失误;(4)减少低估自己和对手的情况发生。

从本质上讲,谈判是合作和竞争并存的过程。由于谈判各方在利益分配中是对立的关系,而在利益实现上又是相互依赖的关系,所以谈判机制归根到底是寻求谈判各方在竞争和合作间的平衡。目前,按谈判机制可把谈判分成分配式谈判和集成式谈判两类。分配式谈判是输赢型的,即一方的利益是建立在他方的损失之上的;集成式谈判则以各方互利作为谈判基础,强调协调各方的收益和兴趣,即在谈判过程中双方不断调整要求条件,达到双赢的目的。随着电子商务的发展和企业对客户关系管理的重视,集成式谈判就显得更为重要。这样,谈判就成为一个不断寻找折中方案来满足各种相互矛盾的目标的过程。

图 10—3 是面向电子商务谈判支持系统的功能结构图。

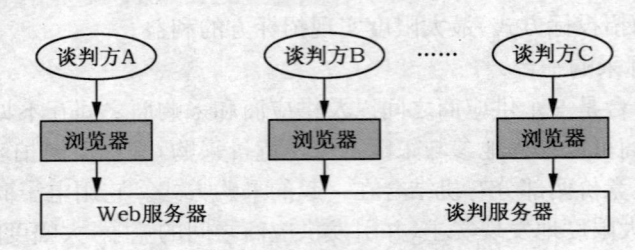

图 10—3 谈判支持系统的结构

除了网上谈判支持系统以外,近年来,互联网上还出现了拍卖系统,拍卖也是一种谈判,它是以公共竞价的方式,将商品转让给最高应价者的买卖方式。拍卖的应用十分广泛,巨额的经济活动往往通过拍卖方式进行,例如,住房、旧车、古董、工艺品、工程承包等。

网上拍卖实现自动化相对容易,因为拍卖程序的结构化很好。由于网上拍卖持续时间长,短则三四天,长可达半个月,所以实现自动化十分符合参与者的需要。

表 10—6 比较了三种谈判支持系统的特性。

表 10—6　　　　　　　　　三种谈判支持系统比较

谈判支持系统	服务对象	协调仲裁	过程控制	交互通信	应用对象	应用范围
单机版	单方	无	无		训练模拟	窄
CS 模式	双方	强	强	较强	实际谈判	较广
Web 模式	多方	强	强		实际谈判	广

四、第三方采购

(一)第三方采购定义

第三方采购是企业将产品或服务采购外包给第三方公司。国外的经验表明,与企业自己进行采购相比,第三方采购往往可以提供更多的价值和购买经验,可以帮助企业更专注于核心竞争力。

相对于目前我国多数企业的采购模式而言,第三方采购是一种新型的采购模式。它与传统采购模式的最大区别在于第三方采购力求将物资采购这一职能从企业内部分化出来,实现采购的外部化。也就是说,在第三方采购模式下,大多数企业将无需再设立专门的采购部门和储备大量的库存原料,这一工作将由一类新型的第三方采购企业来完成。这类第三方采购企业完全独立于客户单位,但不同于一般的采购中介商,它站在客户的立场上,专营某一类或相关的几类物资的第三方采购,拥有自己的仓库和专业化的物资配送队伍,能够在接到客户采购指令后及时准确地把物资送达客户指定的地点。第三方采购企业通过这种专业的采购方式和高效的物资配送队伍来代替原来由客户单位采购部门进行的工作,能够使自己在得到发展的同时,实现客户单位采购成本的节约。

(二)传统采购模式存在的问题

传统物资采购模式指的是企业内部设立采购部门负责对本企业所需生产物资进行采购,它是我国目前最为常见的一种物资采购模式。尽管该模式在保护企业原料供应的商业秘密方面具有优势,而且不必担心诚信问题,但成本太高。

首先,日常开销成本高。企业为了保证所需物资的及时供应,必须设立专门的采购部门,配置专门的采购人员,为了防止出现缺货,还须建立大型仓库,储存大量的后备物资。这些采购部门的日常开支、采购人员的工资以及储备物资的保管费用等,对企业来说,都是一项必不可少的成本。

其次,交易成本高。企业为了采购到合意的物资,必须对所需物资的市场行情进行了解,这就需要尽可能地收集所需物资的相关资料,必要时还须派出专人选择几家供应商进行考察。经过考察确定入选的供应商后,还要进行物资采购的招标或者谈判。这一系列的工作不仅费时,而且费钱。而且,这些繁杂的工作有时并不能保证企业就能够采购到价廉物美的物资,这种例子在现实中屡见不鲜。

再次,监督成本高。众所周知,物资采购是企业所有工作中最容易滋生腐败的环节,在买方市场的大环境下,企业的物资采购人员往往是物资供应商竞相拉拢的对象。因而多数企业,尤其是国有企业,为了防止物资采购环节中腐败事件的发生,都设立了监督部门,对企业物资采购的全过程进行监督。另外,很多企业出于廉政的目的,在制度上对物资采购这一岗位进行约束,譬如实行轮岗制度,两年或者三年换一次,常常是一个人在这个岗位上干上 2～3 年,刚熟悉了物资采购的业务,能够得心应手的时候,又要换岗了。在这种环境下,企业的物资采购工作就不可避免地存在低效率、高成本现象。

(三) 第三方采购的优势

第三方采购最终存活的关键在于,第三方采购企业能否为客户采购到价廉物美的物资。因此,低成本运营是第三方采购企业普遍实行的战略。而事实上,第三方采购企业也确实拥有这样的优势和能力。

1. 物资采购环节本身还存在成本挤压的空间。据有关资料显示,我国传统物资采购模式中采购成本占到了企业投资总成本的 60%～65%,而在国外,这一比例在 40% 以下。也就是说,我国的物资采购成本中至少还存在 20% 的压缩空间。企业要提高经济效益,物资采购成本的降低是非常现实的选择。

2. 第三方采购更能实现采购直接成本的节约。第三方采购企业专营物资的采购和配送,它把物资采购这一职能从生产企业中剥离出来,实现了社会分工。按照分工与专业化理论,分工有助于专业化的发展,而专业化带来的直接影响是成本的节约。第三方采购企业是专业化的物资采购企业,它拥有专业化的采购和物资配送队伍,能够有效地降低采购成本。首先,它专营某一类或几类物资的采购,可以同时为多家客户提供服务,因而在运作中通常是大宗采购,大宗采购在价格上往往有更大的优惠,能够享受比一般客户更为优惠的折扣。其次,第三方采购企业只经营某一类或几类物资的采购,拥有比一般企业更为丰富的信息,熟知该领域的市场行情,并能在客户发出采购指令时迅速完成采购任务,可以节省大量的诸如考察、谈判等交易成本。对客户而言,除节省了采购部门日常的开销、采购人员的工资、物资的库存成本以及采购中的交易成本外,还能够以较高的效率、较低的价格购进所需的物资。企业的整个采购环节趋向简单化、流程化,采购成本大大降低。

3. 第三方采购更能保证所采购物资的质量。第三方采购企业能够生存并获得发展还在于它受到一种无形的制约,即它对客户的责任。客户信任它,乐意把自己的物资采购业务委托于它,它才能生存,才能发展壮大。因而,它必须站在客户的立场上,想客户之所想,急客户之所急。它必须时刻保持清醒,因为在信息高度流通的社会,一次的疏忽或舞弊(比如以次充好)

不仅会使自己永远失去一个客户,而且还有可能给自己带来毁灭性的灾难。从这个意义上说,第三方采购企业比客户本身的采购部门更具有责任感和危机感,更有动力去寻求质优价廉的物资。另外,第三方采购企业专营某一类或几类物资的采购,拥有更为专业的采购人员,对市场行情的把握更为准确,对相关物资质量的优劣也更具有鉴别能力。因而,第三方采购更能采购到符合客户要求的物资。这种对某一类或几类物资具有的更为专业化的能力,对第三方采购企业来讲,是其生存和发展的必备手段;而对客户来讲,则在无形中节省了采购成本。

4. 第三方采购能够提供更为快捷的服务。第三方采购企业拥有专业化的物资配送队伍,这就具备了能够在较短时间内将客户所需物资准确地送到客户指定地点的能力。而且,长期从事某一类物资或几类物资的配送,对所配送物资的性能、运输要求更为了解,从而减少物资在装卸以及运输过程中的损耗,节约了成本。对于客户企业,由于只要根据生产进度在合理时间前发出采购指令,所需物资就能够及时得到供应,因而没有必要储备大量的物资,只需少量库存或者零库存,防止了原材料物资的积压,从而使库存成本降低。

5. 第三方采购能够有效防止物资采购中的腐败行为。传统物资采购模式中,采购人员为了确定供应商,往往需要对供应商进行实地考察,而这也通常是采购环节中容易导致腐败的环节。现实中,有些供应商为了获取物资供应资格,不惜花费重金拉拢采购人员,或许诺暗中给予回扣。但羊毛出在羊身上,采购人员贪图小利的结果是企业付出更高的成本。而企业为了杜绝采购环节中舞弊事件的发生,尽管建立了一系列的监督机制,但从实际执行的结果来看,企业不仅为此花费了高昂的成本,而且效果并不明显。第三方采购模式把物资采购这一职能从企业内部分离出来,第三方采购企业与客户的关系公开化、明晰化。对客户企业来说,减少了物资采购的环节,从而在源头上降低了物资采购中出现腐败的可能性,大大降低了物资采购中的监督成本。

第三方采购作为一种新型的物资采购模式,其廉价、高效、快捷的特点必将不断地被更多的企业所认识,成为众多企业降低采购成本的一种新的选择。

本章小结

采购管理是指为了保障企业物资供应而对企业的整个采购过程进行计划、组织、指挥、协调和控制。组织好企业的采购活动,不仅有助于优化企业采购管理,而且可以有效地推动企业各项工作的发展。通过实施科学的采购管理,可以合理地选择采购方式、采购品种、采购批量、采购频率和采购地点,可以以有限的资金保证企业生产经营的需要,在企业降低成本、加速资金周转和提高产品质量等方面发挥重要作用。

采购就是实现对整个企业的物资供应,有四个基本目标:一是适时适量地保证供应;二是保证质量;三是费用最省;四是协调供应商,管好供应链。

供应商管理是采购管理中一个很重要的问题,它在实现准时化采购中有很重要的作用。在物流与采购中提出客户关系管理并不是什么新概念,在传统的市场营销管理中早就提出了关系营销的思想,但是,在供应链环境下的客户关系和传统的客户关系有很大的不同。在市场营销中的客户指的是最终产品的用户,而这里的客户是指供应商,不是最终用户。另外,从供应商与客户关系的特征来看,传统企业的关系表现为三种:竞争性关系、合同性关系(法律性关系)和合作性关系。而且,企业之间的竞争多于合作,是非合作性竞争。供应链管理环境下的客户关系是一种战略性合作关系,提倡一种双赢机制。从传统的非合作性竞争走向合作性竞争、合作与竞争并存是当今企业关系发展的一个趋势。

随着管理理念的更新和技术的改进,在新的市场环境下,采购管理呈现出一些新的发展趋势。本章对集中采购、分散采购、JIT 采购、电子采购和第三方采购进行了介绍。

思考与练习

一、名词解释

采购　　供应商管理　　集中采购　　分散采购　　JIT 采购　　电子采购　　第三方采购

二、简述题

1. 简述采购的含义和地位。
2. 简述采购的基本原则和流程。
3. 简述供应商管理的概念和作用。
4. 简述供应链环境下如何管理与供应商的合作关系。
5. 简述采购管理的发展趋势。

三、案例与分析

沃尔玛的采购系统

在 2002 年 2 月 1 日之前,沃尔玛并没有自己从海外直接采购商品,所有海外商品都由代理商代为采购。沃尔玛要求刚刚加盟的沃尔玛全球副总裁兼全球采购办公室总裁崔仁辅利用半年时间做好准备,在 2 月 1 日这一天接过支撑 2 000 亿美元营业额的全球采购业务。结果,他不但在紧张的时间里在全世界成立了 20 多个负责采购的分公司,如期完成了全世界同步作业的任务,而且使全球采购业务在一年之后增长了 20%,超过了整个沃尔玛营业额 12% 的增长率。那么,沃尔玛全球采购业务的秘密何在?

1. 全球采购的组织

在沃尔玛,全球采购是指某个国家的沃尔玛店铺通过全球采购网络从其他国家的供应商进口商品,而从该国供应商进货则由该国沃尔玛公司的采购部门负责采购。举个例子,沃尔玛在中国的店铺从中国供应商进货,是沃尔玛中国公司采购部门的工作,这是本地采购;沃尔玛在其他国家的店铺从中国供应商采购货品,就要通过崔仁辅领导的全球采购网络进行,这才是全球采购。这样的全球采购要求在组织形式上做出与之相适应的安排。

企业活动的全球布局,当今比较成熟的组织形式有两种:一是按地理布局;二是按业务类别布局。区域事业部制有助于公司充分利用该区域的经济、文化、法制、市场等外部环境的机会,不利之处在于各业务在同一区域要实现深耕细作需要付出很大的成本。而业务事业部制的利弊则刚好相反。

崔仁辅的全球采购网络首先由大中华及北亚区、东南亚及印度次大陆区、美洲区、欧洲中东及非洲区四个区域所组成。其次,在每个区域内按照不同国家设立国别分公司,其下再设立卫星分公司。国别分公司是具体采购操作的中坚单位,拥有工厂认证、质量检验、商品采集、运输以及人事、行政管理等有关采购业务的全面功能。卫星分公司则根据商品采集量的多少来决定拥有其中哪一项或几项功能。

2. 全球采购的流程

在沃尔玛的全球采购流程中,其全球采购网络就像是一个独立的公司,在沃尔玛的全球店铺买家和全球供应商之间架起买卖之间的桥梁。

"我们的全球采购办公室并不买任何东西。"崔仁辅解释说,全球采购网络相当于一个"内部服务公司",为沃尔玛在各个零售市场上的店铺买家服务——只要买家提出对商品的需求,全球采购网络就尽可能在全球范围搜索到最好的供应商和最适当的商品。全球采购网络为店铺买家服务还体现在主动向买家推荐新商品。沃尔玛全球采购的流程分为重复采购和新产品采购两种。所谓新产品,就是买家没有进口过的产品。对于这类产品,沃尔玛没有现成的供应商,就需要全球采购网络的业务人员通过参加展会、介绍等途径找到新的供应商和产品。由于沃尔玛的知名度很高,许多厂商也会毛遂自荐,把它们的新产品提供给全球采购网络。然后,全球采购网络就会把这些信息提供给买家。

3. 供应商伙伴关系

在全球采购中,全球采购网络不仅要服务好国外的买家,还要在供应商的选择和建立伙伴关系上投入。"不管是哪个国家的厂商,我们挑选供应商的标准都是一样的。"崔仁辅介绍说,第一个标准是物美价廉,产品价格要有竞争力,质量要好,要能够准时交货。第二个要求是供应商要遵纪守法。"沃尔玛非常重视社会责任,所以我们希望供应商能够像我们一样守法,我们要确定他们按照法律的要求向工人提供加班费、福利等应有的保障。"

还有一点就是供应商要达到一定规模。"我们有一个原则,就是我们的采购不要超过任何一个供应商 50% 的生意。"崔仁辅解释说,虽然从同一个供应商采购的量越大,关于价格的谈判能力就越强,但供应商对采购商过分信赖也不完全是好事。如果供应商能够持续管理和经营,那还可以;如果供应商在管理和经营上出现波动,那就不仅仅是采购商货源短缺的问题。一旦采购商终止向该供应商采购,该供应商就会面临倒闭的危险,由此也会产生较大的社会问题。"这是我们不愿意看到的。"

思考题:
1. 沃尔玛的全球采购流程是如何高效运作的?
2. 沃尔玛在处理与供应商的关系中与传统企业有什么不同?

第十一章

电子商务物流

学习目标与要求

1. 了解电子商务的含义、类型,掌握电子商务的几种模式;
2. 理解电子商务与物流的辩证关系;
3. 能解读电子商务对物流的影响;
4. 了解电子商务环境下物流的主要问题和应对策略。

借助于信息技术的迅猛发展、互联网的普及,电子商务在我国迅速崛起,这种新型的商业模式改变了传统的交易方式。然而在众多的电子商务企业中,能真正实现赢利的企业并不多。主要原因之一是物流业发展相对滞后,已成为制约我国电子商务快速发展的一个重要"瓶颈"。

第一节 电子商务概述

一、什么是电子商务

(一)含义

电子商务,英文为"Electronic Commerce",简写为"EC",是 20 世纪 90 年代出现并且逐渐兴盛、被普遍接受的名词。在生活中,我们对于电子商务谈论很多,但是不同的人、企业、政府、媒体、学者往往对其有着不同的理解。

确实,关于电子商务,目前还没有一个较为全面的具有权威性的定义。

联合国经济合作和发展组织将电子商务定义为:发生在开放网络上的包含企业之间(B2B)、企业和消费者之间(B2C)的商业交易。

欧洲议会将电子商务定义为通过电子方式进行的商务活动。

国际商会将电子商务定义为:实现整个交易过程中各阶段贸易过程的电子化,交易各方以电子交易方式而不是通过当面交换或直接面谈方式进行的任何形式的商业交易。它涵盖了从信息检索、售前售后服务、签订合同、支付到配送的一系列交易过程。

按照《世界贸易组织电子商务专题报告》的定义,电子商务就是通过电信网络进行的生产、经营、销售和流通等活动,它不仅指基于因特网上的交易,而且指所有利用电子信息技术来解决问题、降低成本、增加价值和创造商机的商务活动,包括通过网络实现从原材料查询、采购、产品展示、订购到出售、储运以及电子支付等一系列的贸易活动。

综上，凡是通过"电子"传递数据的商务活动都可谓之电子商务，称为广义的电子商务。

自从 Internet 出现以后，人们迅速地发现其在信息传递方面具有的无比优越性。越来越多的消费者、企业、金融机构、政府都纷纷上网，无数的经济实体在其中互通有无，突破时间和空间的限制，真正进入信息时代，在这个环境里，消费者、企业、政府通过网络高效地分配和传递各种信息资源或者从事商业活动。由于 Internet 对于电子商务的强大支撑作用，人们通常也把电子商务称为互联网商务，学术界称之为狭义的电子商务。特别地，在日常生活中，人们所说的电子商务往往指的是网上购物和网络销售。

从做电子商务的要求来讲，一张网页、一个网站不等于电子商务，很多企业有自己的网站，但不能说这些企业实现了电子商务，例如，他们的网页经常无法打开、客户邮件长时间无人回复、网页几乎不更新等。电子商务不是表面文章，不仅仅是技术革新，更是管理的革新，是一个系统工作，是一种新经济模式，它改变了传统的商业模式、消费模式，也改变了人们的生活方式，现在电子商务已走进各行各业，在未来的时间里还会有更大的发展。

（二）分类

1. 按商业活动运作方式分类

（1）完全电子商务。即可以完全通过电子商务方式实现和完成整个交易过程的交易，如电子支付、网上音乐购买。

（2）不完全电子商务。即指无法完全依靠电子商务方式实现和完成完整交易过程的交易，它需要依靠一些外部要素（如运输系统等）来完成交易。

2. 按开展电子交易的信息网络范围分类

（1）本地电子商务。即利用本城市内或本地区内的信息网络实现的电子商务活动，电子交易的地域范围较小。

（2）远程国内电子商务。即在本国范围内进行的网上电子交易活动，其交易的地域范围较大，对软硬件和技术要求较高，要求在全国范围内实现商业和金融的电子化、自动化，要求交易各方具备一定的电子商务知识、经济能力和技术能力，并具有一定的管理水平和能力等。

（3）全球电子商务。即在全世界范围内进行的电子交易活动，参加电子交易各方通过网络进行贸易。

（三）电子商务模式

企业对消费者的电子商务（B2C）：该类电子商务基本等同于电子零售商业。

企业对企业的电子商务（B2B）：该类电子商务是指商业机构（企业或公司）使用 Internet 或各种商务网络向供应商（企业或公司）订货和付款。

消费者对消费者的电子商务（C2C）：简单而言就是消费者本身提供服务或产品给消费者。

企业对政府机构的电子商务（B2G）：覆盖公司与政府组织间的许多事务。

消费者对政府机构的电子商务（C2G）：政府将会把电子商务扩展到福利费发放、自我估税及个人税收的征收方面。

除此之外，还有 G2C、B2B2C、O2O 等，不过，电子商务的主要模式是 B2B、B2C、C2C 这三种，各类交易模式各有各的特点。

二、物流与电子商务的关系

(一)电子商务中物流的重要性

1. 物流是电子商务的重要组成部分

众所周知,电子商务由信息流、商流、物流、资金流"四流"组成。商流是动机和目的,资金流是条件,信息流是手段,物流是途径。"四流"各自在不一样的系统中运转,各有本身的运动规则,它们是一个彼此联络、彼此随同、一起支撑流转活动的全体。其中,商流包括物品的销售、购买,也就是商业行为的一系列过程;信息流主要是商品的信息,包括促销、广告以及一些售后服务,包括一些单证等;资金流则主要是资金的流动,包括付款、收款、转账等;物流则是指商品的实体流动过程,包括运输、储存、配送等一系列活动。然而,资金流、信息流与商流都可以通过网络等先进的技术设备实现准确的流通,但是对于物流而言却不行,因为对于大多数商品和服务而言,物流不可以通过网络进行,而是需要进行实体运输。

2. 物流是实现电子商务的保证

电子商务的实现离不开现代物流的支持,物流是电子商务实现的基础和保证,另外,物流活动质量的好与坏将严重影响电子商务质量的好与坏,电子商务的过程只是商品的所有权发生改变,而真正到达消费者手中的过程则是物流过程,是电子商务与消费者的"窗口",这一过程可能会影响商品的质量,也会影响顾客收到商品的快慢,直接影响着顾客的满意程度。

3. 物流影响着电子商务的发展

电子商务的发展对于广大消费者而言是一项很大的福利,因为它的发展在很大程度上方便了消费者,使得消费者不需要到拥挤的商店去买东西,而只要坐在家里打开电脑进行操作就可以买到心仪的商品,而且商品的价格也完全低于商店的价格,不仅方便而且实惠。但是,如果自己订购的商品不能按时到达自己的手中,或者说当商家把商品送到手中时却不是自己订购的,又或者说到货时商品出现些许问题,大家就会觉得这相当麻烦,要申请调换或者退货,更会觉得还真不如去商场自己挑选商品了,最起码可以看到实物,而且也不会出现其他的问题。顾客无非是希望在方便快捷的情况下获得优质的服务,所以说,物流服务要以顾客为中心,这样才能保证顾客对于电子商务的信赖。否则,就算电子商务再方便,而物流服务的质量不过关,那么一切都是无用的。所以说,如果想更好地加速电子商务的发展,就必须加强对物流的发展,因为物流影响着电子商务的发展。物流服务要坚持以顾客为中心。

(二)物流中电子商务的重要性

1. 电子商务带动和促进了物流发展

电子商务的出现,改变了传统的商业运作模式,使物流业得到了长足的发展。与此同时,电子商务对物流业的发展也提出了前所未有的挑战性要求,如信息化、个性化、社会化等。在电子商务环境改善的同时,电子商务也正在使传统的物流发生变化,甚至强化了物流的作用,促使物流系统进一步完善。近年来,我国快递业的快速发展,例如,顺丰、四通一达等快递公司的飞速发展,递送速度不断加速,快递技术不断升级,这正是得益于电子商务的快速发展和要求。

2. 物流本身的发展需要以电子商务为手段

物流发展和电子商务的发展相比普遍滞后,即便是发达国家的物流,其发展速度也难以和电子商务的发展速度并驾齐驱。目前物流的主要矛盾是落后的物流不能满足现代商业需要的矛盾。例如,从物流管理方面看,计划、管理、评价等方面需要高效率组织的管理方法。从物流技术角度来考察，物流技术包括运输技术、保管技术、装卸技术、包装技术等。物流技术水平的高低是实现物流效率高低的重要因素。而电子商务恰恰为物流环节、技术和管理提供了解决的手段，也就是说，在物流业中运用电子商务的手段来提供物流的效率。只有将先进、科学的管理手段和办法应用于物流管理当中才能确保物流的顺畅进行，实现物流的合理化和高效化，实现物畅其流。

综上，电子商务和物流的关系可以概括为：二者是相互联系、相互影响、互为前提、互为手段、密不可分、辩证统一。电子商务本身的矛盾需要物流提供手段；同时，电子商务要求和促进物流的发展，只有物流发展了，电子商务才能跟着水涨船高，物流的滞后会影响电子商务的发展；反过来，对于如何提高物流系统本身的效率，电子商务恰恰又提供了解决物流发展瓶颈的手段。电子商务改变物流，而物流体系的完善将会进一步推动电子商务的发展。

第二节 我国电子商务物流现状

2014年"双十一"又一次创造了电子商务的奇迹。截至2014年11月11日24时，"天猫11.11购物狂欢节"支付宝总成交额为571亿元，突破10亿元仅用时不足3分钟，刷新2013年"双十一"创下的350.19亿元的纪录，相当于全国每人花了42元，这一天产生2.78亿个包裹，连起来能绕地球两圈。而按照国家邮政局的估计，整个"双十一"期间，全行业处理快件量将达5.86亿件，创历史新纪录。同时，由此带来的物流爆仓让如火如荼的电子商务大战留下了些许的遗憾。

2014年的物流配送吸取每年物流爆仓的教训，早在半年前各大电商都在物流配送上发力。据不完全统计，各家快递公司2014年为备战"双十一"，新增从业人员25万名以上，改扩建运转中心100余处，增加作业场地185万平方米，公路干线新增自有及整合社会资源新增干线车辆12 000台以上。即使电子商务平台上的各大快递公司提前加大人力、物力派送包裹，全力备战如春运，但准时送货率也还是不足50%。

一、物流配送质量相对较差

（一）电子商务物流配送质量

电子商务物流配送质量是指第三方物流企业运用网络化的计算机技术和现代化的硬件设备、软件系统及先进的管理手段，根据顾客的订单要求所进行的一系列分类、编码、整理、配货等理货工作，并按照约定的时间和地点将确定数量和规格要求的商品送到顾客手中的整个活动所满足顾客需求的程度。包括：

1. 配送信息化质量

配送信息化质量主要指针对某类配送服务需求，从接受客户需求、处理订单、分拣货物、运输到交付给客户的全过程中所涉及的信息处理的质量。配送信息化主要表现为：物流信息收集的数据库化和代码化、物流信息传递的标准化和实时化、物流信息存储的数字化等。客户关心的主要是第三方配送企业要能提供完整的在线、实时查询物品网络配送信息的质量。

2. 配送过程质量

配送过程质量是第三方物流配送质量的决定性因素。一方面从企业角度分析，配送过程质量主要是指配送过程中企业在备货、储存、分拣及配货、配装、配送运输、送达服务等一系列物流作业环节中的质量。另一方面从消费者角度分析，顾客的送货地区也将影响配送质量，比较偏远的地区因为路途远将会导致送货路途长,这将会使送货周期加长、送货质量下降。

(二)配送质量现状

随着电子商务的快速发展,网上购物日益得到人们的认可,成为价值链上重要的组成部分,但第三方物流配送发展却非常缓慢,目前在质量方面还存在很多不足,主要表现在:

1. 对第三方物流配送质量的重视程度不够

很多第三方物流配送企业把配送简单地当作送货行为,没有意识到配送是包含拣选、加工、包装、分割、组配和短途运输等诸多要素的综合服务活动。

2. 信息化水平质量滞后导致信息失真现象严重

目前很多第三方物流公司信息管理系统的建设比较滞后,给企业配送活动信息水平的提高造成了一定的困难。

3. 配送运输质量低下

经常会出现货物挤压现象,造成货物破损。

4. 配送周期过长

消费者从网上购物方便、快捷,但是现实的第三方物流配送必须考虑时间和地域因素,由于网上购物者来自全国各地,又加上城市人口密集、家庭结构小、交通不方便等因素的制约,使消费者得到货物的速度大打折扣,甚至有时候还达不到传统商业配货的期望值。

5. 送货人员服务水平低下

送货员素质通常不高,送货员在送货的时候不太注意自己的服务态度,这将直接损害物流企业在顾客心目中的印象。

消费者在物流配送过程中缺乏及时透明的信息通知,当大量订单堆积的时候,会出现物流仓库爆仓的情况。很多消费者甚至要等半个月或 20 天才能收到自己在网络上订购的商品,物流配送在这个时候对电子商务的影响是致命的。根据淘宝网对多家店铺进行的调查以及数据统计,消费者对物流配送的快慢的忍耐度非常低,订单高峰时候(如淘宝商城的"双十一")基本上等过 15 天以上的顾客在下次进行订单选择时都不会考虑该商家,并且在参与到供应商的网络评分时,会打低分给相关的顾客进行参考。

根据一个关于消费者在对卖家评分的调查发现,在同等价格与质量的情况下,物流配送的效率与物流配送的质量直接影响到消费者满意度,进而影响到下次消费是否选择该电商。结果显示,物流配送的速度越快,包装的质量越好(包括内部物品的包装整洁,无包装破损和人工造成的损伤),配送专员的服务意识越强,服务态度越好,回答问题越专业与规范,则消费者在下次进行购物时选择此电商的几率会越高。由于网络消费不等同于一次性消费,因而消费者在得到完整优秀的服务后,不仅仅会自己选择该电商,而且会推荐给自己身边的人。这样消费者的反馈越好,电商的营业额与产品覆盖率就会越高,相应的利润就会越高,这样电商把利润中的一部分再用来提供更好的服务,如此反复,良性循环。

二、物流配送成本相对较高

电子商务的迷人之处在于可以免去昂贵的店面费用,免去大量售货人员的薪资支出,把库存成本可以降到最低,大批进货还可以大幅度减少商品取得成本、分摊物流费用。同时,对于电子商务而言,还需要多考虑一项因素——配送成本。

中国物流成本占 GDP 的 18%,比发达国家高出一倍。我国物流成本过高的其中一个原因就是物流环节过多。其中,"最后一公里"占到整个物流配送成本的 30% 以上。

影响配送成本的因素有很多,主要包括:配送技术水平、收件和配单员效率、车辆满载率、配送周期、配送中心运行效率、货物延迟交货赔偿比例等。首先,就目前国内快递行业而言,除了极少数大型快递企业具备先进的配送技术外,大多数都处于低机械化水平。其次,决定快递整个配送过程效率的是配送中心运行的科学性以及对配送周期和配送量的合理调配。而目前电子商务配送中心大多技术水平不高,运营管理水平也不高,这些都导致了物流配送成本相对较高。第三,拣选配送效率低。电子商务模式下,每个订单的批量小,致使拣货集货的难度成倍增长。如何在最短时间内以近乎100%的准确率完成订单的分拣和包装成为物流部门的巨大挑战。在拣选的过程中,如何在准确无误的情况下保证商品的无损坏拣选以及保质保量运输也是一个难题。尤其是公司在旺季时期有时会在拣选商品时发生错误,从而对其配送速度、成本、效益产生很大的影响,使客户体验下降,而由于运输引起的商品质量损坏,所造成的后果比之有过之而无不及。

特别地,我们以"最后一公里"为例,其存在的问题主要有:

1. 人难招。相对其他资源,人力资源是极其重要的一部分。配送人员则是实现电商为满足客户需求和顾客体验的实现者,对电子商务企业来说,他们尤为重要。除了配送基本的产品以外,电商大部分都承诺送货上门、货到付款、开箱验货以及其他各种额外的服务。这对"最后一公里"配送人员要求极高,对客户的态度要面带微笑,既要当配送人员,又要当解说人员和搬运工。而配送人员的平均年龄都是二三十岁的80后和90后,他们基本占整体配送人员的95%以上。这些人员对薪资的要求高,并且面对工作压力以及体力劳动无所适从,导致配送人员换行业快,人员难招。

2. 车难停。配送车辆经常要驶入小区或者各种地方,但是又没有专门为配送车辆设置的停靠点,而且不少城市对于货运车辆有很多时间管制的要求,造成了停靠难、装卸难,车辆包裹大大小小、各式各样,在装卸的时候,既要保证包裹内商品的完好性,又要保证既快又准地装卸,这对"最后一公里"的配送来说,也是一个难点。

3. 仓储难。电商配送时,经常出现隔夜包裹。所谓隔夜包裹,就是顾客没法在约定的时间签收包裹,而需要暂时寄放在配送点。众所周知,"最后一公里"的配送点经常只是一个小小的快捷店或者便利店等,根本算不上仓库,这导致快捷店的堵塞或者配送点的混乱。但是由于隔夜包裹并不是占很大一部分,又没有必要单独独立出来一个仓库仓储,所以这让"最后一公里"的仓储也成为了一个难题。

4. 信息技术问题。"最后一公里"配送信息化程度低,配送人员经常是自己用手机发短信通知顾客什么时间在哪里收包裹。这样使得顾客无法与配送人员畅通交流,经常出现配送人员在家门外按半小时门铃而屋里却没有人,或者在某个约好的送货点快递人员不出现或者顾客不出现,这样使得配送效率降低,也使得顾客满意度降低。

5. 网络覆盖难。电商为了提高用户体验满意度,希望能够送货上门。但是由于"最后一公里"的特殊性,对物流网点设置要求很高。要求覆盖面广,能够实现无死角配送、无边界配送,即没有到达不了的地方。但是事实往往相反,现在物流网点设置不够且比较分散,导致对频次高的电商物流无法满足,经常出现阻塞、延迟、快递变慢递等现象。

综上所述,诸多因素导致了目前我国电子商务物流配送成本居高不下,在这一情况下,需要正视电子商务配送成本因素和问题,应着眼于远期目标,真正发挥出电子商务竞争优势。

三、物流配送模式

电子商务下物流配送有很多种模式，结合我国目前的实际情况，可以概括为以下三种。

（一）自营配送模式

企业自营物流配送模式指自己投资建设物流配送需要的仓库和配备运输交通工具等，对企业内部的物流运行管理进行协调、组织和计划的模式。自营物流配送模式主要有两种情况：第一种是规模大、资金雄厚的电子商务网站自建物流。通过自建物流，电商企业可以较好地控制自身的物流配送环节，拣选准确率、配送及时率、客户满意度等衡量物流作业水平的指标都有一定程度的提高，使物流服务水平逐步成为企业的核心竞争力，此种模式需要有比较大的投资以及较高的物流管理能力，目前以京东最为典型。第二种情况是传统领域中的大型零售商进入电子商务领域后，对原有物流配送体系进行改进。例如，以苏宁电器为代表的大型零售企业开始逐步涉足电子商务，苏宁易购作为苏宁电器旗下的网上商城，依托苏宁成熟的配送体系，只需对原有的物流配送体系加以改进即可投入运行。苏宁易购敢于承诺"100个城市半日达，220个城市次日达"，也依赖于苏宁在传统商业模式下已经成熟的配送体系。

（二）第三方物流配送模式

第三方物流配送服务提供商是一个拥有可靠的物流网络、信息系统的独立经济实体，对物流运作进行全过程管理和控制，其物流专业化能力十分高，为客户提供仓储管理、运输管理以及增值物流服务，可以为客户带来经济效益，完善运作效率和客户服务，增强客户企业核心竞争能力。电商企业选择第三方物流配送模式，是希望降低成本、提升运作效率、提高服务质量。以淘宝为代表的网站就是第三方物流配送模式的典型。

（三）共同配送模式

共同配送是指多个客户联合起来共同由一个第三方物流服务公司来提供配送服务。实行共同配送是不错的选择。从微观角度来说，电商企业可以得到以下好处：可以集中精力经营核心业务，培养核心竞争力；达到配送作业的经济规模，提高物流作业的效率，降低企业营运成本；不需要投入大量的资金、设备、土地、人力等，可以节省企业的资源。从宏观角度看，实现共同配送可以减少社会车辆总量，减少闹市区卸货妨碍交通的现象，改善交通运输状况；通过集中化处理，提高车辆的装载效率，节省物流处理空间和人力资源，实现社会资源的共享和有效利用。

表 11—1　　　　　　　　　　三种物流配送模式比较

	优　势	劣　势	适用范围
自营配送模式	物流配送环节可以由企业自己进行管理和控制，提供更好的服务，最终提高企业品牌价值	配送范围不够全面，投资规模大，资金的占用成本高，回报所需周期长，风险较大	规模大且资金雄厚、管理水平高的电子商务企业
第三方物流模式	配送范围广，专业化程度高，能够充分利用资源	企业不能对其提供的服务进行直接控制，具有一定风险性	适用几乎所有电子商务企业
共同配送模式	相互合作，取长补短，扩大范围，降低成本	相互协调方面难度较大	大中型电子商务企业、管理程度较高的企业

从表11—1中可以看出,每种物流配送模式都有其优点及不足,在适用范围上也有所不同。不同的B2C电子商务企业在物流配送模式上有自身的特点,例如,京东商城就是以自营配送为主同时结合第三方物流,淘宝主要依靠第三方物流完成配送,两者都是非常成功的B2C电子商务企业。

第三节 电子商务对物流及其管理的影响

一、电子商务对物流业的影响

(一)改变传统的物流理念

一是物流系统中的信息变成了整个供应链运营的环境基础。网络是平台,供应链是主体,电子商务是手段。信息环境对供应链的一体化起着控制和主导作用。

二是企业的市场竞争将更多地表现为以外联网所代表的企业联盟的竞争。也就是说,网上竞争的直接参与者将逐步减少。更多的企业将以其商品或服务的专业化比较优势参与到以核心企业为龙头的分工协作的物流体系中去,在更大的范围内建成一体化的供应链,并作为核心企业组织机构虚拟化的实体支持系统。

三是企业的竞争将是以物流系统为依托的信息联盟或知识联盟的竞争,物流系统的管理也从对有形资产存货的管理转为对无形资产信息或知识的管理。市场竞争的优势不再是拥有多少资源,而是能调动和整合多少资源。

四是在追求物流总成本最低的同时为客户提供个性化的服务,使客户服务水平最高。

(二)改变物流系统的结构

由于网上客户可以直接面对制造商并可获得个性化服务,故传统物流渠道中的批发商和零售商等中介将逐步减少。

网络时空的"零距离"使得客户对产品可得性的心理预期加大,从而导致交付速度的压力提升。因此,物流系统中场、站、配送中心、运输线路等设施的布局将面临较大的调整。

(三)电子商务将改变物流的运作方式

首先,电子商务可使物流实现网络的实时控制。传统的物流活动在其运作过程中,不管是以生产为中心,还是以成本或利润为中心,其实质都是以商流为中心,从属于商流活动,因而物流的运动方式是紧紧伴随着商流来运动的。而在电子商务下,物流的运作是以信息为中心的,信息不仅决定了物流的运动方向,而且也决定着物流的运作方式。在实际运作过程中,通过网络上的信息传递,可以有效地实现对物流的实时控制,实现物流的合理化。

其次,网络对物流的实时控制是以整体物流来进行的。在传统的物流活动中,虽然也有依据计算机对物流进行控制,但这种控制都是以单个的运作方式来进行的。例如,在实施计算机管理的物流中心或仓储企业中,所实施的计算机管理信息系统都是以企业自身为中心管理物流的。而在电子商务时代,依托网络全球化的特点,可使物流在全球范围内实施整体的实时控制。

(四)电子商务将改变物流企业的经营形态

在传统经济活动中,物流企业之间存在着激烈的竞争,这种竞争往往是依靠本企业提供优质服务、降低物流费用等方面来进行的。在电子商务时代,这些竞争内容虽然依然存在,但有效性却大大降低了。原因在于电子商务需要一个全球性的物流系统来保证商品实体的合理流动,对于一个企业来说,即使它的规模再大,也是难以达到这一要求的。这就要求物流企业应互相联合起来,在竞争中形成一种协同竞争的状态,以实现物流高效化、合理化、系统化。也就是说,要从零和博弈向合作共赢进行转变。

(五)电子商务将促进物流基础设施的改善和物流技术的提高

首先,电子商务将促进物流基础设施的改善。电子商务高效率和全球性的特点要求物流也必须达到这一目标,而物流要达到这一目标,良好的交通运输网络、通信网络等基础设施则是最基本的保证。其次,电子商务将促进物流技术的进步。物流技术主要包括物流硬技术和软技术。物流硬技术是指在组织物流过程中所需的各种材料、机械和设施等;物流软技术是指组织高效率的物流所需的计划、管理、评价等方面的技术和管理方法。物流技术水平的高低是实现物流效率高低的重要因素,要建立适应电子商务运作的高效率的物流系统,加快提高物流的技术水平有着重要的作用。

(六)电子商务将物流业提升到前所未有的高度

伴随着电子商务的不断发展,必然导致整个社会的产业出现新的分别。制造业和物流业相比,制造业会逐渐弱化,而物流业会逐渐加强。这个弱化是一个相对的概念,实际上从社会总体上看,制造业的功能并未弱化,因为社会的发展必然会产生更多的需求。之所以说弱化,一方面是对于企业来说,由于当今社会已经是属于过剩的生产时代,大多数行业都处于供大于求的状态,今天生产这个产品,说不定明天就要改产另外的产品,今天这个企业还存在,说不定明天就不存在了,所有制造企业的地位在不断弱化;另一方面从社会总体上看,由于科技的发展,制造水平越来越高,制造变得越来越容易,从而导致制造业在整个社会中地位的下降。

物流企业越来越强化是因为电子商务的发展,消费者更多地在网上的虚拟商店购物并在网上支付,也就是说,现实的商店被取代了,实体银行网点减少了,唯独物流公司非但没有减少,反而任务加重了。物流公司不但要把网上店铺的货物送到用户手上,而且还要从各个生产公司及时进货,存放到物流仓库中,物流公司既是生产企业的仓库,又是用户的实物供应者。商流、信息流、资金流都可以在网络上解决,整个市场上剩下的就只有物流企业进行的实物处理工作。可见,电子商务把物流业提升到了一个前所未有的高度。

二、电子商务对物流各作业环节的影响

(一)运输的变化

电子商务对物流运输带来的最大影响就是,如何提高运输速度来填补客户在网络中产生的产品虚拟可得性与实际产品可得性之间的差距。

传统经济模式一般是大规模生产,集中运输方式,运输特点为大批量小批次,运输的重点是如何节省运输成本。在电子商务的新经济模式下,消费者更多是直接面对制造商或者是大的零售商,通过网络采购和支付,通过物流进行送货,使运输变得非常分散,其特点表现为小批量多批次,运输更加强调的是运输速度的快速、灵活、便利以及可见和可追踪。另外,电子商务环境下,多式联运将得到大的发展,因为电子商务的本质特征之一就是简化交易过程、提高交易效率,而多式联运方式为托运人提供了一票到底、门到门的服务方式,因而是更加适合电子商务的运输方式。

(二)仓储的变化

传统的仓库分为两种类型:一类是以长期储存为主要功能的"保管仓库";另一类是以货物的周转为主要功能的"流通仓库"。在电子商务新经济模式下,货物流转速度将会很快,很多情况下,物流的速度成为了电商成败的关键,这种趋势决定了"保管仓库"将会越来越少,而流通型仓库由于其功能的单一,不能适应电子商务的要求,将会逐渐被配送中心所取代。

（三）采购的变化

首先,在电子商务环境下,采购的范围扩大到全世界,选择渠道的增多加剧了市场竞争,并带来了采购价格的降低。同时,由于电子商务环境下供应要求的快速化和柔性化高,使得上下游之间内在要求形成战略合作伙伴关系,也就是说,需要上下游企业间建立一体化的供应链,在更大的范围内和更深的层次上实现部分或全部信息资源的共享。例如,邮购业务的企业将与其供应商共享运输计划数据库,而实现 JIT 生产的装配制造商将会与他们的主要供应商共享生产作业计划和库存数据。另外,电子商务业在其他诸如缩短订货周期、减少文案和单据、减少差错率和降低交易价格等技术方面会对降低物料采购成本产生积极的影响。

近年来,国际上一些大的公司已在专用网络上使用 EDI,用以降低采购过程中的劳务、印刷和邮寄费用。通常,公司可由此节约 5%~10% 的采购成本,而因特网与之相比可进一步降低采购成本。以韩国三星电子公司为例,它使用一个统一的 ERP 系统将全球 89 个工厂连接起来,可方便地从 900 个国外供应商和 1 200 个国内供应商手中实现 85% 的网上购买。

（四）配送的变化

首先,电子商务促使物流配送时间大为缩短。在传统的物流配送管理中,由于信息交流的限制,完成一个配送过程的时间会比较长,但是随着网络系统的介入,这个时间将变得相对较短,任何一个有关配送的信息和资源都会通过网络管理在几秒钟内传到相关部门。其次,电子商务简化了物流配送环节。在网络支持下的成组技术可以使物流配送周期大大缩短,其组织方式也会发生变化;计算机系统管理可以使整个物流配送管理过程变得简单和容易;网络上的营业推广可以使客户购物和交易过程变得更有效率、费用更低。

实际上,对于电子商务交易方式本身来说,买方通过轻松点击完成了购买,卖方势必要把货物配送到家,所以从某种程度上说,电子商务时代的物流方式就是配送方式,配送中心成为商流、信息流和物流的汇集中心。

三、电子商务对物流管理的影响

（一）供应链管理的变化

1. 供应链短路化。在传统的供应链渠道中,产品从生产企业流到消费者手里要经过多层分销商,流程很长,由此造成了很多问题。现在电子商务缩短了生产厂家与最终用户之间供应链上的距离,改变了传统市场的结构。企业可以通过自己的网站绕过传统的经销商而与客户直接沟通。虽然目前很多非生产企业的商业网站继续充当了传统经销商的角色,但由于它们与生产企业和消费者都直接互联,只是一个虚拟的信息与组织中介,不需要设置多层实体分销网络(包括人员与店铺设施),也不需要存货,因此仍然降低了流通成本、缩短了流通时间,使物流路径短路化。

2. 供应链中货物流动方向由"推动式"变成"拉动式"。在电子商务环境下,供应链实现了一体化,供应商与零售商、消费者通过 Internet 连在了一起,通过 POS、EOS 等,供应商可以及时、准确地掌握产品销售信息与顾客信息,并按所获的信息组织产品生产和对零售商供货。存货的流动变成"拉动式",实现销售方面的"零库存"。

（二）第三方物流成为物流业的主要组织形式

第三方物流是指由物流劳务的供方、需方之外的第三方去完成物流服务的物流运作方式。

它将在电子商务环境下得到极大的发展,因为电子商务的跨时域性与跨区域性要求其物流活动也具有跨区域或国际化特征;从理论上讲,即使是大规模的公司,利用第三方物流的成本也应该比自建物流的成本要低,因为第三方物流具有社会化物流的特征,比企业物流具有先天的优势。另外,网上商店一般都是新建的企业,不可能投资建设自己的全球配送网络,甚至连全国配送网络都无法建成,所以网上商店对第三方物流的需求非常迫切。

(三)物流管理的信息化

物流信息化既是电子商务的必然要求,也是物流现代化的基础。供应商与制造商可以通过信息共享,结成战略联盟和建立供应链,进而实现资源共享。通过网络,企业可以加快交易进程、降低采购成本和缩短订货周期、减少单证处理差错、降低商品价格。电子商务的发展,促使商业企业为了保证向生产经营活动提供快速、全方位的物流支持,必须强化、完善和健全其物流服务网络体系,实现物流服务网络的系统性和一致性,以保证整个物流网络优化。

第四节 我国电子商务物流的发展对策

一、加快完善物流法律法规

物流行业的标准化和规范化是提高物流效率、降低物流成本的重要基础。可我国的电子商务物流至今没有一个完整的技术标准,国家有关部门应加强物流方面的标准化、规范化的建设,促进我国物流业统一标准的形成;建立和完善电子商务物流管理的法规及配套政策,并对物流主体的资格和权益进行规范,以便为现代物流发展创造良好的宏观环境。

二、进一步开拓物流市场

如果电子商务能够成为21世纪的商务工具,它将像杠杆一样撬起传统产业和新兴产业。在这一巨变过程中,现代物流产业将成为这个杠杆的支点。

当前,我国已具备发展物流的基本条件,同时也面临良好的宏观市场环境。根据我国物流业目前的状况,在现代物流发展中发挥政府的地位和作用的同时,以坚持企业物流发展为主体。

物流产业发展需要市场需求拉动,物流市场需求的深度开发是产业发展的内在动力。根据当前我国物流的社会化、市场化程度还较低的状况,物流企业必须对现有的分散资源进行整合,从顾客需求出发,设计个性化物流解决方案,专注于企业核心竞争力的提升,并逐步引导企业放弃自主物流方式,采用第三方物流解决方案;同时,由于我国经济的增长、居民可支配收入的增加以及国内消费需求的快速增长,将直接导致居民消费结构的调整,为此应积极开展专项物流拓展,如电子商务配送、冷链物流、绿色农产品封闭供应链、快递等与终端服务相关的物流需求的开发。

三、促进电子商务物流系统的建立与发展

目前我国电子商务最大的障碍是物流。因此,商家想了许多方法,为虚拟的B2B、B2C寻找一个实实在在的地面支持系统。配送网络的拓展建设目前主要有三种方式:一是采用第三方物流模式;二是加盟代理的模式,通过加盟代理拓展物流配送网点、完善物流网络,如申通、韵达等快递公司,通过加盟代理快速发展偏远地区营业网点;三是采取自建网点的模式。为了

更好地服务客户，目前一些电子商务企业已经开始兴建属于自己的物流配送体系，自营物流可以较好地确保物流各个环节密切配合，使企业的供应链保持协调。同时，还能保证供货的准确、及时，以便给客户提供更快的配送速度、更专业的服务，从而提升顾客服务质量。目前走在行业前列的有京东商城、易迅网、阿里巴巴等。

对于物流行业来说，"最后一公里"是电子商务物流的最后一个环节，优势是可以实现门到门服务，按照客户需求送货。近年来，电子商务企业尝试与零售业合作，利用便利店的优势拓展服务领域，以解决"最后一公里"派送问题。一些电商在北京、上海、广州等一线城市与便利店合作，建立社区服务站。消费者在网购下单时，可以选择就近的服务站为其代收包裹。服务站提供为期几天的免费保管，在此期间消费者可以凭证件及密码到社区便利店自提货物。一旦这种模式成熟，其他 B2C 电子商务包裹也可以通过社区服务站代收。

另外，要加强物流信息平台建设。电子商务的发展不仅为现代商务交易提供了一种新的模式，而且利用电子商务手段可以解决物流发展的瓶颈问题，缓解电子商务物流中的信息不对称情况。建立物流信息平台还有助于发布相关政策和制度法规等信息，缓解电子商务发展为物流带来的各方面的压力。这方面，菜鸟网络给了我们很多有益的启示。

四、完善物流基础设施的建设

在物流的硬件上，目前很多物流设施跟不上电子商务物流的需求。在软件上，信息技术在物流企业方面的应用比较少，而且应用层次较低，大多仅限于办公自动化和日常事务处理等方面。根据中国仓储协会的调查，我国绝大多数物流企业尚不具备运用现代信息技术处理物流信息的能力。

因此，除了加快对公路、铁路、港口、机场等基础设施建设外，还需在政策和资金上给予物流配送企业扶持和帮助，借鉴国外物流发展的经验，结合我国物流发展的实际情况，继续加强物流基础设施规划和建设，形成配套的综合运输体系。各地方政府也应统筹规划，科学合理地布局物流企业和物流中心，这样才能提高物流速度和物流效率。

五、培养高素质的物流经营管理人才

我国企业普遍缺乏现代物流运作和管理的复合型人才。我国物流专业教育工作起步较晚，师资严重匮乏；教学手段也比较单一、落后；教学过程实践环节较弱，而专业师资和物流在职人员的职业教育匮乏更是制约了我国物流的发展。

在物流人才的培养上，首先应由政府教育管理部门牵头行动，着手建立包括高校学历教育、物流职业教育、企业岗位教育、社会培训机构继续教育互相结合、多种层次、互为补充的人才培养体系。其次要加快我国高校实用性物流人才教育工程，各高校应结合自身的特点探索物流专业的课程设置和学生的培养模式，以各种形式推动我国的物流人才培养，扩大物流管理专业的教育规模。要大力发展职业教育，建立"职教合一"人才培养模式，以职业活动为导向、职业技能培养为核心、项目驱动为载体，加强教学环节的实践性、开放性和职业性，在实践教学中营造职业情境，实现理论教学和实践教学一体化，为物流行业输送符合社会发展需要的"精操作、能管理、懂经营"高素质技能型人才。在实施过程中，通过与企业的深度合作，进行专业市场调研，分析物流职业岗位能力需求，按照物流管理专业高素质、高技能人才职业素质和职业能力培养要求，开展"订单式"培养。

本章小结

电子商务是指当事人利用计算机技术和网络技术通过电子化手段传输数据以实现商务活动的过程。现在人们往往是通过 Internet 进行商务活动,因此通常也把电子商务称为互联网商务,学术界称之为狭义的电子商务。特别地,在日常生活中,人们说的电子商务往往指的是网上购物和网络销售。电子商务的主要模式是 B2B、B2C、C2C 三种。

电子商务与物流是辩证统一的关系。电子商务本身的矛盾需要物流提供手段,同时电子商务要求和促进物流的发展。

我国电子商务发展非常迅速,但电商物流相对滞后。物流配送质量相对较差,物流配送成本相对较高,特别是"最后一公里"问题比较突出。目前,我国电商物流配送的模式主要有自营型、第三方物流配送型和共同配送型三种模式。

近年来,电子商务的快速发展对物流业产生了重大的影响。物流业的经营理念、体系结构、运作方式、基础设施、物流技术、地位以及物流运作的各个环节都因电商的推动而不断变化和发展,并且对物流管理也提出了新的要求。

为了推动电子商务物流的发展,满足电子商务的内在要求,以下几个方面有待加强:建立和完善电子商务物流的法律法规;通过开发物流专项需求发展物流市场;电商配送网络的创新;完善物流基础设施的建设;培养适应当代需求的应用型、复合型物流人才等。

思考与练习

一、名词解释

电子商务　　不完全电子商务　　配送信息化质量　　自营型配送模式

二、简答题

1. 怎样正确理解电子商务和物流的关系?
2. 电子商务的模式有哪些?
3. 简述电子商务对物流活动的影响。
4. 当前电子商务配送主要有哪些问题?

三、案例与分析

国外电子商务末端的几种模式

1. Amazon 的储物柜服务和"Collect+"计划

美国的亚马逊公司推出了一项储物柜服务(Amazon Locker)。由于没有实体店,所以亚马逊通过寻找合作伙伴(如 7-Eleven 便利店、杂货店或连锁药品店等)为储物柜提供空间,亚马逊每月只需向合作伙伴支付一定的租赁费用。客户在进行网购后可要求将货物发到储物柜,然后通过电子邮件获得一个代码,在包裹到达后,在数天内他们可以用这个代码打开储物柜取走商品,而且不必支付额外费用。此外,亚马逊在英国推出了类似的"Collect+"计划——街头小店和报刊经销商的"包裹暂存服务"。消费者可以更轻松地将不满意的网购物品通过街头小店或者报刊经销商寄回商家。"Collect+"服务提供了非常便捷和灵活的邮包收寄服务。根据调查,80%的"Collect+"计划的客户表示,该服务促使他们进行二次购物。

2. 加拿大的 BufferBox

加拿大的一家专门针对于电商末端配送服务的企业 BufferBox 与零售商以及 UPS 等大型快递服务商建立合作关系，与亚马逊的储物柜服务相似，用户只需在 BufferBox 上注册即可获得在自己工作的公司或住宅附近的一个 BufferBox 箱子的特别地址，然后根据这个地址收取包裹。包裹寄送到后，用户就会收到一封带有取包裹唯一密码的电子邮件，到指定的 BufferBox 面前输入储物柜密码。对于取回包裹。在每次包裹成功交付后，会向已完成服务的零售商收取一定的费用，收费取决于他们的递送量，而用户并不需要支付任何费用。

3. 英国的 Argos

英国大型零售商 Argos 采用了网络＋杂志＋地面自提点的经营模式。Argos 的商品被储存在门店后或楼上的仓库里。顾客购物可以通过翻阅摆设在店里的购物导向书。顾客利用库存查询终端，输入商品编码来查询和查阅想要购买商品在该店的库存。顾客还可以通过 24 小时的购物热线和网站订货，查询任何一家 Argos 门店的商品库存、门店的地理位置、商品价格和其他信息。这种以传统门店和电子商务企业经营相结合的经营方式，同时也赢得了在街上购物的顾客的光临，结合其他购物方式，最大化捕获了消费群体。

思考题：
1. 亚马逊公司为什么要实行储物柜服务计划？
2. 英国的 Argos 经营模式和加拿大的 BufferBox 模式有什么不同？
3. 国外的这几种模式对于我们有何启示？

第十二章

供应链管理

学习目标与要求

1. 掌握供应链的定义和特征；
2. 了解供应链的分类；
3. 掌握供应链管理的概念；
4. 了解供应链管理的产生背景及其发展；
5. 掌握供应链管理的基本特征和运营机制；
6. 了解供应链管理的主要领域和内容；
7. 掌握 QR 和 ECR；
8. 了解联合库存管理的含义；
9. 掌握供应链管理库存的特征；
10. 了解供应链管理的发展趋势。

第一节 供应链概述

一、供应链的定义

什么是供应链？供应链的概念有很多，自 20 世纪 80 年代提出供应链的概念，不同的专家、学者和从业人士，从各自的研究或工作角度，给出许多不同的描述，下面是一个比较典型的例子：供应链是组织机构的网络结构，通过结构中正向和反向的衔接，以不同的运作过程和业务活动，产生以最终用户获得产品和服务的形式表现出来的价值。

同样，其他一些具有代表性的定义也具有异曲同工之处。例如，美国供应链专家 Stevens(1989)认为，供应链是通过价值增值过程和分销渠道控制从供应商的供应商到用户的用户的整个过程，它始于供应的源点，终于消费的终点。Ganeshan and Harrison(1995)将供应链定义为，"供应链是一个获取原材料，并将其转化为成品和半成品，再将产品送到客户手中的设施和分销渠道组成的网络。尽管供应链的复杂性随着行业、企业的不同而不同，但供应链在服务和制造企业均普遍存在"。而 Jayashankar et al.(1996)将供应链定义为"由一些自动或半自动化的经济实体为共同完成某一种或多种产品的采购、制造和分销而组成的网络"。

我国学者陈国权认为，企业从原料和零部件采购、运输、加工制造、分销直至最终送到顾客手中的这一过程被看成是一个环环相扣的链条,这就是供应链。马士华(2000)给出的定义为,供应链是围绕核心企业,通过对信息流、物流、资金流的控制,从采购原材料开始,制成中间产品以及最终产品,最后由销售网络把产品送到消费者手中的将供应商、制造商、分销商、零售商,直到最终用户连成一个整体的功能网链结构模式。

我国国家标准《物流术语》(2001)将供应链定义为:"生产及流通过程中,为了将产品或服务交付给最终用户,由上游与下游企业共同建立的网链状组织。"

通过前述的一些供应链概念,我们不难看出,供应链这一概念或术语应包括以下几个方面:

1. 尽管"供应链"这个词使用十分普遍,但供应链事实上是一种网链结构关系,也就是说,供应链并非是一种单纯"链"的关系,而是一种"链+网"的关系。

2. 从原材料开始到最终将产成品送到客户手中的整个过程是供应链的一种理想状态,其参与的成员涵盖了供应商、制造商、分销商、零售商、物流服务提供商及最终客户,企业在构建供应链的实践中,其链级究竟多长,应依据企业的实际需要而定。

3. 供应链中一般来说都有一个核心企业,核心企业在整个供应链中起着主导和领袖的作用。

4. 相对传统而言,供应链上不同成员一起合作,主要是基于分工与协作需要。换句话说,链上的成员企业只做自身最为擅长的业务或者说是核心业务。

5. 由于现代所处的市场环境是一种买方市场状态,主动权掌握在消费者的手中,适应并满足消费者的需求特性是参与供应链运作企业获取成功的关键,也就是说,供应链的运作必须把客户的需求放在首要的位置,由客户的需求驱动整个供应链的运作,才能立于不败之地。因此,供应链是由需求拉动的。因此,在有些教科书或文献中,也把供应链称为需求链。

6. 供应链上的成员往往是跨区域的,甚至是跨国界的。这样一种供应链要想快速、高效响应客户的需要,必须借助先进的信息技术特别是计算机网络技术的支撑,同时,成员之间应该有一种高度的默契,这就要求企业与企业之间必须互利互惠。

7. 供应链上的流程不仅是物流的问题,还包括资金流、信息流和商流,供应链的运作强调的是物流、商流、资金流与信息流四个流程的统一协调。

8. 供应链的目的是实现对包括客户在内的每一个成员的价值增值。

因此,本书认为:"供应链是以客户需求为出发点,以计算机信息网络为平台,以互利互惠的分工与合作为原则,围绕核心企业,通过对商流、物流、信息流和资金流的控制,从原材料开始直到将产品送到最终客户手中,将供应商、制造商、分销商、零售商、物流服务提供商以及最终用户连成一个整体以实现价值增值的功能网链结构模式。"这样的一个供应链概念虽然显得有些繁琐,但能够比较全面地反映供应链的本质。

二、供应链的结构

根据供应链的定义,其结构可以简单地归纳为图12-1的模型。

从图12-1中可以看出,供应链由所有加盟的节点企业组成,其中一般有一个核心企业(可以是产品制造企业,也可以是大型零售企业),节点企业在需求信息的驱动下,通过供应链的职能分工与合作(生产、分销、零售等),以资金流、物流和服务流为媒介实现整个供应链的不断增值。

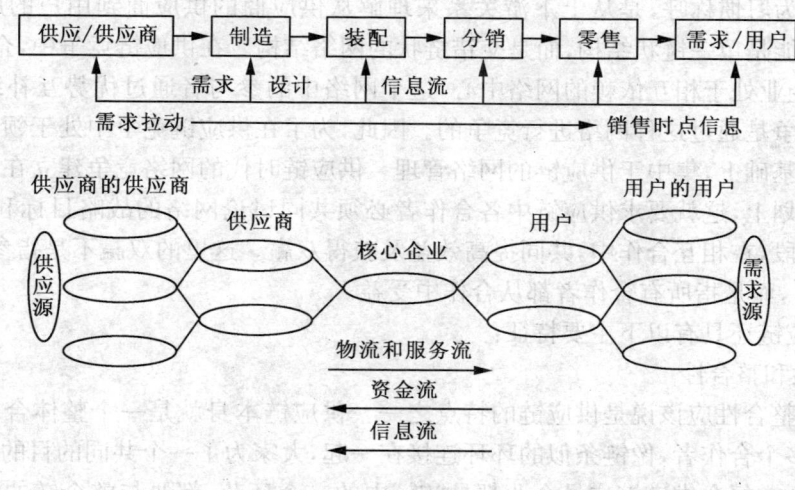

图 12-1 供应链结构模型

三、供应链的特征

供应链的特点在于网链结构；由顾客需求拉动；高度一体化的提供产品和服务的增值过程；每个节点代表一个经济实体以及供需的两个方面；具有物流、信息流和资金流等各种表现形态。

需求拉动的是供应流而不是需求本身，拉动不等于推动；供应链由供应商组成，供应商是产品或服务的供应商，例如，原材料供应商，产品供应商，物流供应商（如第三方、第四方或者第五方物流供应商），信息供应商（如网站、媒体、信息发布机构等），资金供应商（如银行、金融机构等）。

各用户处在供应链不同的位置，供应商对各自不同位置的用户来说提供的是产品或服务，对终端需求（最终用户）来说，不同位置的供应商提供的是半成品或中间服务。

供应链的特征还表现在其是增值的和有利可图的，否则就没有存在的必要。所有的生产运营系统都是将一些资源进行转换和组合，增加适当的价值，然后把产品"分送"到那些在产品的各递送阶段可能考虑到也可能被忽视的顾客手中。制造业的增值包括物理形式的转变，生产有形产品；物流系统对产品、服务和/或顾客进行重新分布，在分送过程中可以通过重新包装或重新分割尺寸而产生价值，也可通过在商店集中展示汇集在一起的多品种的产品而增加价值；信息供应商组织并独立提供适合顾客使用的数据；教育和培训组织利用基础知识信息，在学习知识过程中修正和影响顾客的思维和选择过程；娱乐机构有上面各种组织的因素，但通常人们认为它的增值更难以捉摸，其目标是提供具有智力和心理方面挑战的服务；医疗服务中，通过饮食、药物以及治疗可以增加顾客的心理和生理方面的价值，在增加正面价值的同时，由于减少了浪费和挽回了损失，也就减小了负面的价值；金融服务的一些内容是提供服务来管理、控制、改善顾客的财务情况，但同时它们也使人们相信未来可能发生通货膨胀的影响将会减小。在某种程度上讲，所有的增值过程都是通过供应商的重视和关心提供相似的顾客满意度。更深层的意义是，供应商在某种程度上提供的是产品或服务适合消费者需求的一种"保证"。所有这些内容，都可以通过提供与产品和服务相关的一系列信息得到支持和加强。

供应链作为习惯称呼，是从上下游关系来理解从供应商的供应商到用户的用户的关系。但事实上不可能是单一链状结构，而是交错链状的网络结构。在供应链竞争中，企业的竞争模式是这样的：企业处于相互依赖的网络中心，这个网络中的参与者通过优势互补结成联盟，供应链之间的竞争是通过这种网络进行竞争的。因此，为了在供应链竞争中处于领导地位，必须在内部整合的基础上，集中于供应链的网络管理。供应链时代的网络竞争建立在高水平、紧密的战略发展规划上，这就要求供应链中各合作者必须共同讨论网络的战略目标和实现战略目标的方法及手段，在相互合作中，共同提高效益及获得双赢。这里的双赢不是指参与的双方各取盈利的50%，而是指所有合作者都从合作中受益。

此外，供应链还具有以下主要特征：

1. 协调性和整合性

协调性和整合性应该说是供应链的特点之一。供应链本身就是一个整体合作、协调一致的系统，它有多个合作者，像链条似的环环连接在一起，大家为了一个共同的目的或目标，协调动作，紧密配合。每个供应链成员企业都是"链"中的一个环节，都要与整个链的动作一致，绝对服从于全局，做到方向一致、动作也一致。

2. 选择性和动态性

供应链中的企业都是在众多企业中筛选出的合作伙伴，合作关系是非固定性的，也是在动态中调整的。因为供应链需要随目标的转变而转变，随服务方式的变化而变化，它随时处在一个动态调整过程中。

3. 复杂性和虚拟性

不少供应链是跨国、跨地区和跨行业的组合。各国的国情、政体、法律、人文、地理、习惯、风俗都有很大差异，经济发达程度、物流基础设施、物流管理水平和技术能力等也有很大不同；而供应链操作又必须保证其目的的准确性、行动的快速反应性和高质量服务性，这便不难看出供应链复杂性的特点。在供应链的虚拟性方面，主要表现在它是一个协作组织，而并不一定是一个集团企业或托拉斯企业。这种协作组织以协作的方式组合在一起，依靠信息网络的支撑和相互信任关系，为了共同的利益，强强联合、优势互补、协调运转。由于供应链需要永远保持高度竞争力，必须是优势企业之间的连接，所以组织内的吐故纳新、优胜劣汰是必然的。供应链犹如一个虚拟的强势企业群体，在不断地优化组合。

此外，供应链的存在和竞争力在于高质量管理。供应链管理的重要手段是信息网络和信息资源配置。供应链是单向的、无阻碍的、无缝的连接，没有组织和信息障碍。供应链管理在欧洲颇为盛行，第三方物流和第四方物流将来可能有条件成为主要的供应链构筑者。

四、供应链的分类

根据不同的划分标准，我们可以将供应链分为以下几种类型。

(一)稳定的供应链和动态的供应链

根据供应链存在的稳定性划分，可以将供应链分为稳定的供应链和动态的供应链。基于相对稳定、单一的市场需求而组成的供应链稳定性较强，而基于相对频繁变化、复杂的需求而组成的供应链动态性较高。在实际管理运作中，需要根据不断变化的需求，相应地改变供应链的组成。

(二)平衡的供应链和倾斜的供应链

根据供应链容量与用户需求的关系可以划分为平衡的供应链和倾斜的供应链。一个供应链具有一定的、相对稳定的设备容量和生产能力（所有节点企业能力的综合，包括供应商、制造商、运输商、分销商、零售商等），但用户需求处于不断变化的过程中，当供应链的容量能满足用户需求时，供应链处于平衡状态，而当市场变化加剧，造成供应链成本增加、库存增加、浪费增加等现象时，企业不是在最优状态下运作，供应链则处于倾斜状态。

平衡的供应链可以实现各主要职能（采购/低采购成本、生产/规模效益、分销/低运输成本、市场/产品多样化和财务/资金运转快）之间的均衡。

（三）有效性供应链和反应性供应链

根据供应链的功能模式（物理功能和市场中介功能）可以把供应链划分为两种：有效性供应链（Efficient Supply Chain）和反应性供应链（Responsive Supply Chain）。有效性供应链主要体现供应链的物理功能，即以最低的成本将原材料转化成零部件、半成品、产品，以及在供应链中的运输等；反应性供应链主要体现供应链的市场中介的功能，即把产品分配到满足用户需求的市场，对未预知的需求做出快速响应等。

第二节　供应链管理概述

一、供应链管理的定义

我国国家标准《物流术语》是这样定义的："供应链管理，即利用计算机网络技术全面规划供应链中的商流、物流、信息流、资金流等，并进行计划、组织、协调与控制。"

二、供应链管理产生的时代背景

（一）世纪之交的企业面临的市场竞争环境的变化

这种变化必然会对传统管理所形成的思维方式带来挑战。同时，信息社会或网络社会已经开始影响到我们的生活，这必然要带来工作和生活方式的改变，其中最主要的就是消费者需求的变化。在短缺经济时代，量的供给不足是主要矛盾，因此，企业的管理模式主要以提高效率、最大限度地从数量上满足用户的需求为主要特征。现在，随着人们经济生活水平的提高，个性化需求越来越明显，一个企业靠一种产品打天下的时代已不复存在，多样化需求对企业管理的影响越来越大，而品种的增加必然会增大管理的难度和获取资源的难度。企业快速满足用户需求的愿望往往受到资源获取的制约。从产品开发转入批量化生产的速度，再从批量化生产转向市场销售的速度，都需要新的资源来支持。但是，这些资源的获取很难，尤其是知识，不是说今天想到，明天就能够获得的，获得知识需要时间，需要成本。最后，兼顾社会利益的压力也越来越大，如环保问题、可持续发展问题等，使企业既要考虑自己的经济利益，还要考虑社会利益，而有时候社会利益和企业经济利益是不相协调的。

（二）传统管理模式的主要特征及其在新环境下的不适应性

传统管理模式是以规模化需求和区域性的卖方市场为决策背景，通过规模效应降低成本，获得效益。在这种决策背景下，他所选择的生产方式，必然是少品种、大批量，采用刚性和专用的流水生产线，因为这种生产方式可以最大限度地提高效率，降低成本，其规模化效益是最好的。但它的致命弱点是适应品种变化的能力很差，一旦外界发生新的需求，原有的生产系统很难适应。从组织结构的特征来看，它是一种多级递阶控制的组织结构，管理的跨度小、层次多。管理层次的增加必然影响整个企业的响应速度。再从管理思想和管理制度的特征看，主要是以一种集权式管理,以追求稳定和控制为主。就是说,过去为了控制影响企业生产的这些资源,企业要么是自己投资建设,要么是参资控股,目的只有一个,就是要控制可能影响自己生产和经营的资源。要最大限度地来控制这些资源,必然走向集权式,因为只有集权式管理才能最大限度地实现企业对资源的控制。

(三) 传统管理模式在新环境下显现的主要弊端

传统"纵向一体化"(Vertical Integration)管理模式至少有以下四方面的弊端:
1. 增加了企业的投资负担;
2. 要承担丧失市场时机的风险;
3. 有限的资源消耗在众多的经营领域中,企业难以形成突出的核心优势;
4. 对于复杂多变的市场需求无法做到敏捷的响应。

三、供应链管理模式的产生

由于"纵向一体化"管理模式的种种弊端,从20世纪80年代后期开始,国际上越来越多的企业放弃了这种经营模式,伴随而来的是"横向一体化"(Horizontal Integration)思想的兴起,即利用企业外部资源快速响应市场需求,本企业只抓最核心的东西:产品方向和市场。至于生产,只抓关键零部件的制造,甚至全部委托其他企业加工。

为了使加盟供应链的企业都能受益,并且要使每个企业都有比竞争对手更强的竞争实力,就必须加强对供应链的构成及运作研究,由此形成了供应链管理这一新的经营与运作模式。供应链管理强调核心企业与世界上最杰出的企业建立战略合作关系,委托这些企业完成一部分业务工作,自己则集中精力和各种资源,通过重新设计业务流程,做好本企业能创造特殊价值、比竞争对手更擅长的关键性业务工作,这样不仅可以大大地提高本企业的竞争能力,而且使供应链上的其他企业都能受益。

供应链管理利用现代信息技术,通过改造和集成业务流程,与供应商以及客户建立协同的业务伙伴联盟,实施电子商务,大大提高了企业的竞争力,使企业在复杂的市场环境下立于不败之地。根据有关资料统计,供应链管理的实施可以使企业总成本下降10%;供应链上的节点企业按时交货率提高15%以上;订货—生产的周期时间缩短25%～35%;供应链上的节点企业生产率增值提高10%以上,等等。这些数据说明,供应链企业在不同程度上都取得了发展,其中以"订货—生产的周期时间缩短"最为明显。能取得这样的成果,完全得益于供应链企业的相互合作以及相互利用对方资源的经营策略。试想一下,如果制造商从产品开发、生产到销售完全自己包下来,不仅要背负沉重的投资负担,而且还要花相当长的时间。采用了供应链管理模式,则可以使企业在最短的时间里寻找到最好的合作伙伴,用最低的成本、最快的速度、最好的质量赢得市场,受益的不止一家企业,而是一个企业群体。因此,供应链管理模式吸引了越来越多的企业。

四、供应链管理的发展

供应链管理的形成与发展主要经历了四个阶段。

(一) 第一阶段:供应链管理的萌芽阶段

这一阶段的时间在20世纪80年代之前。在这一阶段,供应链上的成员企业,其管理理念基本上都集中在"为生产而管理",市场的竞争表现为企业产品的数量与产品实体质量的竞争,企业之间虽然也存在某些方面的协作,但基本上是一种本位主义的状态,即便是同一企业内部的不同部门也是如此,其组织结构以各自为政的职能化或者区域性的条条框框为特征。在这一阶段,供应链上的成员企业之间合作关系极为松散。"为生产而管理"的导向使供应链成员之间常常存在利益的冲突,链上供方与需方之间更多的是彼此讨价还价,阻碍了如今意义上的供应链管理的形成。在20世纪六七十年代,虽然部分企业已经采用了物料需求计划(MRP)这一技术来管理业务,但也只是企业内部各职能部门分别在相互隔离的环境下制订和执行计划,数据的完整性差,甚至在企业内部也很难做到信息上的统一与集成,更谈不上业务链上的标准化与数据流。无法形成如今意义上的供应链运作。在理论的研究上,供应链管理也只仅仅停留在开始探索和尝试阶段,没有出现一种较为完善的供应链管理理念及指导思想。应该说在这一时期,供应链管理仅仅处于一种萌芽状态。

(二)第二阶段:供应链管理的初级阶段

进入20世纪80年代到90年代初,在理论界的不断探索下,学术研究上得到了较快的发展,供应链管理的理念已具雏形,并开始指导企业进行初步的实践。

实际上,"供应链管理"一词的提出最早出现于20世纪80年代,最初是由咨询业提出来的,后来逐渐引起人们的关注。在这一时期,企业竞争的焦点已由过去的数量和质量的竞争转向生产效率的竞争。企业内部的职能划分及相应的组织结构也发生了转变,大多数企业开始进行组织机构的精简与改革,从分散式职能化和部门化转变为集中计划式的且更加关注业务流程的变革。其最大的变化莫过于企业认识到其生存与发展的机会存在于企业之外。换句话说,企业已认识到企业的生存与发展仅仅依靠自身资源的推销是很困难的,更多的是要依靠企业以外资源的充分利用。导致这一思想的产生,主要是由于技术的进步,分工越来越细,而分工的细化造就了企业各自的核心能力,把不同企业的核心能力集成起来可以获得巨大的竞争优势。Stevens(1989)提出了供应链管理的概念,包括了在企业内外部集成的思想,这标志着供应链管理的萌芽阶段已经结束,进入了供应链管理的初级阶段。

供应链管理的实践始于供应链上末端的零售行业,在这一时期,由于社会经济的发展,社会物质资源极大丰富,处在供应链末端的、与消费者直接接触的零售行业的竞争也变得异常激烈。为了生存与发展,如何降低销售的费用(诸如最大限度地利用有限的空间分布等)以赢得更多的顾客及获取更多的利润?在零售商的不断实践与探索中发现:零售商与其上游的供应商共享销售和市场的资料,利用零售商所获取的第一手产品的销售资料和客户的需求信息,与供应商共同确定消费需求并进行市场定位,依据资料的分析报告来确定库存量的多少与安排其上游企业的生产与配送,能更好地做到供应与需求之间的相互匹配,减少许多不必要的浪费而获取更多的利润,同时又能更好地满足客户的需求。供应链正是在这样一种情况下产生与发展起来的。当时,具有代表性的供应链策略与方法主要有两种:一种是针对功能性(实用性)产品的高效客户响应(ECR);另一种是针对创新性(时尚性)产品的快速响应(QR)。

值得一提的是,信息技术的发展及其大量的应用为供应链管理的初步形成奠定了基础。20世纪80年代末,制造资源计划(MRPⅡ)的推广、企业资源计划(ERP)和精益管理模式和系统的引入与应用,逐渐使企业的内部实现了信息集成,为企业内部供应链上下游之间的业务提供了同步处理所需的信息。与此同时,企业之间的业务联系方式也随着通信技术的发展而不断得到改善,使供应链上的上下游之间传统的业务连接,在市场竞争(需求)的驱使下逐渐向供应链运作方式转变。但在供应链管理形成的初期,供应链管理主要还是集中在企业内部的供应链运作上。

(三) 第三阶段：供应链管理的形成阶段

供应链管理的形成阶段大致是20世纪90年代初到20世纪末。20世纪90年代初，特别是20世纪90年代中期以来，供应链管理无论从理论上还是在实践应用上都有了快速的发展。20世纪90年代初，学术界试图给出一个供应链管理的框架，花费了很多的时间与精力去研究供应链管理的基本原理，并推断供应链管理是对整个社会的一个巨大挑战。进入20世纪90年代后期，市场的竞争已由过去成本与质量的竞争演变成为时间的竞争。在新的经济全球化的竞争环境下，企业将竞争的重点转向市场与客户，更加注重在全球范围内利用一切能为自己所用的资源，以在成本、质量及时间等多种维度满足消费者的需求。企业纷纷将眼光从管理企业内部生产过程转向产品从原材料供应到将产品送到最终客户的整个供应链周期。企业管理的实践者逐渐认识到客户与产品之间的关联是供应链增加生存与获利能力的一种有效方法。许多企业惊奇地发现在供应链的销售端与生产制造商和供应商有着同样多减少成本或增加利润的机会。供应链管理因此逐渐受到重视。

与此同时，企业资源计划(ERP)系统的迅速传播和广泛应用，使企业的信息与业务都实现了高度的集成，企业流程再造(BPR)使企业领导逐步认识到把企业的组织结构与主管人员的相关业务目标和绩效激励机制结合起来可以获得良好的效益。这一认识进一步推动跨职能部门团队合作向"横向一体化"的供应链管理方向发展，供应链管理的范围与领域也得到了进一步的扩展。财务管理被引入供应链管理中，ABC成本法和产品及服务交付的净交货成本法受到重视并被广泛推荐使用。随着经济全球化和信息技术的发展，企业之间的合作利益加强，出现了跨区域甚至跨国的合作趋势。

随后，高级计划安排(APS)系统、客户关系管理(CRM)系统、物流信息系统(LIS)、知识管理(KM)、数据库(DW)、供应链决策(SCS)、数据挖掘(DM)等管理技术竞相问世，使得企业在内部管理上从计划、执行到优化与决策，都在企业资源计划的基础上更进一步，在有限的资源基础上合理、有效、及时地开展业务；在企业的外部供应链上，人们更加重视客户关系管理的理念与技术，以市场和客户的满意度为供应链运营的出发点，共同挖掘和分享知识与价值，企业的资源与客户的需求得到较好的平衡。特别是进入20世纪90年代末，建立供应链战略合作伙伴关系和协同供应链管理理论以及互联网和电子商务及其相关技术的出现与发展，为供应链管理的实践提供了很好的指导与支持，使供应链管理的实践实现了新的飞跃。

随着管理技术和信息技术的日臻成熟，供应链业务运作也不断地发展与完善，企业利润的源泉从企业内部转移到企业与外部交易成本的节约、库存的控制和内部物流的梳理上。企业尝到了供应链管理的甜头。为进一步挖掘降低产品成本和更好地满足客户的需求，各行各业的领头企业都认识到把需求预测、供应链计划和生产调度作为一个集成的业务流程看待对提高供应链效益的重要性。

(四) 第四阶段：供应链管理的成熟和全面发展阶段

进入21世纪后，基于互联网的供应链系统在发达国家得到了较为广泛的应用，电子商务的出现和发展是经济全球化和网络技术创新的结果，它彻底改变了供应链上原有的物流、信息流、资金流及商流的交付方式和手段。全球贸易得到了前所未有的发展，区域之间、国与国之间经济发展的相互依存度进一步提高，由于各种技术的发展与成熟，客户也把以前梦寐以求的功能当成现在理所当然应该提供的服务而对供应商提出要求。这就要求供应链中的上游企业必须采用专门的技术以解决和满足这些新的需求。许多企业开始将其努力更多地集中在供应链成员之间的协同上，一些新的业务协同模式与技术应运而生，例如，供应商管理库存（VMI）、协同预测与供给（CFAR）、协同计划、预测与补给（CPFR）、分销商集成（DI）、第三方物流（3PL）、第四方物流（4PL）以及第五方物流（5PL）等。同时，供应商关系管理、产品生命周期管理、供应链计划和供应链执行等系统的运用，使供应链成员之间的合作更加紧密，整个供应链的运作更加协同化。该阶段供应链管理的核心任务主要体现在以下几个方面：

1. 供应链协同运作的系统化管理；
2. 生产两端的资源优化管理；
3. 快速的分布式决策管理；
4. 不确定性需求信息的共享管理；
5. 供应链实时的可视性与向前的可预见性管理；
6. 供应链流程处理及事件处理的监控与能力管理。

五、供应链管理的基本特征

供应链管理的基本特征可归纳为以下几个方面：

第一，"横向一体化"的管理思想。强调每个企业的核心竞争力，这也是当今人们谈论的共同话题。为此，要清楚地辨别本企业的核心业务，然后就狠抓核心资源，以提高核心竞争力。

第二，非核心业务都采取外包的方式分散给业务伙伴，与业务伙伴结成战略联盟关系。

第三，供应链企业间形成的是一种合作性竞争。合作性竞争可以从两个层面理解：一是过去的竞争对手相互结盟，共同开发新技术，成果共享；二是将过去由本企业生产的非核心零部件外包给供应商，双方合作共同参与竞争。这实际上也是体现出核心竞争力的互补效应。

第四，以顾客满意度作为目标的服务化管理。对下游企业来讲，供应链上游企业的功能不是简单地提供物料，而是要用最低的成本提供最好的服务。

第五，供应链追求物流、信息流、资金流、工作流和组织流的集成。这几个流在企业日常经营中都会发生，但过去是间歇性或者间断性的，因而影响企业间的协调，最终导致整体竞争力下降。供应链管理则强调这几个流必须集成起来，只有跨企业流程实现集成化，才能实现供应链企业协调运作的目标。

第六，借助信息技术实现目标管理。

第七，更加关注物流企业的参与。过去一谈到物流，好像就是搬运东西。在供应链管理环境下，物流的作用特别重要，因为缩短物流周期比缩短制造周期更关键。

六、供应链管理的运营机制

供应链成长过程体现于企业在市场竞争中的成熟与发展之中，通过供应链管理的合作机制（Cooperation Mechanism）、决策机制（Decision Mechanism）、激励机制（Encourage Mechanism）和自律机制（Benchmarking）等来实现满足顾客需求、使顾客满意以及留住顾客等功能目标，从而实现供应链管理的最终目标：社会目标（满足社会就业需求）、经济目标（创造最佳利益）和环境目标（保持生态与环境平衡）的合一，这可以说是对供应链管理思想的哲学概括。

（一）合作机制

供应链合作机制体现了战略伙伴关系和企业内外资源的集成与优化利用。基于这种企业环境的产品制造过程，从产品的研究开发到投放市场，周期大大缩短，而且顾客导向化（Customization)程度更高,模块化、简单化产品、标准化组件,使企业在多变的市场中柔性和敏捷性显著增强,虚拟制造与动态联盟提高了业务外包(Outsourcing)策略的利用程度。企业集成的范围扩展了,从原来的中低层次的内部业务流程重组上升到企业间的协作,这是一种更高级别的企业集成模式。在这种企业关系中,市场竞争的策略最明显的变化就是基于时间的竞争(Time-based)和价值链(Value Chain)以及价值让渡系统管理或基于价值的供应链管理。

(二)决策机制

由于供应链企业决策信息的来源不再仅限于一个企业内部,而是在开放的信息网络环境下,不断进行信息交换和共享,达到供应链企业同步化、集成化计划与控制的目的,而且随着 Internet/Intranet 发展成为新的企业决策支持系统,企业的决策模式将会产生很大的变化,因此,处于供应链中的任何企业决策模式应该是基于 Internet/Intranet 的开放性信息环境下的群体决策模式。

(三)激励机制

归根到底,供应链管理和任何其他的管理思想一样都是要使企业在 21 世纪的竞争中在"TQCSF"上有上佳表现(T 为时间,指反应快,如提前期短,交货迅速等;Q 指质量,保证产品、工作及服务质量高;C 为成本,企业要以更少的成本获取更大的收益;S 为服务,企业要不断提高用户服务水平,提高用户满意度;F 为柔性,企业要有较好的应变能力)。缺乏均衡一致的供应链管理业绩评价指标和评价方法是目前供应链管理研究的弱点和导致供应链管理实践效率不高的一个主要问题。为了掌握供应链管理的技术,必须建立、健全业绩评价和激励机制,使我们知道供应链管理思想在哪些方面、多大程度上给予企业改进和提高,以推动企业管理工作不断完善和提高,也使得供应链管理能够沿着正确的轨道与方向发展,真正成为企业管理者乐于接受和实践的新的管理模式。

(四)自律机制

自律机制要求供应链企业向行业的领头企业或最具竞争力的竞争对手看齐,不断对产品、服务和供应链业绩进行评价,并不断地改进,以使企业能保持自己的竞争力和持续发展。自律机制主要包括企业内部的自律、对比竞争对手的自律、对比同行企业的自律和比较领头企业的自律。企业通过推行自律机制,可以降低成本,增加利润和销售量,更好地了解竞争对手,提高客户满意度,增加信誉,企业内部部门之间的业绩差距也可以得到缩小,提高企业的整体竞争力。

七、供应链管理的基本内容

供应链管理主要涉及四个领域:供应(Supply)、生产计划(Schedule Plan)、物流(Logistics)和需求(Demand)。由图 12-2 可见,供应链管理是以同步化、集成化生产计划为指导,以各种技术为支持,尤其以 Internet/Intranet 为依托,围绕供应、生产作业、物流(主要指制造过程)、满足需求来实施的。供应链管理主要包括计划、合作、控制从供应商到用户的物料(零部件和成品等)和信息。供应链管理的目标在于提高用户服务水平和降低总的交易成本,并且寻求两个目标之间的平衡(这两个目标往往有冲突)。

在以上四个领域的基础上,我们可以将供应链管理细分为职能领域和辅助领域。职能领域主要包括产品工程、产品技术保证、采购、生产控制、库存控制、仓储管理和分销管理。而辅助领域主要包括客户服务、制造、设计工程、会计核算、人力资源和市场营销。

第十二章 供应链管理

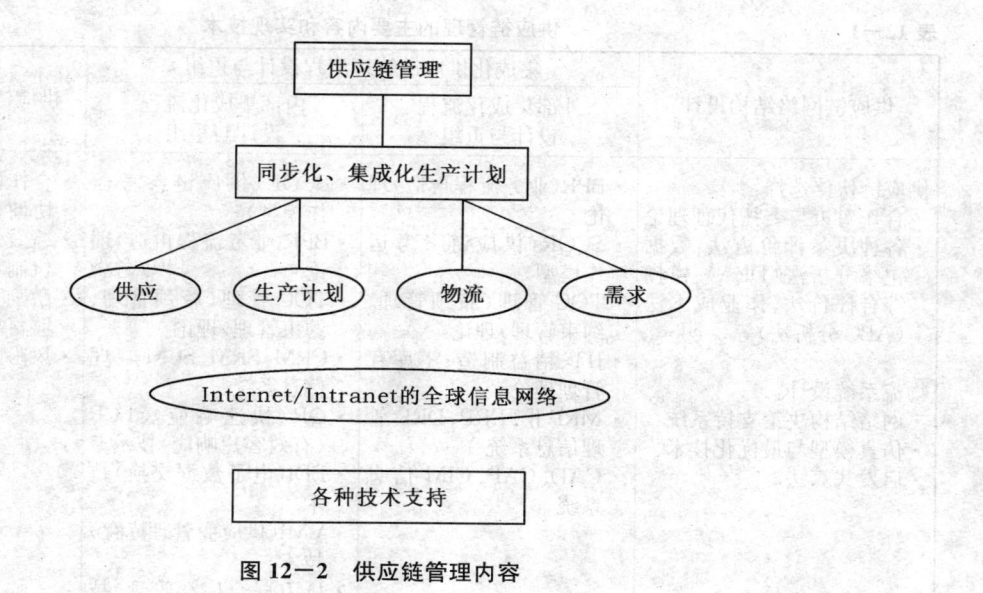

```
                    供应链管理
                        │
            同步化、集成化生产计划
         ┌──────┬──────┼──────┬──────┐
        供应   生产计划  物流    需求
                        │
         Internet/Intranet的全球信息网络
                        │
                    各种技术支持
```

图 12—2 供应链管理内容

由此可见,供应链管理关心的并不仅仅是物料实体在供应链中的流动,供应链管理注重总的物流成本(从原材料到最终产成品的费用)与用户服务水平之间的关系,为此要把供应链各个职能部门有机地结合在一起,从而最大限度地发挥出供应链整体的力量,达到供应链企业群体获益的目的。因而,供应链管理的主要内容可以归纳为以下几个方面。

1. 供应链网络结构设计(即供应链物理布局的设计),具体包括链伙伴选择、物流系统设计。

2. 集成化供应链管理流程设计与重组,具体又分为以下几个方面:

(1)各节点企业内部集成化供应链管理流程设计与重组,主要包括三大核心作业流程的设计与重组:

①客户需求管理流程,例如,市场需求预测、营销计划管理、客户关系管理。

②客户订单完成管理流程,例如,生产计划与生产作业管理、新品研发计划管理、物料采购计划管理、品质管理、运输与配送计划和作业管理、资金管理。

③客户服务管理流程,例如,产品售前、售中、售后管理,以及客户退货管理。

(2)外部集成化供应链管理流程设计与重组:供应链核心主导企业的客户订单完成管理流程与其原材料供应商、产成品销售商、物流服务提供商(物流外包商)等合作伙伴管理流程之间的无缝对接。

(3)供应链交互信息管理:市场需求预测信息、库存信息、销售信息、新品研发信息、销售计划与生产计划信息等的交互共享,以及供应链各节点企业间的协同预测、计划与补给的库存管理技术等。

3. 供应链管理机制的建设,具体包括合作协商机制、信用机制、绩效评价与利益分配机制、激励与约束机制、监督预警与风险防范机制等。

表12—1总结了供应链管理的主要内容和常见的主要实现技术。

表 12—1　供应链管理的主要内容和实现技术

供应链网络结构设计	集成化供应链管理流程设计与重组		供应链管理机制建设
	外部集成化流程设计与重组	内部集成化流程设计与重组	
供应链伙伴选择： · 合作对策与委托代理理论 · 各种决策评价方法：数据包络分析法（DEA）、模糊综合评价法、作业成本法（ABC 分析法）等 物流系统设计： · 网络结构决策支持系统 · 仿真模型与最优化技术 · 启发式算法	· BPR（业务流程再造）理论 · SCOR（供应链参考运作模型） · TOC 管理（瓶颈管理、约束管理）理论 · JIT、精益制造、零库存管理理论 · MRPⅡ、ERP、DRP 管理信息系统 · CAD、CAP、CIM 信息系统	· SCOR（供应链参考运作模型） · BPR（业务流程再造）理论 · TOC 管理（瓶颈管理、约束管理）理论 · CRM、SRM、SCM 管理信息系统 · QR（快速响应）、ECR（有效客户响应）技术 · EDI（电子数据交换）技术 · VMI（供应商管理库存）技术 · JMI（联合库存管理）技术 · CPFR（协同规划、预测与补给）技术 · 敏捷制造技术	· 合作信用机制 · 协商机制 · 绩效评价与利益分配机制 · 激励与约束机制 · 监督与预警机制 · 风险防范机制

第三节　集成化供应链管理

要成功地实施供应链管理，使供应链管理真正成为有竞争力的武器，就要抛弃传统的管理思想，把企业内部以及节点企业之间的各种业务看作一个整体功能过程，形成集成化供应链管理体系。通过信息、制造和现代管理技术，将企业生产经营过程中有关的人、技术、经营管理三要素有机地集成并优化运行。通过对生产经营过程的物料流、管理过程的信息流和决策过程的决策流进行有效的控制和协调，将企业内部的供应链与企业外部的供应链有机地集成起来进行管理，达到全局动态最优目标。

集成化供应链管理的宗旨就是在企业内外优化资源配置，提高资源利用率，降低生产经营成本，提高市场反应速度，增强供应链竞争力。企业一方面要加强企业内部的资源整合与管理，实现内部的集成；另一方面又必须不断地加强与其他企业的协调和合作，整合企业外部的资源优势，实现外部供应链的集成。通过把企业不擅长的业务"外包"出去，与其他企业建立战略伙伴关系，实现强强联合，达到共赢的目的。

一、集成化供应链管理的概念

所谓集成化供应链，是指供应链的所有成员单位基于共同的目标而组成的一个"虚拟组织"，组织内的成员通过信息的共享、资金和物质等方面的协调与合作，优化组织目标（整体绩效）。集成化供应链管理就是对整条供应链上的供应商、生产商、运输商、分销商以及最终消费者的物流、信息流和资金流进行计划、协调、控制等，使其成为一个无缝连接，实现集成供应链的整体目标。

集成化供应链管理的核心是由顾客化需求—集成化计划—业务流程重组—面向对象过程

控制组成第一个控制回路(作业回路);由顾客化策略—信息共享—调整适应性—创造性团队组成第二个回路(策略回路);在作业回路的每个作业形成各自相应的作业性能评价与提高回路(性能评价回路)。供应链管理正是围绕这三个回路展开,形成相互协调的一个整体。根据集成化思想,构建集成化供应链管理理论模型如图12—3所示。

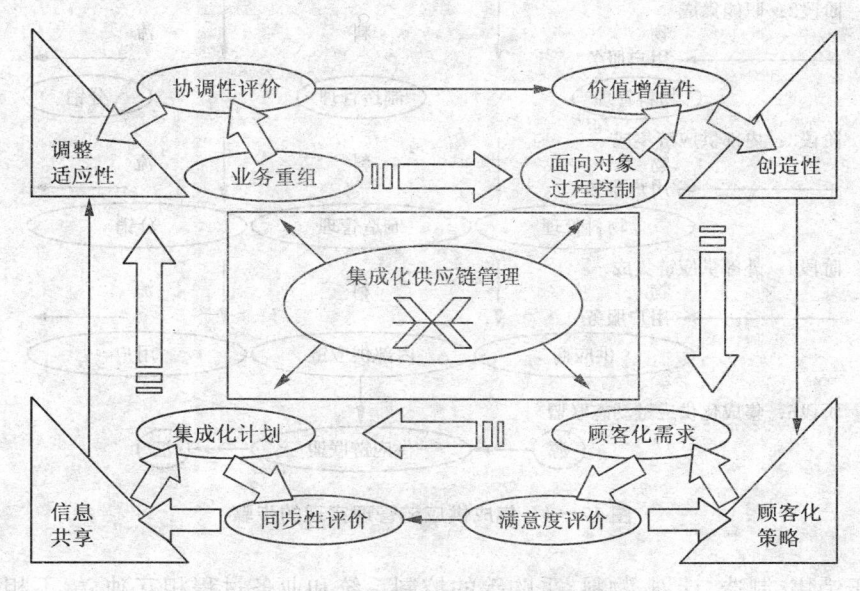

图12—3 集成化供应链管理模型图

调整适应性—业务重组回路中主要涉及供需合作关系、战略伙伴关系、供应链(重建)精细化策略等问题。面向对象的过程控制—创造性团队回路中主要涉及面向对象的集成化生产计划与控制策略、基于价值增值的多级库存控制理论、资源约束理论在供应链中的应用、质量保证体系、群体决策理论等。顾客化需求—顾客化策略回路中主要涉及的内容包括:满意策略与用户满意评价理论、面向顾客化的产品决策理论研究、供应链的柔性敏捷化策略等。信息共享—同步化计划回路中主要涉及的内容包括:JIT供销一体化策略、供应链的信息组织与集成、并行化经营策略。

二、集成化供应链管理实现的步骤

企业从传统的管理模式转向集成化供应链管理模式,一般要经过五个阶段,包括从最低层次的基础建设到最高层次的集成化供应链动态联盟,各个阶段的不同之处主要体现在组织结构、管理核心、计划与控制系统、应用的信息技术等方面,其步骤如图12—4所示。

(一)阶段1:基础建设

这一阶段是在原有企业供应链的基础上分析、总结企业现状,分析企业内部影响供应链管理的阻力和有利之处,同时分析外部市场环境,对市场的特征和不确定性作出分析和评价,最后相应地完善企业的供应链。

在传统型的供应链中,企业职能部门分散,独立地控制供应链中的不同业务。企业组织结构比较松散。这时的供应链管理主要具有以下特征:

1. 企业的核心注重于产品质量。由于过于注重生产、包装、交货等的质量,可能导致成本过高,所以企业的目标在于以尽可能低的成本生产高质量的产品,以解决成本—效益障碍。

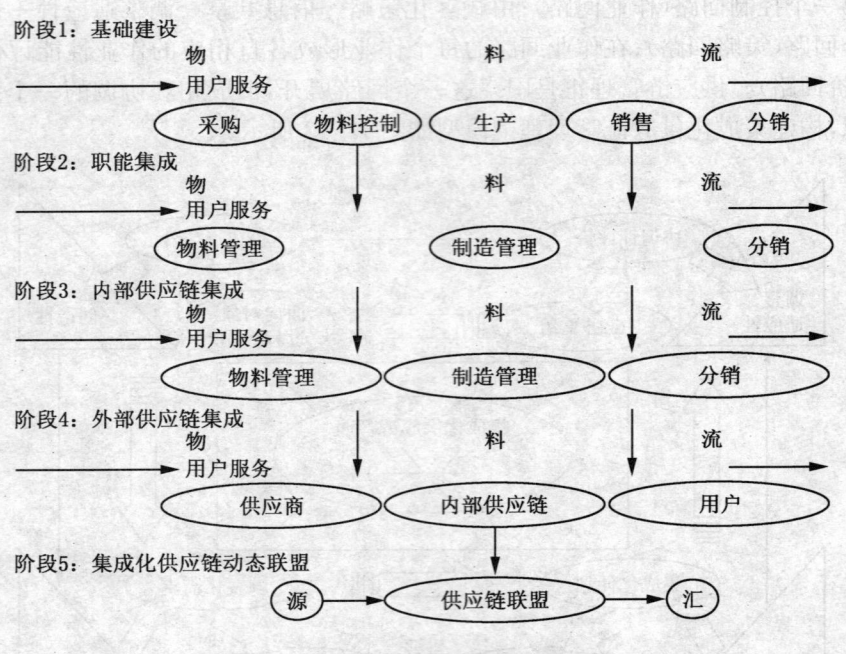

```
阶段1：基础建设
              物              料              流
  →用户服务
         ( 采购 )  ( 物料控制 )  ( 生产 )  ( 销售 )  ( 分销 )
阶段2：职能集成
              物              料              流
  →用户服务
         ( 物料管理 )       ( 制造管理 )         ( 分销 )
阶段3：内部供应链集成
              物              料              流
  →用户服务
         ( 物料管理 )       ( 制造管理 )         ( 分销 )
阶段4：外部供应链集成
              物              料              流
  →用户服务
         ( 供应商 )        ( 内部供应链 )       ( 用户 )
阶段5：集成化供应链动态联盟
         ( 源 )→( 供应链联盟 )→( 汇 )
```

图12—4 集成供应链管理实现的步骤

2. 关于销售、制造、计划、物料、采购等的控制系统和业务过程相互独立、不相匹配，因部门合作和集成业务失败导致多级库存等问题。

3. 组织部门界限分明，单独操作，往往导致相互之间的冲突。

采购部门可能只控制物料来源和原材料库存；制造和生产部门通过各种工艺过程实现原材料到成品的转换；销售和分销部门可能处理外部的供应链和库存，而部门之间的关联业务往往就会因各自为政而发生冲突。

处于这一阶段的企业主要采用短期计划，出现困难时需要一个一个地解决。虽然企业强调办公自动化，但这样一种环境往往导致整个供应链的效率低下，同时也增加了企业对供应和需求变化影响的敏感度。

(二)阶段2：职能集成

职能集成阶段集中于处理企业内部的物流，企业围绕核心职能对物流实施集成化管理，对组织实行业务流程重构，实现职能部门的优化集成，通常可以建立交叉职能小组，参与计划和执行项目，以提高职能部门之间的合作，克服这一阶段可能存在的不能很好满足用户订单的问题。

职能集成强调满足用户的需求。事实上，用户需求在今天已经成为驱动企业生产的主要动力，而成本则在其次，但这样往往导致第二阶段的生产、运输、库存等成本的增加。此时供应链管理主要有以下特征：

1. 将分销和运输等职能集成到物流管理中来，将制造和采购职能集成到生产职能中来。
2. 强调降低成本而不注重操作水平的提高。
3. 积极为用户提供各种服务，满足用户需求。
4. 职能部门结构严谨，均有库存做缓冲。
5. 具有较完善的内部协定，例如，采购折扣、库存投资水平、批量等。

6. 主要以订单完成情况及其准确性作为评价指标。

在集成化供应链管理的第二阶段一般采用物料需求计划（MRP）系统进行计划和控制。对于分销网，需求得不到准确的预测和控制，分销的基础设施也与制造没有有效的连接。由于用户的需求得不到确切的理解，从而导致计划不准确和业务的失误，所以在第二阶段要采用有效的预测技术和工具对用户的需求做出较为准确的预测、计划和控制。

但是，以上采用的各项技术之间、各项业务流程之间、技术与业务流程之间都缺乏集成，库存和浪费等问题仍可能困扰企业。

（三）阶段3：内部供应链集成

这一阶段要实现企业直接控制的领域的集成，要实现企业内部供应链与外部供应链中供应商和用户管理部分的集成，形成内部集成化供应链。集成的输出是集成化的计划和控制系统。为了支持企业内部集成化供应链管理，主要采用供应链计划（Supply Chain Planning, SCP）和企业资源计划（ERP）系统来实施集成化计划和控制。这两种信息技术都是基于客户/服务（Client/Server）体系在企业内部集成中的应用。有效的SCP集成了企业所有的主要计划和决策业务，包括：需求预测、库存计划、资源配置、设备管理、优化路径、基于能力约束的生产计划和作业计划、物料和能力计划、采购计划等。ERP系统集成了企业业务流程中主要的执行职能，包括：订单管理、财务管理、库存管理、生产制造管理、采购等职能。SCP和ERP通过基于事件的集成技术联结在一起。

本阶段企业管理的核心是内部集成化供应链管理的效率问题，主要考虑在优化资源、能力的基础上，以最低的成本和最快的速度生产最好的产品，快速地满足用户的需求，以提高企业反应能力和效率。这对于生产多品种或提供多种服务的企业来说意义更大。投资于提高企业的运作柔性也变得越来越重要。在第二阶段需构建新的交叉职能业务流程，逐步取代传统的职能模块，以用户需求和高质量的预测信息驱动整个企业供应链的运作。因满足用户需求而导致的高服务成本是此阶段管理的主要问题。

这一阶段可以采用DRP系统、MRPⅡ系统管理物料，运用JIT等技术支持物料计划的执行。JIT的应用可以使企业缩短市场反应时间、降低库存水平和减少浪费。

在这个阶段，企业可以考虑同步化的需求管理，将用户的需求与制造计划和供应商的物料流同步化，减少不增值的业务。同时，企业可以通过广泛的信息网络（而不是大量的库存）来获得巨大的利润。此阶段的供应链管理具有以下特征：

1. 强调战术问题而非战略问题。
2. 制定中期计划，实施集成化的计划和控制体系。
3. 强调效率而非有效性，即保证要做的事情尽可能好、尽可能快地完成。
4. 从采购到分销的完整系统具有可见性。
5. 信息技术的应用。广泛运用EDI和因特网等信息技术支持与供应商及用户的联系，获得快速的反应能力。EDI是集成化供应链管理的重要工具，特别是在进行国际贸易合作需要大量关于运输的文件时，利用EDI可以使企业快速获得信息和更好地为用户提供优质服务。
6. 与用户建立良好的关系，而不是"管理"用户。

（四）阶段4：外部供应链集成

实现集成化供应链管理的关键在于第四阶段，将企业内部供应链与外部的供应商和用户集成起来，形成一个集成化供应网链。

而与主要供应商和用户建立良好的合作伙伴关系，即所谓的供应链合作关系（Supply

Chain Partnership），是集成化供应链管理的关键之关键。

此阶段企业要特别注重战略伙伴关系管理。管理的焦点要以面向供应商和用户取代面向产品，增加与主要供应商和用户的联系，增进相互之间的了解（产品、工艺、组织、企业文化等），相互之间保持一定的一致性，实现信息共享等，企业通过为用户提供与竞争者不同的产品/服务或增值的信息而获利。供应商管理库存（Vendor Management Inventory，VMI）以及共同计划预测与库存补充（Collaborative Planning Forecasting and Replenishment，CPFR）的应用就是企业转向改善、建立良好的合作伙伴关系的典型例子。通过建立良好的合作伙伴关系，企业可以很好地与用户、供应商和服务提供商实现集成和合作，共同在预测、产品设计、生产、运输计划和竞争策略等方面设计和控制整个供应链的运作。对于主要用户，企业一般建立以用户为核心的小组，这样的小组具有不同职能领域的功能，从而更好地为主要用户提供有针对性的服务。

处于这个阶段的企业，生产系统必须具备更高的柔性，以提高对用户需求的反应能力和速度。企业必须能根据不同用户的需求，既能按订单生产（Make-to-Order），按订单组装、包装（Assemble or Package-to-Order），又能按备货方式生产（Make-to-Stock），这样一种根据用户的不同需求对资源进行不同的优化配置的策略称为动态用户约束点策略。延迟技术（Postponement）可以很好地实现以上策略。延迟技术强调企业产品生产加工到一定阶段后，等待收到用户订单以后根据用户的不同要求完成产品的最后加工、组装，这样企业供应链的生产就具有了很高的柔性。

为了达到与外部供应链的集成，企业必须采用适当的信息技术为企业内部的信息系统提供与外部供应链节点企业的很好的接口，达到信息共享和信息交互，达到相互操作的一致性。这些都需要采用因特网信息技术。

本阶段企业采用销售点驱动的同步化、集成化的计划和控制系统。它集成了用户订购数据和合作开发计划、基于约束的动态供应计划、生产计划等功能，以保证整个供应链中的成员同步化地进行供应链管理。

（五）阶段5：集成化供应链动态联盟（供应链管理的发展趋势）

在完成以上四个阶段的集成以后，已经构成了一个网链化的企业结构，我们称之为供应链共同体，它的战略核心及发展目标是占据市场的领导地位。为了达到这一目标，随着市场竞争的加剧，供应链共同体必将成为一个动态的网链结构，以适应市场变化、柔性、速度、革新、知识等需要，不能适应供应链需求的企业将从供应链联盟中被淘汰。供应链从而成为一个能快速重构的动态组织结构，即集成化供应链动态联盟。企业通过因特网网络商务软件等技术集成在一起以满足用户的需求，一旦用户的需求消失，它也将随之解体。而当另一需求出现时，这样的一个组织结构又由新的企业动态地重新组成。在这样的一个环境中求生存，企业如何成为一个能及时、快速满足用户需求的供应商，是企业生存、发展的关键。

集成化供应链动态联盟是基于一定的市场需求，根据共同的目标而组成的，通过实时信息的共享来实现集成。主要应用的信息技术是Internet/Intranet的集成，同步化的、扩展的供应链计划和控制系统是主要的工具，基于因特网的电子商务取代传统的商务手段。这是供应链管理发展的必然趋势。

第四节 供应链管理方法

供应链管理的方法有很多种,这里主要讨论结合供应链的特点采用的一些特色的方法。

一、快速响应

(一)快速响应出现的背景

从20世纪70年代后期开始,美国纺织服装的进口急剧增加,到80年代初期,进口商品大约占纺织服装行业总销售量的40%。针对这种情况,美国纺织服装企业一方面要求政府和国会采取措施阻止纺织品的大量进口,另一方面进行设备投资来提高企业的生产率。但是,即使这样,进口纺织品的市场占有率仍在不断上升,而本地生产的纺织品市场占有率却在连续下降。为此,一些主要的经销商成立了"用国货为荣委员会",一方面通过媒体宣传国产纺织品的优点,采取共同的销售促进活动;另一方面,委托零售业咨询公司嘉思明(Kurt Salmon)从事提高竞争力的调查。嘉思明在经过大量充分的调查后指出,虽然纺织品产业供应链各环节的企业都十分注重提高各自的经营效率,但是整个供应链全体的效率却并不高。为此,嘉思明公司建议零售业者和纺织服装生产厂家合作,共享信息资源,建立一个快速响应(Quick Response,QR)系统来实现销售额增长;实现投资回报率(ROI)和顾客服务的最大化以及库存量、商品缺货、商品风险和减价(Markdown)最小化的目标。

1985年以后,快速响应概念开始在纺织服装等行业广泛地普及、应用。

(二)快速响应的原理

快速响应是一种全新的业务方式,它体现了技术支持的业务管理思想,即在供应链中,为了实现共同的目标,各环节间都应进行紧密合作。一般来说,供应链的共同目标包括:

1. 提高顾客服务水平,即在正确的时间、正确的地点用正确的商品来响应消费者需求;
2. 降低供应链的总成本,增加零售商和制造商的销售和获利能力。

快速响应业务成功的前提是零售商和制造商具有良好的关系。这种新的贸易方式意味着双方必须建立起贸易伙伴关系,提高向顾客供货的能力,同时降低整个供应链的库存和总成本。例如,零售商可以和制造商建立战略伙伴关系,并采用双方互利的业务战略,各方的高级管理层之间要进行沟通和接触,使这种关系由上往下渗透到整个组织中,同时要求多个部门都参与规划和执行的各阶段工作。

(三)快速响应成功的条件

Blackburn(1991)在对美国纺织服装业快速响应研究的基础上总结出快速响应成功的六个条件。

1. 必须改变传统的经营方式,革新企业的经营意识和组织

改变传统的经营方式和革新企业的经营意识与组织具体表现在以下五个方面:

(1)企业不能局限于依靠本企业独自的力量来提高经营效率的传统经营意识,要树立通过与供应链各方建立合作伙伴关系,努力利用各方资源来提高经营效率的现代经营意识。

(2)零售商在垂直型快速响应系统中起主导作用,零售店铺是垂直型快速响应系统的起始点。

(3)在垂直型快速响应系统内部,通过POS数据等销售信息和成本信息的相互公开和交换,来提高各个企业的经营效率。

(4)明确垂直型快速响应系统内各个企业之间的分工协作范围和形式,消除重复作业,建立有效的分工协作框架。

(5)必须改变传统的事务作业的方式,通过利用信息技术实现事务作业的无纸化和自动化。

2. 必须开发和应用现代信息处理技术

这是成功进行快速响应活动的前提条件。这些信息技术有商品条形码技术、物流条形码技术、电子订货系统(EOS)、POS 数据读取系统、EDI 系统、预先发货清单技术(ASN)、电子支付系统(EFT)、供应商管理库存方式(VMI)、连续补充库存方式(CRP)等。

3. 必须与供应链各方建立(战略)伙伴关系

具体内容包括以下两个方面:一是积极寻找和发现战略合作伙伴,二是在合作伙伴之间建立分工和协作关系。合作的目标定为削减库存,避免缺货现象的发生,降低商品风险,避免大幅度降价现象发生,减少作业人员和简化事务性作业等。

4. 必须改变传统的对企业商业信息保密的做法

将销售信息、库存信息、生产信息、成本信息等与合作伙伴交流分享,并在此基础上,要求各方共同发现问题、分析问题和解决问题。

5. 供应方必须缩短生产周期,降低商品库存

具体来说,供应方应努力做到:

(1)缩短商品的生产周期(Cycle-Time);

(2)进行多品种少批量生产和多频度小数量配送,降低零售商的库存水平,提高顾客服务水平;

(3)在商品实际需要将要发生时,采用 JIT 生产方式组织生产,减少供应商自身的库存水平。

(四)快速响应的实施步骤

1. 条形码和 EDI。零售商首先必须安装条形码(UPC 码)、POS 扫描和 EDI 等技术设备,以加快 POS 机收款速度,获得更准确的销售数据并使信息沟通更加流畅。

2. 固定周期补货。快速响应的自动补货要求供应商更快更频繁地运输新订购的商品,以保证店铺不缺货,从而提高销售额。自动补货是指基本商品销售预测的自动化。

3. 先进的补货联盟。成立先进的补货联盟是为了保证补货业务的流畅。

4. 零售空间管理。零售空间管理是指根据每个店铺的需求模式来规定其经营商品的花色品种和补货业务。

5. 联合产品开发。这一步的重点不再是一般商品和季节商品,而是服装等生命周期很短的商品。厂商和零售商联合开发新产品,其关系的密切超过了购买与销售和业务关系,缩短从新产品概念到新产品上市的时间,而且经常在店内对新产品进行试销。

6. 快速反应的集成。通过重新设计业务流程,将前五步的工作和公司的整体业务集成起来,以支持公司的整体战略。这一步要求零售商和消费品制造商重新设计其整个组织、业绩评估系统、业务流程和信息系统,设计的中心围绕着消费者而不是传统的公司职能,它们要求集成的信息技术。

(五)快速响应实施的效果

根据 Blackburn(1991)的研究,快速响应的效果如表 12－2 所示。Blackburn(1991)研究结果显示零售商在应用快速响应系统后,销售额大幅度增加,商品周转率大幅度提高,需求预

测误差大幅度下降。应用快速响应系统后之所以有这样的效果,其原因有以下几个。

1. 销售额大幅度增加

应用快速响应系统,可以使销售额大幅度增加,导致销售额增加的原因主要有以下几种。

(1)可以降低经营成本,从而能降低销售价格,增加销售;

(2)伴随着商品库存风险的减少,商品以低价位定价,增加销售;

(3)能避免缺货现象,从而避免销售的机会损失;

(4)易于确定畅销商品,能保证畅销品的品种齐全,连续供应,增加销售。

表 12—2　　　　　　　　　　快速响应的实施效果

对象商品	构成快速响应的供应链企业	零售业者的快速响应效果
休闲裤	零售商:Wal-Mart 服装生产厂:Semiloe 面料生产厂:Miliken	销售额:增加 31% 商品周转率:提高 30%
衬衫	零售商:J. C. Penny 服装生产厂:Oxford 面料生产厂:Burlinton	销售额:增加 59% 商品周转率:提高 90% 需求预测误差:减少 50%

2. 商品周转率大幅度提高

应用快速响应系统可以减少商品库存量,并保证畅销商品的正常库存量,加快商品周转。

3. 需求预测误差大幅度减少

根据库存周期长短和预测误差的关系可以看出,如果在季节开始之前的 26 周进货(即基于预测提前 26 周进货),则需求预测误差(缺货或积压)达 40%左右。如果在季节开始之前的 16 周进货,则需求预测误差为 20%左右。如果在很靠近季节开始的时候进货,需求预测误差只有 10%左右。应用快速响应系统可以及时获得销售信息,把握畅销商品和滞销商品,同时通过多频度小数量送货方式,实现实需型进货(零售店需要的时候才进货),这样使需求预测误差可减少到 10%左右。

二、高效客户响应

(一)高效客户响应产生的背景

在 20 世纪 60 年代和 70 年代,美国日杂百货业的竞争主要是在生产厂商之间展开。竞争的重心是品牌、商品、经销渠道以及大量的广告和促销,在零售商和生产厂家的交易关系中生产厂家占据支配地位。

进入 80 年代特别是到了 90 年代以后,在零售商和生产厂家的交易关系中,零售商开始占据主导地位,竞争的重心转向流通中心、商家自有品牌、供应链效率和 POS 系统。同时在供应链内部,零售商和生产厂家之间为取得供应链主导权的控制,同时为商家品牌(PB)和厂家品牌(NB)占据零售店铺货架空间的份额展开激烈的竞争,这种竞争使得在供应链的各个环节间的成本不断转移,导致供应链整体的成本上升,而且容易牺牲力量较弱一方的利益。

在这期间,从零售商角度来看,随着新的零售业态(如仓储商店、折扣店)的大量涌现,零售竞争更趋激烈。这种状况,迫使许多超市业者寻找新的管理方法。

从生产厂商的角度看,由于百货日杂技术含量不高,大量无实质差别的商品投入市场,使厂家竞争趋同化,只能通过直接或间接以降价方式向零售商促销,但这样做会大量牺牲厂家自身利益。因此聪明的生产厂商希望以与零售商结成联盟的形式来获得竞争优势。

从消费者角度看,过度竞争导致忽视消费者需求。高价、眼花缭乱和不甚满意的商品、大量诱导广告和促销活动来吸引消费者转换品牌,给消费者造成损伤。也要求企业真正从消费者的利益出发提供满意服务。

在上述背景下,美国食品市场营销协会(US Food Marketing Institute,FMI)联合包括可口可乐、宝洁等在内的16家企业与嘉思明公司一起组成研究小组,对食品业的供应链进行调查总结分析,于1993年1月提出了改进该行业供应链管理的详细报告。在该报告中系统地提出高效客户响应(Efficient Consumer Response,ECR)的概念和体系。经过美国食品市场营销协会的大力宣传,高效客户响应概念被零售商和制造商所接纳并被广泛地应用于实践。

(二)高效客户响应的概念和特点

1. 高效客户响应的概念

高效客户响应是一个生产厂家、批发商和零售商等供应链组成各方相互协调和合作,更好、更快并以更低的成本满足消费者需要为目的的供应链管理系统。

高效客户响应的优势在于供应链各方为了提高消费者满意这个共同的目标进行合作,分享信息和诀窍。高效客户响应是一种把以前处于分离状态的供应链联系在一起来满足消费者需要的工具。高效客户响应概念的提出者认为高效客户响应活动是过程,这个过程主要由贯穿供应链各方的四个核心过程组成(如图12—5所示)。因此,高效客户响应的战略主要集中在以下四个领域。

(1)高效的新产品导入(Efficient Product Introduction)。正确分析和把握消费者的需求是高效客户响应的核心。高效客户响应能够帮助供应商和零售商最有效地开发新产品。

(2)高效的店铺配置(Efficient Store Assortment)。运用高效客户响应系统,提高货物的分销效率,使库存和商店空间的使用率最优化。在有限的店铺空间内,选择最佳的陈列方式,增加畅销商品,减少滞销商品。

(3)高效的促销(Efficient Promotion)。高效客户响应系统可以提高仓库、运输、管理和生产效率,使贸易和促销的整个系统效益最高。

(4)高效的补货系统(Efficient Replenishment)。运用高效客户响应系统,包括电子交换数据(EDI)、以需求为导向的自动连续补货和计算机辅助订货系统,可以使补货系统的时间和成本最优化。

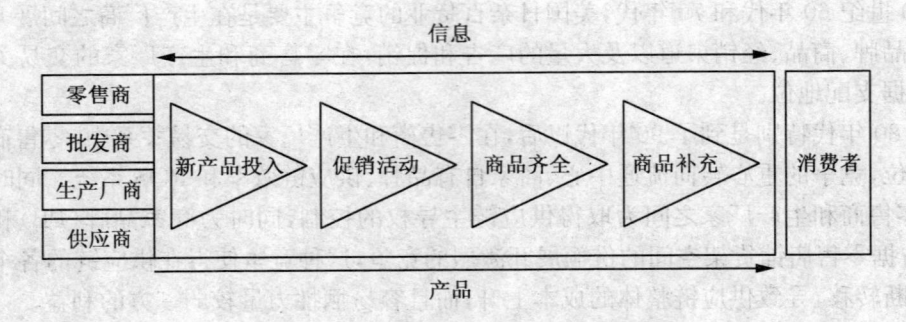

图12—5 高效客户响应和供应链过程

2. 高效客户响应系统的特点

(1)高效客户响应系统重视采用新技术、新方法

图12—6是高效客户响应系统的构造图,由图可知,高效客户响应系统采用了先进的信息

技术,在生产企业与流通企业之间开发了一种利用计算机技术的自动订货系统(Computer Assisted Ordering,CAO)。自动订货系统通常与电子收款系统(Point of Sales,POS)结合使用,利用POS系统提供的商品销售信息把有关订货要求自动传向配送中心,由该中心自动发货,这样就可能使零售企业的库存降至为零状态,并减少了从订货至交货的周期,提高了商品鲜度,减少了商品破损率。还可使生产商以最快捷的方式得到自己的商品在市场是否适销对路的信息。

其次,高效客户响应系统还采用了两种新的管理技术和方法,即种类管理和空间管理。种类管理的基本思想是不从特定品种的商品出发,而是从某一种类的总体上考虑收益率最大化。就软饮料而言,不考虑其品牌,而是从软饮料这一大类上考虑库存、柜台面积等要素,按照投资收益率最大化原则去安排品种结构。其中有些品种能赢得购买力,另外一些品种能保证商品收益,通过相互组合,既满足了顾客需要,又提高了店铺的经营效益。空间管理指促使商品布局和柜台设置最优化。过去许多零售商也注意到此类问题,不同点在于高效客户响应系统的空间管理是与种类管理相结合的,通过两者的结合实现单位销售面积的销售额和毛利额的提高,因而可以取得更大的效果。

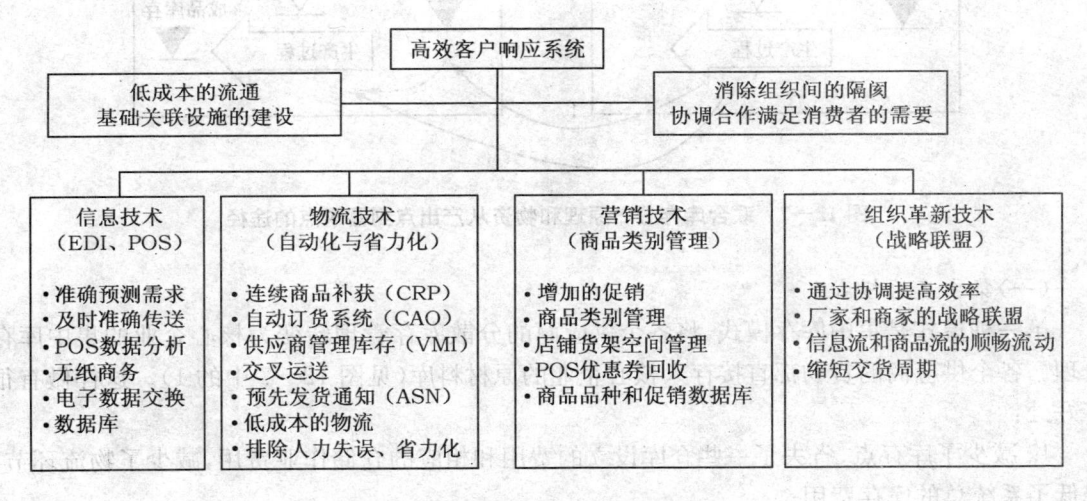

图12-6 高效客户响应系统的构造图

(2)高效客户响应系统建立了稳定的伙伴关系

在传统的商品供应体制上,生产者、批发商、零售商联系不紧密或相互间较为紧密,发生的每一次订货都有很大的随机性,这就造成生产与销售之间商品流动的极不稳定性,增加了商品的供应成本。而高效客户响应系统恰恰克服了这些缺点,在生产者、批发商、零售商之间建立了一个连续的、闭合式的供应体系。改变了相互敌视的心理,使他们结成了相对稳定的伙伴关系,克服了商业交易中的钩心斗角,实现了共存共荣,是一种新型的产销同盟和产销合作形式。

(3)高效客户响应系统实现了非文书化

高效客户响应系统充分利用了信息处理技术,使产购销各环节的信息传递实现了非文书化。无论是企业内部的传票处理,还是企业之间的订货单、价格变更、出产通知等文书,都通过计算机间的电子数据交换(EDI)进行自动处理。由于利用了电子数据交换,生产企业在出产的同时,就可以把出产的内容电传给进货方,作为进货方的零售企业只要在货物运到后扫描集运架或商品上的电码就可以完成入库验收等处理工作。由于全面采用了电子数据交换,可以根据出产明细自动地处理入库,从而使处理时间近似为0,这对于迅速补充商品、提高预测精度、大幅度降低成本起了很大作用。

三、联合库存管理

供应链管理的一个最重要的方面,就是联合库存管理。所谓联合库存管理,就是建立起整个供应链以核心企业为核心的库存系统,具体地说,一是要建立起一个合理分布的库存点体系,二是要建立起一个联合库存控制系统。

而联合库存分布一般是供应商企业取消自己的成品库存,而将自己的成品库存直接设置在核心企业的原材料仓库中,或者直接送上核心企业的生产线(见图12—7)。图12—7中实际上给出了两种模式:集中库存模式和无库存模式。

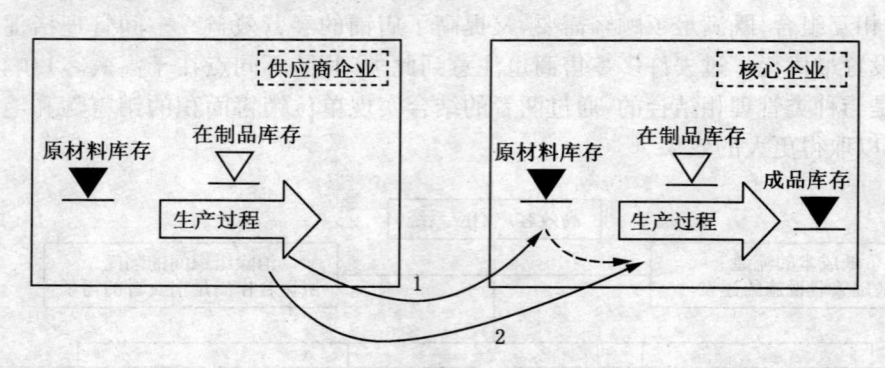

图12—7 联合库存分布原理和物资从产出点到需求点的途径

(一)集中库存模式

第一种模式是集中库存模式,将各个供应商的分散库存管理转变为核心企业的集中库存管理。各个供应商的货物都直接存入核心企业的原材料库(见图12—7中的1)。这样做有很多好处:

1. 减少了库存点,省去了一些仓库设立的费用和相应的仓储作业费用,减少了物流环节,降低了系统总的库存费用;

2. 减少了物流环节,在降低物流成本的同时,还提高了工作效率;

3. 供应商的库存直接存放在核心企业的仓库中,不但保障核心企业的物资供应、取用方便,而且使核心企业可以统一调度、统一使用管理、统一进行库存控制,为核心企业方便高效地生产运作提供了保障条件;

4. 这种方式也为科学的供应链管理(例如,供应商管理库存、连续补充货物、快速响应、配送、准时化供货等)创造了条件。

(二)无库存模式

第二种模式是无库存模式,核心企业不设原材料库存,实行无库存生产。这时供应商的成品库和核心企业的原材料库都取消(如图12—7中的2,即最下面一个虚线弧状箭头所示),供应商与核心企业实行同步生产、同步供货,直接将供应商的产成品送上核心企业的生产线。这就是准时化供货模式。这种准时化供货模式,由于完全取消了库存,所以效率最高、成本最低。但是,对供应商和核心企业的运作标准化、配合程度、协作精神则也要求更高,操作过程也要求更严格,一般二者的距离不能太远。

这两种联合库存模式，不但适用于各个供应商和核心企业，原理上也适用于核心企业与分销企业。在运用于核心企业与分销商的情况下，核心企业要站在供应商的立场上，对各个分销企业实行分布库存，将货物直接存于各个分销仓库，并且直接掌握各个分销库存，采用配送等方式实行小批量、多频次送货。

联合库存体系除了建立起如上的联合库存分布之外，还要建立起统一的库存控制系统。如果建立好了联合库存分布体系，则建立联合库存控制系统的问题也就很好地解决了。

四、供应商管理库存

供应商管理库存(Vendor Managed Inventory, VMI)，是供应链管理理论出现以后提出来的一种新的库存管理方式。它是供应商管理核心企业库存的一种库存管理模式，是对传统的由核心企业自己从供应商购进物资、自己管理、自己消耗、自负盈亏的模式的一种革命性变动。

由供应商管理库存有很大的好处：

1. 供应商是商品的生产者，它掌握核心企业的库存，具有很大的主动性和灵活机动性。
2. 供应商掌握库存，就可以把核心企业从库存陷阱中解放出来。
3. 供应商掌握库存，就是掌握市场。

可见，实施供应商管理库存，由供应商掌握库存，可以实现核心企业和供应商企业的"双赢"，不但对核心企业，而且对供应商企业自身都是有好处的。

实施供应商管理库存，需要有几个前提条件：

第一，供应商要详细掌握核心企业的销售信息和库存消耗信息，也就是核心企业的销售信息和库存消耗信息要对供应商透明。

第二，为了使供应商能够及时详细地掌握核心企业的销售信息和库存消耗信息，就要建立起通畅的信息传输网络，建立供应链系统的管理信息系统，实现信息的及时传输和处理。

第三，建立起供应链系统的协商机制和互惠互利的机制，要加强沟通，及时协商处理出现的各种问题，要本着责任共担、利益共享的精神，建立起企业之间的友好协作关系。可以建立起某种组织的或规章制度的保证系统，订立合作框架协议。

第五节 供应链管理的发展趋势

随着市场环境的改变，不断发展和完善供应链管理已成为企业提高自身市场竞争力的新型手段。供应链管理也在实践中出现了一些新的发展趋势。

一、全球化供应链

经济全球化的浪潮使国际市场竞争日益激烈，企业面临着严峻的生存和发展问题，以往那种企业与企业之间单打独斗的竞争形式已不复存在，取而代之的是以协同商务、协同竞争和双赢原则为商业运作模式的，由消费者、供应商、研发中心、制造商、经销商和服务商等合作伙伴组成的供应链与供应链之间的竞争，或者是一个跨国集团与另一个跨国集团之间的竞争。适应这种趋势，全球化供应链管理越来越受到重视。

全球化供应链管理就是要求以全球化的观念，将供应链的系统延伸至整个世界范围，在全面、迅速地了解世界各地消费者需求偏好的同时，进行计划、协调、操作、控制和优化，在供应链中的核心企业与其供应商以及供应商的供应商、核心企业与其销售商及至最终消费者之间，依靠现代网络信息技术支撑,实现供应链的一体化和快速反应运作,达到物流、价值流和信息流的协调通畅,以满足全球消费者需求。

全球化供应链管理包括:市场与行销策略、价格策略、全球采购策略、产品与制造管理、虚拟制造、就地组装、全球补货策略与体系、快速反应系统、电子商务、策略联盟、合同管理、配送策略等。包含物流运转中心、物流系统设计与综合性服务、共同配送系统、顾客需求支援系统等,范畴较宽。它是一种综合性的、跨国跨企业集成化的管理模式,也是适应全球化下企业跨国经营的管理模式。

作为一种新型的管理理念,全球化供应链管理具备如下特征:首先,全球化的供应链管理模式是以全球范围内的消费者来驱动供应链运作,以消费者满意为核心。其次,全球化供应链管理是一种新型合作竞争理念。与传统企业经营管理不同,全球化供应链管理是从全球市场的角度对供应链全面协调性的合作式管理,它不仅要考虑核心企业内部的管理,还更注重供应链中各个环节、各个企业之间资源的利用和合作,让各企业之间进行合作博弈,最终达到"双赢"或"多赢"。

全球化供应链管理的理念受到了全球理论界和企业界的广泛关注,被认为是面向21世纪的先进管理思想。

二、敏捷供应链

敏捷性是美国学者于20世纪90年代初提出的一种新型战略思想,当时提出这种战略思想主要是针对制造技术领域,目标是提高制造系统对外部环境变化的应变能力。敏捷供应链的提出是在20世纪90年代末期。所谓敏捷供应链,是指以核心企业为中心,通过对资金流、物流、信息流的控制,将供应商、制造商、分销商、零售商及最终消费者用户整合到一个统一的、无缝化程度较高的功能网络链条,以形成一个极具竞争力的战略联盟。

敏捷供应链以增强企业对市场需求的适应能力为导向,以动态联盟的快速重构为基本着眼点,致力于支持供应链的迅速结盟、优化联盟运行和联盟平稳解体。强调从整个供应链的角度考虑、决策和效绩评价,使企业与合作者共同降低产品价格,并追求快速反应市场需求,提高供应链各环节边际效益,实现利益共享的双赢目标。

敏捷供应链是一种全新理念,它将突破传统管理思想,从以下几个方面为企业带来全新竞争优势,使企业能够在未来经济生活中大展宏图。

1. 速度优势。网络经济时代,企业实行敏捷供应链战略的一个重要竞争优势就在于速度。企业如果按敏捷供应链观念组织生产,其独特的订单驱动生产组织方式,在敏捷制造技术支持下,可以最快速度响应客户需求。

2. 顾客资源优势。企业在实行敏捷供应链战略过程中,会通过对客户的电子商务环节开办个性化订购服务,客户可在网页上根据公司对产品组件和功能的介绍,自己选择零部件,自己设计产品的款式、颜色、尺寸,顾客的需求信息直接反映到产品设计、规划阶段,成为企业最直接也是最有价值的信息资源。通过尽量迅速、准确地满足顾客个性化、多样化的需求,不断地培养并提高顾客忠诚度,从而拥有较为稳定的顾客资源。

3. 个性化产品优势。依靠敏捷制造技术、动态组织结构和柔性管理技术三个方面的支持,敏捷供应链解决了流水线生产方式难以解决的品种单一问题,实现了多产品、少批量的个性化生产,使个性化产品生产成为现实。

4. 成本优势。通常情况下,产品的个性化生产和产品成本是一对负相关目标,从事传统产业经营的人员对这一点体会更为深刻。然而在敏捷供应链战略的实行中,这一对矛盾却得以成功解决,在获得多样化产品的同时,由于零库存成本和零交易成本,使企业获得了低廉的成本优势。

三、绿色供应链

近年来,围绕生态环境问题,人类社会提出了可持续发展战略——经济发展要考虑到自然生态环境的长期承载能力,使环境和资源既能满足经济发展的需要,又使其作为人类生存的要素之一满足人类长远生存的需要,从而形成了一种综合性的发展战略。有鉴于此,实施绿色供应链管理(Green Supply Chain Management,GSCM),将"绿色"或"环境意识"理念融入整个供应链管理过程,使得整个供应链的资源消耗和环境负面影响最小,是现代企业实现可持续发展的一种有效途径。实施绿色供应链管理应运而生。

绿色供应链是指从社会和企业的可持续发展出发,引入全新的设计思想,对产品从原材料购买、生产、消费,直到废物回收再利用的整个供应链进行生态设计,通过链中各个企业内部部门和各企业之间的紧密合作,使整条供应链在环境管理方面协调统一,达到系统环境最优化。

实施绿色供应链管理应该遵循的基本原理有:共生原理、循环原理、替代转换原理与系统开放原理等。

四、柔性化供应链

供应链管理中存在高度的不确定性,从市场情况、消费需求的多变到系统内部的各项运作管理,都是管理的难点。其中有一些因素是可以通过人为的努力将其化解的,而另一些则是无法预测的,只能采取一些措施和设计相应的管理模式加以规避,以取得最好的效果。在这种情况下,则要求供应链的管理要灵活、开放、有效、动态和敏捷。而建立柔性供应链(FSC)就是解决问题的重要途径之一。

所谓柔性是指企业快速地响应环境变化的能力。柔性管理是以柔性理论为基础,通过提高企业各种资源的柔性实现灵活、敏捷的经营机制。以柔性的组织管理、柔性的人员和柔性的生产系统提高企业的市场竞争能力。在供应链管理的环境下,柔性策略的运用将使系统的运作更能适应快速变化的市场需求。

供应链应有三种柔性:产品柔性、时间柔性和数量柔性。其中,产品柔性是指供应链在一定时间内引进新产品的能力;时间柔性是指供应链响应顾客需求的速度;数量柔性是指供应链对顾客需求数量变化的能力。

构建柔性供应链应该首先从供应链链条上的各个节点企业内部抓起,通过建立以需求为导向的企业战略和与之相适应的组织结构,采用先进的生产和管理技术,加强企业内部各个部门的信息共享和沟通,不断提高各个企业自身实力和柔性。其次,要加强供应链各个节点之间的连接。建立可靠的信息共享平台,选择信誉好、具有竞争优势的供应商进行合作,避免供应链连接环节出现问题。最后,供应链上的各个企业都应有系统的观点,从系统论的角度来分析、解决供应链中发生的问题,用共赢、多赢的思想来共同促进有效信息共享、加快物流配送速度,使供应链高效运作。

在供应链管理过程中,应当采用的柔性包括技术柔性、人力资源柔性、供应链运营的柔性化、融资柔性、战略管理的柔性等。

本章小结

供应链最早来源于彼得·德鲁克提出的"经济链",而后经由迈克尔·波特发展成为"价值链",最终日渐演变为"供应链"。那么,什么是"供应链"呢?它的定义为:"围绕核心企业,通过对信息流、物流、资金流的控制,从采购原材料开始,制成中间产品及最终产品,最后由销售网络把产品送到消费者手中。它是将供应商、制造商、分销商、零售商直到最终用户连成一个整体的功能网链模式。"所以,一条完整的供应链应包括供应商(原材料供应商或零配件供应商)、制造商(加工厂或装配厂)、分销商(代理商或批发商)、零售商(大卖场、百货商店、超市、专卖店、便利店和杂货店)以及消费者。

本章介绍了供应链的定义、结构、特征和分类。在介绍了供应链的基础上,对供应链管理的相关内容进行了介绍,包括供应链管理的定义及其产生的背景。同时,本章还介绍了供应链的四个发展阶段以及供应链管理的基本特征,并介绍了供应链管理的运营机制和基本内容。

由于集成化供应链管理越来越受到重视,本章还介绍了集成化供应链管理的相关概念和实现步骤,以及企业要想实现集成化供应链管理需要具备的条件。

供应链管理的方法有很多,本章主要介绍一些特色鲜明的方法,包括快速响应、高效客户响应以及联合库存管理和供应商管理库存。其中,对各种方法的背景、特点、适应范围进行了介绍。

随着市场环境的改变,不断发展和完善供应链管理已成为企业提高自身市场竞争力的新型手段。当然在新的形势下,供应链管理也呈现出新的发展趋势,包括全球化供应链管理、敏捷供应链管理、绿色供应链管理以及柔性化供应链管理。

思考与练习

一、名词解释

供应链　供应链管理　快速供应　ECR　联合库存　VMI

二、简述题

1. 简述供应链的结构模型。
2. 简述供应链的基本特征。
3. 简述供应链的分类。
4. 供应链管理的主要内容包括哪些?
5. QR 与 ECR 的区别包括哪些?
6. 简述供应商管理库存的定义。

三、案例与分析

戴尔供应链管理的谜团

尽管戴尔被"邮件门"事件弄得有些纷扰,但这并不妨碍它继续我行我素地进行着别人难以模仿的直销、标准化以及独到的供应链管理。

从表面看,戴尔通过电话、网络以及面对面的接触,与顾客建立起直接的沟通和服务支持渠道。通过网络平台,利用电子数据交换连接,戴尔使上游的零件供应商能够及时准确地知道公司所需零件的数量和时间,从而大大降低库存。

而进一步看,其商业模式的成功离不开供应链的有效管理。供应链管理原来是对商品、信息和资金在由供应商、制造商、分销商和顾客组成的网络中的流动管理,然而戴尔的供应链中没有分销商、批发商和零售商,而是直接由公司把产品卖给顾客,既去掉了中间商所赚取的利润,也降低了成本,准确快速地获取了订单信息,还通过网上支付解决了现金流问题,使其几乎无需用自有现金来支持运转。另外,戴尔还采取服务外包的办法,从而又降低了一部分运营成本。供应商、戴尔和服务商三者共同形成了一个完整链条。

1. 按需生产,动态平衡

从戴尔在厦门的中国客户中心可以管窥供应链管理的效率。据中国客户中心总经理李元均介绍,戴尔把重点放在为客户把市场上性价比最优的资源进行组合,并与一流合作伙伴无缝整合,因此,这里不叫工厂,而是"客户中心"。

一般情况下,戴尔产品7天就送到用户手上,而传统一层层的产品从厂商抵达用户需要30天,现在IT成本降价平均每周在0.5%左右波动,低库存周期可以尽量保证客户买到由最低价零部件组成的整机。

在 valuechain.dell.com 网站上,戴尔公司和供应商共享包括产品质量和库存清单在内的一整套信息。用户也可以在线订购,并且随时监测产品制造及送货过程。李元均表示:"戴尔在统一平台上可以看到供应商的工厂备料及仓库情况,每个信息环节都同时平行,通过一定的流程来与供应商之间进行不断的数据调整,这样就维持了供应链的动态供需平衡。戴尔会定期预测市场需求及评估产量,使供应链中各成员的风险减低。"

从狭义的内部供应链管理来看,戴尔最与众不同的就是订制化按单生产,因为每一台在生产线生产的东西都是"名花有主",通常出来之后就由第三方物流送到客户手上。而一般的链条式生产线,每个操作员只负责加入某个零件的单一环节,弹性较差。

在中国客户服务中心,戴尔每一个操作员面前摆了装满各种各样零件及不同规格要求的盒子,一个人要完成整个机子的装配,然后再送到检验环节,经专有软件进行2~10小时的自动测试,然后包装,最后再送到特定区域分区配送,货柜满载后就从专门的闸门出货。通常,生产材料在戴尔车间停留的时间非常短,只有几个小时就从零件变成产品。

从广义的供应链管理上,戴尔的工作不再是产品的设计和制造,而是根据市场定义新产品,后面的阶段几乎都由上游的合作厂商来做。戴尔非常了解在内地设厂的大致环境,所以在设厂地点方面也配合客户的要求,因此,戴尔几乎主导着台商到内地来设厂的脚步快慢以及地点选择。

2. 戴尔的标准化服务

戴尔的服务模式与其营销模式一样,都是直接的。而没有标准化,就没有直销。

为了进一步改善对中国市场的企业级服务,戴尔在厦门成立了中国企业服务指挥中心(ECC),如今已成为中国内地及港澳地区服务器与存储产品服务的"中枢神经",可以全天候实现客服电话、技术人员以及各部门运作情况的实时追踪,并实时监测整个服务的过程,处理关键性的故障,甚至主动发现故障隐患,协助客户有效缩短系统宕机时间。

目前ECC共有400名工程师,每月处理1 000多个案,一线的技术支持平均有2~3年工作经验,并获得专业认证,二线工程师有3~8年工作经验,能对疑难问题进行诊断,此外还与其他国际品牌合作,针对成批的产品问题进行技术支持。记者看到,ECC的工作人员通过可视的图像化监控工具来跟踪、管理全国各地的服务订单,呼叫中心中大部分是男性,据介绍他们都是有本科技术背景的工程师,目前有78%的问题都通过电话解决,而现场服务一次性解决率达99.8%,备件服务的及时响应率达98%,可在中国2 149个市县提供上门服务和技术支持,4小时现场响应服务的覆盖范围也扩大到50个市县。

不过,戴尔目前针对个人服务的指标还不能做到像企业级服务那样及时监测。因为一旦将这种在大客户市场占据优势地位的模式扩展到中小客户,运营成本会飞速地提高。

针对不同客户,从初级的安装到高级的金牌企业服务,戴尔有多种不同层次的服务方案。其中高级企业服务包括白金、金牌、银牌和铜牌四个等级,"单一联络人"负责制强化了服务的兑现,从而实现"最佳客户体验"。同样是出于成本考虑,目前对上门维修服务,在内地分包给5个本地服务提供商,但一些核心的高端服务器的维护则直接由戴尔自己的工程师做。不过,他们对故障的解决进展情况都通过ECC实时调度监控,加强了现场的沟通与协作,甚至连发生热带风暴这样的紧急情况都可以及时调度处理。在紧急状况会商室,戴尔员工可以通过电话会议或直接讨论等将微软、甲骨文和EMC等各个专家团队集中在一起,确定协助客户处理此类紧急事故的最佳途径和最快行动。

思考题:

1. 戴尔的供应链管理有什么特点?
2. 戴尔如何实现按需生产、动态平衡?
3. 戴尔如何实现标准化服务?

第十三章

物流成本管理

学习目标与要求

1. 了解物流成本的概念和构成；
2. 了解物流成本管理的概念和意义；
3. 掌握物流成本管理的内容。

第一节 物流成本的概念、构成与影响因素

一、物流成本的概念

在商品经济中，物流活动是创造时间价值、空间价值的过程，要保证生产和物流活动有秩序、高效率、低消耗地进行，需要耗费一定的人力和物力，投入一定的劳动。一方面，物流劳动同其他生产劳动一样，也创造价值，物流成本在一定程度上，成为生产一定种类及数量产品的社会必要劳动时间的一项内容，其总额必须在产品销售收入中得到补偿；另一方面，物流劳动又不完全等同于其他生产劳动，它并不增加产品使用价值总量，相反，产品总量往往在物流过程中因损坏、丢失而减少。同时，为进行物流活动，还要投入大量的人力、物力和财力。

企业物流成本是指企业在生产经营过程中，商品从原材料供应开始，经过生产加工到产成品和销售以及伴随着生产和消费过程所产生的废物回收利用等过程中所发生的全部费用。物流成本是物流服务价值的重要组成部分。

二、物流成本的构成

物流成本包括物流各项活动的成本，具体包括从生产企业内部原材料的采购、供应开始，经过生产制造中的半成品和产成品的仓储、搬运、装卸、包装、运输以及在消费领域发生的验收、分类、仓储、保管、配送、废品回收等过程发生的所有成本。具体来讲，物流成本由以下几部分构成。

（一）运输成本

运输成本是指把商品从某一场所转移到另一场所所需要的运输费用。本书中的"运输"专指"物"的载运与输送。它是在不同城域范围内（如两个城市、企业之间等），以改变"物"的空间

位置为目的的活动,对"物"进行空间位移的活动。运输与搬运的区别在于:运输是在较大范围内进行的活动,而搬运是在较小范围内进行的活动。

现代物流企业中,运输在其经营业务中占有主导地位,因此,物流运输费用在整个物流业务中占有较大比例。一般综合分析计算,运输费用在社会物流费用中约占50%。由于运输是物流中最重要的功能要素之一,物流合理化在很大程度上依赖于运输合理化。而运输合理化又直接影响物流运输费用的高低,进而影响物流成本的高低。

物流企业的运输成本主要包括以下几点:

1. 人工费用,例如,工资、福利费、奖金、津贴和补贴等。

2. 营运费用,例如,营运车辆的燃料费、轮胎费、折旧费、维修费、租赁费、车辆牌照检查费、车辆清理费、养路费、过路过桥费、保险费、公路运输管理费等。

3. 其他费用,例如,差旅费、事故损失、相关税金等。

(二)流通加工成本

在物品进入流通领域后,还需要按照用户的要求进行一定的加工活动,即在商品从生产者向消费者流动的过程中,为了促进销售、维护商品质量、实现物流的高效率所采用的使商品发生形状和性质的变化称为流通加工,由此而支付的费用为流通加工成本。

流通加工成本构成的内容主要有:

1. 流通加工设备费用

流通加工设备因流通加工形式的不同而不同,例如,木材加工需要电锯、剪板加工需要剪板机、印贴标签条码需要喷印机、拆箱需要拆箱机等。购置这些设备所需要支出的费用,以流通加工费的形式转移到被加工的产品中去。

2. 流通加工材料费用

在流通加工过程中,需要消耗一些材料,如一些包装材料,投入到加工过程中的这些材料消耗的费用,即流通加工材料费。

3. 流通加工劳务费用

在流通加工过程中,支付给从事加工活动的管理人员、工人及有关人员工资、奖金等费用的总和。

4. 流通加工的其他费用

除上述费用外,在流通加工中耗用的电力、燃料、油料以及车间经费等费用,也应加到流通加工费用之中。

(三)配送成本

配送成本是企业的配送中心在进行分货、配货、送货过程中所发生的各项费用的总和。

配送是小范围内的物流活动。一般的配送集装卸搬运、包装、储存、运输于一身,特殊的配送还包括加工在内。根据配送流程及配送环节,配送成本实际上应由以下费用构成:

1. 配送运输费用

主要包括配送运输过程中发生的车辆费用和营运间接费用。

(1)车辆费用

车辆费用是指从事配送运输生产而发生的各项费用。具体包括驾驶员以及助手等工资及福利费、燃料费、轮胎、修理费、折旧费、养路费、车船使用税等。

(2)营运间接费用

营运间接费用是指营运过程中发生的不能直接计入各成本计算对象的车站、车队经费。

包括车站和车队人员的工资、福利费、办公费、水电费、折旧费等内容,但不包括管理费用。

2. 分拣费用

分拣费用主要包括配送分拣过程中发生的分拣人工费用及分拣设备费用。

(1)分拣人工费用

分拣人工费用是指从事分拣工作的作业人员及有关人员工资、奖金、补贴等费用的总和。

(2)分拣设备费用

分拣设备费用是指分拣机械设备的折旧费用及修理费用。

3. 配装费用

配装费用主要包括配装环节发生的材料费用、辅助费用、人工费用等。

(1)配装材料费用

配装材料费用是指配装环节发生的材料费用的总和。常见的配装材料有木材、纸、自然纤维、合成纤维、塑料等。这些包装材料功能不同,其成本相差很大。

(2)配装辅助材料

配装辅助材料是指除上述费用外的一些辅助性费用,例如,包装标记、标志的印刷,拴挂物费用等支出。

(3)配装人工费用

配装人工费用是指从事配装工作的工人及有关人员的工资、奖金、补贴等费用的总和。

4. 流通加工费用

流通加工费用主要包括流通加工环节发生的设备使用费、折旧费、材料费及人工费用。

(四)包装成本

包装作为物流企业的构成要素之一,与运输、储存、装卸搬运、流通加工均有十分密切的关系。包装是生产的重点,同时又是物流的起点,因而包装在物流中有非常重要的作用。

包装起着保护产品、方便储运、促进销售的作用。无论是工业包装还是商业包装,都需要耗用一定的人力、物力和财力,对于大多数商品,只有经过包装才能进入流通领域。

据统计,包装费用约占全部物流费用的10%,有些商品(特别是生活消费品)的包装费用甚至高达50%。因而,加强包装费用的管理核算,可以降低物流成本,提高经济效益。

包装成本构成一般包括以下几个方面:

1. 包装材料费用

常见的包装材料有多种,由于包装材料功能不同,其成本也差异较大。

2. 包装机械费用

包装机械不仅可以极大地提高包装的劳动效率,也可以大幅度提高包装水平。包装机械费用主要包括设备折旧费、低值易耗品摊销、维修费等。

3. 包装技术费用

为了充分发挥包装的作用,达到最佳的包装效果,包装时需要采用一定的技术效果,例如,实施缓冲包装、防潮包装、防霉包装等。这些技术的设计、实施所支出的费用就是包装技术费用。

4. 包装辅助费用

包装辅助费用包括包装标记和标志的设计费用、印刷费用、辅助材料费用、赠品费用以及相关的能源消耗费用等。

5. 包装的人工费用

包装的人工费用是从事包装工作的工人与其他工作人员的工资、福利费、奖金、津贴和补贴等。

(五) 装卸与搬运成本

装卸搬运费用是指物品在装卸搬运过程中所支出费用的总和。本书中的"装卸"是在同一地域范围内（例如，车站范围、工厂范围、仓库内部等）改变"物"的存放、支撑状态的活动；"搬运"是改变"物"的空间位置的活动。两者全称装卸搬运。需要注意的是，有时候或在特定场合，单称"装卸"或单称"搬运"也包含了"装卸搬运"的完整含义。

装卸活动的基本动作包括装车(船)、卸车(船)、堆垛、入库、出库以及连接上述各项动作的短程输送，是随运输和储存等活动而产生的必要活动。

在物流过程中，装卸活动是不断出现和反复进行的，它出现的频率高于其他各项物流活动，每次装卸活动都要花费很长时间，所以往往成为决定物流速度的关键。装卸活动所消耗的人力也很多。因此，装卸成本在物流成本中所占的比重也较高。以我国为例，铁路运输的始发和到达的装卸作业费大致占运费的20%左右，船舶运输中占40%左右。因此，为了降低物流成本，装卸是一个主要环节。

装卸搬运成本的构成内容主要有以下几个方面：

1. 人工费用。例如，装卸搬运工人工资、福利费、奖金、津贴和补贴等。
2. 管理费。例如，固定资产折旧费、维修费、能源消耗费、材料费、装卸搬运合理损耗费用。
3. 其他费用。例如，办公费、差旅费、保险费、相关税金等。

(六) 仓储成本

仓储成本指一定时期内因储存商品而需要的费用。在许多企业中，仓储成本是物流总成本的一个重要组成部分，物流成本的高低常常取决于仓储管理成本的大小，而且企业物流系统所保持的库存水平对于企业为客户提供服务的水平起着主要作用。

仓储成本主要包括以下几个方面：

1. 仓储持有成本

仓储持有成本是指为保持适当的库存而发生的成本，它可以分为固定成本和变动成本。

(1) 固定成本

固定成本与一定限度内的储存数量无关，例如，仓储设备折旧、仓储设备的维护费用、仓库职工工资等。

(2) 变动成本

变动成本与仓储数量的多少有关，例如，库存占用资金的利息费用、储存商品的毁损和变质损失、保险费用、搬运装卸费用、挑选整理费用等。

2. 订货或生产准备成本

(1) 订货成本

订货成本是指企业为了实现一次订货而进行的各种活动的费用，包括处理订货的差旅费、办公费等支出。

订货成本中有一部分与订货次数无关，例如，常设机构的基本开支等，称为订货的固定成本；另一部分与订货的次数有关，例如，差旅费、通信费等，称为订货的变动成本。

(2) 生产准备成本

生产准备成本是指当库存的某些产品不由外部供应而是企业自己生产时，企业为生产一批货物而进行准备的成本。

生产准备成本中更换模具、增添某些专用设备等属于固定成本；与生产产品的数量有关的费用，例如，材料费、加工费、人工费等属于变动成本。

3. 缺货成本

缺货成本是指由于库存供应中断而造成的损失，包括原材料供应中断造成的停工损失、产成品库存缺货造成的延迟发货损失和丧失销售机会的损失（还包括商誉损失）。

如果生产企业以紧急采购代用材料来解决库存材料的中断之急，那么缺货成本表现为紧急额外购入成本（紧急采购成本大于正常采购成本部分）。当一种产品缺货时，客户会购买竞争对手的产品，它们就对企业产生直接利润损失。如果失去客户，还可能为企业造成间接成本或长期成本。

4. 在途库存持有成本

在途库存持有成本不像前面的几项成本那么明显，然而在某些情况下，企业必须考虑这项成本。

如果企业以目的地交货价销售商品，就意味着企业要负责将商品运达客户，当客户收到订货商品时，商品的所有权才转移。从理财的角度来看，商品仍是销售方的库存。因为这种在途商品在交给客户之前仍然属于企业所有，运输方式及所需的时间是储存成本的一部分，企业应该对运输成本与在途存货持有成本进行分析。

在途库存持有成本一般包括库存的资金占有成本、保险费用、仓储风险成本等。

（七）信息处理成本

信息处理成本是指企业物流信息系统的管理与维护所发生的成本。由于企业物流信息系统是属于自己的计算机网络，因此，其管理与维护费用并不随信息流量的变化而变化，我们可以把这部分费用在一定的时间段内（年或季度）近似看成是定值。

三、影响物流成本的因素

物流长期以来一直被认为是企业的第三大利润源泉，在不少企业中，物流成本在企业销售成本中占了很大的比例，因而加强对物流活动的管理关键是控制和降低企业各种物流费用。但是，要加强物流成本管理，应先明确在当今企业活动中物流成本的影响因素。

影响物流成本的因素很多，在研究物流成本时必须对每一个因素加以考虑。这些因素主要有以下几个方面。

（一）运输特征

1. 运输距离

运输距离是影响物流成本的主要因素。承运人可以选择使用较高的速度来降低单位成本，但在城市里送货经常发生频繁停车的现象，会增加额外的装卸成本。因而，合理地选择运输路线可以提高运输效率、降低运输成本；而由于调度不当造成的空驶、迂回运输、重复运输等情况，都会加大运输成本。

2. 载运量

运输活动存在规模经济，每单位重量的运输成本随载货量的增加而减少。之所以会产生这种现象，是因为提取和交付活动的固定费用以及行政管理费用可以随载货量的增加而得以分摊。但是，这种关系受到运输工具（如卡车）最大尺度的限制，一旦该车辆满载，下一辆车会重复这种关系。这种关系对管理部门产生的启示是，小批量的载货应整合成更大的载货量，以期利用规模经济。

(二)产品特征

在装载货物的时候,还要综合考虑产品的特性。比如,产品密度的增加容易使运输工具达到满载,有时也会造成运输工具容积的闲置。产品的尺寸和特殊装载要求,也会对运输工具空间的充分利用造成困难。因而,在实际工作中,应多采用配载的方式来解决这个问题。

产品的装载性能(即产品对运输工具的空间利用程度的影响)对装载货物影响很大。例如,谷物、矿石和散装石油具有良好的装载性能,因为这些货物可以完全填满运输工具(例如,火车车厢、汽车车厢、管道等),其他货物,譬如车辆、机械和牲畜,都不具有良好的装载性能。货物的装载性能由其大小、形状和弹性等物理特性所决定。具有古怪的尺寸和形状,以及超重或超长等特征的产品,通常不能很好地进行装载,因此浪费运输工具的空间。尽管装载能力的性质和产品密度相类似,但很可能存在这样的情况,即具有相同密度的产品,其装载差异很大。

一般来讲,具有标准矩形的产品比形状古怪的产品更容易装载。例如,钢块和钢条具有相同的密度,但由于钢条的长度和现状,使其装载起来就更困难一些。装载能力还受到装运规模的影响,大批量的产品往往能够相互嵌套、便利装载,而小批量的产品则有可能难以装载。例如,整车的垃圾罐有可能实现相互嵌套,而单独一个垃圾罐装载起来就显得较困难。

(三)市场竞争

不同运输模式之间的竞争、同一运输模式的线路竞争以及同种运输方式之间的竞争会影响运输费用的波动。铁路、水路、航空以及海运之间长期以来都存在不同程度的竞争,有时为了赢得市场份额,会提供一些不同的价格策略或优惠策略。例如,相同起讫地的货物可采用两种不同的运输方式进行,运输速度较慢的那种运输方式只能实行较低的运价。

(四)运输方式的选择

运输方式的选择是指运力选择是否恰当。各种运输方式的成本特征是决定物流运输总成本的关键。因此,在特定的条件下,某一种运输方式的潜在优势可能会是其他运输方式无法相比的,从而也就给予企业比较选择、优化组合的机会。

物流运输方式的选择,一般要考虑两个基本因素:运输速度问题和运输费用问题。从物流运输的功能来看,速度快是物品运输服务的基本要求。但是,速度快的运输方式,其运输费用往往较高。同时,在考虑运输的经济性时,不能只从运输费用本身来判断,还要考虑运输速度加快可缩短物品的备运时间,从而使物品的必要库存减少,进而减少了物品的保管费等因素。因此,运输方式或运输工具的选择,应该在综合考虑了上述各种因素后,寻求运输费用与保管费用总和最低的运输方式或运输工具。

如果运力选择不当,因未能选择各种运输工具优势而不正确地利用运输工具,通常会造成下列运输不合理现象:

1. 弃水走陆

在可以同时利用水运和陆运时,不利用成本较低的水运或水陆联运,而选择成本较高的铁路运输或汽车运输,使水运优势不能发挥。

2. 铁路、大型船舶的过近运输

这种现象主要表现在不适用铁路及大型船舶的经济运行,却利用这些运力进行运输的不合理做法。主要不合理之处在于火车及大型船舶起运及到达目的地的准备时间和装卸时间长,且机动灵活性不足,在过近距离中发挥不了运速快的优势。相反,由于装卸时间长,反而会延长运输时间。另外,与小型运输设备相比,火车及大型船舶装卸难度大,费用也较高。

3. 运输工具承载能力选择不当

不根据承运货物数量及重量选择，而盲目决定运输工具，造成过分超载、损坏车辆及货物不满载、浪费运力的现象。尤其是"大马拉小车"现象发生较多。由于装货量小，单位货物运输成本必然增加。

（五）管理因素

管理成本与生产和流通没有直接的数量依存关系，但却直接影响着物流成本的大小，节约办公费、水电费、差旅费等管理成本相应可以降低物流成本总水平。另外，企业利用贷款开展物流活动，必然要支付一定的利息（如果是自有资金，则存在机会成本问题），资金利用率的高低，影响着利息支出的大小，从而也影响着物流成本的高低。

对于企业来讲，要实施现代化的物流管理，首要的是全面、正确地把握包括企业内外发生的所有物流成本在内的企业整体物流成本，也就是说，要削减物流成本必须以企业整体成本为对象。另外，物流成本管理应注意不能因为降低物流成本而影响对用户的物流服务质量，特别是流通业中多频度、定时进货的要求越来越广泛，这就要求物流企业能够应对流通发展的这种新趋向。例如，为了符合顾客的要求，及时、迅速地配送发货，企业需要进行物流中心等设施的投资，显然，如果仅仅为了减少物流成本而放弃这种投资，就会影响企业对顾客的物流服务水平。

第二节 物流成本管理的概念、发展和意义

一、物流成本管理的概念

经济的发展使得科学技术与生产经营日益结合，企业一方面靠科学技术积极开拓市场，另一方面注重管理，挖掘内部潜力，控制和降低成本，以低成本、高质量求生存。因而，成本管理是企业管理的一个重要组成部分。成本管理是根据会计及其他有关资料，采用会计的、数学的和统计的方法，对企业成本进行预测、决策、预算、核算，以及控制和分析，以达到成本最低的一项综合性的管理活动。

随着成本管理实践深入和物流管理在当今社会的快速发展，人们深刻认识到，成本管理不能仅停留在原有的模式和内容上，要想大幅度降低成本、提高质量，必须注重物流这个"第三利润源"的管理。而人们对物流管理的关心首先是从关心物流成本开始的，因此，要完善成本管理体系，推动成本管理发展，以及加强物流在企业经营中的职能，就必须加强物流成本管理。

由于物流管理还是一个新兴的事物，对物流成本管理的研究还处于起步阶段，因此，物流成本管理至今没有一个确切的定义。学术上有一种观点认为：物流成本管理不单是一项具体的可操作的任务，不仅仅是管理物流成本，而且是通过成本去管理物流，可以说是以成本为手段的物流管理方法，通过对物流活动的管理，从而在既定的服务水平下达到降低物流成本的目的。

之所以强调物流成本管理的概念，是因为在大多数情况下，人们把注意力单纯地集中在计算物流成本上，而不注意如何将计算后的物流成本应用于物流活动管理上，以降低物流成本，提高物流活动的经济效益。产生这种只注意"怎样计算"而忽视"为什么计算"的情况的真正原因在于没有从本质上理解物流成本管理的概念。因此，准确理解物流成本管理的概念，对于提高物流管理活动的质量是十分重要的。

物流成本管理的实践重要性可以从两方面来理解：一是成本能真实地反映物流活动的实态；二是成本可以成为评价所有活动的共同尺度。就第一点而言，一旦用成本去掌握物流活动，物流活动方法上的差别就会以成本差别而明显地表现出来。就第二点而言，用成本这个统一的尺度来评价各种活动，可以把性质不同的活动放到同一场合进行比较、分析、评价优劣。因此，把物流活动换成物流成本管理是有效管理物流的一种新思路。

二、物流成本管理的产生和发展

(一)物流成本管理的产生

物流管理起源于军事后勤。第二次世界大战中，美国海军基于巨额军用物资的调拨而首创物流管理，而后被美国陆军所推崇并实施运用。由于在军事上的应用注重的是保证军用物资供应的可达性和及时性，不怎么考虑成本，这时物流成本管理没有得到重视。

第二次世界大战后，西方发达国家各大公司效益普遍下滑，这一方面是由于市场的激烈竞争，另一方面则是物价上涨及人工成本的提高使利润率降低。企业在平均利润率的杠杆作用下，已难以靠提高产品售价增加利润，要进一步降低产品生产成本也困难重重。在这种情况下，企业千方百计地寻找降低成本的新途径，于是物流管理便进入了商业领域，成为继生产资料、劳动力后的第三利润源。企业注重成本管理，追求利润最大化，于是物流成本管理便应运而生，成为一种降低成本、提高服务水平的手段。

(二)我国物流成本管理的发展

物流成本管理的发展与经济的发展有着密切的关系，物流的发展取决于社会经济和生产力的发展水平，也取决于科学技术的发展水平。在经济发展的初级阶段，企业的经营思想是以生产制造为中心，根本无暇顾及流通领域中的物流问题。当经济快速发展，竞争加剧，企业开始向降低生产成本以外的领域寻求出路，并且开始意识到物流对企业降低成本的作用，物流总成本概念就开始被引入。由于经济的不断发展，外部环境的变化一方面给企业自身带来了改善物流系统的推动力，同时也促使政府修改高物流成本温床的管理政策，物流成本管理逐渐得到了发展，出现了物流管理部门，从而使物流成本管理开始组织化，并出现了外包制这种新的管理形式来降低物流成本和提高竞争力。同时，物流总成本的概念也为物流管理的发展产生了推动作用。物流成本管理是随着物流管理的发展而兴起的成本管理的一个新的发展方向。物流成本管理的发展同成本管理一样，也是沿着事后管理到事中管理，再到事前管理的逻辑演进过程而不断向前发展的。

我国的物流管理起步较晚。1979年中国物资经济学会派代表团参加了在日本举行的第三届国际物流会议，第一次把"物流"这一概念从日本引入国内。

20世纪80年代初，我国流通领域还带有很浓重的计划经济的色彩，作为生产资料流通的主要承担者——国有物资部门，开始从宏观的角度研究物流。而此时的商业系统还无暇顾及物流领域，这使得当时的商业系统对物流的研究远远落后于物资系统。这时，我国物流管理的发展基本上处在概念的引进和初级的理论研究阶段，未能引起各方面重视，没有进行深入的研究和实际的操作，对物流成本的认识也只是停留在概念认识的层次上，更不用谈对物流成本进行管理了。

20世纪90年代初，由于竞争的激烈，业态的多样化导致流通利润下降，商业系统才开始重视物流，特别是开始重视连锁经营与物流配送关系的研究，从而使商业系统对物流的研究迈向了新的高度。1991年，由中国物资流通学会承担的"工业企业物流合理化研究"课题组，对我国电子、石化、有色等八个行业的物流现状作了一次表格调查，发现企业现有统计报表中按物流概念统计的数据极少，大量数据需要通过估算得出，有些数据甚至无法填写。但这次活动已引起企业对物流的重视，有些企业对本单位的物流状况进行了全面的调查，对物流成本进行分析，对物流主要环节的某些指标定额进行探索（例如，物流吨费用、运输吨/公里费用、仓储吨日成本等）。物流成本开始进入初步的研究和试验性管理阶段，但还只是限于个别的企业和部门，并没有引起全社会对物流成本的关注。

进入20世纪90年代后期，随着中国经济体制的改革，以及企业产权关系的明确，生产企业及其他流通企业开始认识到物流的重要性。国内一些企业的内部开始设立专门的物流部门，也开始出现了不同形式的物流企业（大多数物流企业是由原运输企业、仓储企业、商业企业或工业企业等改造重组而来），已有少数物流企业开始建立在物流理论上，根据物流运作规律进行组织与管理。此时，物流这个"第三利润源"引起了社会和企业的极大兴趣，大家纷纷参照国外的先进经验和技术来加强物流管理，组织专门的人员研究降低物流成本的理论和方法，物流成本管理开始组织化。

进入21世纪，我国的物流业又有了新的发展，特别是近几年网络经济的发展，电子商务对物流提出了新的要求，加强了我国物流业与世界物流业的合作与交流，使我国物流业发展开始走向国际化。对物流成本管理理论和方法的研究进入了一个新的阶段，出现了一些关于物流成本管理的专著和论文。一些企业开始引入物流成本预算制度，作为物流环节的运输、储存、装卸搬运等，都有了一些行业的定额指标。但是，物流成本的预算缺乏准确性，国内尚无物流成本的定额指标，许多物流成本都隐藏在传统的会计统计中，没有完整列入物流成本的范畴，对于变动成本的分析更是缺乏全面性，所以对物流成本的把握仅限于运费等一些常见的基本指标以及对外支付的费用。

目前，物流成本管理的研究工作在我国尚处于起步阶段，还没有建立专门的物流成本核算体系，缺乏规范的核算，但是近几年来有不少企业已在探讨和摸索，取得了一些积极的成果。理论界也在积极探讨关于建立统一的物流成本计算标准的问题。通过对物流成本的管理来改善物流流程，降低成本，提高效益，已经成为我国物流业的核心问题。

三、物流成本管理的意义

专家认为，"物流既是主要成本的产生点，又是降低成本的关注点"，"物流是降低成本的宝库"。物流成本管理的意义在于，通过对物流活动过程中费用支出的有效控制，降低物流活动中物化劳动和活劳动的消耗，从而达到降低物流总成本、提高企业和社会经济效益的目的。具体来讲，主要体现在宏观意义和微观意义两方面。

（一）物流成本管理的宏观意义

物流活动的成本对一个国家来说并非一个小数目，其在GDP中占有相当大的份额。20世纪末期，物流成本占所有国家和地区GDP的8%以上，在国民经济中占有显著的地位。我国的物流成本占GDP的18%，同全球的平均值12%相比高出6个百分点。而美国只占8.99%，日本占11.4%，很显然，我国的物流成本占GDP的比重要远远高于其他国家。

近年来，尽管我国物流业发展迅速，但物流成本居高不下仍是一个制约物流业发展的主要问题。据有关专家估计，到2010年，中国的物流成本仍有可能占到GDP的17%左右，距离发达国家先进水平和世界平均水平仍有很大差距，同时也说明我国物流成本有很大的下降空间。

从宏观的角度讲，进行物流成本管理的意义体现在以下几个方面：

1. 提高经济运行质量和总体竞争力

随着经济全球化和信息技术的迅速发展，企业生产资料获取与产品营销范围日益扩大，社会生产、物资流通、商品交易及其管理正在不断发生深刻的变革。物流成本管理水平的高低，将直接影响物流成本水平，进而影响产品成本。

对于我国工商企业而言，在各国企业都在追求客户服务的差异化或成本最小化战略之时，可以利用高质量的现代物流系统，降低物流成本，改进物流管理，提高企业及其产品参与国际市场活动的竞争力。如果全行业的物流效率普遍提高，物流成本平均水平降低到一个新的水平，那么，该行业在国际上的竞争力将会得到增强。对于一个地区的行业来说，可以提高其在全国市场的竞争力。

2. 加速产业结构的调整，促进区域经济的发展

加强物流成本管理，促进现代物流的发展，改变着区域经济的增长方式。我国传统的工业化道路有一个明显特点：一方面是追求高速度，另一方面是粗放式运作。反映在物流上，就是物流成本占 GDP 的比重过高，物流成本在产成品中的比例过高，库存过大，到 2002 年历年库存产品积累大约有 4 万亿元。资金周转速度极慢。中国目前处于工业化中期，加强物流成本管理可以促进区域经济增长方式的转变，引导企业走新型工业化之路，实现用集约式经营来提高效益和效率。发展物流成本管理是实现新型工业化的强大支撑。

加强物流成本管理有利于对分散的物流进行集中处理，量的集约必然要求利用现代化的物流设施、先进的信息网络进行协调和管理。相对于分散经营、功能单一、技术原始的储运业务，现代物流属于技术密集型和高附加值的高科技产业，具有资产结构高度化、技术结构高度化、劳动力高度化等特征。从这个角度来说，加强物流成本管理有利于区域产业结构向高度化方向发展。

加强以物流成本为手段的物流管理，可以促进新的产业形态的形成，优化区域产业结构。现代物流产业本质上是第三产业，是现代经济分工和专业化高度发展的产物，其发展将对第三产业的发展起到积极的促进作用，同时，还可以促进以城市为中心的区域市场的形成和发展。

加强物流成本管理还可以促进以城市为中心的区域市场的形成和发展。一般来说，城市是商品集散和加工的中心，而且物流设施和基础设施齐全，消费集中而且需求量大，交通与信息发达，与周围地区存在不对称性，以其为核心枢纽，辐射周边地区，带动其他地域形成一个商品流通整体。现代物流可以促进以城市为中心的区域经济形成，促进以城市为中心的区域经济结构的合理布局和协调发展，有利于以城市为中心的经济区吸引外资，有利于以城市为中心的网络化的大区域市场体系的建立，有利于解决城市的交通问题，有利于城市的整体规划，有利于减少物流对城市环境的种种不利影响。

实践表明，现代物流的发展，推动、促进了当地的经济发展，既解决了当地的就业问题，又增加了税收，促进了其他行业的发展。此外，还能进一步带来商流、资金流、信息流、技术流的集聚，以及交通运输业、商贸业、金融业、信息业和旅游等多种产业的发展，这些产业都是第三产业发展的新的增长点，是第三产业重要的组成部分。

3. 有利于为社会节约大量物质财富

降低物流成本意味着创造同等数量的财富，在物流领域所消耗的物化劳动和活劳动得到节约；意味着以尽可能少的资源投入，创造出尽可能多的物质财富，达到节省资源消耗的目的。

物流成本的节约，降低物品在运输、装卸、仓储等流通环节的损耗，不但为社会节约大量的物质财富，同时也可增加在生产领域的投入，从而创造更多的物质财富，并且可以增加企业为

国家上缴的利税,增加国家资金积累,扩大社会再生产的基础。

4. 有利于调整商品价格

全行业物流成本的普遍下降,将会对产品的价格产生影响,导致物价相对下降,减轻消费者的经济负担,这有利于保持消费物价的稳定,相对提高国民的购买力,刺激消费,提高经济运行的整体效率。

物流业越发展,物流成本越低,物流总成本占 GDP 的比例就越低。物流业水平的高低是一个国家综合实力、竞争力、经济效率与宏观调控力的重要标志。物流成本管理对于优化资源配置、提高经济运行效率,具有十分重要的意义。

(二)物流成本管理的微观意义

物流成本在企业的总成本中占有不小的比重,因此,物流成本对于企业来说非常重要。从中国仓储协会 2000 年 3 月对中国家电、电子、日化、食品等行业具有代表性的 450 家大中型企业的调查可以看出,有近 50% 企业的流通成本占销售费用的比例高达 12%,显然物流成本下降的空间是巨大的。

从微观的角度看,进行物流成本管理给企业带来的经济效益主要体现在以下几个方面:

1. 降低成本,提高利润

由于物流成本在产品成本中占有很大的比例,在其他条件不变的情况下,降低物流成本意味着扩大了企业的利润空间,提高了利润水平。

例如,当企业的销售额为 1 亿元,物流成本占销售额的 20% 时,物流费用为 2 000 万元;如果通过物流成本管理降低了 20% 的物流费用,就相当于增加了 400 万元的利润。换个角度,如果销售利润率是 10%,那么增加 400 万元的利润需要增加 4 000 万元的销售额,所以物流成本降低 20%,就相当于增加 40% 的销售额。因此,降低物流成本对企业利润的增加具有重要意义。

2. 有利于提高企业物流管理水平,增强企业竞争优势

加强物流成本管理可以改进企业的物流管理水平。企业物流管理水平的高低直接影响着物流耗费的大小。因此,企业要降低物流成本水平就必须不断改进物流管理的方法和技能。加强物流成本管理、降低物流成本是企业提高物流管理水平、提高服务质量的一个激励因素。

物流成本的降低,首先意味着增强企业在产品价格方面的竞争优势,企业可以利用相对低廉的价格在市场上出售自己的产品,扩大销售,并以此为企业带来更多的利润。在市场竞争中,价格竞争是市场竞争的主要手段。在进货价格、销售价格不变的情况下,降低物流成本就可增加企业盈利;若进货价格和盈利保持不变,降低物流成本就可降低商品的销售价格,从而就可以提高企业的竞争力。

物流成本的高低直接关系到企业利润水平的高低和竞争力的强弱。在不少企业中,物流成本占了很大的比重,企业为了维持其发展,迫切需要加强物流成本管理来降低生产费用、增加销售额,因此,物流成本管理正越来越受到人们的重视,降低物流成本是提高企业竞争实力的一个重要措施。

其次,增强时间和质量上的竞争力。企业可以通过物流成本管理改善物流流程,削减不必要的物流环节,减少低效率的作业,提高响应速度和服务质量,减少企业流动资金的占用,加快资金周转速度。

总之,加强物流成本管理,降低物流成本,从微观角度上看,可以提高企业的物流管理水平,加强企业的经营管理,促进经济效益的提高,增强竞争力;从宏观角度上看,降低物流成本

对提高国民经济的总体运行质量和竞争力,促进产业结构的调整,支撑新型工业化,发展国民经济,提高人民生活水平都具有重要意义。

第三节 物流成本管理的内容

物流成本管理的具体内容包括物流成本预测、物流成本决策、物流成本控制、物流成本计算和物流成本分析等。

一、物流成本预测

(一)物流成本预测的概念

当今社会,企业要想在激烈的社会竞争中立于不败之地,就必须对未来可能出现的状况作出正确、科学的估计,并以这种估计作为决策和计划的客观基础。中国有句古话:"凡事预则立,不预则废。"对于企业的物流成本管理工作来说,也是这样的。

所谓物流成本预测,是指依据物流成本与各种技术经济因素的依存关系,结合发展前景及采取的各种措施,利用一定的科学方法,对未来期间的物流成本水平及其变化趋势作出科学的推测和估计。在物流成本管理工作中,物流成本预测具有非常重要的意义。物流成本预测能使企业对未来的物流成本水平及其变化趋势做到"心中有数",并能与物流成本分析一起为企业的物流成本决策提供科学的依据,以减少物流成本决策中的主观性和盲目性。成本预测是成本决策、计划和控制的基础工作,可以提高物流成本管理的科学性和预见性。

(二)物流成本预测的内容

物流成本预测的内容包括:运输成本的预测、仓储成本的预测、配送成本的预测、包装成本的预测、流通加工的预测、物流信息成本的预测。

(三)物流成本预测的分类

1. 按对象的范围可分为宏观预测和微观预测。宏观预测是指对大系统的综合的、总体的预测,例如,对整个流通领域物流成本的预测,它要求对整个流通领域在物资流通的整个过程中所消耗的成本进行预测。而微观预测是对个别具体的物流企业物资流通过程中所支付的成本进行预测,例如,基层企业所作的生产成本、运输成本、仓储成本、配送成本的预测等。

2. 按时间的长短可分为短期预测和长期预测。一般把一年或一年以内的预测称为短期预测,短期预测由于预测的时间短,不肯定因素和影响因素较少,所以预测结果比较准确。一般把一年以上的预测统称为长期预测,长期预测由于预测的时间比较长,有许多不确定因素的影响,所以预测结果一般不很精确,需要经常搜集新的信息或数据对预测方案和预测结果不断进行完善和修补。

3. 按预测目的所用方法不同可分为定性预测和定量预测。定性预测是指预测者依靠熟悉业务知识、具有丰富经验和综合分析能力的人员与专家,根据已掌握的历史资料和直观材料,运用个人的经验和分析判断能力,对事物的未来发展作出性质和程度上的判断;然后再通过一定的形式综合各方面的意见,作为预测未来的主要依据。在定性预测法中主要有集合意见法、德尔菲法、主观概率法、历史类比法、经济指标法、调查预测法等。定量预测是根据过去和现在的资料,运用一定的数学方法建立预测模型,对现象未来的变化数值做出预测,包括时间序列分析预测法、回归分析预测法等。实际应用中应从预测对象的发展规律出发,正确地选择和运用预测方法。一般来说,当能够占有较多的数据资料时,可采用各种定量预测的方法,而当缺乏足够的数据资料时,只能采用定性预测的方法。在实际预测时往往根据掌握的情况采用多种方法同时预测,以获得较为可靠的结论。

(四) 物流成本预测的步骤

为了保证预测结果的客观性,企业在进行物流成本预测时,通常分为以下几个具体步骤:

1. 确定预测目标

进行物流成本预测,首先要有一个明确的目标。物流成本预测的目标又取决于企业对未来的生产经营活动所欲达成的总目标。物流成本预测目标确定之后,便可明确物流成本预测的具体内容,据以搜集必要的统计资料和采用合适的预测方法。

2. 搜集和审核预测资料

物流成本指标是一项综合性指标,涉及企业的生产技术、生产组织和经营管理等各个方面。在进行物流成本预测前,必须掌握大量的、全面的、有用的数据和情况,并对原始资料进行加工整理和审核推算,以便去伪存真、去粗取精。对审核调整后的数据要进行初步分析,画出统计图形,以观察统计数据的性质和分布,作为选择适当预测模型的依据。

3. 选择预测模型并进行预测

在进行预测时必须对已收集到的有关资料进行分析研究,了解预测对象的特性,同时根据预测的目标和各种预测方法的适用条件及性能,选择出合适的预测模型,借以揭示有关变量之间的规律性联系。预测方法是否选用得当,将直接影响预测的精确度和可靠性。

4. 分析评价

分析评价是对预测结果的准确性和可靠性进行验证。预测结果受到资料的质量、预测人员的分析判断能力、预测方法本身的局限性等因素的影响,未必能确切地估计预测对象的未来状态。此外各种影响预测对象的外部因素在预测期限内也可能出现新的变化。因而要分析各种影响预测精确度的因素,研究这些因素的影响程度和范围,进而估计预测误差的大小,评价预测的结果。预测误差虽然不可避免,但若超出了允许范围,就要分析产生误差的原因,以决定是否需要对预测模型加以修正。在分析评价的基础上,通常还要对原来的预测值进行修正,得到最终的预测结果。

5. 提交预测报告

将预测的最终结果编制成文件和报告,提交上级有关部门,作为编制计划、制定决策和拟订策略的依据。预测报告应概括预测研究的主要活动过程,列出预测的目标、预测对象和有关因素的分析结论、主要资料和数据、预测方法的选择和模型的建立,以及模型预测值的评价和修正等内容。

(五) 物流成本预测的方法

物流成本预测的方法主要有时间序列分析预测法、回归分析法和集合意见法。时间序列分析预测法,即利用物流成本时间序列资料来预测未来状态;回归分析法,即依据所掌握的历史资料,找出所要预测的变量和与它相关的变量之间的关系,从而预测未来状态;集合意见法,即主要依靠管理人员的过去经验和综合分析能力来预测未来状态。上述前两种方法属于定量分析法,第三种方法属于定性分析法。这两类方法必须结合起来使用,才能取得较客观的预测效果。

二、物流成本决策

物流成本预测本身并不是目的,它是为物流成本决策服务的,管理的关键在于决策,可见物流成本决策在物流成本管理中的重要性。进行成本决策、确定目标成本是编制成本计划的前提,也是实现成本的事前控制和提高经济效益的重要途径。

(一)物流成本决策含义

决策是指决策者为了达到某种特定的目标,根据客观的可能性,在调查、预测和对现象规律性认识的基础上,运用科学的方法,从若干个可供选择的方案中选出一个令人满意的方案作为未来行动的指南。

物流成本决策是指针对物流成本,在调查研究的基础上确定行动的目标,拟订多个可行方案,然后运用统一的标准,选定适合本企业的最佳方案的全过程。在科技咨询成本决策中,要强调科学的决策,杜绝非科学的决策,才能减少决策失误。

(二)物流成本决策的内容与分类

物流成本决策与物流活动的内容相关,包括运输成本决策、仓储成本决策、配送成本决策、包装成本决策、流通加工成本决策、装卸搬运成本决策和物流信息成本决策等。

物流成本决策所要解决的以及所面临的问题是多方面的,因此有不同类型的决策。根据决策学理论,物流成本决策可归纳为以下几种类型:

1. 战略决策与战术决策

战略决策是一类关系到全局性的、带方向性和根本性的决策,这种决策产生的影响深远,在较长时间范围内会对企业物流成本产生影响。例如,物流企业配送中心的选址决策,仓库是租赁或自建决策等就会对企业物流成本产生基础性影响。战术决策是为了保证战略决策的实施对一些带有局部性、暂时性的或其他执行性质的问题所作的决策。例如,运输决策、库存控制决策等就是战术决策。

2. 规范性决策和非规范性决策

规范性决策是指在管理工作中,经常遇到一些重复出现的问题,这些问题的决策一般来说有章可循、有法可依,凭借已有的规章制度就可以解决。例如,物流成本的预算与控制决策就属于规范性决策。非规范性决策是指偶然发生的或初次出现的非例行活动所作出的决策,这种决策依赖于决策者的经验智慧和判断能力。

3. 单目标决策和多目标决策

若决策目标仅有一个,这类决策就称为单目标决策;若决策目标不止一个,就称为多目标决策。

4. 个人决策和集体决策

个人决策效率高,但决策有局限性,风险也较大,适合于物流成本决策中的战术性决策或非规范性决策问题。集体决策能充分发挥集体智慧,信息比较全面,可避免局限性,但决策过程较长,领导人较多,对一些紧急的决策问题,常常不能当机立断。

5. 确定性决策与非确定性决策

确定性决策是指所决策的问题的未来发展只有一种确定的结果,决策者的任务就是分析各种可行方案所得的结果,从中选择一个最佳方案。例如,企业常常用到的量本利分析决策就是确定性的物流成本决策。非确定性决策是指决策所处理的未来事件的各种自然状态发生具有不确定性。这种不确定性又分为两种情况:一种是可判明其各种自然状态发生的概率,这种类型的决策不论选取何种方案,都要冒一定的风险,故称为风险型决策;另一种是指对未来的自然状态虽有一定程度的了解,但又无法确定其各种自然状态发生的概率。

(三)物流成本决策的基本程序与要求

1. 确定决策目标

物流成本决策的目标就是要求在所处理的生产经营活动中,资金耗费水平达到最低,所取得的经济效益最大,这是物流成本决策的总体目标。在某一具体问题中,可采取各种不同的形式,但总的原则是必须兼顾企业目前利益和长远利益,并且要通过自身努力能够实现。为了针对具体问题建立物流成本决策目标,应注意以下问题:认真分析决策的性质;以需要和可能为基础;选择适当的目标约束条件;目标必须具体明确等。

2. 广泛搜集资料

搜集的资料指与进行该项物流成本决策有关的所有成本资料及其他资料。广泛地搜集资料是决策是否可靠的基础。一般来说,全面、真实、具体是这种搜集工作的基本要求。若做不到,决策便很难保证正确可信。

3. 拟定可行性方案

物流成本决策的可行性方案就是指保证成本目标实现、具备实施条件的措施。进行决策必须拟定多个可行方案,才能从比较中择优。换言之,一个成功的决策应该有一定数量(当然应各自具备一定的质量)的可行性方案为保证。拟定可行性方案时,一般应把握两个基本原则:一是保持方案的全面完整性;二是满足方案之间的互斥性。当然,在实际工作中,这些原则可以根据具体情况,灵活掌握应用。

4. 作出选优决策

对各种可行性方案,应在比较分析之后根据一定的标准,采取合理的方法进行筛选,作出成本最优化决策。对可行性方案的选优决策主要应把握两点:一是确定合理的优劣评价标准,包括成本标准和效益标准;二是选取适宜的抉择方法,包括定量方法和定性方法。企业组织物流成本决策的方法,因决策内容、类型及资料等的不同而体现出差异和多样性,主要有差量分析法、决策表法、均衡分析法等。

三、物流成本控制

(一)物流成本控制的概念

物流成本控制就是在物流成本的形成过程中,对物流活动过程进行规划、指导、限制和监督,使之符合有关成本管理的各项法规、政策、目标、计划和定额,及时发现偏差,采取措施校正偏差,将各项消耗控制在预定的范围内。物流成本控制侧重于事后进行分析评价,并总结推广先进经验和实施改进措施,在此基础上修订并建立新的成本目标,促进企业不断降低整个物流系统的活动成本,达到有效管理物流活动的目的。

一般情况下,物流成本控制可按成本发生的时间先后划分为事前控制、事中控制和事后控制三类,也即成本控制过程中的设计阶段、执行阶段和考核阶段。物流成本事前控制通常采用目标成本法,也采用预算法,是指经过物流成本预测和决策,确定目标成本,并将目标成本分解,结合责任制,层层控制。物流成本事前控制主要涉及物流系统的设计,例如,物流配送中心的建设,物流设施和设备的配备,物流作业过程改进控制、物流信息系统投资控制等。据估计,物流中有60%~80%的部分在物流系统设计阶段就已经确定,因此,物流成本事前控制是极为重要的环节,它直接影响到以后物流作业流程成本的高低。

物流成本事中控制通常采用标准成本法,是对物流活动过程中发生的各项费用按预定的成本标准(例如,设备耗费、人工耗费、劳动工具耗费和其他费用支出等)进行严格审核和监督,通过计算差异、分析差异和及时的信息反馈来纠正差异。

物流成本事后控制是对目标成本的实际发生情况进行分析评价,揭示问题、查明原因,为以后进行成本控制和制定新的成本目标提供依据。

物流成本控制是加强物流成本管理的一项重要手段,经过一系列的成本控制可有效分析物流成本居高不下的原因,并找到相应的对策,促使企业不断提高物流管理水平,提高企业的经济效益。

(二)物流成本控制的基本工作程序

物流成本控制可按以下程序进行:

1. 制定物流成本标准

物流成本标准是物流成本控制的准绳,物流成本标准首先包括物流成本预算中规定的各项指标,但物流成本预算中的一些指标都是综合性的,还不能满足具体控制的要求,这就必须规定一系列具体的标准。确定这些标准的方法大致有三种:

(1)计划指标分解法。即将大指标分解为小指标,分解时可按部门、单位分解,也可按功能分解。

(2)预算法。即用制定预算的办法来制定控制标准。有的企业基本上是根据年度的生产销售计划来制定费用开支预算,并把它作为物流成本控制的标准。采用这种方法特别要注意从实际出发来制定预算。

(3)定额法。即建立定额和费用开支限额,并将这些定额和限额作为控制标准来进行控制。在企业里凡是能建立定额的地方,都应把定额建立起来。实行定额控制的办法有利于物流成本控制的具体化和经常化。

在采用上述方法确定物流成本控制标准时,一定要进行充分的调查研究和科学计算,同时还要正确处理物流成本指标与其他技术经济指标的关系(例如,与质量和生产效率等的关系),从完成企业的总体目标出发,经过综合平衡,防止片面性,必要时还应搞多种方案的择优选用。

2. 监督物流成本的形成

此即根据控制标准对物流成本形成的各个项目,经常进行检查、评比和监督。不仅要检查指标本身的执行情况,而且要检查和监督影响指标的各项条件,例如,设备、工作环境等,所以物流成本日常控制要与生产作业控制等结合起来进行。日常控制不仅要有专人负责和监督,而且要使费用发生的执行者实行自我控制,还应当在责任制中加以规定,这样才能调动全体职工的积极性,使物流成本的日常控制有群众基础。

3. 及时纠正偏差

针对物流成本差异发生的原因,查明责任者,分辨情况,分辨轻重缓急,提出改进措施,加以贯彻执行。对于重大差异项目的纠正,一般采用下列程序:

(1)提出课题。从各种物流成本超支的原因中提出降低物流成本的课题,这些课题首先应当是那些物流成本降低潜力大、各方关心、可能实行的项目。提出课题的要求包括课题的目的、内容、理由、根据和预期达到的经济效益。

(2)讨论和决策。课题选定以后应发动有关部门和人员进行广泛的研究讨论。对重大课题可能要提出多种解决方案,然后进行各种方案的对比分析,从中选出最优方案。

(3)确定方案实施的方法步骤及负责执行的部门和人员。

(4)贯彻执行确定的方案。在执行过程中也要及时加以监督检查,方案实施以后还要检查方案实施后的经济效益,衡量是否达到了预期的目标。

物流成本控制是物流成本管理的重要环节，它贯穿于整个物流过程之中。物流成本控制制度能够把事前物流成本预算与日常的物流成本控制有机结合起来，因此，它是加强物流成本管理、提高物流效率的重要步骤。

四、物流成本计算

（一）物流成本计算的概念

物流成本计算，是指企业按物流管理目标对物流耗费进行确认、计量和报告。物流成本计算是加强物流企业管理，特别是加强物流成本管理、降低物流成本、减少资金占用、提高物流企业经济效益的重要手段。

（二）物流成本计算对象

物流成本如何归集与计算，取决于所评价与考核的成本计算对象选取得正确与否，成本计算对象的选取方法不同，得出的物流成本结果也不同，从而也导致了不同的成本评价对象与评价结果。因此，正确确定成本计算对象，是进行成本计算的基础。

成本计算对象，指企业或成本管理部门，为归集和分配各项成本费用而确定的、以一定时期和空间范围为条件而存在的成本计算实体。物流成本计算对象的选取，主要取决于物流范围、物流功能范围、物流成本费用范围与物流成本控制的重点。企业的物流活动都是在一定的时空范围内进行的，从各个物流活动经营过程来看，时间上具有连续性和继起性，空间上具有并存性。因此，各项物流成本费用的发生，需要从其发生期间、发生地点和承担实体三个方面进行合理划分，也就形成了成本计算对象的三个基本构成要素。

1. 成本费用承担实体

成本费用承担实体，指其发生并应合理承担各项费用的特定经营成果的体现形式，包括有形的各种产品和无形的各种服务作业。例如，工业企业的某种、某批或某类产品；服务行业的某一经营项目；施工企业的某项工程；运输企业的运输劳务等。对于企业物流来讲，其成本费用承担实体，主要是各种不同类型的物流活动或物流作业。

2. 成本计算期

成本计算期，指汇集生产经营费用、计算生产经营成本的时间范围。物流成本计算期从理论上应是某项物流经营活动从开始到完成这一周期，但在企业物流经营活动连续不断进行的情况下，难以对某一项物流经营活动确定经营期和单独计算成本。因此，根据权责发生制确认基础，一般以月份作为物流成本计算期，但对于一些特殊的物流活动，也可以经营周期作为成本计算期。

3. 成本计算空间

成本计算空间，指成本费用发生并能组织企业成本计算的地点或区域（部门、单位、生产或劳务作业环节等）。例如，工业企业的成本计算空间可按全厂、车间、分厂、某个工段或某一生产步骤划分；服务性企业可按部门、分支机构或班组等单位来确定各个成本计算空间。企业物流成本计算空间的划分一般是指对物流活动的范围、物流功能范围及物流成本控制的重点进行选取。

（三）物流成本计算的内容

企业物流的一切活动最终体现为经济活动，而经济活动必然要求进行经济核算，计算成本、考核业绩，因此，物流成本计算贯穿于企业整个物流活动的全过程。由于企业的物流活动包括运输、仓储、装卸搬运、包装、流通加工、配送和信息处理等多个环节，所以企业物流成本计算必然包括以下内容：

1. 运输成本的计算

运输成本的计算包括运输费用的确认、计算和确定以及运输成本的汇集、分配和结转。根据《企业会计准则》的规定，结合运输生产耗费的实际情况，运输成本项目可划分为直接人工、直接材料、其他直接费用、营运间接费用四个基本部分。

(1) 直接人工，指支付给营运车辆司机和助手的工资，包括司机和助手随车参加本人所驾车辆的保养和修理作业期间的工资、工资性津贴、生产性奖金，以及按营运车辆司机和助手工资总额的14%计提的职工福利费。

(2) 直接材料，包括燃料和轮胎。燃料指营运车辆在运行过程中所耗用的各种燃料，例如，在营运过程中耗用的汽油、柴油等燃料。轮胎指营运车辆所耗用的外胎、内胎、垫带的费用及轮胎翻新费和零星修补费用等。

(3) 其他直接费用。保养修理费，指对营运车辆进行各级保养及各种修理所发生的料工费，包括大修理费用计提额、修复旧件费用和行车耗用的机油、齿轮油费用等。折旧费，指按规定计提的营运车辆折旧费。养路费，指按规定向公路管理部门缴纳的营运车辆养路费。其他费用，指不属于以上各项目的与营运车辆运行直接有关的费用，包括车管费、行车事故损失、车辆牌照和检验费、保险费、车船使用税、洗车费、过桥费、轮渡费、司机途中住宿费、行车杂费等。

(4) 营运间接费用。指车队、车站、车场等基层营运单位组织与管理营运过程所发生的，应由各类成本负担的管理费用和营业费用，包括工资、职工福利费、劳动保护费、取暖费、水电费、办公费、差旅费、修理费、保险费、设计制图费、试验检验费等。

2. 仓储成本的计算

仓储是物流活动的一个重要环节，具有物资保护、调节供需、调配运能、实现配送、节约物资等功能。对仓储环节的成本计算包括对仓储物资价值的确认和计量、仓储成本和费用的汇集和结转、仓储物资损耗的处理与分摊。

(1) 仓储计算的基本要求。仓储在物流中占有较大的比重，仓储的计算与管理的好坏，对企业降低消耗、提高效益具有重要作用。因此，必须做好物流仓储的计算与管理工作。物流仓储计算的基本要求有：一是正确确认和科学计量物流仓储物资的价值；二是反映和监督物流仓储采购费用的支出情况，确定计算仓储物资购入的实际成本，考核仓储采购业务的成果，节约采购费用；三是反映和监督物流仓储物资的增减变动情况，监督仓储物资的收发、领退和保管情况，并按时清查，做到账实相符、账账相符；四是反映和监督物流仓储资金的占用情况，防止超储积压和储备不够的现象，既保证生产需要，又加速资金周转；五是正确计算物流仓储发生的实际成本。

(2) 实际成本计算方式。仓储日常计算方法有两种：一种是按实际成本对仓储物资的收发和结存进行计算；另一种是按计划成本对仓储物资的收发和结存进行计算。对仓储日常计算采用何种方法，由物流企业根据实际情况自行确定，但要遵守前后一致的原则。

3. 配送成本的计算

配送是物流中一种特殊的、综合的活动形式，是商流与物流的紧密结合，包含商流活动和物流活动，也包含物流中若干功能要素。从物流来讲，配送几乎包括了所有的物流功能要素，是物流的一个缩影或在某个小范围中物流全部活动的体现。一般的配送集装卸、包装、保管、运输于一身，通过这一系列活动达到将货物送达的目的，特殊的配送还以加工活动为支撑，包括的范围更广泛。配送环节成本计算的内容包括配送过程中的运输费用、分拣费用、配装费用、加工费用的归集、分配和结转。

4. 包装成本的计算

在社会再生产过程中,包装处于生产过程的末尾和物流过程的开头,既是生产的终点,又是物流活动的起点。包装成本计算主要是对物流包装发生的材料成本、人工费用、设计技术费用进行计算、归集和分配。

5. 装卸搬运成本的计算

在物流过程中,装卸活动是不断出现、反复进行的,它出现的频率高于其他各项物流活动,每次装卸活动都要花费很长时间,所以它往往成为决定物流速度的关键。装卸活动所消耗的人力也很多,所以装卸费用在物流成本中所占的比重也较高。以我国为例,铁路运输的始发和到达的装卸作业费大致占运费的20%左右,船运在40%左右。因此,为了降低物流费用,装卸是一个重要的环节。装卸搬运是一种附属性、伴生性的活动,它对整个物流活动具有支持性和保障性的作用。物流装卸成本项目,一般可分为以下四类:

(1) 直接人工,指支付给装卸机械的司机、助手和装卸工人的工资及按其工资总额和规定比例计提的职工福利费。

(2) 直接材料,主要是由装卸机械的燃料动力费和轮胎耗费构成。燃料和动力,指装卸机械在运行和操作过程中,所耗用的燃料、动力的费用。轮胎耗费,指装卸机械领用的外胎、内胎、垫带的费用及外胎翻新费和零星修补费。

(3) 其他直接费用,包括设备保养维修费、设备折旧费和其他费用。设备保养修理费,指为装卸机械和装卸工具进行保养、大修、小修所发生的料、工费,以及装卸机械在运行和操作过程所耗用的机油、润滑油的费用,也包括在本项目内。设备折旧费,指按规定计提的装卸机械折旧费。其他费用,指不属于以上各项目的与装卸业务直接有关的工具费、劳动保护费、外付装卸费、事故损失等。

(4) 营运间接费用,指各装卸作业实施者为组织与管理装卸业务所发生的管理费用和业务费用。

6. 流通加工成本的计算

流通加工,指物品在从生产地到使用地的过程中,根据需要施加的包装、切割、计量、分拣、刷标志、拴标签、组装等简单作业的总称。流通加工是流通中的一种特殊形式,是在物品从生产领域向消费领域流动的过程中,为了促进销售、维护产品质量和提高物流效率,对物品进行的加工,使物品发生物理、化学或形状上的变化。流通加工环节的会计核算,既要确认和记录流通加工中的业务收入,又要归集、计算和结转加工成本,计算和缴纳相关税金,并最终核算出加工环节的营业利润。

7. 物流信息成本的计算

物流信息成本,来源于物流信息系统建设和物流信息系统使用两方面所产生的各种费用支出。物流信息系统建设成本大多数形成企业的固定资产;物流信息使用成本,大多数是支持企业日常物流工作的开支,既有变动成本,也有期间成本。物流信息成本具有建设成本大、使用成本低的特点。

从成本核算的角度来看,物流信息成本的计算对象是物流信息。物流信息作为一种产品,不仅具有使用价值,而且也具有价值。物流信息的价值就是凝结在物流信息中的活劳动和物化劳动,这种活劳动和物化劳动的表现,就是可以用货币来计量的各种耗费。物流信息成本的计量单位应当是货币。

(四)物流成本计算的程序

物流成本计算是按照成本计算的要求,对企业在生产经营过程中发生的各项物流费用,逐步进行归集和分配,最后计算出各项期间费用、物流总成本和各种成本对象的物流成本的基本过程。物流成本计算的一般程序包括以下几个方面:

1. 审核原始记录

成本计算是以有关的原始记录为依据,例如,据以计算材料费用的领料单或领料登记表,计算工资费用的考勤记录和业务量记录等。为了保证成本计算的真实、正确和合法,成本计算人员必须严格审核有关的原始记录。审核其内容是否填写齐全,数字计算是否正确,签章是否齐全,费用应不应该开支,所耗费用的种类和用途是否符合规定,用量是否超过定额或计划等。只有经过审核无误后的原始记录,才能作为成本计算的依据。审核原始记录要对企业发生的各项支出进行严格的审核和控制,并按照国家的有关规定确定其是否计入物流成本,以及应计入生产成本还是期间费用。也就是说,要在对各项支出的合理性、合法性进行严格审核、控制的基础上,对不符合制度和规定的费用,以及各种浪费、损失等加以制止或追究经济责任。

2. 确定物流成本计算对象和成本项目

成本计算的过程,是按照一定的成本计算对象分配、归集物流费用的过程。成本计算对象,指成本计算过程中归集、分配物流费用的对象,即物流费用的承担者。成本计算对象不是由人们主观随意规定的,不同的生产经营类型从客观上决定了不同的成本计算对象。企业可以根据自己生产经营的特点和管理要求的不同,选择不同的成本计算对象来归集、分配物流费用。确定成本计算对象,是设置成本明细账、分配物流费用和计算物流成本的前提。不同的成本计算对象,也是区分不同成本计算方法的主要标志。

为了正确反映成本的构成,必须合理地规定成本项目。成本项目要根据具体情况与需要设置,既要有利于加强成本管理,又要便于正确计算物流成本。企业一般应设置直接材料、燃料及动力、直接人工和间接费用等成本项目。在实际工作中,为了使成本项目更好地适应企业的生产经营特点和管理要求,企业可以对上述成本项目进行适当的调整。在规定或调整成本项目时,应考虑如下几个问题:(1)各项费用在管理上有无单独反映、控制和考核的需要;(2)各项费用在物流成本中所占比重的大小;(3)某种费用专设成本项目所增加的计算工作量的大小。对于管理上需要单独反映、控制和考核的费用,以及在物流成本中所占比重比较大的费用,应专设成本项目;否则,为了简化成本计算工作,不必专设成本项目。

3. 确定物流成本计算期

成本计算期,是指汇集费用、计算成本的时间范围,可按年、月、日、周、经营周期作为成本计算期。物流成本计算期从理论上应是某项物流经营活动从开始到完成这一周期,但物流经营活动是连续不断进行的,很难对某一项物流经营活动确定经营期和单独计算成本,因此,往往根据权责发生制,一般以月份作为物流成本计算期,但对于一些经营周期比较短的特殊的物流活动,可将经营周期作为成本计算期。

4. 进行成本归集和分配

根据成本计算期,按成本计算对象和成本项目归集计算物流费用,计算出按成本项目反映的各种成本对象的成本。

(1)设置和登记成本明细账。为了使成本计算结果真实、可靠、有据可查,成本计算的过程必须要有完整的记录,即通过有关的明细账或计算表来完成计算的全过程。要正确计算各种对象的成本,必须正确编制各种费用分配表和归集的计算表,并且登记各类有关的明细账,这样才能将各种费用最后分配、归集到成本的明细账中,计算出各种对象的成本。物流成本计算程序指从物流费用发生开始,到计算出物流总成本和单位成本对象的成本为止的整个成本计算的步骤。

(2)成本归集与分配。从一定意义上讲,物流成本计算就是成本归集和成本分配两大工作。首先是成本归集,然后是成本分配,两者是密切联系、交错进行的。物流成本的归集,是指对企业生产经营过程中所发生的各种物流费用,按一定的对象(例如,各种产品、作业、各个车间或部门)所进行的成本数据的收集或汇总。收集某类成本的聚集环节,称为成本归集点。对于直接材料、直接人工,应按成本计算对象(例如,物流服务的品种、批别、步骤)进行归集;而对于间接费用,则应按发生地点或用途进行归集,然后再计入各成本对象的成本。成本计算对象是企业或成本管理部门为归集和分配各项成本费用而确定的,以一定时期和空间范围为条件而存在的成本计算实体。物流成本如何归集与计算,取决于对所评价与考核的成本计算对象的选定。正确地确定成本计算对象,是进行成本计算的基础。

五、物流成本分析

物流成本分析是在成本核算及其他有关资料的基础上,运用一定的方法,提示物流成本水平的变动,进一步查明影响物流成本变动的各种因素。通过物流成本分析,可以提出积极的建议,采取有效的措施来合理地控制物流成本。

(一)物流成本分析的含义

分析是人们认识客观事物本质特征及其发展规律的一种逻辑思维方法。物流成本分析就是利用物流成本核算结果及其他有关资料,分析物流成本水平与构成变动的情况,研究影响物流成本升降的各种因素及其变动原因,寻找降低物流成本的途径。

物流成本分析是在成本核算及其他有关资料的基础上,运用一定的方法揭示物流成本水平的变动,并进一步查明影响物流成本变动的各种因素。物流成本分析的主要目的是在达到既定的顾客服务水平的前提下降低企业的成本支出,提高企业的竞争能力。物流作为一个大的系统,分析其成本和收益应从整体考虑,避免子系统间各自为主,也就是说,要站得高一点、看得远一点,为企业的发展壮大提供最强有力的支持。国外对物流成本的分析及核算由来已久,并已相对较为完善,而我国由于物流业起步较晚,相关的政策及法规的制定相对滞后,至今仍未形成一套独立的核算体系,这使得我国的物流成本分析尚停留在"雾里看花"的阶段。

(二)物流成本分析的内容

物流成本分析贯穿于成本管理工作的始终,包括事前成本分析、事中成本控制分析和事后成本分析。

1. 事前成本分析

事前成本分析是指事前预计和测算有关因素对成本的影响程度,主要包括两方面内容,即成本预测分析和成本决策分析。

2. 事中成本控制分析

事中成本控制分析是指以计划、定额成本为依据,通过分析实际成本与计划成本、定额成本的差异,对成本进行控制。

3. 事后成本分析

事后成本分析指将产品过程中发生的实际成本与计划成本进行比较,对产生的差异进行分析,找出成本升降的原因,这是成本分析的主要形式。事后成本分析主要包括:全部产品成本分析、可比产品成本分析、主要产品单位成本分析、产品成本技术经济分析。

(三)物流成本分析的步骤

1. 确定分析目标

分析时首先要明确物流成本分析所要达到的目标,然后才能根据实际情况进行分析。

2. 明确分析对象

物流成本的构成相当复杂,有些成本是显而易见的,有些又隐含在其他成本之中,出于降低物流整体成本的需要,也要把后者考虑在内。这样就必须明确物流成本分析的出发点,明确分析的对象。

3. 制订分析计划

对于一个比较系统的分析来说,制订计划是非常必要的,因此,在开始进行分析前,应制订一个可行的分析计划。

4. 收集基本数据

进行成本分析的数据都来自于企业已有的实践,这些数据应尽可能收集得完整和精确,只有这样才能计算出正确的结果。

5. 统计与核算

对收集到的数据,要用一定的数学工具进行统计与核算,从而得出科学的结论,以此为企业提供物流方面决策的依据。

6. 得出分析结果,提出改进建议

根据上面步骤得出的分析结果,有针对性地提出降低整体物流成本和提升企业绩效的意见。

此外,物流成本计划也是物流成本管理的重要内容之一,是指根据成本决策所确定的方案、计划期的生产任务、降低成本的要求以及有关资料,通过一定程序,运用一定方法,以货币形式规定计划期物流各环节的耗费水平和成本水平,并提出保证成本计划顺利实现所采取的措施。通过成本计划管理,可以在降低物流各环节方面给企业提出明确的目标、推动企业加强成本管理责任制,增强企业的成本意识,控制物流环节费用,挖掘降低成本的潜力,保证企业降低物流成本目标的实现。

上述各项成本管理的内容是互相配合、相互依存的一个有机整体。成本预测是成本决策的前提;成本计划是成本决策所确定目标的具体化;成本控制是对成本计划的实施进行监督,以保证目标的实现;成本核算与分析是对目标是否实现的检验。

本章小结

物流作为生产运作在流通领域的继续,是创造价值的,这主要是通过节约成本费用而创造的。但这并不是说物流成本越高,物流所创造的价值就越高,因为物流并不能创造新的使用价值,物流成本只是社会财富的一种扣除。再加上长期以来人们对物流活动普遍重视不够,大部分物流成本得不到揭示,使得物流方面的浪费现象严重,直接影响了经济效益。因此,应加强物流成本管理,特别是把现代成本管理模式融入物流成本管理中,进而形成新的物流成本管理模式,不断降低物流成本,以提高经济效益。

物流成本是指产品在空间和静止过程中所耗费的各种活劳动和物化劳动的货币表现。具体地说,它是产品在实物运动过程中,譬如包装、装卸、运输、存储、流通加工等各个活动中,所支出的人力、财力和物力的总和。也就是说,现代物流泛指原材料、产成品从起点直至终点及相关有效的全过程。它将运输、仓储、装卸、加工、配送、信息等方面有机结合,形成完整的供应链管理。广义的物流成本指包括生产、流通、消费全过程的物品实体与价值变换而发生的全部成本。它具体包括了从生产企业内部原材料协作件的采购、供应开始,经过生产制造过程中的半成品存放、搬运、装卸、成品包装及运送到流通领域,进入仓库验收、分类、储存、保管、配送、运输,最后到消费者手中的全过程所发生的所有成本。而物流成本管理则是对所有这些成本进行计划、分析、核算、控制与优化,以达到降低物流成本的目的。

思考与练习

一、名词解释

物流成本　　物流成本管理　　物流成本预测　　物流成本决策　　物流成本控制　　物流成本分析　　物流成本计算

二、简述题

1. 物流成本的构成包括哪些?
2. 影响物流成本的因素有哪些?
3. 加强物流成本管理有何深远意义?
4. 物流成本管理的内容有哪些?

三、案例与分析

安利降低物流成本的秘诀

同样面临物流信息奇缺、物流基础设施落后、第三方物流企业服务能力参差不齐的实际情况,国内同行物流成本居高不下,而安利(中国)的储运成本仅占全部经营成本的4.6%。

安利(中国)大中华区储运部运营总监许绍明透露了安利降低物流成本的秘诀:全方位物流战略的成功运用。安利的"店铺+推销员"的销售方式,对物流储运有非常高的要求。安利的物流储运系统的主要功能是将安利工厂生产的产品及向供应商采购的印刷品、辅销产品等先转运到位于广州的储运中心,然后通过不同的运输方式运抵各地的区域仓库(主要包括沈阳、北京及上海外仓)暂时储存,再根据需求转运至设在各省市的店铺,并通过家居送货或店铺等销售渠道推向市场。与其他公司不同的是,安利储运部同时还兼管全国近百家店铺的营运、家居送货及电话订货等服务。因此,物流系统的完善与效率,在很大程度上影响着整个市场的有效运作。

但是,由于目前国内的物流信息相对短缺,安利很难获得物流企业的详细信息,例如,第三方物流企业的数量、服务能力和信用等。而国内的第三方物流企业在专业化方面也有所欠缺,很难达到安利的要求。在这种情况下,安利采用了适合中国国情的"安利团队+第三方物流供应商"的全方位运作模式。核心业务(如库存控制等)由安利统筹管理,实施信息资源最大范围的共享,使企业价值链发挥最大的效益。而非核心环节,通过外包形式完成。例如,以广州为中心的珠三角地区主要由安利的车队运输,其他绝大部分货物运输都是由第三方物流企业来承担。另外,全国几乎所有的仓库都是外包的第三方物流企业的仓库,而核心业务,例如,库存控制、调配指令及储运中心的主体设施与运作,主要由安利本身的团队统筹管理。目前已有多家大型第三方物流企业承担安利大部分的配送业务。安利则派专员进行市场调查,以评估与之合作的供应商是否提供具有竞争力的价格及所提供的服务是否满足公司要求的服务标准。这样,既能整合第三方物流企业的资源,与其建立联盟关系,同时又通过对供应链的核心环节——管理系统、设施和团队——的掌控,保持安利自身优势。

从安利的物流运作模式来看,至少有两个方面值得国内企业借鉴:

1. 投资决策的实用主义

在美国,安利仓库的自动化程度相当高,而在中国,很多现代化的物流设备并没有被采用,因为美国的土地和人工成本较高,而中国这方面的成本较低,两相权衡,安利避高就低。许绍明说:"如果安利中国的销售上去了,有了需要,我们才会考虑引进自动化仓库。"刚刚启用的安利新物流中心,也很好地反映了安利的"实用性原则"。新物流中心占地40 000平方米,是原仓库的4倍,而建筑面积达16 000平方米。这样大的物流中心如果全部自建的话,仅土地和库房等基础设施方面的投资就需要数千万元。安利采取与另一物流发展商合作的模式,合作方提供土地和库房,安利租用仓库并负责内部设施的投入。只用了1年的时间,投入1 500万元,安利就拥有了一个面积充实、设备先进的新物流中心。而国内不少企业,在建自己的物流中心时,将主要精力都放在了基建上,不仅占用了企业大量的周转资金,而且费时费力,效果并不见得很好。

2. 核心环节的大手笔投入

安利单在信息管理系统上就投资了9 000多万元,其中主要的部分之一,就是用于物流、库存管理的AS400系统,它使公司的物流配送运作效率得到了很大的提高,同时大大降低了各种成本。安利先进的计算机系统将全球各个分公司的存货数据联系在一起,各分公司与美国总部直接联机,详细储存每项产品的生产日期、销售数量、库存状态、有效日期、存放位置、销售价值和成本等数据。有关数据通过数据专线与各批发中心直接联机,使总部及仓库能及时了解各地区、各店铺的销售和存货状况,并按照店铺的实际情况及时安排补货。在仓库库存不足时,安利的库存及生产系统也会实时安排生产,并预定补给计划,以避免个别产品出现断货情况。

总之,物流成本管理的有效实施,为安利带来了更多的利益。

思考题:
1. 安利通过哪些途径来降低物流成本?
2. 安利主要采用了什么策略对物流成本进行控制?
3. 安利物流成本的合理管理对国内企业带来的启示是什么?

第十四章 物流技术

学习目标与要求

1. 了解物流技术的分类；
2. 了解物流技术标准化的主要内容；
3. 了解托盘技术的主要内容；
4. 了解共同配送的主要方式和功能；
5. 了解起重和输送机械以及自动分拣系统的概况；
6. 掌握物流信息技术的主要内容；
7. 了解物流管理信息系统的概念、类型和功能等；
8. 了解智能物流系统的概念、主要技术和发展趋势。

第一节 物流技术概述

物流技术（Logistics Technology）是指物流活动中所采用的自然科学与社会科学方面的理论、方法，以及设施、设备、装置与工艺的总称。

一、物流技术的分类

物流技术概括为硬技术和软技术两个方面，如表 14-1 所示。物流硬技术是指组织物资实物流动所涉及的各种机械设备、运输工具、站场设施，以及服务于物流的电子计算机、通信网络设备等方面的技术。物流软技术是指组成高效率的物流系统而使用的系统工程技术、价值工程技术、配送技术等。

表 14-1　　　　　　　　　　　物流技术分类表

	硬技术	软技术
物流技术	物流设施：仓库、车站、港口、机场、中转站、物流中心、信息设备等； 物流机械：装卸机械、输送机械、包装机械、起重机械、运输机械； 物流材料：包装材料、集装材料。	计划：对流通型态与硬技术进行规划研究与改进的工作； 运用：对运输工具的选择使用、装卸方法、库存管理、劳务管理等； 评价：成本计算等。

物流技术与生产技术是比较容易混淆的，通过表 14-2 我们比较它们的区别，通过对比能

更准确地把握物流技术的概念。

表14—2　　　　　　　　　　　　物流技术与生产技术对比表

生 产 技 术	物 流 技 术
为社会提供有形物质	为社会提供无形服务
直接与科学技术新动向相适应	间接地、被动地适应多样化需求

物流技术是与物流活动全过程紧密相关的,物流技术的高低直接关系到物流活动各项功能的完善和有效实现。下面我们对相关的技术作简要的介绍。

(一)运输技术

运输工具朝着多样化、高速化、大型化和专用化方向发展,对节能环保要求严格。铁路运输发展重载、高速、大密度行车技术。一些和企业生产关系密切的载重汽车其发展方向是大型化、专用化,同时为了卸货和装货方便,有低货台汽车以及带有各种附带装卸装置的货车等,另外还有大型超音速飞机、大型油轮等。

(二)库存技术

库存是由单纯保管存储发展成的对物流的调节、缓冲。现代化仓库已成为促进各物流环节平衡运转的物流集散中心。仓库结构的代表性变化是高度自动化的保管和搬运结合成一体的高层货架系统,货架可以高达30~40米,具有20万~30万个货标,通过计算机进行集中控制,自动进行存取作业。货架的结构各式各样,目前还发展了小型自动仓库,如回转货架仓库,可以更灵活地布置,方便生产,可用计算机实行联网控制,实现高度自动化。仓库的形式还有重力货架式,以及其他形式。作为物流中心,大量物资要在这里分类、拣选、配送,因此,高速自动分拣系统也得到了发展。

(三)装卸技术

装卸联结保管与运输,具有劳动密集型、作业发生次数多的特点。因此,推行机械化以减轻繁重的体力劳动非常必要。由于装卸作业的复杂性,装卸技术和相应的设备也呈现出多样化的特点,使用最为普遍的是各式各样的叉车、吊车(包括行吊、汽车吊等)以及散料装卸机械等。

(四)包装技术

包装技术是指使用包装设备并运用一定的包装方法,将包装材料附着于物流对象,使其更便于物流作业。包装技术研究主要包括包装设备、包装方法和包装材料三部分。

包装材料常常是包装改革的新内容,新材料往往导致新的包装形式与包装方法的出现。对于包装材料的要求是:比重轻,机械适应性好;质量稳定,不易腐蚀和生锈,本身清洁;能大量生产,便于加工;价格低廉。目前常用的包装材料有纸与纸制品、纤维制品、塑料制品、金属制品以及防震材料等。包装还涉及防震、防潮、防水、防锈、防虫和防鼠等技术。

(五)集装箱化技术

集装箱化是指采用各种不同的方法和器具,把经过包装或未经包装的物流对象整齐地汇集成一个便于装卸搬运的作业单元,这作业单元在整个物流过程中保持一定的形状,以集装单元来组织物流的装卸搬运、库存、运输等物流活动的作业方式称为集装箱化作业。

集装箱化技术就是物流管理硬技术(设备、器具等)与软技术(为完成装卸搬运、储存、运输等作业的一系列方法、程序和制度等)的有机结合。它的出现,使传统的包装方式和装卸搬运工具发生了根本变革。集装箱本身就成为包装物和运输器具。这被称为物流史上的一次革命。之所以被称为是一次"革命",与其在整个物流作业中的作业是分不开的。在整个物流过程中,物流的装卸搬运出现的频率大于其他作业环节,所需要的时间多,劳动强度大,占整个物流费用比重大。采用集装单元化技术使物流的储运单元与机械等装卸搬运手段的标准能互相一致,从而把装卸搬运劳动强度减少到最低限度,便于实现机械化作业,提高作业效率,降低物流费用,实现物料搬运机械化和标准化。货物从始发地就采用集装单元形式,不管途中经过怎样复杂的转运过程,都不会打乱集装单元物流的原状,直到终点。这样便很大精度上减少了转载作业,极大地提高了运输效率。在储存作业中,采用集装箱化技术有利于仓库作业机械化,提高库容利用率,便于清点,减少破损和污染,提高保管质量,提高搬运灵活性,加速物流周转,降低物流费用。

(六)物流信息技术

物流信息技术是物流现代化极为重要的领域之一,计算机网络技术的应用使物流信息技术达到新的水平。物流信息技术是物流现代化的重要标志。

物流信息技术也是物流技术中发展最快的领域,从数据采集的条码系统、仓储管理系统到办公自动化系统中的微机,各种终端设备等硬件、软件都在日新月异地发展并得到了广泛应用。

二、物流标准化

物流标准化是指以物流为一个大系统,制定系统内部设施、机械装备、专用工具等的技术标准,包装、仓储、装卸、运输等各类作业标准以及作为现代物流突出特征的物流信息标准,并形成与全国以及与国际接轨的标准化体系。

(一)物流标准化的作用

随着全球经济一体化进程的加快,标准化工作所涉及的领域越来越广泛,发挥的作用也越来越大,国际标准的采用已经十分普遍,标准化已成为企业竞争的重要手段。而目前,我国物流标准化体系的建设相当不完善,尽管已建立了物流标志标准体系,并制定了一些重要的国家标准,例如《商品条码》、《储运单元条码》、《物流单元条码》等,但这些标准的应用推广存在着严重问题。这种情况严重制约了我国物流业的发展。物流标准化的作用主要表现在下列几个方面:

1. 可以统一国内物流概念。我国的物流发展借鉴了很多国外的经验,由于各国在物流的认识上有着众多的学派,就造成了国内人士对物流的理解存在偏差。物流的发展不单单是学术问题,更重要的是要为国民经济服务、创造更多的实际价值。因此,我们要弄清物流的概念问题,并对物流涉及的相关内容达成统一的认识,为加快我国物流的发展扫清理论上的障碍。

2. 可以规范物流企业。目前我国市场上出现了越来越多的物流企业,其中不乏新生企业和从相关行业转行的企业,层出不穷的物流企业也使物流队伍良莠不齐。物流业整体水平不高,不同程度地存在着市场定位不准确、服务产品不合格、内部结构不合理、运作经营不规范等问题,影响了物流业的健康发展。建立与物流业相关的国家标准,对已进入物流市场和即将进入物流市场的企业进行规范化、标准化管理,是确保物流业稳步发展的需要。

3. 可以提高物流效率。物流业是一个综合性的行业,它涉及运输、包装、仓储、装卸搬运、流通加工、配送和信息等各个方面。我国的现代物流业是在传统行业的基础上发展起来的。由于传统的物流被人为地割裂为很多阶段,而各个阶段不能很好地衔接和协调,加上信息不能共享,造成物流的效率不高,这在很多小的医药物流企业表现得尤为明显。物流标准化是以物流作为一个大系统,制定系统内部设施、机械设备、专用工具等各个分系统的技术标准;制定系统内各个分领域(如包装、装卸、运输等方面)的工作标准,以系统为出发点,研究各分系统与分领域中技术标准与工作标准的配合性,统一整个物流系统的标准;研究物流系统与相关其他系统的配合性,进一步谋求物流大系统的标准统一。

4. 可以使国内物流与国际接轨。全球经济一体化的浪潮,使世界各国的跨国公司开始把发展目光集中到我国。物流业受到了来自国外物流公司的冲击。因此,我国的物流业必须全面与国际接轨,接纳最先进的思想,运用最科学的运作和管理方法,改造和武装我们的物流企业,以提高竞争力。从我国目前的情况看,物流的标准化建设是引导我国物流企业与国际物流接轨的最佳途径。

(二)物流标准化的内容

1. 技术标准

技术标准是指对标准化领域中需要协调统一的技术事项所制定的标准。在物流系统中,主要指物流基础标准物流活动中采购、运输、装卸、仓储、包装、配送、流通加工等方面的技术标准。

(1)物流基础标准

①专业计量单位标准

包括国家统一的计量标准以及物流系统自身独有的专业计量标准。

②物流基础模数尺寸标准

物流基础模数尺寸指标准化的共同单位尺寸,系统各标准尺寸的最小公约尺寸。在制定各个具体的尺寸标准时,要以基础模数尺寸为依据,选取其整数倍为规定的尺寸标准,从而减少尺寸的复杂性,使物流系统各个环节协调配合,并成为系列化的基础。例如,ISO 制定的 600mm×400mm 基础模数尺寸。

③集装基础模数

集装模数尺寸是最小的集装尺寸,是在物流基础模数尺寸的基础上,按倍数推导出来的各种集装设备的基础尺寸。物流系统中,由于集装尺寸必须与各环节物流设施、设备相配合,在对整个物流系统设计时,一般以集装尺寸为核心进行设计,它是物流各环节标准化的核心,决定和影响着其他物流环节的标准化。集装基础模数以 1 200mm×1 000mm 为主,也允许 1 200mm×800mm 和 1 200mm×1 100mm。

④物流建筑模数尺寸

指物流系统中各种建筑物所使用的基础模数,譬如仓库的长、宽、高尺寸,门窗尺寸,以及跨度、深度等尺寸的依据。

⑤物流专业术语标准

包括物流专业名词的统一化、专业名词的统一编码及定义的统一解释。避免人们对物流词汇的不同理解而造成的物流工作的混乱。

(2)各系统中的技术指标

①运输车、船标准:主要对火车、卡车、货船、拖挂车等运输设备制定的车厢和船舱尺寸、载重能力、运输环境等标准,以确保设备之间及设备与固定设施的衔接,还包括废气的排放、噪音等级等标准。

②仓库技术标准:包括仓库尺寸、建筑面积、通道比例、单位储存能力、温度、湿度、照明等

技术标准。

③包装标准:包括包装尺寸、包装材料、质量要求、包装标志及包装的技术要求等标准。

④传输机具标准:包括水平、垂直输送的各种机械式或气动式起重机、传送机、提升机的尺寸和传输能力等技术标准。

⑤站台技术标准:包括站台高度、作业能力等技术标准。

⑥集装箱、托盘标准:包括托盘和集装系列尺寸标准、荷重标准及集装箱的材料标准。

⑦货架、储罐标准:包括货架净空间、载重能力、储罐容积尺寸标准。

⑧信息标准:EDI、条码、GPS 标准等。

2. 工作标准

工作标准指对工作内容、方法、程序和质量要求所制定的标准,物流工作标准是对各项物流工作制定的统一要求和规范化制度。主要包括:各岗位的职责及权限范围;完成任务的程序和方法及与相关岗位的协调、信息传递方式,工作人员的考核与奖罚方法;物流设施、建筑的检查验收规范;钓钩和索具使用、放置规定,货车和配送车辆运行时刻表、运行速度限制以及异常情况的处理方法。

3. 作业标准

物流作业标准指物流作业过程中物流设备运行标准、作业程序、作业要求等标准,是实现作业规范化、效率化及保证作业质量的基础。

第二节 物流常用技术和机械

一、托盘技术

(一)托盘的定义

我国国家标准《物流术语》(GB/T183542—2001)将托盘定义为:"用于集装、堆放、搬运和运输的放置作为单元负荷的货物和制品的水平平台装置。"

托盘是现代物流作业中最基本的载体,是最基本的物流单元化器具,从一定意义上讲,托盘应用水平是衡量现代物流发展水平的重要标准之一。在流通过程中,托盘与叉车配合使用,实现了机械化、专业化作业,提高了物流作业效率,降低了产品的破损率及物流成本。综观物流活动全过程,托盘单元的装卸搬运活动是不断出现和反复进行的,其出现的频率远远高于其他各项物流活动,是物流各个功能之间能否形成有机联系和紧密衔接的关键,其作业效率、费用等是影响现代物流活动的重要因素。

(二)托盘包装技术

我国国家标准《包装术语基础》(GB/T412212—1996)将托盘包装定义为:"以托盘为承载物,将包装件或产品堆码在托盘上,通过捆扎、裹包或胶粘等方法加以固定,形成一个搬运单元,以便用机械设备搬运。"

托盘包装设计的顺序为:首先,设计人员确定运输包装件的类别、物态、质量、尺寸、防护要求、包装成本、流通条件等;其次,根据上述因素选择适当的标准托盘,并确定堆码方式、堆码高度、固定方式及防护加固附件,使得托盘包装能承受装卸、运输过程中的合理冲击以及外界环境的影响;最后,确保预定码放状态和黏合、支撑、裹包、捆扎等牢固程度。

托盘堆码一般有四种方式,即简单重叠式、正反交错式、纵横交错式和旋转交错式堆码。

应用中一般要求托盘承载表面积的利用率不低于80%。托盘包装的主要固定方法有捆扎、胶合束缚、拉伸包装、收缩包装等，并可相互配合使用；防止塌垛的方法还有使用网罩、框架、专用卡具，运输包装件之间添加防滑材料，或者将平托盘周边垫高，使货物向中心依靠。

（三）物流托盘化

物流托盘化是把托载商品和货物的托盘准备好，把托盘的尺寸标准化，形成同样的大小。物流托盘化是实现物品装卸、储存等作业机械化、连贯化的基本和必要的前提。托盘经营方式合理与否是提高托盘流通性的关键因素。

物流托盘化包括托盘尺寸规格标准化，托盘制造材料标准化，各种材质托盘质量的标准化，托盘检测方法及鉴定技术标准化，托盘作业标准化，托盘集装单元化，托盘作业一贯化，托盘国内、国际共用化，以及托盘与物流设施、设备、运输车辆、集装箱等尺寸协调合理化等内容。

托盘标准化是物流托盘化的核心，是物流托盘化的前提和基础，没有托盘标准化，就不可能实现物流托盘化，也就没有快速、高效、低成本的现代物流。

（四）托盘标准化

目前，世界范围内多数国家的物流标准化工作还处于初始阶段，但作为物流托盘化基础的托盘标准化却由于托盘使用量大，使用频率高，使用范围广，而有较大进展。据统计，美国拥有15亿~20亿个托盘，日本拥有约7亿~8亿个托盘，我国也拥有上亿个托盘，并且社会生产、流通的大多数行业都不同程度地大量使用托盘。

国际标准化组织——托盘标准化技术委员会（ISO/TC51）是国际托盘标准制定、修订的专门机构，在2003年颁布的ISO6780标准中推出6种国际托盘标准规格，其中，欧洲普遍使用1 200mm×800mm、1 200mm×1 000mm两种规格的托盘；美国主要使用的规格为40英寸×48英寸；澳大利亚则以1 140mm×1 140mm、1 067mm×1 067mm两种规格为主；亚洲国家，特别是日本、韩国，分别于1970年和1973年把1 100mm×1 100mm（简称T11）规格托盘作为国家标准托盘大力推广。目前，澳大利亚标准化托盘使用率最高，为95%；美国为55%；欧洲为70%；日本为亚洲之最，使用率为35%；韩国为26.7%。

我国已成立了中国物流标准化技术委员会和中国物流与采购联合会托盘专业委员会（以下简称两会）。两会成立后，制定了若干物流国家标准，譬如，《数码仓库应用系统规范》、《物流企业分类与评价指标》等，还与国际上托盘使用大国，特别是与日本、韩国这两个临近托盘大国进行了广泛深入的交流与合作，为我国托盘事业发展做了大量工作。但目前两会还没有制定出我国自己的托盘国家标准，而是套用ISO/TC51制定的国际标准。另有部分企业根据企业的实际情况，生产和使用了不同规格不同标准的托盘产品，导致国内流通中托盘规格高达30余种。其中常用的包括1 100mm×1 100mm、1 200mm×1 000mm两种规格。

二、共同配送

共同配送也称共享第三方物流服务，指多个客户联合起来共同由一个第三方物流服务公司来提供配送服务。它是在配送中心的统一计划、统一调度下展开的。

虽然目前共同配送在发达国家已成为一种潮流，但它并不是一个全新的概念。早在1961年时，美国哈灵顿仓储服务公司就将桂格公司、通用磨坊公司、皮尔斯博瑞公司以及其他公司的日用食品杂货订单整合成一个整车运输发往同一个销售商，这样就大大降低了运输成本。在当时，这种做法只是被简单地称为"库存整合"。虽然那时没有像"共同配送"这样复杂的名词，但两者其实是一回事。

（一）共同配送的方式

共同配送有两种运作形式：

1. 由一个配送企业对多家用户进行配送。即由一个配送企业综合某一地区内多个用户的要求，统筹安排配送时间、次数、路线和货物数量，全面进行配送。

2. 仅在送货环节上将多家用户待运送的货物混载于同一辆车上，然后按照用户的要求分别将货物运送到各个接货点，或者运到多家用户联合设立的配送货物接收点上。这种配送有利于节省运力和提高运输车辆的货物满载率。

（二）共同配送的原因

1. 从货主的角度来看，共同配送可以降低配送成本。由于共同配送是多个货主企业共享一个第三方物流服务公司的设施和设备，进而由多个货主共同分担配送成本，进而降低了成本。另外，由多个不同货主的零散运输通过整合可以变成成本更低的整车运输，从而使得运输费用大幅度降低。共同配送还可以降低每个货主的日常费用支出，降低新产品上市时的初始投资的风险。

2. 从第三方物流服务商的角度来看，共同配送同样可以降低其成本，从而间接地为其客户节省费用。美国著名的第三方物流商英运物流集团的副总裁托马斯认为："我们之所以能够降低我们的成本，是因为我们的人工、设备和设施费用分摊到了很多共享的客户身上。这些零散客户共享所带来的生意量就像大客户所带来的生意量一样大，使得我们可以发挥物流的规模效益，从而节约成本，这些成本的节约又反过来可以使我们公司实施更加优惠的低价政策。"

（三）共同配送的功能

共同配送的再度盛行，主要是因为共同配送可以实现以下两方面的功能。

1. 从多点到一点

现在很多第三方物流服务公司都提供共同配送服务，而且通过与高效客户响应（ECR）和连续补货方式相联系，更显现出其独特之处。尤其在零售业共同配送非常流行，因为零售业的一个重要特点就是产品种类多，因此，一个零售商要由很多的供货商向其供货。

共同配送虽然具有很多优点，但运作起来也很复杂，它不仅仅是将几家货物装到一辆车上那样简单，还需要做很多技术上的工作。它需要第三方物流商提供更多的技术和管理系统来对由多个供应商所提供商品组成的订单进行优化从而形成整车运输。此外，实现共同配送的另一个前提条件就是第三方物流服务商同样要有同一行业的大量客户。

2. 可以做到最小风险、最大柔性

共同配送已经形成一种潮流，而且它的广度与深度已经超越了整合运输的这种简单形式，随着经济的发展，很多公司都想扩展自己的业务、开拓新的市场，或进入其他的产品市场。但是，在进行投资之前这些公司都非常谨慎并希望投资风险尽量减小，基于此方面的原因，很多公司采取了共同配送的运作形式。

共同配送可以帮助厂商对市场需求做出快速反应。例如，药品与保健品公司是共享配送网络的最大客户之一，这是因为为了快速履行订单，它们必须在主要的销售点附近保存少量的存货，由于这些销售点相对来说空间很小，为保证在有限的空间内陈列更多的商品，就不能保有太多的库存，所以采用共同配送进行及时补货是非常适合的。其他的行业，如电子产品和汽车生产商，当产品短暂的生命周期和狭小的库存空间使得公司必须强调物流网络的完善和节省资金占用时，共同配送同样也是降低风险的好选择。由于共同配送避免了厂商在仓库等建筑物、物料搬运系统设备、人工以及支持性的信息系统这些方面的投资，又能及时满足客户的需求，因而受到厂商等客户的欢迎。对于厂商来说，采用共同配送所需的成本只是实际的货运量带来的变动成本，节省了固定成本，因此，它们可以用节省下来的资金投资于自己的核心业务活动，例如，产品开发、市场营销以及其他创收活动。

共同配送本身所具有的柔性同样是其深受广大公司青睐的一个重要原因。大客户一般都倾向于与第三方物流服务商签订长期合同，与之相比，共享服务对象所签订的合约往往是短期的，通常一月一签约。例如，客户上个月与第三方物流商签订的是1 000平方米的库房租约，下个月可能就变成800平方米，因此这种服务方式非常柔性。如果客户更倾向于按单位产品的费率来收费，那么相应地，第三方物流商就可以按照它们所处理的实际货运量的大小来收费。

三、起重与输送机械

（一）起重机械

起重机械是一种以间歇作业方式对物料进行起升、下降和水平移动的搬运机械。起重机械的作用通常带有重复循环的性质。一个完整的作业循环应包括取物、起升、平移、下降、卸载，然后返回原处等环节。经常启动、制动、正向和反向运动是起重机械的基本特点。

起重机械的种类较多，通常按照主要用途和构造特征对其进行分类。按主要用途可分为通用起重机、建筑起重机、冶金起重机、铁路起重机、造船起重机、甲板起重机等。按构造特征可分为桥式类型起重机、臂架式起重机、固定式起重机和运行式起重机。运行式起重机又分为轨道式和无轨式两种。图14－1是起重机械按构造分类图。

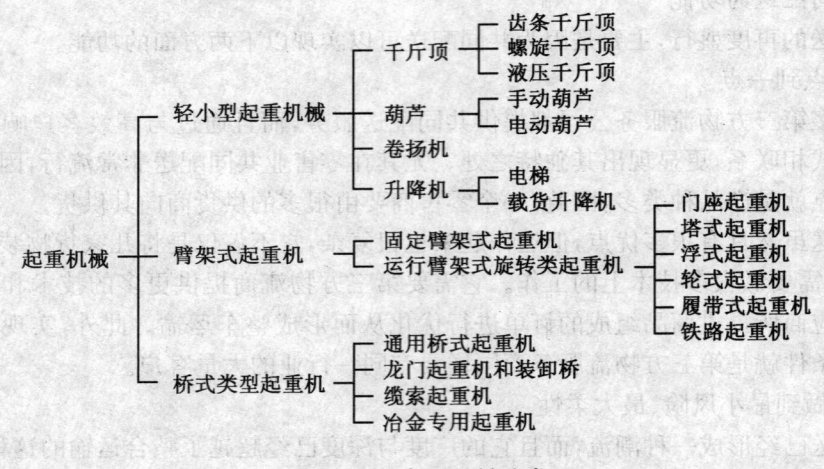

图14－1　起重机械分类

在对起重机械进行配置与选择之前，需要弄清楚起重机械的主要性能参数，包括起重量、工作幅度、起重力矩、起升高度以及工作速度等。

起重机的工作级别是由起重机的利用等级和载荷状态确定的，可分为A1～A8共8个等级，它反映了起重机在设计寿命期内，使用时间的长短和负载的繁重程度。对起重机械划分工作级别，有利于合理地设计和选用起重机。当起重机利用等级和载荷谱系数无法确定时，起重机用途可参照表14－3选定。

第十四章 物流技术

表 14-3　　　　　　　　　　　　起重机工作级别举例

起重机型式			工作级别
桥式起重机	吊钩式	电站安装及维修用	A1～A3
		车间及仓库用	A3～A5
		繁重工作车间及仓库用	A6、A7
	抓斗式	间断装卸用	A6
		连续装卸用	A6～A8
门式起重机		一般用途吊钩式	A3～A6
		装卸用抓斗式	A6～A8
		电站用吊钩式	A2、A3
		造船安装用吊钩式	A3～A5
		装卸集装箱用	A5～A8
装卸桥		料场装卸用抓斗式	A7、A8
		港口装卸用抓斗式	A8
		港口装卸集装箱用	A6～A8
门座起重机		安装用吊钩式	A3～A5
		装卸用吊钩式	A5～A7
		装卸用抓斗式	A6～A8
塔式起重机		一般建筑安装用	A2～A4
		用吊罐装卸混凝土	A4～A6

起重机的经济性与其在工地使用的时间有很大关系。使用时间越长，则平均到每个台班的运输和安装费用越少，其经济性越好。

各类起重机的经济性比较见图 14-2。在同等起重能力下，如果使用时间短，则使用汽车式或轮胎式起重机最经济；如果使用时间较长，则履带式起重机较经济；如果长期使用，则使用塔式起重机最经济。

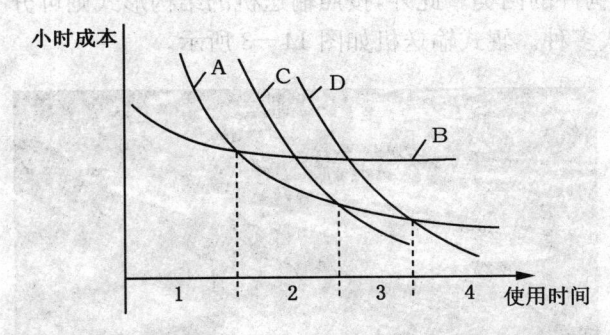

注：A 为轮胎式起重机；B 为汽车式起重机；C 为履带式起重机；D 为塔式起重机。

图 14-2　各类起重机经济性比较曲线

（二）输送机械

输送机械是以连续的方式沿着一定的线路从装货点到卸货点均匀输送散料和成件包装货物的机械装置，简称为输送机。

输送机能在一个区间内连续搬运大量货物，搬运成本较低，搬运时间容易控制，因此，被广泛应用于现代物流系统中。特别在自动化立体仓库系统中，其搬运系统一般都是由连续输送机组成的，例如，进出库输送系统、自动分拣系统等，整个搬运系统由中央计算机统一控制，形成了一个完整的货物输送与搬运系统，大量货物或物料的进出库、装卸、分类、分拣、识别、计量等工作均由输送机系统来完成。

在仓储系统中，其搬运作业以集装单元化搬运最为普遍。因此，所用的输送机也以单元负载式输送机为主。单元负载式输送机主要用于输送托盘、箱包件或其他有固定尺寸的集装单元货物。

1. 输送机械的特点

输送机是沿着一定的输送路线运输货物的机械。与间歇运作的起重机械相比，输送机械具有以下特点：

（1）连续作业、效率较高。输送机械可以不间断地搬运货物，不必因空载回程而引起运货间断，同时由于不必经常起动和制动而保持较高的工作速度。连续和高速的输送使输送机械能够达到很高的生产率。

（2）结构简单，经济便捷。输送机械一般沿固定的路线输送货物，动作单一，所以结构简单，便于实现自动控制。在同样生产率的条件下，由于载荷均匀、速度稳定，功耗较小，经济实惠。但当输送路线复杂或变化时，会造成结构复杂或需要按新的路线重新布置输送机。

（3）通用性较差。每种机型只适用一定类型的货种，只能按照固定线路输送货物，并且一般不适于运输重量很大的单件物品。

（4）大多数输送机不能自行取货，因而需要采用一定的供料设备。

2. 输送机械的分类

输送机械的形式、构造和工作原理都是多种多样的。由于生产发展的要求，新的机型正在不断增加。按照有无动力源，输送机可分为重力式和动力式。重力式输送机按滚动体的不同，可分为滚轮式、滚筒式及滚珠式三种，而动力式输送机一般以电动机为动力。按照输送机所运货物的种类可分为输送件货的和输送散货的两类。按照输送机的传动特点可分为有挠性牵动构件的和无挠性牵动构件的两类。此外，按照输送机的结构形式则可分为辊式、链式、轮式、胶带式、滑板式及悬挂式多种。辊式输送机如图14—3所示。

图14—3 辊式输送机

3. 输送机械在现代物流系统中的作用

输送机械在现代物流系统中，特别是在港口、车站、库场、货栈内，承担大量的货物运输任务，同时也是现代化立体仓库中的辅助设备，它具有把各物流站点衔接起来的作用。物料输送是"装卸搬运"的主要组成部分，在物流各阶段、环节、功能之间，都必须进行输送作业。

输送机械是生产物流中的重要设备。在生产车间,输送机械起着人与工位、工位与工位、加工与储存、加工与装配之间的衔接作用,具有物料的暂存和缓冲功能。通过对输送机械的合理运用,使各工序之间的衔接更加紧密,提高生产效率,它是生产中必不可少的调节手段。

四、自动分拣系统和设备

(一)自动分拣系统作业描述

自动分拣系统(Automated Sorting System)是第二次世界大战后在美国、日本的物流中心中广泛采用的一种自动分拣系统,该系统目前已经成为发达国家大中型物流中心不可缺少的一部分。该系统的作业过程可以简单描述如下:物流中心每天接收成百上千家供应商或货主通过各种运输工具送来的成千上万种商品,在最短的时间内将这些商品卸下并按商品品种、货主、储位或发送地点进行快速准确的分类,将这些商品运送到指定地点(如指定的货架、加工区域、出货站台等);同时,当供应商或货主通知物流中心按配送指示发货时,自动分拣系统在最短的时间内从庞大的高层货存架存储系统中准确找到要出库商品的所在位置,并按所需数量出库,将从不同储位上取出不同数量的商品按配送地点的不同运送到不同的理货区域或配送站台集中,以便装车配送。

(二)自动分拣系统的主要特点

1. 能连续、高速地分拣货物。由于采用大生产中使用的流水线自动作业方式,自动分拣系统不受气候、时间、人的体力等的限制,可以连续运行。自动分拣系统可以连续运行100个小时以上,每小时可分拣7 000件包装商品,如用人工则每小时只能分拣150件左右,同时分拣人员也不能在这种劳动强度下连续工作8小时。

2. 分拣误差率极低。自动分拣系统的分拣误差率大小主要取决于所输入分拣信息的准确性大小,这又取决于分拣信息的输入机制,如果采用人工键盘或语音识别方式输入,则误差率在3%以上,如采用条形码扫描输入,除非条形码的印刷本身有差错,否则不会出错。因此,目前自动分拣系统主要采用条形码技术来识别货物。

3. 分拣作业基本实现无人化。国外建立自动分拣系统的目的之一就是为了减少人员的使用,减轻人员的劳动强度,提高人员的使用效率,因此,自动分拣系统能最大限度地减少人员的使用,基本做到无人化。分拣作业本身并不需要使用人员,人员的使用仅局限于送货车辆抵达自动分拣线的进货端时,由人工接货;由人工控制分拣系统的运行;分拣线末端由人工将分拣出来的货物进行集载、装车;自动分拣系统的经营、管理与维护。

例如,美国一公司配送中心面积为10万平方米左右,每天可分拣近40万件商品,仅使用400名左右员工,这其中部分人员都在从事上述第一项和后两项工作,自动分拣线做到了无人化作业。

(三)自动分拣系统的组成

自动分拣系统一般由控制装置、分类装置、输送装置及分拣道口组成。

控制装置的作用是识别、接收和处理分拣信号,根据分拣信号的要求指示分类装置按商品品种、商品送达地点或货主的类别对商品进行自动分类。这些分拣需求可以通过不同方式,例如,可通过条形码扫描、色码扫描、键盘输入、重量检测、语音识别、高度检测及形状识别等方式,输入到分拣控制系统中去。根据对这些分拣信号的判断,来决定某一种商品该进入哪一个分拣道口。

分类装置的作用是根据控制装置发出的分拣指示,当具有相同分拣信号的商品经过该装置时,该装置运作,使商品改变在输送装置上的运行方向进入其他输送机或进入分拣道口。分类装置的种类很多,一般有推出式、浮出式、倾斜式和分支式几种,不同的装置对分拣货物的包装材料、包装重量、包装物底面的平滑程度等有不完全相同的要求。

　　输送装置的主要组成部分是传送带或输送机,其主要作用是使待分拣商品鱼贯通过控制装置、分类装置,并输送装置的两侧,一般要连接若干分拣道口,使分好类的商品滑下主输送机(或主传送带)以便进行后续作业,如图14－4所示。

图14－4　自动分拣系统

　　分拣道口是已分拣商品脱离主输送机(或主传送带)进入集货区域的通道,一般由钢带、皮带、滚筒等组成滑道,使商品从主输送装置滑向集货站台,在那里由工作人员将该道口的所有商品集中后或是入库储存,或是组配装车并进行配送作业。

　　以上四部分装置通过计算机网络联结在一起,配合人工控制及相应的人工处理环节构成一个完整的自动分拣系统。

　　(四)自动分拣系统的适用条件

　　第二次世界大战以后,自动分拣系统逐渐开始在西方发达国家投入使用,成为发达国家先进物流中心、配送中心或流通中心所必需的设施条件之一,但其要求使用者必须具备一定的技术经济条件,因此,在发达国家,物流中心、配送中心或流通中心不用自动分拣系统的情况也很普遍。在引进和建设自动分拣系统时一定要考虑以下条件:

　　1. 一次性投资巨大。自动分拣系统本身需要建设短则40～50米、长则150～200米的机械传输线,还有配套的机电一体化控制系统、计算机网络及通信系统等,这一系统不仅占地面积大,动辄2万平方米以上,而且一般自动分拣系统都建在自动主体仓库中,这样就要建3～4层楼高的立体仓库,库内需要配备各种自动化的搬运设施,这丝毫不亚于建立一个现代化工厂所需要的硬件投资。这种巨额的先期投入要花10～20年才能收回,如果没有可靠的货源作保证,则有可能系统大多由大型生产企业或大型专业物流公司投资,小企业无力进行此项投资。

　　2. 对商品外包装要求高。自动分拣机只适于分拣底部平坦且具有刚性的包装规则的商品。袋装商品、包装底部柔软且凹凸不平、包装容易变形、易破损、超长、超薄、超重、超高、不能倾覆的商品不能使用普通的自动分拣机进行分拣,因此,为了使大部分商品都能用机械进行自动分拣,可以采取两条措施:一是推行标准化包装,使大部分商品的包装符合国家标准;二是根据所分拣的大部分商品的统一的包装特性定制特定的分拣机。但要让所有商品的供应商都执行国家的包装标准是很困难的,定制特定的分拣机又会使硬件成本上升,并且越是特别的其通用性就越差。因此,公司要根据经营商品的包装情况来确定是否建或建什么样的自动分拣系统。

第三节 物流信息技术与智能物流

一、物流信息技术

物流信息技术是物流现代化极为重要的领域之一,计算机网络技术的应用使物流信息技术达到新的水平。物流信息技术是物流现代化的重要标志。

物流信息技术也是物流技术中发展最快的领域,从数据采集的条码系统、仓储管理系统到办公自动化系统中的微机,各种终端设备等硬件、软件都在日新月异地发展并得到了广泛应用。

同时,随着物流信息技术的不断发展,产生了一系列新的物流理念和新的物流经营方式,推进了物流的变革。在供应链管理方面,物流信息技术的发展也改变了企业应用供应链管理获得竞争优势的方式,成功的企业通过应用信息技术来支持它的经营战略并选择它的经营业务,通过利用信息技术来提高供应链活动的效率性,增强整个供应链的经营决策能力。

根据物流的功能以及特点,物流信息技术包括计算机技术、网络技术、信息分类编码技术、条码技术、射频识别技术、电子数据交换技术、全球定位系统(GPS)、地理信息系统(GIS)等。

(一)物流信息技术的组成

1. 条码技术

条码技术是在计算机的应用实践中产生和发展起来的一种自动识别技术,为我们提供了一种对物流中的货物进行标志和描述的方法。

条码是实现 POS 系统、EDI、电子商务、供应链管理的技术基础,是物流管理现代化、提高企业管理水平和竞争能力的重要技术手段。

2. EDI 技术

电子数据交换(Electronic Data Interchange,EDI)是指通过电子方式,采用标准化的格式,利用计算机网络进行结构化数据的传输和交换。构成 EDI 系统的三个要素是 EDI 软硬件、通信网络以及数据标准化。工作方式大体如下:用户在计算机上进行原始数据的编辑处理,通过 EDI 转换软件(Mapper)将原始数据格式转换为平面文件(Flat File),平面文件是用户原始资料格式与 EDI 标准格式之间的对照性文件。通过翻译软件(Translator)将平面文件变成 EDI 标准格式文件。然后在文件外层加上通信信封(Envelope),通过通信软件[EDI 系统交换中心邮箱(Mailbox)]发送到增值服务网络(VAN)或直接传送给对方用户,对方用户则进行相反的处理过程,最后成为用户应用系统能够接收的文件格式。

3. 射频技术

射频识别技术是一种非接触式的自动识别技术,它通过射频信号自动识别目标对象来获取相关数据。识别工作无需人工干预,可工作于各种恶劣环境。短距离射频产品不怕油渍、灰尘污染等恶劣的环境,可以替代条码,例如,用在工厂的流水线上跟踪物体。长距射频产品多用于交通上,识别距离可达几十米,用于自动收费或识别车辆身份等。

4. GIS 技术

地理信息系统(Geographical Information System,GIS)是多种学科交叉的产物,它以地理空间数据为基础,采用地理模型分析方法,适时地提供多种空间的和动态的地理信息,是一种为地理研究和地理决策服务的计算机技术系统。其基本功能是将表格型数据（无论它来自数据库、电子表格文件或直接在程序中输入）转换为地理图形显示，然后对显示结果浏览、操作和分析。其显示范围可以从洲际地图到非常详细的街区地图，显示对象包括人口、销售情况、运输线路和其他内容。

5. GPS 技术

全球定位系统（Global Positioning System，GPS）具有在海、陆、空进行全方位实时三维导航与定位能力。GPS 在物流领域可以应用于汽车自定位、跟踪调度，用于铁路运输管理，用于军事物流。

（二）物流信息技术构成

从构成要素上看，物流信息技术作为现代信息技术的重要组成部分，本质上都属于信息技术范畴，只是因为信息技术应用于物流领域而使其在表现形式和具体内容上存在一些特性，但其基本要素仍然同现代信息技术一样，可以分为四个层次：

1. 物流信息基础技术，即有关元件、器件的制造技术，它是整个信息技术的基础。例如，微电子技术、光子技术、光电子技术、分子电子技术等。

2. 物流信息系统技术，即有关物流信息的获取、传输、处理、控制的设备和系统的技术，它是建立在信息基础技术之上的，是整个信息技术的核心。其内容主要包括物流信息获取技术、物流信息传输技术、物流信息处理技术及物流信息控制技术。

3. 物流信息应用技术，即基于管理信息系统（MIS）技术、优化技术和计算机集成制造系统（CIMS）技术而设计出的各种物流自动化设备和物流信息管理系统，例如，自动化分拣与传输设备、自动导引车（AGV）、集装箱自动装卸设备、仓储管理系统（WMS）、运输管理系统（TMS）、配送优化系统、全球定位系统（GPS）、地理信息系统（GIS）等。

4. 物流信息安全技术，即确保物流信息安全的技术，主要包括密码技术、防火墙技术、病毒防治技术、身份鉴别技术、访问控制技术、备份与恢复技术和数据库安全技术等。

（三）物流信息技术在国内应用现状

在国内，各种物流信息应用技术已经广泛应用于物流活动的各个环节，对企业的物流活动产生了深远的影响。

1. 物流自动化设备技术的应用

物流自动化设备技术的集成和应用的热门环节是配送中心，其特点是每天需要拣选的物品品种多、批次多、数量大。因此，在国内超市、医药、邮包等行业的配送中心部分地引进了物流自动化拣选设备。一种是拣选设备的自动化应用，其拣选货架（盘）上配有可视的分拣提示设备，这种分拣货架与物流管理信息系统相连，动态地提示被拣选的物品和数量，指导着工作人员的拣选操作，提高了货物拣选的准确性和速度。另一种是物品拣选后的自动分拣设备。用条码或电子标签附在被识别的物体上（一般为组包后的运输单元），由传送带送入分拣口，然后由装有识读设备的分拣机分拣物品，使物品进入各自的组货通道，完成物品的自动分拣。分拣设备在国内大型配送中心有所使用。

2. 物流设备跟踪和控制技术的应用

目前，物流设备跟踪主要是指对物流的运输载体及物流活动中涉及的物品所在地进行跟踪。物流设备跟踪的手段有多种，可以用传统的通信手段（如电话等）进行被动跟踪，可以用射频识别手段进行阶段性跟踪，但目前国内用得最多的还是利用 GPS 技术跟踪。GPS 技术跟踪利用 GPS 物流监控管理系统，它主要跟踪货运车辆与货物的运输情况，使货主及车主随时了解车辆与货物的位置与状态,保障整个物流过程的有效监控与快速运转。物流 GPS 监控管理系统的构成主要包括运输工具上的 GPS 定位设备、跟踪服务平台(含地理信息系统和相应的软件)、信息通信机制和其他设备(例如,货物上的电子标签或条码、报警装置等)。

3. 物流动态信息采集技术的应用

企业竞争的全球化发展、产品生命周期的缩短和用户交货期的缩短等都对物流服务的可得性与可控性提出了更高的要求,实时物流理念也由此诞生。如何保证对物流过程的完全掌控,物流动态信息采集应用技术是必需的要素。动态的货物或移动载体本身具有很多有用的信息,例如,货物的名称、数量、重量、质量、出产地,或者移动载体(如车辆、轮船等)的名称、牌号、位置、状态等一系列信息。这些信息可能在物流中反复地使用,因此,正确、快速读取动态货物或载体的信息并加以利用可以明显地提高物流的效率。在目前流行的物流动态信息采集技术应用中,一维、二维条码技术应用范围最广,其次还有磁条(卡)、语音识别、便携式数据终端、射频识别等技术。

(四)物流信息技术的发展趋势

1. 射频识别将成为未来物流领域的关键技术

射频识别技术应用于物流行业,可大幅提高物流管理与运作效率,降低物流成本。另外,从全球发展趋势来看,随着射频识别相关技术的不断完善和成熟,射频识别产业将成为一个新兴的高技术产业群,成为国民经济新的增长点。因此,射频识别技术有望成为推动现代物流加速发展的新品润滑剂。

2. 物流动态信息采集技术将成为物流发展的突破点

在全球供应链管理趋势下,及时掌握货物的动态信息和品质信息已成为企业盈利的关键因素。但是,由于受到自然、天气、通信、技术、法规等方面的影响,物流动态信息采集技术的发展一直受到很大制约,远远不能满足现代物流发展的需求。借助新的科技手段,完善物流动态信息采集技术,成为物流领域下一个技术突破点。

3. 物流信息安全技术将日益被重视

借助网络技术发展起来的物流信息技术,在享受网络飞速发展带来巨大好处的同时,也时刻饱受着可能遭受的安全危机,例如,网络黑客无孔不入地恶意攻击、病毒的肆掠、信息的泄密等。应用安全防范技术,保障企业的物流信息系统或平台安全、稳定地运行,是企业长期将面临的一项重大挑战。

二、物流管理信息系统

(一)物流管理信息系统的概念

物流管理信息系统也称物流信息系统(Logistics Information System,LIS)。物流信息系统是计算机管理信息系统在物流领域的应用。广义上来说,物流信息系统应包括物流过程的各个领域的信息系统,是一个由计算机、应用软件及其他高科技的设备通过网络连接起来动态互动的系统。而狭义上说,物流信息系统只是管理信息系统在某一涉及物流的企业中的应用,即某一企业(物流企业或非物流企业)用于管理物流的系统。

物流活动建立在四个层次上:交易、管理控制、决策分析以及制订战略计划系统。物流信息系统是把各种物流活动连接在一起的通道。所谓物流信息系统,是指物流系统中进行物流信息处理的管理子系统。它利用计算机硬件、软件、网络通信设备及其他设备,进行物流信息的收集、传输、加工、存储、更新和维护,为企业提供信息分析和决策支持,以支持物流管理人员和基层操作人员进行物流管理和运作的人机系统。它具有实时化、网络化、系统化、规模化、专业化、集成化、智能化等特点。物流信息系统以物流信息传递的标准化和实时化、存储的数字化、物流信息处理的计算机化等为基本内容。

(二)物流管理信息系统的作用

物流管理信息系统在以下几个方面能够对物流管理起到重要的作用：(1)配送中心仓储管理；(2)运输与发货管理；(3)劳动力资源管理；(4)加快供应链的物流响应速度；(5)促进物流整合。

随着信息技术的发展，物流管理信息系统从早期的数据管理阶段到现在的信息管理阶段，并正在发展到知识管理阶段。数据管理阶段信息技术应用的特点表现在计算机被当作打印机、笔记本，只是简单的事后记录数据。信息管理阶段中信息系统的作用主要在于对信息的组织和利用，侧重于信息的搜索、分析、整理与传递，企业业务流程控制等方面。知识管理阶段则是对包括信息在内的所有智力资本进行综合决策并实施管理，它的核心是强调知识创新。知识管理的功能已由对信息物理属性的管理转变为对符合战略要求的决策支持；由基于内部的管理演化为兼顾内部与外部的管理；由以物为本的管理转变为以人为本的管理。知识管理阶段是信息管理阶段在深度和广度上的进一步深化和拓展。

(三)物流管理信息系统的特点

物流管理信息系统通常具有以下一些特点。

1. 管理性和服务性。物流管理信息系统的目的是辅助物流企业的管理者进行物流运作的管理和决策，提供与此相关的信息支持。因此，物流管理信息系统必须同物流企业的管理体制、方法和风格相结合，遵循管理与决策行为理论的一般规律。为适应管理物流活动的需要，物流管理信息系统必须具备处理大量物流数据和信息的能力，具备各种分析物流数据的分析方法，拥有各种数学和管理工程模型。

2. 适应性和可扩展性。物流管理信息系统应具有对环境的适应性，即要能在环境发生变化时，系统无需进行太大的变化就能适应新环境。一般认为，模块式的系统结构相对易于修改。当然，适应性强就意味着系统变化小，对用户来说自然方便可靠。

3. 集成化和模块化。集成化是指物流管理信息系统将相互连接的各个物流环境连接在一起，为物流企业进行集成化的信息处理工作提供一个平台。物流管理信息系统的各个子系统的设计，应按照模块化的设计方法，遵循统一的标准和规范，以便于系统内部信息共享。各子系统遵循统一的标准完成功能模块开发后，再按一定的规范进行集成。

4. 网络化。随着互联网技术的迅速发展，在物流管理信息系统的设计过程中也广泛地应用了网络化技术，支持远程处理。通过互联网将分散在不同地理位置的物流分支机构、供应商、客户等联为一体，形成一个信息传递和共享的信息网络，从而提高了物流活动的运作效率。智能化是物流管理信息系统目前正在努力的另一发展方向。

(四)物流管理信息系统的类型

物流管理信息系统根据分类方法的不同，可分成不同类型的系统，如图14—5所示。

(五)物流管理信息系统的层次结构

处在物流系统中不同管理层次上的物流部门或人员，需要不同类型的物流信息。因此，一个完善的物流管理信息系统，应包含以下四个层次：

1. 基层作业层。将收集、加工的物流信息以数据库的形式加以存储。

2. 数据处理层。对合同、票据、报表等业务表现方式进行日常处理。

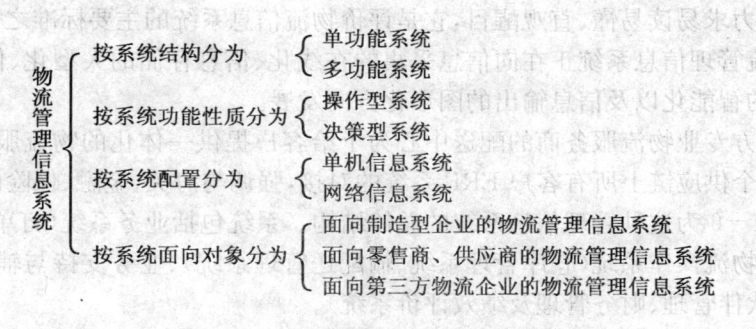

```
                    ┌ 按系统结构分为 ─── ┬ 单功能系统
                    │                    └ 多功能系统
物流                ├ 按系统功能性质分为 ┬ 操作型系统
管理                │                    └ 决策型系统
信息                ├ 按系统配置分为 ─── ┬ 单机信息系统
系统                │                    └ 网络信息系统
                    │                    ┌ 面向制造型企业的物流管理信息系统
                    └ 按系统面向对象分为 ┼ 面向零售商、供应商的物流管理信息系统
                                         └ 面向第三方物流企业的物流管理信息系统
```

图 14-5　物流管理信息系统的类型

3. 计划控制层。包括仓库作业计划、最优路线选择、控制与评价模型的建立，根据运行信息检测物流系统的状况。

4. 管理决策层。建立各种物流系统分析模型，辅助高层管理人员制订物流战略计划。

（六）物流管理信息系统的功能

物流系统的不同阶段和不同层次之间通过信息流紧密地联系在一起，因而在物流系统中总存在着对物流信息进行采集、存储、处理、传输、显示和分析的物流信息系统。因此，物流管理信息系统可以看成是把各个物流活动与某个过程连接在一起的通道。其基本功能可以归纳为以下几个方面。

1. 信息采集

信息采集就是将某种方式记录下的物流信息系统内外的有关数据集中起来，并转化为系统能够接收的形式输入到系统中。物流信息的采集是信息系统运行的起点，也是重要的一步。收集信息的质量（即真实性、可靠性、准确性、及时性）决定着信息时效价值的大小，是信息系统运行的基础。

2. 信息存储

数据进入系统之后，经过整理和加工，成为支持物流系统运行的物流信息，这些信息被暂时或永久存储，以供使用。

3. 信息传输

物流信息来自物流系统内外，又为不同的物流职能所用，因而克服空间障碍的信息传输是物流管理信息系统的基本功能之一。物流信息传输是指从信息源出发，经过一定的媒介和信息通道输送给接收者的过程。信息传递方式有如下几种：

（1）从传递方向看，有单向信息传递方式和双向信息传递方式。

（2）从传递层次看，有直接传递方式和间接传递方式。

（3）从传递媒介看，有人工传递和非人工的其他媒体传递方式。

4. 信息处理

物流管理信息系统的最基本目标，是将输入数据加工处理成物流信息。收集到的物流信息大都是零散的、形式各异的，对于这些不规范信息，要存储和检索，必须经过一定的整理加工程序。信息处理可以是简单的查询、排序，也可以是复杂的模型求解和预测。信息处理能力的强弱是衡量物流管理信息系统能力的一个重要方面。

5. 信息输出

物流管理信息系统的目的是为各级物流人员提供相关的物流信息。为了便于理解，系统输出的形式应力求易读易懂、直观醒目,它是评价物流信息系统的主要标准之一。

当前,物流管理信息系统正在向信息采集的在线化、信息存储的大型化、信息传输的网络化、信息处理的智能化以及信息输出的图形化方向发展。

属于第三方专业物流服务商的配送中心为了给客户提供一体化的物流服务,其信息系统更加强调与整个供应链上所有客户ERP系统的对接,强调与海关、金融、保险的机构信息系统的对接。图14—6为这种管理信息系统的总体结构。系统包括业务系统(订单处理系统、物流可视化系统)、物流操作系统(仓库管理系统、输配送管理系统)、业务支持与辅助决策系统(客户关系管理、伙伴管理、财务管理及绩效评价系统)。

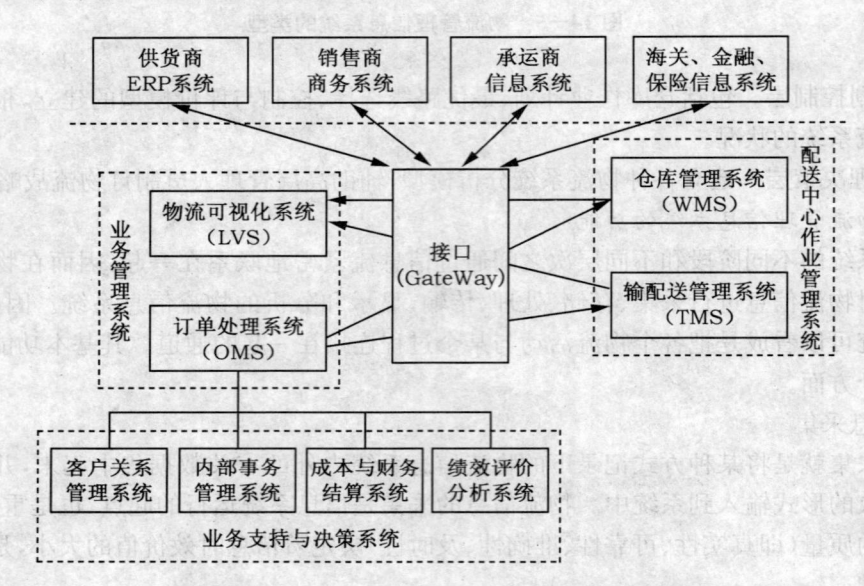

图14—6 第三方物流企业配送中心管理信息系统总体结构

三、智能物流系统

(一)智能物流系统概述

智能物流系统(Intelligent Logistics System,ILS)是最近几年提出的一个概念,可以认为ILS是在智能交通系统(Intelligent Transportation System,ITS)和相关信息技术的基础上,电子商务(Electronic Commerce,EC)化运作的现代物流服务体系。它通过ITS和相关信息技术解决物流作业的实时信息采集,并在一个集成的环境下对采集的信息进行分析和处理,通过在各个物流环节中的信息传输,为物流服务提供商和客户提供详尽的信息和咨询服务。

ILS希望实现以下两个目标:(1)对物流企业本身进行过程重组(Business Process Re-Engineering,BPR),使传统物流企业的管理和业务流程得到根本性的改造,从而使其能够在信息化社会中得以生存;(2)在EC的运营环境下,为客户提供从前所不能提供的增值性物流服务,这些增值性的物流服务将增强物流服务的便利性,加快反应速度和降低服务成本,延伸企业在供应链中上下游的业务。

目前一致认为ILS应至少包括如下技术:(1)集成化的物流规划设计仿真技术(物流规划设计的可视化技术);(2)物流实时跟踪技术;(3)网络化分布式仓储管理及库存控制技术;(4)物流运输系统的调度与优化技术;(5)物流基础数据管理平台和软件集成技术。

(二) 智能物流系统主要技术介绍

1. 集成化的物流规划设计仿真技术(物流规划设计的可视化技术)

此项技术应用的范围非常广泛,大到物流园区的规划设计,小到企业生产物流的规划设计,都可以利用物流规划设计仿真技术对规划和设计方案进行比选和优化,它实现的基本功能包括:

(1) 可以用三维虚拟物流中心模型来模拟未来实际物流中心的情况;

(2) 使用虚拟中心仿真器可以对物流中心的建设进行较精确的投入—产出分析;

(3) 在参观客户现场及参阅仓库图纸等的基础上,可以在计算机上构筑模拟仓库,并模拟各种库中作业;

(4) 可以模拟生产型物流的现场作业,并提供物流作业效率的评价结果;

(5) 可以在计算机上虚拟物流传输和运输业务,模拟配车计划及相关配送业务;

(6) 可以灵活地变更物流作业顺序,进行物流作业过程重组分析,优化方案比较等。

近年来,集成化的物流规划设计仿真技术在美、日等发达国家发展很快,并在应用中取得了很好的效果。例如,美国的第三方物流公司卡特彼勒开发的 CLS 物流规划设计仿真软件,它能够通过计算机仿真模型来评价不同的仓储、库存、客户服务和仓库管理策略对成本的影响。世界最大的自动控制阀门生产商费希尔在应用 CLS 物流规划设计仿真软件后,销售额增加了 70%,从仓库运出的货物量增加了 44%,库存周转率提高了将近 25%,而且其客户对费希尔的满意度在许多服务指标上都有增加。费希尔认为这些业绩在很大程度上归功于物流规划设计仿真软件的使用。

日本在集成化物流规划设计仿真技术的研发方面处于世界领先地位,其最具代表性的成果是以前从事人工智能技术研究的 AIS 研究所研发的 RalC 系列三维物流规划设计仿真软件。RalC 的适用范围十分广泛,在日本,包括冷冻食品仓储、通信产品销售配送、制药和化工行业的企业物流等都有 RalC 的应用,并且产生了相当好的效益。此外,日本东芝公司的 SCP (Supply Chain Planner) 物流仿真软件也具有十分强大的功能。

在我国,集成化物流规划设计仿真技术的研发目前还处在起步阶段,从 2001 年开始,山东大学和同济大学开始了相关领域的预研工作,但目前还未见到研发出的实际产品。

2. 物流实时跟踪技术

ILS 与传统物流显著的不同是它能够提供传统物流所不能提供的增值服务,而物流的全程跟踪和控制是 ILS 提供的最重要的增值服务之一。国外的综合物流公司已建立自身的全程跟踪查询系统,为用户提供货物的全程实时跟踪查询,这些区域性或全球性的物流企业利用网络上的优势,目前正在将其业务沿着主营业务向供应链的上游和下游企业延伸,提供大量的增值服务,其中美国联邦快递公司所提供的准时送达服务(Just In Time Delivery, JIT-D)就具有代表性。联邦快递目前每天要处理全球 211 个国家的近 250 万件包裹,利用其研发的基于因特网的 InterNetShip 物流实时跟踪系统,联邦快递的 JIT-D 达到了 99%。针对每一个包裹,联邦快递现在都可以实时跟踪从包裹收取开始到包裹送达完成这一全过程的每一环节。同时,公司的信息服务网络(Powership)可以使货主和收货人能够在全球通过因特网浏览服务器实时跟踪其发运包裹的状况,目前,联邦快递每个月要为来自全球超过 5 000 个网站的数百万查询请求提供货物实时跟踪服务。由于能够提供传统物流所不能提供的增值服务,一些大企业如思科等也非常愿意与联邦快递结成战略联盟,它们通过嵌入式外网(Embedded Extranet)技术将彼此的企业网互联。美国国家半导体公司也将自己的物流业务全部委托联邦快递去做,该公司认为联邦快递的物流服务不仅能满足其准时化生产要求,而且能显著降低销售成本。目前该公司产品的平均送达时间已从以前的 4 周缩短为 1 周,分销成本从占总销售额的 2.9% 下降到了 1.2%。美国 UPS 公司也认为如今提供信息服务已是包裹递送业务中的一个至关重要的竞争因素,他们已通过广泛应用三项以信息为基础的技术来提高其服务能力。第一,条形码和扫描仪使 UPS 公司能够有选择地每周 7 天、每天 24 小时地跟踪和报告装运状况,顾客只需拨个免费的电话号码,即可获得"地面跟踪"(GroundTrac)和航空递送这样的增值服务(MaxiTrac)。第二,UPS 公司的递送驾驶员现在携带着以数控笔技术为基础的笔记本电脑到排好顺序的线路上收集递送信息。这种笔记本使驾驶员能够用数字记录装运接受者的签字,以提供收货核实。第三,UPS 公司最先进的信息技术应用是一个全国无线通信网络,蜂窝状载波电话技术使驾驶员能够把实时跟踪的信息从卡车上传送到 UPS 公司的中央电脑。

在国内,拥有最大的物流配送体系的中国邮政已决定建立并完善其因特网服务的物流配送环节,此外一些地方的运输部门和企业也积极地为用户建立物流全程信息服务和有效控制与管理,并在局部小范围内建立了基于 GPS 的物流运输系统。但从整体来看,国内的物流公司大多是由传统的储运公司转变过来的,还不能真正满足用户的物流实时跟踪服务需求。在科研领域,可以认为国内在物流实时跟踪方面的研究才刚起步。

3. 网络化分布式仓储管理及库存控制技术

目前,国内外许多企业都将其管理、研发部门留在市区,而将其制造环境或迁移到郊区,或转移到外省甚至国外,形成以城市为技术和管理核心,以郊区或外地为制造基地的分布式经营、生产型运作模式。对制造企业而言,在网络化制造环境下,机件加工、产品装配和产品仓储需要对相关不同区域的仓储活动协调,进行有序的管理,对其库存根据市场的变化、配送地的调整进行实时的、动态的控制,使其满足不同用户的需求,这就对其物流系统提出了很高的要求,需要网络化分布式仓储管理及库存控制技术来满足这种要求。对第三方物流企业,由于仓储位置的地域性跨度极大,因此更需要网络化分布式仓储管理及库存控制技术来降低管理成本,提高效率。网络化分布式仓储管理及库存控制技术是 ILS 的一个不可或缺的部分。

国内外的 ERP 软件,例如,在本领域处在领先地位的美国 SAP 公司的 ERP 软件 R/3 中就提供分布式仓储管理及库存控制模块,并在制造业企业中得到广泛应用。此外,专家系统在网络化分布式仓储管理及库存控制领域也有广泛应用,例如,美国空军物流部门研发了针对仓储管理和库存控制问题的专家系统——"存货管理辅助系统"(Inventory Management Assistant,IMA),它目前以 916 000 种零件的存货支持全球的 19 000 架飞机。IMA 能使仓储管理和库存控制人员在处理正常问题的情况下提高效率 8%~10%,在处理复杂问题的情况下提高效率 15%~18%。作为一种意外的收获,该专家系统在测试阶段中曾发现了一个价值 60 万美元的缺货项目误差。此外还有用于存货计划的专家系统 IVAN,收集和扫描零售数据误差的专家系统 Infoscan 等。

在我国,同制造业物流相比,专门用于第三方物流企业的网络化分布式仓储管理及库存控制技术的研发相对滞后,就我们目前掌握的资料,还未曾见到相关报道。而且即使是制造业,由于国内企业的特点也与国外企业相差极大,盲目高价引进国外成熟的 ERP 软件而不能使用的例子不胜枚举,而成功的则是凤毛麟角。

4. 物流运输系统的调度优化技术

物流配送中心配载量的不断增大和工作复杂程度的不断提高都要求对物流配送中心进行科学管理,因此,配送车辆的集货、货物配装和送货过程的调度优化技术是 ILS 的重要组成部分。比如，美国沃尔玛公司下属的一个配送中心，建筑面积达 12 万平方米，投资 7 000 万美元，职工人数 1 200 名，拥有 200 台运输车辆、400 节载货车厢、13 条配货传送带，在配货场设有 170 个接货口，每天能为分布在 6 个州的 100 家连锁店配送商品，经营的商品种类达 4 万种。像沃尔玛这样规模的配送中心，如果没有物流运输系统的调度优化技术支持，连正常运作都会十分困难，更谈不上科学的优化管理。

国内外学术界对物流运输系统的调度优化问题十分关注，研究也比较早。由于物流配送车辆配载问题是一个 NP 完全问题，因此，启发式算法是一个重要研究方向，例如，Clark 和 Wriht 提出的节约法，Gillett and Miller 提出的扫描法，Bramel 和 Simchi-Levi 提出的基于选址问题的 LBH 法，Fisher 和 Jaikumar 建立的一般分配算法，Christofides 和 Minggozzi 提出的不完全树搜索算法，Pureza 和 Franca 研究的 Tabu 搜索算法等。近年来，由于遗传算法（Genetic Algorithm）具有隐并行性和较强的鲁棒性，因此，在物流运输系统的调度优化方面得到了广泛应用。例如，Gabbert 用 GA 解决大宗货物运输的低成本调度问题，Blanton 和 Wainwrite 用 GA 解决时间窗约束下的车辆调度问题，Chen 和 Gen 用混合 GA 解决模糊车辆调度问题，Malmborg 把 GA 应用于基于服务的车辆调度问题。最近，也有人将蚂蚁算法（Ants Algorithm）应用于物流运输系统的调度优化问题。国内也有很多学者对此问题作了深入研究，这里不再一一列举。

但目前国内存在的问题是：理论研究得多，能理论结合实际、真正为物流企业解决实际问题的软件/硬件产品却非常少。

（三）智能物流系统的发展趋势

ILS 是一个在 ITS 系统的基础上，电子商务化运作的物流服务体系。它通过 ITS 系统解决物流作业的实时信息采集，并对采集的信息进行分析和处理，通过在各个物流环节中的信息传输，为物流管理者和用户提供详尽的信息和咨询服务；在电子商务的运营环境下，为客户提供增值性的物流服务。ILS 提供的增值性服务包括以下几层含义和内容：

1. 加快反应速度和降低服务的成本

快速响应（Quick Response, QR）已经成为物流发展的动力之一。传统观点和做法将加快反应速度变成单纯对快速运输的一种要求，但在需求方对速度的要求越来越高的情况下，它也变成了一种约束，因此必须想其他的办法来提高速度。所以，第二种办法，也是具有重大推广价值的增值性物流服务方案，应该是优化物流系统的配送中心网络布局，重新设计适合的流通渠道，以此来减少物流环节、简化物流过程，提高物流系统的快速反应性能。而 ILS 中的集成化的物流规划设计仿真技术（物流规划设计的可视化技术）、网络化分布式仓储管理及库存控制技术和物流运输系统的调度与优化技术都将为 QR 提供技术保证。

2. 增加便利性

一切能够简化手续、简化操作的服务都是增值性服务。在提供物流服务时，ILS 中的物流全过程跟踪技术，电子商务中的自动订货、基于网络的技术支持等都可以增加物流服务的便利性。

3. 延伸服务

采用 ILS 技术后，物流服务可以向上延伸到市场调查与预测、采购及订单处理，向下可以延伸到配送、物流咨询、物流方案的选择与规划、库存控制决策建议、货款回收与结算、教育与培训、物流系统设计与规划方案的制作等。在电子商务的支持下，物流的结算不仅仅只是物流费用的结算，在从事代理、配送的情况下，物流服务商还可以替货主向收货人结算货款等。物流服务商还可以根据物流中心商品进货、出货信息来预测未来一段时间内的商品进出库量,进而预测市场对商品的需求,从而指导订货。关于物流系统设计咨询功能,第三方物流服务商还可以为电子商务经营者设计物流系统,为它选择和评价运输商、仓储商及其他物流服务供应商。

目前,能否提供以上延伸服务已成为衡量一个物流企业是否真正具有竞争力的标准。是否有能力将 ILS 技术有机集成于物流作业过程,也将是衡量一个物流企业是否是现代物流企业的尺度。

本章小结

物流技术是指物流活动中所采用的自然科学与社会科学方面的理论、方法,以及设施、设备、装置与工艺的总称。物流技术是与物流要素活动有关的所有专业技术的总称,它包括运输技术、配送技术、包装技术、搬运装卸技术等,随着计算机网络技术的普及,物流技术综合了许多现代技术,譬如数据采集技术、电子商务技术、全球定位系统等。

物流技术在物流服务中起着极其重要的作用。物流技术的提高相对于传统的物流服务来说,是一个革命性的突破:第一,它是多种运输方式的集成,把传统运输方式下相互独立的海、陆、空的各个运输手段按照科学、合理的流程组织起来,从而使客户获得最佳的运输路线、最短的运输时间、最高的运输效率、最安全的运输保障和最低的运输成本,形成一种有效利用资源、保护环境的"绿色"服务体系。第二,它打破了运输环节独立于生产环节之外的行业界限,通过供应链的概念建立起对企业供产销全过程的计划和控制,从整体上完成最优化的生产体系设计和运营,在利用现代信息技术的基础上,实现对货物流、资金流和信息流的有机统一,降低了社会生产总成本,使供应商、厂商、销售商、物流服务商及最终消费者达到皆赢的战略目的。第三,在各种物流要素中,物流技术使其更着眼于各个流程的管理和商业科技信息,使传统物流的作业变为公开和透明的,有利于适应生产的节奏和产品销售的计划。第四,物流仍要由物理方式传输,但由于一系列机械化、自动化工具的应用,准确、及时的物流信息对物流过程的监控,将使物流的流动速度加快、准确率提高、能有效地减少库存,缩短生产周期。

思考与练习

一、名词解释

物流标准化　　托盘　　共同配送　　物流管理信息系统　　智能物流系统

二、简答题

1. 物流技术主要包括哪些技术?
2. 物流标准化主要包括哪些内容?
3. 托盘在物流作业中有哪些主要作用?
4. 共同配送的主要方式是什么?共同配送有哪些功能?
5. 起重和输送机械是怎样分类的?
6. 自动分拣系统主要由哪几部分组成?
7. 物流信息技术主要包括哪些内容?
8. 简述物流管理信息系统的功能。

三、案例与分析

邮政分拣技术实现革命性的突破
——射频技术在上海邮政投入使用

总包不用人工交接路单、人工点数勾核,月台上的天线会自动对总包上的射频标签进行扫描、勾核……这曾经是邮政人多年的梦想,如今这个梦想已成为现实!在上海,无论你走进上海浦东邮件处理中心还是速递国际局,都可以看到自动化给邮政带来的变化,不仅如此,你还可以在这里看到,电子化支局上传的邮政综合网中的关联信息……

国家863计划"无线射频技术研究与开发"邮政应用子课题"射频识别的应用"项目日前在上海邮政局通过国家邮政局验收后,正式在上海市邮政局投入使用。

该技术应用后,总体运行平稳,有效解决了速递总包在交接和分拣等生产环节中长期存在的生产效率低、劳动强度大和拒识率高等问题,缩短了邮件的传递时限,减轻了职工的劳动强度,提高了邮件识读率和交接质量,进一步提升了上海邮政信息化的水平,促进了业务的发展。射频识别技术在上海邮政的应用,标志着该项技术在上海邮政系统的应用与推广已经进入关键阶段,有力推动了信息流与实物流统一化、分拣自动化、总包交接勾核便捷化的进程。

据了解,为了加快邮政现代化的进程,上海市邮政局对无线射频技术在上海邮政的应用给予了高度重视,要求项目组相关技术和业务人员立足高起点、应用新技术,勇于创新,转变思维模式,为邮政分拣技术实现革命性的突破,从而达到提高生产效率、降低员工劳动强度的目的,为全国邮政同行乃至其他行业成功应用新技术提供宝贵经验。上海市邮政信息技术局结合该技术的使用特点对当前的业务状况、生产作业组织方式及业务流程等进行分析,并与射频识别技术设备供应商和项目集成商就项目实施中的设备应用情况、系统实施方式、技术方案、数据通信接口等技术问题进行了多次研究。在此基础上,信息技术局完成了射频识别技术在速递总包处理中应用的电子化支局系统改造方案、射频识别技术在速递总包处理中应用的接收信息系统建设方案的制订,通过了国家高技术研究发展计划《射频识别技术在上海邮政速递总包处理中的应用》信息改造方案和实施方案的专家评审。

为了保证电子化支局系统改造和速递总包接收信息系统开发工作的按时完成,上海邮政信息技术局对有关处理流程进行了优化。首先对电子化支局系统软件进行了修改,启动了电子化支局 v3.52 版本的全网推广工程,营业网点出口总包封发时,逐步拴挂射频袋牌并上传总包信息,速递总包信息对接收系统接收支局上传的总包封发信息采用射频标签扫描、总包开拆信息进行勾挑核对,并按分类进行统计汇总。采用射频识别技术后,进入上海浦东邮件处理中心和速递国际局的总包无需人工交接路单、人工点数勾核,月台上的天线将自动对总包上的射频标签进行扫描、勾核,同时与电子化支局早已上传的邮政综合网中的关联信息进行对比。这不仅减少了人工点数环节,使总包逐袋接收变为总包批量接收,大大缩短了邮件的处理时限,而且能及时提示交接的车次、应收袋数、已收袋数等信息,提高了邮件的交接质量。通过对总包自动分拣机的改造,变原来采用条码扫描的方式为采用射频识别方式分拣,大大提高了上包速度,提高了自动分拣设备的整体效率。

上海邮政速递总包处理的生产过程主要包括电子化支局的收寄与封发,市内邮路转趟运输,沪青平速递处理中心总包接收、邮袋开拆、散件分拣、总包封发、总包并堆发运,市内驳运,虹桥机场及新客站转运站接收与分拣、干线发运。射频识别系统由部署在市内速递邮件汇集点、沪青平处理中心、虹桥航站、新客站等生产场地的手持或固定射频阅读器和相关计算机系统以及在全市邮政支局(所)和各生产场地之间流转的射频袋牌及其调拨管理系统构成。

速递总包生产作业要求识读距离为3～4米,且要求在一定条件下多标签批量识别,因此上海邮政局选择超高频频段的射频系统。从电子化支局封发到处理中心开拆前,采用只读的射频标签袋牌,附加绑定6字符条码信息,通过电子化支局操作时将射频标签信息与条码信息、总包业务信息绑定的方式,实现全市约600个电子化支局原有的基于条码的信息系统与射频系统的有效结合。这样,在电子化支局,不需要配备射频读写器,可以利用原有的条码识读设备,最大限度地节省投资。

在处理中心封发到各转运站的总包处理中采用了可读写射频袋牌,实际记录邮政业务所需要的30位总包信息,与现有条码袋牌信息完全相同,满足邮政干线网信息传输的要求。

由于种种原因,目前超高频射频标签的批量识别率尚达不到100%。因此,对射频系统的实施应与邮政生产的流程组织相结合,扬长避短,寻找能够发挥射频远距离、可穿透一般材料、多标签识读特点的操作场景。在总包交接中,选择在逐袋卸车过程中进行信息采集;在总包分拣中,选择在供包工位进行信息采集,最大限度地提高射频的识读率,也最大限度地解放工人的双手与头脑,降低操作的复杂度,从而在保证作业质量的同时提高效率。

该局还充分利用企业原有的信息网络资源,构建分布式的应用信息系统。在电子化支局,实现分布式条码数据信息采集、射频标签ID与业务信息的绑定。在速递处理中心,射频系统通过数据接口获得现有业务计算机系统发来的接收或发运邮件信息,在系统内完成数据的采集和数据转换,并将阅读的业务数据传递给相关的业务系统,从而实现与现有业务计算机系统的有机整合。通过射频在速递总包处理全过程的应用,实现了总包信息的多环节自动勾挑核对和自动分拣处理,实现了实物流和信息流的全过程统一。

思考题:
射频技术在邮政分拣作业中如何发挥作用?

参考文献

1. 梁军,王金云. 采购管理[M]. 北京:电子工业出版社,2006.
2. 王为人. 采购案例精选[M]. 北京:电子工业出版社,2007.
3. 李胜强,李华. 物料采购365[M]. 深圳:海天出版社,2004.
4. 鞠颂东,徐杰. 采购管理[M]. 北京:机械工业出版社,2005.
5. 国际贸易中心(ITC联合国贸发组织/世界贸易组织). 采购竞争力[M]. 北京:中国物资出版社,2006.
6. 马士华. 供应链管理[M]. 北京:机械工业出版社,2000.
7. 黄中鼎. 现代物流管理[M]. 上海:复旦大学出版社,2009.
8. 何明珂. 物流系统论[M]. 北京:中国审计出版社,2001.
9. 马丁·克里斯托弗. 物流与供应链管理,第三版[M]. 何明珂等译. 北京:电子工业出版社,2006.
10. 徐昭国. 采购员工作一日通[M]. 广州:广东经济出版社,2003.
11. 仲岩. 管理会计实务[M]. 北京:高等教育出版社,2004.
12. 李恒兴,鲍钰. 采购管理[M]. 北京:北京理工大学出版社,2007.
13. 张芮,伍蓓. 采购运作管理[M]. 北京:中国物资出版社,2008.
14. 马海涛,姜爱华. 政府采购管理[M]. 北京:北京大学出版社,2008.
15. 李荷华. 采购管理实务[M]. 上海:上海财经大学出版社,2009.
16. 北京中交协物流人力资源培训中心. 采购与供应关系管理[M]. 北京:机械工业出版社,2008.
17. 罗伯特·蒙茨卡. 采购与供应链管理[M]. 北京:电子工业出版社,2008.
18. http://www.all56.com/index.html. 中国大物流网,2008.
19. http://www.chinawuliu.com.cn/. 中国物流与采购网,2008.
20. 王国华. 中国现代物流大全——现代物流技术与装备[M]. 北京:中国铁道出版社,2004.
21. 刘凯. 现代物流技术基础[M]. 北京:北京交通大学出版社、清华大学出版社,2008.
22. 李家齐,缪立新. 现代物流信息技术[M]. 北京:中国物资出版社,2008.
23. 张弦. 物流设施与设备[M]. 上海:复旦大学出版社,2006.
24. 周敏. 智能物流系统领域国内外的发展状况及趋势[Z]. 周敏博客,2005.
25. 黄静. 仓储管理实务[M]. 大连:大连理工大学出版社,2007.
26. 方仲民. 物流系统规划与设计[M]. 北京:机械工业出版社,2003.
27. 胡怀邦,郝渊晓,刘全州,马源平. 现代物流管理学[M]. 广州:中山大学出版社,2001.